VERBEXPRESS

FRENCH VERB CODE BREAKER

Wide Margin

Pierre C. Bélanger

VERBEXPRESS

FRENCH VERB

CODE BREAKER

WIDE MARGIN

FEATURING

UNIVERB ATLAS
WEBBRIDGE EXAMPLES
TRANSLATIONS & WEBXERCISES

EVERY IMAGINABLE FRENCH VERB TENSE & FORM
EVERY POSSIBLE MEANING | EVERY FORMULA
ACTIVE – PASSIVE – REFLEXIVE
POWER HELP TOOLS

PIERRE C. BÉLANGER

To Marie, Sasha and Gabriel,
for your patience, unfailing support,
and constant encouragement in this project.

Copyright © 2022 Pierre C. Bélanger
All Rights Reserved

ISBN 13: 978-0-9680864-1-4 (Paperback)
ISBN 13: 978-0-9680864-7-6 (Paperback – Wide Margin)
ISBN 13: 978-0-9680864-2-1 (Digital)

No part of this publication may be reproduced in any manner whatsoever without written permission from the copyright holder, except in the case of brief quotations embodied in articles or reviews.

How To Use the French Verb Code Breaker

The Code Breaker works just like a World Atlas, but the world that it covers is the huge range of French verb tenses and all their possible variations – along with all their rules and meanings! So here's how to get the most from the Code Breaker:

1. First, look up the French verb tense that interests you in the main Table of Contents on pages 1-2.
2. Turn to that chapter and review the *Introduction Table* at the top of that page for quick information on:
    - **Type** of verb tense
        (Simple, Composé, Combiné)
    - **Frequency of Use** in Everyday Communication
        (Low, Medium, High)
    - Level of **Difficulty** in **Formulation**
        (Low, Medium, High)
    - **Skill** Level for **Usage Mastery**
        (Beginner, Intermediate, Advanced)
3. Just below the chapter's *Introduction Table*, you can check out the Table of Contents for that verb tense to get a quick idea of what is covered in that chapter.
4. Proceed to the variation that interests you.
5. There, you can see *all* the generic meaning(s) of that tense/variation shown in <u>Univerb Tags</u>© – in the 3rd person wherever applicable – as well as the formula / rules and any additional information given. (*Univerb Tags*© are described in **The Story Behind The Code Breaker**, below)
    - (Note: Because of their unique flexibility, the *'Passif'* and *'Pronominal'* collections show their *specific sets* of Univerb Tags immediately <u>*after*</u> each separate rule set.)
6. If desired, **scan** (paper edition) or **click on** (digital edition) the **QR codes** (the little square code boxes) with any smart device (or follow the link sequence provided) to view online examples along with every possible translation, and instant access to many other resources. In addition, online practice exercises – webxercises (pronounced 'webzercizes) – are

currently in planning and being prepared for online, classroom, and at-home practice.

7. *Special*: Also included at the end of this volume are **scannable** (paper edition) **clickable** (digital edition) links to 14 powerful online Appendices featuring additional help on key subjects that is often difficult to find. Some appendices are actually complete mini-courses that can be of special help in boosting your skills.

Finally, if you are *absolutely new* to French verbs – and if you are *motivated* – you can kickstart your journey by taking the online **Grand Tour of the French Verb System** before continuing. Just follow the link chain below. Then come back here and dive in.

verbexpress.net > Grand Tour of the French Verb System

The Story Behind the Code Breaker

One summer, years ago, I was teaching French to teachers of French. They themselves needed more skill and confidence to be able to help their own students. As one of them was looking over the many Fench verb tenses in a popular conjugation manual, he asked me with a defeated look and tone: "What do all these tenses mean?"

His question highlighted what a huge challenge learners whose first language is English face when learning French verb tenses. Learning and practising the formulas is one challenge, but knowing the *actual meanings* of the various verb tenses represents a whole other level of difficulty! What's the use of being able to conjugate a verb correctly if you don't even know the real meaning of the verb in the tense that you're conjugating? Verb tense names like 'Imparfait', 'Passé composé', 'Futur antérieur', etc., are absolutely meaningless to a speaker of English. I had to find a way to 'break that code' and convert those verb-tense names into something that made sense to English-speaking learners of French.

This led me to write a book using a linguistic invention I call the *Univerb Tag*[©]. This tag works as an instant and flexible verb-tense *label* which can represent any conceivable *English verb-tense expression*.

How? A *Univerb Tag* combines:

1) one *specific* English verb-tense **expression**
2) one *generic* **subject** (*third* person wherever applicable)
3) one *generic* **verb**.

For example, the *Univerb Tag* for the '*Plus-que-parfait*' verb tense is '*he/she/it* **had verbed**'.

It's that simple. The final step was to create *Univerb Tags* for every conceivable verb tense and variation.

The *Univerb Tag* system turned out to be a simple, natural, and powerful code-breaking system which made it possible for the first time for learners – teachers, students, and professionals – to instantly grasp *all* of the *real* meaning(s) of any verb tense(s) they were trying to learn. The first students to use my book (The French Verb Express) were professionals in their fields taking a year-long French course with high achievement targets. They loved the approach and found it helpful to achieve their professional goals.
- (Reviews available on request.)

Then I created an 8-hour workshop for teachers where they could learn the actual meanings of all the major French verb tenses along with their rules. They were delighted to be able to practise the formulas while knowing *exactly* what they all *really* meant.
- (Reviews available on request).

I then asked graduates from the Canadian French Immersion program to evaluate the book, and they concluded that if they had had this tool during their own studies, they could have reached a *much higher level* of verb-tense skill.
- (Reviews available on request.)

The discovery of the *Univerb Tag* system led eventually to my using a set of specially designed *Univerb-Tag* cards in class as an experiment with a mature French student of English. With no prior knowledge of, or exposure to, English she was able to use my set of *Univerb Tags* to go from her own knowledge of French to an in-depth knowledge of English verb tenses! It worked seamlessly and instantly removed the usual roadblocks of learning the verb tenses of another language.

To my surprise, this new method turned out to be useful in *two* directions; one in which a speaker of English can see all the meanings of any French verb tense, and the other in which a speaker of French can see and master the English verb usage.

It turned out to be a winning combination, so I decided to write an amplified version of my first book, which resulted in the book you now hold in your hands. I also designed a companion website featuring examples (with every possible translation) of every French verb tense and variation that is included in this volume.

In the online examples, I've used the 3rd person masculine and/or feminine (singular or plural) wherever possible in order to clearly show the effects of masculine and feminine (if any) on that particular verb tense or form.

These online examples, translations, and extra notes represent over 200 extra pages of paper, so I integrated a *WebBridge System* throughout this volume in the form of **QR** codes (the little square codes). **Scan** (paper edition) or **click on** (digital edition) any QR code with any smart device and you'll be instantly transported to its companion web page showing examples of that French verb tense/form and all of its possible variations, every conceivable translation, and much more. Subscription-based online exercises (webxercises) are also currently being planned and prepared for online practice, download for home assignment and for in-class live practice.

Table of Contents

	How To Use The Code Breaker	i - ii
	The Story Behind the Code Breaker	ii - iv

1	Conditionnel passé	3 – 24
2	Conditionnel présent	25 – 44
3	Futur antérieur	45 – 62
4	Futur antérieur au Futur proche	63 – 80
5	Futur proche	81 – 98
6	Futur proche au passé	99 – 114
7	Futur simple	115 – 136
8	Gérondif passé	137 – 150
9	Gérondif présent	151 – 164
10	Imparfait	165 – 182
11	Imparfait avec 'depuis'	183 – 202
12	Impératif passé	203 – 204
13	Impératif présent	205 – 216
14	Infinitif passé	217 – 230
15	Infinitif (Présent)	231 – 244
16	Participe passé	245 – 256
17	Participe passé composé	257 – 270
18	Participe présent	271 – 282
19	Passé antérieur	283 – 302
20	Passé composé	303 – 320
21	Passé récent	321 – 336
22	Passé récent au Conditionnel présent	337 – 354
23	Passé récent au Futur proche	355 – 372
24	Passé récent au Futur simple	373 – 388
25	Passé récent à l'Imparfait	389 – 402
26	Passé simple	403 – 424
27	Passé surcomposé	425 – 430
28	Plus-que-parfait	431 – 446
29	Présent continu	447 – 460
30	Présent continu au Conditionnel passé	461 – 482

31	Présent continu au Conditionnel présent		483 – 504
32	Présent continu au Futur proche		505 – 520
33	Présent continu au Futur simple		521 – 536
34	Présent continu à l'Imparfait		537 – 550
35	Présent-Indicatif		551 – 582
36	Présent-Indicatif avec 'depuis'		583 – 602
37	Subjonctif passé		603 – 630
38	Subjonctif présent		631 – 664
39	Subjonctif présent avec 'depuis'		665 – 703
		Appendices	**704 – 712**
	A	Overview of French Verb-Tense Formats Temps simples, composés, and combinés	704
	B	"Être" and "Avoir" For Compound Tenses	704
	C	Le Passif – Passive Formats	705
	D	Le Pronominal – General Discussion	705
	E	Le Pronominal essentiel - Examples	705
	F	Le Pronominal à sens idiomatique Discussion and Examples	706
	G	Le Pronominal optionnel / 'accidentel' Discussion and Examples	706
	H	Le Pronominal passif et impersonnel	707
	I	Le Subjonctif – Detailed Discussion	708
	J	Participe passé – Agreement	708
	K	Power Tips – How to Extract Six Extra Tenses from Two	708
	L	Verb Chains – Introduction	709
	M	Discours indirect (Indirect/Reported Speech) – Introduction	709
	N	Hypothèses (Hypothetical Statements) – Introduction	709
	O	Popular English Verbs that can follow the verb ' **GO** '	710 – 712

Conditionnel passé

Type of Verb Tense (According to <u>structure</u>)
    Temps composé – ("**Compound**" Tense: an auxiliary verb – "**avoir**" or "**être**" – followed by the **participe passé** (**p.p.**) of the main verb.)

Frequency of Use in Everyday Communication – (Low, **<u>Medium</u>**, High)
Level of **Difficulty** in **Formulation** – (Low, **<u>Medium</u>**, High)

Skill level for **Usage Mastery** – (Beginner, Intermediate, **<u>Advanced</u>**)

▼ This chapter covers ▼

1A	Conditionnel passé – actif (Basic format)	
1B	Conditionnel passé – passif	
	1	Passif **direct** – Option 1
	2	Passif **direct** – Option 2
	3	Passif **indirect**
	4	Passif **pronominal**
1C	Conditionnel passé – pronominal	
	1	Pronominal **essentiel**
	2	Pronominal **à sens idiomatique**
	3	Pronominal **réfléchi direct**
	4	Pronominal **réfléchi indirect**
	5	Pronominal **réciproque direct**
	6	Pronominal **réciproque indirect**
	7	Pronominal **passif**
	8	Pronominal **impersonnel** (passif)
1D	Conditionnel passé – with aller	
1E	Conditionnel passé – with devoir	
1F	Conditionnel passé – with pouvoir	
1G	Conditionnel passé – with vouloir	

▶1A Conditionnel passé – <u>actif</u> (Basic format)

>> See *How to Do* this verb form after the **Univerb© Tag**(s) below …

▼ **Meaning**(s) of this verb form shown in **Univerb© Tag**(s) (3rd person) ▼

<u>Usual</u> **Meaning**(s): (Used for <u>hypothetical</u> **statements** or **questions** regarding the **past**)

- he/she/it **would have verbed**
- he/she/it **should have verbed (UK)**

<u>Special</u> **Meaning**(s) often used in <u>law</u> or <u>journalism</u>:

- he/she/it **allegedly verbed**
- he/she/it **has allegedly verbed**
- he/she/it **has reportedly verbed**
- he/she/it **is alleged to have verbed**
- he/she/it **is reported to have verbed**
- he/she/it **is said to have verbed**
- he/she/it **reportedly verbed**

1A   Conditionnel passé – <u>actif</u> (Basic format)

- [with "<u>avoir</u>"]

▼ **Formula**

Sujet + (**aurais**, **aurais**, **aurait**, **aurions**, **auriez**, **auraient**) + verbe principal (**p.p.**)

- [with "<u>être</u>"]

▼ **Formula**

Sujet + (**serais**, **serais**, **serait**, **serions**, **seriez**, **seraient**) + verbe principal (**p.p.**)(e.s.es) (from the *Secret Travel Club* – **Appendix B** at end of book)

For **examples** and much more, **scan** or **click** the **code** below ▼
- **Or** follow the links at **verbexpress.net** > French Verb Tense Atlas > Conditionnel passé > Conditionnel passé – Actif (Basic Format)

▸1B Conditionnel passé – passif

\>> See *How to Do* this verb form after the **Univerb© Tag**(s) below ...

▼ **Meaning**(s) of this verb form shown in **Univerb© Tag**(s) (3rd person) ▼

<u>Usual</u> **Meaning**(s): (Used for <u>hypothetical</u> **statements** or **questions** regarding the **past**)

- he/she/it **would have been verbed**
- he/she/it **would have gotten verbed**

<u>Special</u> **Meaning**(s) often used in <u>law</u> or <u>journalism</u>:

- he/she/it **allegedly got verbed**
- he/she/it **has allegedly been / gotten verbed**
- he/she/it **has reportedly been / gotten verbed**
- he/she/it **is alleged to have been / gotten verbed**
- he/she/it **is reported to have been / gotten verbed**
- he/she/it **is said to have been / gotten verbed**
- he/she/it **reportedly got verbed**
- he/she/it **was allegedly verbed**
- he/she/it **was reportedly verbed**

To see the <u>above</u> **meaning**(s) in action using the **formula**(s) **below** with **translations**, **tips**, and helpful **resources**, **scan** or **click** the **code** below ▼
- **Or** follow the links at **verbexpress.net** > French Verb Tense Atlas > Conditionnel passé > **Conditionnel passé – Passif**

1B.1   Passif **direct** – Option 1 – (**Conditionnel passé**)

- Passif **direct** – Option 1 – (**See Appendix C** – at end of book)

▼ **Formula**

6 | Conditionnel passé

Sujet (nom ou pronom, **objet direct** du verbe principal) + (**aurais, aurais, aurait, aurions, auriez, auraient**) + été + verbe principal (**p.p.**)(e.s.es).

(**Note**: When using the "Passif **direct** – Option 1" format, the **subject** of the verb "être" must also be the **direct object** of the participe passé (**p.p.**) of the main verb, and because it also precedes the p.p., the **p.p.** agrees in gender and in number with that subject/direct object.)

▼ **Meaning**(s) of this verb form shown in Univerb© **Tag**(s) (3ʳᵈ person) ▼

Usual **Meaning**(s): (Used for hypothetical statements or questions regarding the **past**)

- he/she/it **would have been verbed**
- he/she/it **would have gotten verbed**

Special **Meaning**(s) often used in law or journalism:

- he/she/it **allegedly got verbed**
- he/she/it **has allegedly been / gotten verbed**
- he/she/it **has reportedly been / gotten verbed**
- he/she/it **is alleged to have been / gotten verbed**
- he/she/it **is reported to have been / gotten verbed**
- he/she/it **is said to have been / gotten verbed**
- he/she/it **reportedly got verbed**
- he/she/it **was allegedly verbed**
- he/she/it **was reportedly verbed**

For **examples** and much more, **scan** or **click** the **code** below ▼
- **Or** follow the links at **verbexpress.net** > French Verb Tense Atlas > Conditionnel passé > Conditionnel passé – Passif > **Passif direct – Option 1**

1B.2   Passif **direct** – Option 2 – (**Conditionnel passé**)

- Passif **direct** – Option 2 – (**See Appendix C** at end of book)

▼ **Formula**

When the **direct object** appears as a <u>noun</u>:

On (sujet indéfini) + **aurait** + verbe principal (**p.p.**) + **objet direct**.

When the **direct object** appears as a <u>pronoun</u>:

On (sujet indéfini) + **pronom objet direct** + **aurait** + verbe principal (**p.p.**)(e.s.es).

(**Note**: When there is a **direct object**, <u>and</u> it <u>precedes</u> the participe passé (**p.p.**), the p.p. *agrees in gender and in number* with that direct object.)

▼ **Meaning**(s) of this verb form shown in **Univerb© Tag**(s) (3rd person) ▼

<u>Usual</u> **Meaning**(s): (Used for <u>hypothetical</u> **statements** or **questions** regarding the **past**)

- he/she/it **would have been verbed**
- he/she/it **would have gotten verbed**

<u>Special</u> **Meaning**(s) often used in <u>law</u> or <u>journalism</u>:

- he/she/it **allegedly got verbed**
- he/she/it **has allegedly been / gotten verbed**
- he/she/it **has reportedly been / gotten verbed**
- he/she/it **is alleged to have been / gotten verbed**
- he/she/it **is reported to have been / gotten verbed**
- he/she/it **is said to have been / gotten verbed**
- he/she/it **reportedly got verbed**
- he/she/it **was allegedly verbed**
- he/she/it **was reportedly verbed**

For **examples** and much more, <u>scan</u> or <u>click</u> the **code** below ▼
- **Or** follow the links at **verbexpress.net** > French Verb Tense Atlas > Conditionnel passé > Conditionnel passé – Passif > **Passif direct – Option 2**

1B.3   Passif <u>indirect</u> – (Conditionnel passé)

8 | Conditionnel passé

- Passif <u>in</u>direct – (**See Appendix C** at end of book)

▼ **Formula**

When the <u>in</u>direct object appears as a <u>noun</u>:

<u>On</u> (sujet indéfini) + **aurait** + verbe principal (**p.p.**) + **objet <u>in</u>direct**.

When the <u>in</u>direct object appears as a <u>pronoun</u>:

<u>On</u> (sujet indéfini) + **pronom objet <u>in</u>direct** + **aurait** + verbe principal (**p.p.**)

(<u>Note</u>: The participe passé (**p.p.**) never agrees with an <u>in</u>direct object.)

▼ **Meaning**(s) of this verb form shown in **Univerb© Tag**(s) (3rd person) ▼

<u>Usual</u> **Meaning**(s): (Used for <u>hypothetical</u> statements or **questions** regarding the **past**)

- he/she/it **would have been verbed**
- he/she/it **would have gotten verbed**

<u>Special</u> **Meaning**(s) often used in <u>law</u> or <u>journalism</u>:

- he/she/it **allegedly got verbed**
- he/she/it **has allegedly been / gotten verbed**
- he/she/it **has reportedly been / gotten verbed**
- he/she/it **is alleged to have been / gotten verbed**
- he/she/it **is reported to have been / gotten verbed**
- he/she/it **is said to have been / gotten verbed**
- he/she/it **reportedly got verbed**
- he/she/it **was allegedly verbed**
- he/she/it **was reportedly verbed**

For **examples** and much more, **scan** or **click** the **code** below ▼
- **Or** follow the links at **verbexpress.net** > French Verb Tense Atlas > Conditionnel passé > Conditionnel passé – Passif > **Passif indirect**

1B.4 Passif pronominal – (Conditionnel passé)

- Passif pronominal

  The **'Passive Pronominal'** structure is a way to create a **passive** meaning by using the pronominal format with an inanimate subject (a non-personal doer – singular or plural).
  (See Appendix H at end of book)

▼ Formula

Sujet (nom ou pronom, inanimé, – **objet direct** du verbe principal) + se + (**serait, seraient**) + verbe principal (**p.p.**)(e.s.es)

(**Note**: When using the "Passif **pronominal** (direct)" format, the reflexive pronoun is also the **direct object** (of the participe passé (**p.p.**) of the main verb) and it also precedes the p.p., so the **p.p.** agrees in gender and in number with that direct-object reflexive pronoun – ie. with the subject.)

▼ Meaning(s) of this verb form shown in **Univerb© Tag**(s) (3rd person) ▼

Usual Meaning(s): (Used for hypothetical statements or questions regarding the **past**)

- it would have been verbed
- it would have gotten verbed

Special Meaning(s) often used in law or journalism:

- it allegedly got verbed
- it has allegedly been / gotten verbed
- it has reportedly been / gotten verbed
- it is alleged to have been / gotten verbed
- it is reported to have been / gotten verbed
- it is said to have been / gotten verbed
- it reportedly got verbed
- it was allegedly verbed
- it was reportedly verbed

For **examples** and much more, **scan** or **click** the **code** below ▼
- **Or** follow the links at **verbexpress.net** > French Verb Tense Atlas > Conditionnel passé > Conditionnel passé – Passif > **Passif pronominal**

▶1C Conditionnel passé – pronominal

>> See *How to Do* this verb form after the **Univerb© Tag**(s) below …

▼ **Meaning**(s) of this verb form shown in **Univerb© Tag**(s) (3rd person) ▼

Usual **Meaning**(s): (Used for **hypothetical** statements or questions regarding the **past**)

- he/she **would have verbed**
- he/she/it **would have verbed** himself / herself / itself

Special **Meaning**(s) often used in law or journalism:

- he/she **allegedly verbed**
- he/she/it **allegedly verbed** himself / herself / itself
- he/she **has allegedly verbed**
- he/she/it **has allegedly verbed** himself / herself / itself
- he/she **has reportedly verbed**
- he/she/it **has reportedly verbed** himself / herself / itself
- he/she **is alleged to have verbed**
- he/she/it **is alleged to have verbed** himself / herself / itself
- he/she **is reported to have verbed**
- he/she/it **is reported to have verbed** himself / herself / itself
- he/she **is said to have verbed**
- he/she/it **is said to have verbed** himself / herself / itself
- he/she **reportedly verbed**
- he/she/it **reportedly verbed** himself / herself / itself

▼ Pronominal **Passive Meanings** ▼

Usual **Meaning**(s) used for **hypothetical** statements or questions regarding the **past** when in Pronominal **Passive** forms (See 1C.7, 1C.8 below)

- he/she/it **would have been verbed**
- he/she/it **would have gotten verbed**

Special **Meaning**(s) often used in law or journalism when in Pronominal **Passive** forms: (See 1C.7, 1C.8 below)

- he/she/it **allegedly got verbed**

- he/she/it **has allegedly been / gotten verbed**
- he/she/it **has reportedly been / gotten verbed**
- he/she/it **is alleged to have been / gotten verbed**
- he/she/it **is reported to have been / gotten verbed**
- he/she/it **is said to have been / gotten verbed**
- he/she/it **reportedly got verbed**
- he/she/it **was allegedly verbed**
- he/she/it **was reportedly verbed**

To see the **above** meaning(s) in action using the **formula(s) below** with **translations**, **tips**, and helpful **resources**, **scan** or **click** the **code** below ▼
- **Or** follow the links at **verbexpress.net** > French Verb Tense Atlas > Conditionnel passé > **Conditionnel passé – Pronominal**

1C.1   Pronominal **essentiel** – (Conditionnel passé)

- Pronominal **essentiel** (exclusivement)

    '**Essential**' Pronominal Verbs are a special collection of verbs that are used **only** in the **pronominal** format, but have no '*reflexive*' meaning. (See **Appendix** E at end of book)

▼ **Formula**

Sujet + (me, te, se, nous, vous, se) + (**serais**, **serais**, **serait**, **serions**, **seriez**, **seraient**) + verbe principal (**p.p.**)(e.s.es)

(**Note**: With "**essential**" pronominal verbs – when done in compound tenses, as in this case – the participe passé (**p.p.**) *agrees in gender and in number* with the **subject**.)

▼ **Meaning**(s) of this verb form shown in **Univerb© Tag**(s) (3rd person) ▼

Usual Meaning(s): (Used for **hypothetical** statements or questions regarding the **past**)

- he/she/it **would have verbed**

Special Meaning(s) often used in **law** or **journalism**:

- he/she **allegedly verbed**
- he/she **has allegedly verbed**
- he/she **has reportedly verbed**
- he/she **is alleged to have verbed**
- he/she **is reported to have verbed**
- he/she **is said to have verbed**
- he/she **reportedly verbed**

For **examples** and much more, <u>scan</u> or <u>click</u> the **code** below ▼
- **Or** follow the links at <u>verbexpress.net</u> > French Verb Tense Atlas > Conditionnel passé > Conditionnel passé – Pronominal > **Pronominal essentiel**

1C.2   Pronominal **à sens idiomatique** – (Conditionnel passé)

- Pronominal **à sens idiomatique**

  '**Idiomatic**' Pronominal Verbs are a set of verbs which take on a <u>different meaning</u> than their normal meaning when they are used in the <u>pronominal</u> format.
  (**See** <u>Appendix</u> **F** at end of book)

▼ Formula

Sujet + (<u>me, te, se, nous, vous, se</u>) + (**serais**, **serais**, **serait**, **serions**, **seriez**, **seraient**) + verbe principal (**p.p.**)(e.s.es)

(**Note**: With "<u>idiomatic</u>" pronominal verbs in compound tenses, as in this case , the participe passé (**p.p.**) <u>agrees in gender and in number</u> with the **subject**.)

(**Exception**(s) – the participe passé (**p.p.**) of <u>s'imaginer</u>, <u>se plaire</u>, <u>se rendre compte</u>, and <u>se rire</u> **do not** agree with anything else. They keep their basic spelling.)

▼ **Meaning**(s) of this verb form shown in **Univerb©** **Tag**(s) (3rd person) ▼

<u>Usual</u> **Meaning**(s): (Used for **hypothetical** statements or **questions** regarding the **past**)

- he/she **would have verbed**

Special Meaning(s) often used in law or journalism:

- he/she **allegedly verbed**
- he/she **has allegedly verbed**
- he/she **has reportedly verbed**
- he/she **is alleged to have verbed**
- he/she **is reported to have verbed**
- he/she **is said to have verbed**
- he/she **reportedly verbed**

For **examples** and much more, **scan** or **click** the **code** below ▼
- **Or** follow the links at **verbexpress.net** > French Verb Tense Atlas > Conditionnel passé > Conditionnel passé – Pronominal > **Pronominal à sens idiomatique**

1C.3   Pronominal **réfléchi direct** – (**Conditionnel passé**)

- Pronominal **réfléchi direct**

  The **'Reflexive Direct'** Pronominal structure is when the Pronominal format is used AND the subject (the doer – singular or plural) of a **direct** action is also the **receiver** of that **direct** action.
  (See **Appendix G** at end of book)

▼ **Formula**

Sujet + (me, te, se, nous, vous, se, – **objet direct** du verbe principal), - **objet direct** du verbe principal) + (**serais, serais, serait, serions, seriez, seraient**) + verbe principal (**p.p.**)(e.s.es)

(**Note**: When the reflexive pronoun is also the **direct object** (of the participe passé (**p.p.**) of the main verb, as in this case) and it precedes the p.p., the p.p. agrees in gender and in number with that reflexive pronoun.)

▼ **Meaning(s)** of this verb form shown in **Univerb© Tag(s)** (3rd person) ▼

14 | Conditionnel passé

Usual Meaning(s): (Used for **hypothetical** statements or **questions** regarding the **past**)

- he/she/it **would have verbed** himself / herself / itself

Special Meaning(s) often used in law or journalism:

- he/she/it **allegedly verbed** himself / herself / itself
- he/she/it **has allegedly verbed** himself / herself / itself
- he/she/it **has reportedly verbed** himself / herself / itself
- he/she/it **is alleged to have verbed** himself / herself / itself
- he/she/it **is reported to have verbed** himself / herself / itself
- he/she/it **is said to have verbed** himself / herself / itself
- he/she/it **reportedly verbed** himself / herself / itself

For **examples** and much more, **scan** or **click** the **code** below ▼
- **Or** follow the links at **verbexpress.net** > French Verb Tense Atlas > Conditionnel passé > Conditionnel passé – Pronominal > **Pronominal réfléchi direct**

1C.4 Pronominal réfléchi indirect – (Conditionnel passé)

- Pronominal **réfléchi indirect**

    The **'Reflexive Indirect'** Pronominal structure is when the Pronominal format is used AND the subject (the doer - singular or plural) of an **in**direct action is **also** the receiver of that **in**direct action.
    (See Appendix G at end of book)

▼ **Formula**

Sujet + (**me, te, se, nous, vous, se**, – **objet indirect** du verbe principal) + (**serais, serais, serait, serions, seriez, seraient**) + verbe principal (**p.p.**)

(**Note**: The participe passé (**p.p.**) never agrees with an **indirect** object.)

▼ **Meaning**(s) of this verb form shown in Univerb© **Tag**(s) (3rd person) ▼

Underline **Meaning**(s): (Used for **hypothetical** statements or **questions** regarding the **past**)

- he/she/it **would have verbed** himself / herself / itself

Special Meaning(s) often used in law or journalism:

- he/she/it **allegedly verbed** himself / herself / itself
- he/she/it **has allegedly verbed** himself / herself / itself
- he/she/it **has reportedly verbed** himself / herself / itself
- he/she/it **is alleged to have verbed** himself / herself / itself
- he/she/it **is reported to have verbed** himself / herself / itself
- he/she/it **is said to have verbed** himself / herself / itself
- he/she/it **reportedly verbed** himself / herself / itself

For **examples** and much more, **scan** or **click** the **code** below ▼
- **Or** follow the links at **verbexpress.net** > French Verb Tense Atlas > Conditionnel passé > Conditionnel passé – Pronominal > **Pronominal réfléchi indirect**

1C.5   Pronominal **réciproque direct** – (**Conditionnel passé**)

- Pronominal **réciproque direct**

   The '**Reciprocal Direct**' Pronominal structure is when the Pronominal format is used AND a group of two or more (subjects) do the same **direct** action to one another.
   (See **Appendix** G at end of book)

▼ **Formula**

Sujet (pluriel) + (**nous, vous, se,** – **objet direct** du verbe principal) + (**serions, seriez, seraient**) + verbe principal (**p.p.**)(e.s.es)

(**Note**: When the reflexive pronoun is also the **direct object** (of the participe passé (**p.p.**) of the main verb, as in this case) and it precedes the p.p., the p.p. agrees in gender and in number with that reflexive pronoun.)

▼ **Meaning**(s) of this verb form shown in **Univerb© Tag**(s) (3rd person) ▼

Usual Meaning(s): (Used for **hypothetical statements** or **questions** regarding the **past**)

- they **would have verbed** each other

Special Meaning(s) often used in **law** or **journalism**:

- they **allegedly verbed** each other
- they **are alleged to have verbed** each other
- they **are reported to have verbed** each other
- they **are said to have verbed** each other
- they **have allegedly verbed** each other
- they **have reportedly verbed** each other
- they **reportedly verbed** each other

For **examples** and much more, **scan** or **click** the **code** below ▼
- **Or** follow the links at **verbexpress.net** > French Verb Tense Atlas > Conditionnel passé > Conditionnel passé – Pronominal > **Pronominal réciproque direct**

1C.6   Pronominal **réciproque indirect** – (**Conditionnel passé**)

- Pronominal **réciproque indirect**

   The **'Reciprocal Indirect'** Pronominal structure is when the Pronominal format is used AND a group of two or more (subjects) do the same **in**direct action to one another.
   (**See** Appendix G at end of book)

▼ **Formula**

Sujet (pluriel) + (**nous, vous, se**, – **objet indirect** du verbe principal) + (**serions, seriez, seraient**) + verbe principal (**p.p.**).

(**Note**: The participe passé (**p.p.**) never agrees with an **indirect** object.)

▼ **Meaning**(s) of this verb form shown in **Univerb© Tag**(s) (3rd person) ▼

Conditionnel passé | 17

Usual Meaning(s): (Used for **hypothetical** statements or **questions** regarding the **past**)

- they **would have verbed** each other

Special Meaning(s) often used in **law** or **journalism**:

- they **allegedly verbed** each other
- they **are alleged to have verbed** each other
- they **are reported to have verbed** each other
- they **are said to have verbed** each other
- they **have allegedly verbed** each other
- they **have reportedly verbed** each other
- they **reportedly verbed** each other

For **examples** and much more, **scan** or **click** the **code** below ▼
- **Or** follow the links at **verbexpress.net** > French Verb Tense Atlas > Conditionnel passé > Conditionnel passé – Pronominal > **Pronominal réciproque indirect**

1C.7 Pronominal **passif** – (**Conditionnel passé**)

- Pronominal **passif**

  The '**Passive Pronominal**' structure is a way to create a **passive** meaning by using the pronominal format with an **in**animate subject (a **non**-personal doer – singular or plural).
  (See **Appendix** H at end of book)

▼ **Formula**

Sujet (nom ou pronom, inanimé – **objet direct** du verbe principal) + **se** + (**serait, seraient**) + verbe principal (**p.p.**)(e.s.es)

(**Note**: When using the "Pronominal **passif** (direct)" format, the reflexive pronoun is also the **direct object** (of the participe passé (**p.p.**) of the main verb) and it also precedes the p.p., so the **p.p.** agrees in gender and in number with that direct-object reflexive pronoun – ie. with the subject.)

▼ **Meaning**(s) of this verb form shown in **Univerb©** **Tag**(s) (3rd person) ▼

18 | Conditionnel passé

<u>Usual</u> **Meaning**(s) used for <u>hypothetical</u> **statements** or **questions** regarding the **past** when in a <u>Pronominal</u> **Passive** form (See further below)

- it **would have been verbed**
- it **would have gotten verbed**

<u>Special</u> **Meaning**(s) often used in <u>law</u> or <u>journalism</u> when in a <u>Pronominal</u> **Passive** form: (See further below)

- it **allegedly got verbed**
- it **has allegedly been / gotten verbed**
- it **has reportedly been / gotten verbed**
- it **is alleged to have been / gotten verbed**
- it **is reported to have been / gotten verbed**
- it **is said to have been / gotten verbed**
- it **reportedly got verbed**
- it **was allegedly verbed**
- it **was reportedly verbed**

For **examples** and much more, **scan** or **click** the **code** below ▼
- **Or** follow the links at verbexpress.net > French Verb Tense Atlas > Conditionnel passé > Conditionnel passé – Pronominal > **Pronominal passif**

1C.8 Pronominal **impersonnel** (passif) – (**Conditionnel passé**)

- Pronominal **impersonnel** (passif)

  The '<u>Impersonal Passive</u>' structure is a way to create a <u>passive</u> meaning by using the <u>im</u>personal version of the subject " <u>il</u> " in the <u>pronominal</u> format.
  (**See Appendix** H at end of book)

▼ Formula

... <u>il</u> (sens impersonnel) + <u>se</u> + **serait** + verbe principal (**p.p.**) + **objet direct du verbe principal**

(<u>Note</u>: When using the "Pronominal **impersonnel**" format, the participe passé (**p.p.**) <u>agrees in gender and in number</u> with the subject, which is always " <u>il</u> " – masculine singular.)

▼ **Meaning**(s) of this verb form shown in **Univerb© Tag**(s) (3rd person) ▼

<u>Usual</u> **Meaning**(s) used for <u>hypothetical</u> **statements** or **questions** regarding the **past** when in a <u>Pronominal</u> **Passive** form (See further below)

- he/she/it **would have been verbed**
- he/she/it **would have gotten verbed**

<u>Special</u> **Meaning**(s) **often used in** <u>law</u> **or** <u>journalism</u> when in a <u>Pronominal</u> **Passive** form: (See further below)

- he/she/it **allegedly got verbed**
- he/she/it **has allegedly been / gotten verbed**
- he/she/it **has reportedly been / gotten verbed**
- he/she/it **is alleged to have been / gotten verbed**
- he/she/it **is reported to have been / gotten verbed**
- he/she/it **is said to have been / gotten verbed**
- he/she/it **reportedly got verbed**
- he/she/it **was allegedly verbed**
- he/she/it **was reportedly verbed**

For **examples** and much more, **scan** or **click** the **code** below ▼
- **Or** follow the links at **verbexpress.net** > French Verb Tense Atlas > Conditionnel passé > Conditionnel passé – Pronominal > **Pronominal impersonnel (passif)**

▶1D Conditionnel passé – with <u>aller</u>

>> See *How to Do* this verb form after the **Univerb© Tag**(s) below …

▼ **Meaning**(s) of this verb form shown in **Univerb© Tag**(s) (3rd person) ▼

<u>Usual</u> **Meaning**(s): (Used for <u>hypothetical</u> **statements** or **questions** regarding the **past**)

- he/she/it **would have gone to verb**
- he/she/it **would have gone verbing** (Appendix O at end of book)

Special Meaning(s) often used in law or journalism:

- he/she **allegedly went to verb**
- he/she **allegedly went verbing** (Appendix O at end of book)
- he/she **has allegedly gone to verb**
- he/she **has allegedly gone verbing** (Appendix O at end of book)
- he/she **has reportedly gone to verb**
- he/she **has reportedly gone verbing** (Appendix O at end of book)
- he/she **is alleged to have gone to verb**
- he/she **is alleged to have gone verbing** (Appendix O at end of book)
- he/she **is reported to have gone to verb**
- he/she **is reported to have gone verbing** (Appendix O at end of book)
- he/she **is said to have gone to verb**
- he/she **is said to have gone verbing** (Appendix O at end of book)
- he/she **reportedly went to verb**
- he/she **reportedly went verbing** (Appendix O at end of book)

1D   Conditionnel passé – with aller

▼ Formula

Sujet + (**serais, serais, serait, serions, seriez, seraient**) + allé (e.s.es) + verbe principal (**Infinitif**)

For **examples** and much more, **scan** or **click** the **code** below ▼
- **Or** follow the links at **verbexpress.net** > French Verb Tense Atlas > Conditionnel passé > **Conditionnel passé – with Aller**

▶1E   Conditionnel passé – with devoir

\>\> See *How to Do* this verb form after the **Univerb© Tag**(s) below …

▼ **Meaning**(s) of this verb form shown in **Univerb© Tag**(s) (3rd person) ▼

Usual **Meaning**(s): (Used for **hypothetical** statements or **questions** regarding the **past**)

- he/she/it **ought to have verbed**

- he/she/it **should have verbed**
- he/she/it **would have had to verb**

Special Meaning(s) often used in law or journalism:

- he/she/it **allegedly had to verb**
- he/she/it **has allegedly had to verb**
- he/she/it **has reportedly had to verb**
- he/she/it **is alleged to have had to verb**
- he/she/it **is reported to have had to verb**
- he/she/it **is said to have had to verb**
- he/she/it **reportedly had to verb**

1E   Conditionnel passé – with devoir

▼ Formula

Sujet + (**aurais, aurais, aurait, aurions, auriez, auraient**) + dû + verbe principal (**Infinitif**)

For **examples** and much more, **scan** or **click** the **code** below ▼
- **Or** follow the links at **verbexpress.net** > French Verb Tense Atlas > Conditionnel passé > **Conditionnel passé – with Devoir**

▶1F   Conditionnel passé – with pouvoir

>> See *How to Do* this verb form after the **Univerb© Tag**(s) below ...

▼ **Meaning**(s) of this verb form shown in **Univerb© Tag**(s) (3rd person) ▼

Usual Meaning(s): (Used for hypothetical statements or questions regarding the past)

- he/she/it **could have verbed**
- he/she/it **would have been able to verb**

Special Meaning(s) often used in law or journalism:

- he/she/it **has allegedly been able to verb**
- he/she/it **has reportedly been able to verb**

- he/she/it **is alleged to have been able to verb**
- he/she/it **is reported to have been able to verb**
- he/she/it **is said to have been able to verb**
- he/she/it **was allegedly able to verb**
- he/she/it **was reportedly able to verb**

1F   Conditionnel passé – with pouvoir

▼ **Formula**

Sujet + (**aurais, aurais, aurait, aurions, auriez, auraient**) + pu + verbe principal (**Infinitif**)

For **examples** and much more, **scan** or **click** the **code** below ▼
- **Or** follow the links at verbexpress.net > French Verb Tense Atlas > Conditionnel passé > **Conditionnel passé – with Pouvoir**

▶1G   Conditionnel passé – with vouloir

>> See *How to Do* this verb form after the **Univerb© Tag**(s) below …

▼ **Meaning**(s) of this verb form shown in **Univerb© Tag**(s) (3rd person) ▼

<u>Usual</u> **Meaning**(s): (Used for **hypothetical** statements or **questions** regarding the **past**)

- he/she **should have liked to verb**   (British usage - same as **would have liked to verb**)
- he/she **should like to have verbed**   (British usage - same as **would like to have verbed**)
- he/she **would have liked to verb**
- he/she **would have wanted to verb**
- he/she **would like to have verbed**

<u>Special</u> **Meaning**(s) often used in <u>law</u> or <u>journalism</u>:

- he/she **allegedly wanted to verb**
- he/she **has allegedly wanted to verb**
- he/she **has reportedly wanted to verb**
- he/she **is alleged to have wanted to verb**

- he/she **is reported to have wanted to verb**
- he/she **is said to have wanted to verb**
- he/she **reportedly wanted to verb**

1G   Conditionnel passé – with vouloir

▼ **Formula**

Sujet + (**aurais, aurais, aurait, aurions, auriez, auraient**) + voulu + verbe principal (**Infinitif**)

For **examples** and much more, scan or click the code below ▼
- Or follow the links at **verbexpress.net** > French Verb Tense Atlas > Conditionnel passé > **Conditionnel passé – with Vouloir**

Conditionnel présent

Type of Verb Tense (According to <u>structure</u>)
    Temps simple – ("**Simple**" Tense: a single-word tense.)

Frequency of Use in Everyday Communication – (Low, Medium, <u>**High**</u>)
Level of **Difficulty** in **Formulation** – (<u>**Low**</u>, Medium, High)

Skill level for **Usage Mastery** – (<u>**Beginner**</u>, Intermediate, Advanced)

| ▼ This chapter covers ▼ |

2A	Conditionnel présent – actif (Basic format)
2B	Conditionnel présent – passif
	1 Passif **direct** – Option 1
	2 Passif **direct** – Option 2
	3 Passif **indirect**
	4 Passif **pronominal**
2C	Conditionnel présent – pronominal
	1 Pronominal **essentiel**
	2 Pronominal **à sens idiomatique**
	3 Pronominal **réfléchi direct**
	4 Pronominal **réfléchi indirect**
	5 Pronominal **réciproque direct**
	6 Pronominal **réciproque indirect**
	7 Pronominal **passif**
	8 Pronominal **impersonnel** (passif)
2D	Conditionnel présent – with aller
2E	Conditionnel présent – with devoir
2F	Conditionnel présent – with pouvoir
2G	Conditionnel présent – with vouloir

▶2A Conditionnel présent – actif (Basic format)

>> See *How to Do* this verb form after the Univerb© Tag(s) below ...

▼ **Meaning**(s) of this verb form shown in Univerb© **Tag**(s) (3rd person) ▼

Usual **Meaning**(s):

- he/she/it **would be verbing**
- he/she/it **would verb**

Used for **hypothetical** statements or questions regarding the **present** or **future**.

(**Not normally** used for describing **routine actions** or **routine states of being** in the **past** – It's the **Imparfait** that is used for that purpose – See Chapter 10-A)

| 2A | Conditionnel présent – actif (Basic format) |

▼ Formula

1. For verbs ending in "-**r**", add the following endings after the final "-**r**" of the verb (-**ais**, -**ais**, -**ait**, -**ions**, -**iez**, -**aient**).

2. For verbs ending in "-**re**", first remove the final "-**e**" from "-**re**", and then add the above endings.

- These endings, when added after the final "-**r**" of the verb, **all** mean "**would verb**", or "**would be verbing**"

For **examples** and much more, **scan** or **click** the code below ▼
- **Or** follow the links at **verbexpress.net** > French Verb Tense Atlas > Conditionnel présent > **Conditionnel présent – Actif (Basic Format)**

A few special spelling rules for the Conditionnel présent:

Rule 1.

According to the rules of "La Nouvelle orthographe" (New Rules of Spelling) from the Académie française,
when creating the Conditionnel présent of a verb whose "Infinitif" form ends in the sequence "..._e + single consonant + -er_", or in "..._é + single consonant + -er_", the "e" or "é" preceding the " single consonant" is changed into "è" before a mute syllable, (that is a syllable ending in a silent –e).

Example:
Infinitif: "se lever" = (... e + v + er) ; Conditionnel présent: il (elle) se lèverait

Example:
Infinitif: "protéger" = (... é + g + er) ; Conditionnel présent: il (elle) protègerait

Rule 1 also applies to 1st-Group verbs in –er whose "Infinitif" form includes the sequence of "... e" or "... é" followed by a pair of unlike consonants whose second letter is "h", "l", "n", "r", or "u".

Examples are: pécher, régler, régner, célébrer, déléguer, etc. resulting in il (elle) pècherait, il (elle) règlerait, il (elle) règnerait, il (elle) célèbrerait, and il (elle) délèguerait, respectively.

Rule 2.

The rules of " La Nouvelle orthographe " from the Académie française also state that when the consonant in the "..._e + single consonant + -er_", or in "..._é + single consonant + -er_" sequence is an "l" or a "t", the "l" or "t" is doubled (before a mute syllable – a syllable ending in a silent –e) in a small group of verbs, namely appeler, jeter, and their derivatives (including interpeler).

Examples of the doubling of "l":
Infinitif: "appeler", "rappeler"; Conditionnel présent: il (elle) appellerait, il (elle) rappellerait, respectively.

Examples of the doubling of "t":
Infinitif: "jeter", "projeter"; Conditionnel présent: il (elle) jetterait, il (elle) projetterait, respectively.

Finally, there are several important verbs which modify their stem (core spelling) before adding the endings.

28 | Conditionnel présent

These are listed below, and are grouped according to the similarities in their modified form (that is, in their adjusted stem).

Infinitif		Adjusted stem	Examples for : "je, tu, il, nous, vous, ils" (in sequence)
avoir (to have)	▶	aur-	j'**aur**ais I would be having, I would have
savoir (to know)	▶	saur-	tu **saur**ais you would know
être (to be)	▶	ser-	il **ser**ait he would be
faire (to do / to make)	▶	fer-	nous **fer**ions we would be doing / we would be making we would do / we would make
vouloir (to want)	▶	voudr-	vous **voudr**iez you would be wanting, you would want
pouvoir (to be able)	▶	pourr-	ils **pourr**aient they would be able / they *could*
devoir (to have to)	▶	devr-	je **devr**ais I would have to / I *should*
recevoir (to receive)	▶	recevr-	tu **recevr**ais you would be receiving / you would receive
aller (to go)	▶	ir-	il **ir**ait he would be going / he would go
venir (to come)	▶	viendr-	je **viendr**ais I would be coming / I would come
tenir (to hold)	▶	tiendr-	tu **tiendr**ais you would be holding / you would hold
voir (to see)	▶	verr-	il **verr**ait he would be seeing / he would see
envoyer (to send)	▶	enverr-	nous **enverr**ions we would be sending / we would send
courir (to run)	▶	courr-	vous **courr**iez you would be running / you would run
mourir (to die)	▶	mourr-	ils **mourr**aient they would be dying / would die

valoir (to be worth)	▶	vaudr-	je vaud**rais** I would be worth
falloir (to be necessary) (impersonal)	▶	faudr- (impersonal)	il faud**rait** it would be necessary
s'asseoir (to sit)	▶	assoir-	tu t'assoi**rais** you would be sitting / you would sit
s'asseoir (to sit)	▶	assiér-	nous nous assié**rions** we would be sitting / we would sit

▶2B Conditionnel présent – passif

\>\> See *How to Do* this verb form after the **Univerb©** **Tag**(s) below …

▼ **Meaning**(s) of this verb form shown in **Univerb© Tag**(s) (3rd person) ▼

Usual **Meaning**(s):

* he/she/it **would be verbed**
* he/she/it **would get verbed**

Used for **hypothetical** statements or questions regarding the **present** or **future**.

(**Not normally** used for describing **routine actions** or **routine states of being** in the **past** – It's the **Imparfait** that is used for that purpose – See Chapter 10-B)

To see the **above** meaning(s) in action using the **formula**(s) **below** with translations, **tips**, and helpful **resources**, **scan** or **click** the **code** below ▼
- **Or** follow the links at verbexpress.net > French Verb Tense Atlas > Conditionnel présent > **Conditionnel présent – Passif**

2B.1   Passif **direct** – Option 1 – (**Conditionnel présent**)

- Passif **direct** – Option 1 – (**See Appendix C** at end of book)

▼ **Formula**

Sujet (nom ou pronom, **objet direct** du verbe principal) + (**serais, serais, serait, serions, seriez, seraient**) + verbe principal (**p.p.**)(e.s.es)(but cannot be a member of the *Secret Travel Club* verbs – listed in **Appendix B** at end of book)

(**Note**: When using the "Passif **direct** – Option 1" format, the **subject** of the verb "être" must also be the **direct object** of the participe passé (**p.p.**) of the main verb, and because it also precedes the p.p., the **p.p.** *agrees in gender and in number* with that subject/direct object.)

▼ **Meaning**(s) of this verb form shown in **Univerb©** **Tag**(s) (3rd person) ▼

Usual Meaning(s):

♦ he/she/it **would be verbed**
♦ he/she/it **would get verbed**

Used for **hypothetical** statements or questions regarding the **present** or **future**.

(**Not normally** used for describing **routine actions** or **routine states of being** in the **past** – It's the **Imparfait** that is used for that purpose – See Chapter 10-B)

For **examples** and much more, **scan** or **click** the **code** below ▼
- **Or** follow the links at **verbexpress.net** > French Verb Tense Atlas > Conditionnel présent > Conditionnel présent – Passif > **Passif direct – Option 1**

2B.2   Passif **direct** – Option 2 – (**Conditionnel présent**)

Conditionnel présent | 31

- Passif **direct** – Option 2 – (**See Appendix C** at end of book)

▼ **Formula**

When the **direct object** appears as a **noun**:

On (sujet indéfini) + verbe principal (**Conditionnel présent** - *Details in 2A above*) + **objet direct**.

When the **direct object** appears as a **pronoun**:

On (sujet indéfini) + **pronom objet direct** + verbe principal (**Conditionnel présent** - *Details in 2A above*)

▼ **Meaning**(s) of this verb form shown in **Univerb© Tag**(s) (3rd person) ▼

Usual Meaning(s):

- he/she/it **would be verbed**
- he/she/it **would get verbed**

Used for **hypothetical** statements or questions regarding the **present** or **future**.

(**Not normally** used for describing **routine actions** or **routine states of being** in the **past** – It's the **Imparfait** that is used for that purpose – See Chapter 10-B)

For **examples** and much more, **scan** or **click** the **code** below ▼
- **Or** follow the links at **verbexpress.net** > French Verb Tense Atlas > Conditionnel présent > Conditionnel présent – Passif > **Passif direct – Option 2**

2B.3   Passif **indirect** – (**Conditionnel présent**)

- Passif **indirect** – (**See Appendix C** at end of book)

▼ **Formula**

When the **indirect object** appears as a **noun**:

On (sujet indéfini) + verbe principal (**Conditionnel présent** - *Details in 2A above*) + **objet indirect**.

When the **indirect object** appears as a **pronoun**:

On (sujet indéfini) + **pronom objet indirect** + verbe principal (**Conditionnel présent** - *Details in 2A above*)

▼ **Meaning**(s) of this verb form shown in **Univerb© Tag**(s) (3rd person) ▼

Usual **Meaning**(s):

- he/she/it **would be verbed**
- he/she/it **would get verbed**

Used for **hypothetical** statements or questions regarding the **present** or **future**.

(**Not normally** used for describing **routine actions** or **routine states of being** in the **past** – It's the **Imparfait** that is used for that purpose – See Chapter 10-B)

For **examples** and much more, **scan** or **click** the **code** below ▼
- **Or** follow the links at **verbexpress.net** > French Verb Tense Atlas > Conditionnel présent > Conditionnel présent – Passif > **Passif indirect**

2B.4   Passif **pronominal** – (**Conditionnel présent**)

- Passif **pronominal**

    The '**Passive Pronominal**' structure is a way to create a **passive** meaning by using the **pronominal** format with an **in**animate subject (a **non**-personal doer – singular or plural).
    (**See Appendix H** at end of book)

▼ Formula

Sujet (nom ou pronom, <u>inanimé</u>, – **objet direct** du verbe principal) + <u>se-s'</u>
+ verbe principal (**Conditionnel présent** - *Details in <u>2A</u> above*)

▼ **Meaning**(s) of this verb form shown in **Univerb© Tag**(s) (3rd person) ▼

<u>Usual</u> **Meaning**(s):

- it **would be verbed**
- it **would get verbed**

Used for <u>hypothetical</u> **statements** or **questions** regarding the **present** or **future**.

(<u>**Not normally**</u> used for describing <u>routine actions</u> or <u>routine states of being</u> in the **past** – It's the **Imparfait** that is used for that purpose – See Chapter 10-B)

For **examples** and much more, **scan** or **click** the **code** below ▼
- **Or** follow the links at **verbexpress.net** > French Verb Tense Atlas > Conditionnel présent > Conditionnel présent – Passif > **Passif pronominal**

▶2C Conditionnel présent – <u>pronominal</u>

>> See *How to Do* this verb form after the **Univerb© Tag**(s) below ...

▼ **Meaning**(s) of this verb form shown in **Univerb© Tag**(s) (3rd person) ▼

<u>Usual</u> **Meaning**(s):

- he/she **would be verbing**
- he/she/it **would be verbing** <u>himself</u> / <u>herself</u> / <u>itself</u>
- he/she **would verb**
- he/she/it **would verb** <u>himself</u> / <u>herself</u> / <u>itself</u>

Used for <u>hypothetical</u> **statements** or **questions** regarding the **present** or **future**.

(<u>**Not normally**</u> used for describing <u>routine actions</u> or <u>routine states of being</u> in the **past** – It's the **Imparfait** that is used for that purpose – See Chapter 10-C)

▼ Pronominal **Passive** Meanings ▼

Usual Meaning(s) when in a Pronominal **Passive** form: (See 2C.7, 2C.8 below)

- he/she/it **would be verbed**
- he/she/it **would get verbed**

Used for **hypothetical** statements or questions regarding the **present** or **future**.

(**Not normally** used for describing **routine actions** or **routine states of being** in the **past** – It's the **Imparfait** that is used for that purpose – See **Chapter 10-B**)

To see the **above** meaning(s) in action using the **formula**(s) **below** with translations, tips, and helpful resources, scan or click the code below ▼ - **Or** follow the links at **verbexpress.net** > French Verb Tense Atlas > Conditionnel présent > **Conditionnel présent – Pronominal**

2C.1   Pronominal **essentiel** – (Conditionnel présent)

- Pronominal **essentiel** (exclusivement)
  (Verbes exclusivement pronominaux)

  '**Essential**' Pronominal Verbs are a special collection of verbs that are used **only** in the pronominal format, but have no '*reflexive*' meaning. (See **Appendix** E at end of book)

▼ Formula

Sujet + (me-m', te-t', se-s', nous, vous, se-s') + verbe principal
(**Conditionnel présent** - *Details in 2A above*)

▼ **Meaning**(s) of this verb form shown in **Univerb©** **Tag**(s) (3rd person) ▼

Usual **Meaning**(s):

- he/she **would be verbing**
- he/she **would verb**

Used for **hypothetical** statements or **questions** regarding the **present** or **future**.

(**Not normally** used for describing **routine actions** or **routine states of being** in the **past** – It's the **Imparfait** that is used for that purpose – See Chapter 10-C)

For **examples** and much more, **scan** or **click** the **code** below ▼
- **Or** follow the links at **verbexpress.net** > French Verb Tense Atlas > Conditionnel présent > Conditionnel présent – Pronominal > **Pronominal essentiel**

2C.2 Pronominal **à sens idiomatique** – (**Conditionnel présent**)

- Pronominal **à sens idiomatique**

  '**Idiomatic**' Pronominal Verbs are a set of verbs which take on a different meaning than their normal meaning when they are used in the pronominal format.
  (See **Appendix** F at end of book)

▼ **Formula**

Sujet + (me-m', te-t', se-s', nous, vous, se-s') + verbe principal (**Conditionnel présent** - Details in 2A above)

▼ **Meaning**(s) of this verb form shown in **Univerb© Tag**(s) (3rd person) ▼

Usual Meaning(s):

- he/she **would be verbing**
- he/she **would verb**

Used for **hypothetical** statements or **questions** regarding the **present** or **future**.

(**Not normally** used for describing **routine actions** or **routine states of being** in the **past** – It's the **Imparfait** that is used for that purpose – See **Chapter 10-C**)

For **examples** and much more, **scan** or **click** the **code** below ▼
- **Or** follow the links at **verbexpress.net** > French Verb Tense Atlas > Conditionnel présent > Conditionnel présent – Pronominal > **Pronominal à sens idiomatique**

2C.3   Pronominal **réfléchi direct** – (**Conditionnel présent**)

- Pronominal **réfléchi direct**

    The '**Reflexive Direct**' Pronominal structure is when the Pronominal format is used AND the subject (the doer – singular or plural) of a **direct** action is **also** the **receiver** of that **direct** action.
    (See **Appendix** G at end of book)

▼ **Formula**

Sujet + (me-m', te-t', se-s', nous, vous, se-s', – **objet direct** du verbe principal) + verbe principal (**Conditionnel présent** - *Details in 2A above*)

▼ **Meaning**(s) of this verb form shown in Univerb© **Tag**(s) (3rd person) ▼

Usual **Meaning**(s):

♦   he/she/it **would be verbing** himself / herself / itself
♦   he/she/it **would verb** himself / herself / itself

Used for **hypothetical** statements or questions regarding the **present** or **future**.

(**Not normally** used for describing **routine actions** or **routine states of being** in the **past** – It's the **Imparfait** that is used for that purpose – See **Chapter 10-C**)

For **examples** and much more, **scan** or **click** the **code** below ▼
- **Or** follow the links at **verbexpress.net** > French Verb Tense Atlas >

Conditionnel présent > Conditionnel présent – Pronominal > **Pronominal réfléchi direct**

2C.4 Pronominal **réfléchi indirect** – (**Conditionnel présent**)

- Pronominal **réfléchi indirect**

    The '**Reflexive Indirect**' Pronominal structure is when the Pronominal format is used AND the subject (the doer - singular or plural) of an indirect action is also the receiver of that indirect action.
    (**See Appendix G** at end of book)

▼ Formula

Sujet + (me-m', te-t', se-s', nous, vous, se-s', – **objet indirect** du verbe principal) + verbe principal (**Conditionnel présent** - *Details in 2A above*)

▼ Meaning(s) of this verb form shown in Univerb© Tag(s) (3rd person) ▼

Usual Meaning(s):

- he/she/it **would be verbing** himself / herself / itself
- he/she/it **would verb** himself / herself / itself

Used for **hypothetical** statements or questions regarding the **present** or **future**.

(**Not normally** used for describing routine actions or routine states of being in the past – It's the **Imparfait** that is used for that purpose – See Chapter 10-C)

For **examples** and much more, **scan** or **click** the **code** below ▼
- **Or** follow the links at **verbexpress.net** > French Verb Tense Atlas > Conditionnel présent > Conditionnel présent – Pronominal > **Pronominal réfléchi indirect**

38 | Conditionnel présent

2C.5 Pronominal **réciproque direct** – (**Conditionnel présent**)

- Pronominal **réciproque direct** –

  The **'Reciprocal Direct'** Pronominal structure is when the Pronominal format is used AND a group of two or more (subjects) do the same direct action to one another.
  (See Appendix G at end of book)

▼ **Formula**

Sujet (pluriel) + (nous, vous, se-s', – **objet direct** du verbe principal) + verbe principal (**Conditionnel présent** - *Details in 2A above*)

▼ **Meaning**(s) of this verb form shown in **Univerb© Tag**(s) (3rd person) ▼

Usual **Meaning**(s):

♦ they **would be verbing** each other
♦ they **would verb** each other

Used for hypothetical statements or questions regarding the **present** or **future**.

(**Not normally** used for describing routine actions or routine states of being in the past – It's the **Imparfait** that is used for that purpose – See Chapter 10-C)

For **examples** and much more, **scan** or **click** the **code** below ▼
- **Or** follow the links at verbexpress.net > French Verb Tense Atlas > Conditionnel présent > Conditionnel présent – Pronominal > **Pronominal réciproque direct**

2C.6 Pronominal **réciproque indirect** – (**Conditionnel présent**)

- Pronominal **réciproque indirect** –

  The **'Reciprocal Indirect'** Pronominal structure is when the

Conditionnel présent | 39

Pronominal format is used AND a group of two or more (subjects) do the same indirect action to one another.
(**See Appendix G** at end of book)

▼ Formula

Sujet (pluriel) + (nous, vous, se-s', – **objet indirect** du verbe principal) + verbe principal (**Conditionnel présent** - *Details in 2A above*)

▼ Meaning(s) of this verb form shown in **Univerb© Tag**(s) (3rd person) **▼**

Usual Meaning(s):

♦ they **would be verbing** each other
♦ they **would verb** each other

Used for **hypothetical** **statements** or **questions** regarding the **present** or **future**.

(**Not normally** used for describing **routine actions** or **routine states of being** in the **past** – It's the **Imparfait** that is used for that purpose – See Chapter 10-C)

For **examples** and much more, **scan** or **click** the **code** below ▼
- **Or** follow the links at **verbexpress.net** > French Verb Tense Atlas > Conditionnel présent > Conditionnel présent – Pronominal > **Pronominal réciproque indirect**

2C.7   Pronominal **passif** – (**Conditionnel présent**)

● Pronominal **passif**

The **'Passive Pronominal'** structure is a way to create a **passive** meaning by using the pronominal format with an **in**animate subject (a **non**-personal doer – singular or plural).
(**See Appendix H** at end of book)

▼ Formula

40 | Conditionnel présent

Sujet (nom ou pronom, inanimé, – **objet direct** du verbe principal) + se + verbe principal (**Conditionnel présent** - *Details in 2A above*)

▼ **Meaning**(s) of this verb form shown in Univerb© **Tag**(s) (3rd person) ▼

Usual Meaning(s):

- it **would be** verbed
- it **would get** verbed

Used for **hypothetical** statements or questions regarding the **present** or **future**.

(**Not normally** used for describing **routine actions** or **routine states of being** in the **past** – It's the **Imparfait** that is used for that purpose – See **Chapter 10-B**)

For **examples** and much more, **scan** or **click** the **code** below ▾
- **Or** follow the links at **verbexpress.net** > French Verb Tense Atlas > Conditionnel présent > Conditionnel présent – Pronominal > **Pronominal passif**

2C.8   Pronominal **impersonnel** (passif) – (**Conditionnel présent**)

- Pronominal **impersonnel** (passif)

    The '**Impersonal Passive**' structure is a way to create a **passive** meaning by using the **im**personal version of the subject " **il** " in the **pronominal** format.
    (**See Appendix H** at end of book)

▼ **Formula**

... **il** (sens impersonnel) + se-s' + verbe principal (**Conditionnel présent** - *Details in 2A above*) + **objet direct du verbe principal**

▼ **Meaning**(s) of this verb form shown in Univerb© **Tag**(s) (3rd person) ▼

Usual Meaning(s):

- he/she/it **would be verbed**
- he/she/it **would get verbed**

Used for **hypothetical** statements or **questions** regarding the **present** or **future**.

(**Not normally** used for describing **routine actions** or **routine states of being** in the **past** – It's the **Imparfait** that is used for that purpose – See Chapter 10-B)

For **examples** and much more, **scan** or **click** the **code** below ▼
- **Or** follow the links at **verbexpress.net** > French Verb Tense Atlas > Conditionnel présent > Conditionnel présent – Pronominal > **Pronominal impersonnel (passif)**

▶2D Conditionnel présent – with aller

>> See *How to Do* this verb form after the Univerb© Tag(s) below ...

▼ **Meaning**(s) of this verb form shown in **Univerb© Tag**(s) (3rd person) ▼

Usual **Meaning**(s):

- he/she **would be going to verb**
- he/she **would be going verbing (Appendix O at end of book)**
- he/she **would go to verb**
- he/she **would go verb**
- he/she **would go verbing (Appendix O at end of book)**

Used for **hypothetical** statements or **questions** regarding the **present** or **future**.

(**Not normally** used for describing **routine actions** or **routine states of being** in the **past** – It's the **Imparfait** that is used for that purpose – See Chapter 10-D)

2D   Conditionnel présent – with aller

Conditionnel présent

▼ **Formula**

Sujet + (**irais, irais, irait, irions, iriez, iraient**) + verbe principal (**Infinitif**)

For **examples** and much more, **scan** or **click** the code below ▼
- **Or** follow the links at **verbexpress.net** > French Verb Tense Atlas > Conditionnel présent > **Conditionnel présent – with Aller**

▶2E   Conditionnel présent – with devoir

>> See *How to Do* this verb form after the **Univerb©** **Tag**(s) below …

▼ **Meaning**(s) of this verb form shown in **Univerb© Tag**(s) (3rd person) ▼

Usual Meaning(s):

- he/she/it **ought to verb**
- he/she/it **should verb**
- he/she/it **would have to verb**

Used for **hypothetical** statements or questions regarding the **present** or **future**.

(**Not normally** used for describing **routine actions** or **routine states of being** in the **past** – It's the **Imparfait** that is used for that purpose – See **Chapter 10-E**)

2E   Conditionnel présent – with devoir

▼ **Formula**

Sujet + (**devrais, devrais, devrait, devrions, devriez, devraient**) + verbe principal (**Infinitif**)

For **examples** and much more, **scan** or **click** the code below ▼
- **Or** follow the links at **verbexpress.net** > French Verb Tense Atlas > Conditionnel présent > **Conditionnel présent – with Devoir**

Conditionnel présent | 43

▶2F Conditionnel présent – with pouvoir

\>> See *How to Do* this verb form after the Univerb© Tag(s) below …

▼ **Meaning**(s) of this verb form shown in **Univerb© Tag**(s) (3rd person) ▼

Usual **Meaning**(s):

- he/she/it **could verb**
- he/she/it **may verb** (Permission)
- he/she/it **might verb**
- he/she/it **would be able to verb**

Used for **hypothetical** statements or **questions** regarding the **present** or **future**.

(**Not normally** used for describing **routine actions** or **routine states of being** in the **past** – It's the **Imparfait** that is used for that purpose – See Chapter 10-F)

2F   Conditionnel présent – with pouvoir

▼ Formula

Sujet + (**pourrais, pourrais, pourrait, pourrions, pourriez, pourraient**) + verbe principal (**Infinitif**)

For **examples** and much more, **scan** or **click** the **code** below ▼
- **Or** follow the links at **verbexpress.net** > French Verb Tense Atlas > Conditionnel présent > **Conditionnel présent – with Pouvoir**

▶2G Conditionnel présent – with vouloir

\>\> See *How to Do* this verb form after the **Univerb©** **Tag**(s) below …

▼ **Meaning**(s) of this verb form shown in **Univerb©** **Tag**(s) (3rd person) ▼

Usual Meaning(s):

- he/she **should like to verb** (UK - same as **would like to verb**)
- he/she **should want to verb** (UK - same as **would want to verb**)

- he/she **would be wanting to verb**
- he/she **would like to be verbing**
- he/she **would like to verb**
- he/she **would want to be verbing**
- he/she **would want to verb**

Used for **hypothetical** **statements** or **questions** regarding the **present** or **future**.

(**Not normally** used for describing **routine actions** or **routine states of being** in the **past** – It's the **Imparfait** that is used for that purpose – See **Chapter 10-G**)

2G   Conditionnel présent – with vouloir

▼ Formula

Sujet + (**voudrais, voudrais, voudrait, voudrions, voudriez, voudraient**) + verbe principal (**Infinitif**)

For **examples** and much more, **scan** or **click** the **code** below ▼
- **Or** follow the links at **verbexpress.net** > French Verb Tense Atlas > Conditionnel présent > **Conditionnel présent – with Vouloir**

Futur antérieur

Type of Verb Tense (According to structure)
   Temps composé – ("**Compound**" Tense: an auxiliary verb – "avoir" or "être" – followed by the **participe passé** (**p.p.**) of the main verb.)

Frequency of Use in Everyday Communication – (Low, **Medium**, High)
Level of **Difficulty** in **Formulation** – (Low, **Medium**, High)

Skill level for **Usage Mastery** – (Beginner, **Intermediate**, Advanced)

| ▼ This chapter covers ▼ |

3A	Futur antérieur – actif (Basic format)
3B	Futur antérieur – passif
	1 Passif **direct** – Option 1
	2 Passif **direct** – Option 2
	3 Passif **indirect**
	4 Passif **pronominal**
3C	Futur antérieur – pronominal
	1 Pronominal **essentiel**
	2 Pronominal **à sens idiomatique**
	3 Pronominal **réfléchi direct**
	4 Pronominal **réfléchi indirect**
	5 Pronominal **réciproque direct**
	6 Pronominal **réciproque indirect**
	7 Pronominal **passif**
	8 Pronominal **impersonnel** (passif)
3D	Futur antérieur – with aller
3E	Futur antérieur – with devoir
3F	Futur antérieur – with pouvoir
3G	Futur antérieur – with vouloir

▶3A Futur antérieur – actif (Basic format)

\>\> See *How to Do* this verb form after the **Univerb© Tag**(s) below …

▼ **Meaning**(s) of this verb form shown in **Univerb© Tag**(s) (3rd person) ▼

Usual Meaning(s):

- he/she/it **will have verbed**

Special Meaning(s) when used with words like **quand** (when), **aussitôt que / dès que** (as soon as), etc. describing a **future** event:

- he/she/it **has verbed** (Future event)

3A Futur antérieur – actif (Basic format)

- [with "**avoir**"]

▼ Formula

Sujet + (**aurai, auras, aura, aurons, aurez, auront**) + verbe principal (**p.p.**)

- [with "**être**"]

▼ Formula

Sujet + (**serai, seras, sera, serons, serez, seront**) + verbe principal (**p.p.**)(e.s.es) (from the *Secret Travel Club* – **Appendix B** at end of book)

For **examples** and much more, **scan** or **click** the **code** below ▼
- **Or** follow the links at **verbexpress.net** > French Verb Tense Atlas > Futur antérieur > **Futur antérieur – Actif (Basic Format)**

▶3B Futur antérieur – passif

\>\> See *How to Do* this verb form after the **Univerb© Tag**(s) below …

▼ **Meaning**(s) of this verb form shown in **Univerb© Tag**(s) (3rd person) ▼

<u>Usual</u> **Meaning**(s):

- he/she/it **will have been verbed**
- he/she/it **will have gotten verbed**

Special Meaning(s) when used with words like **quand** (when), **aussitôt que / dès que** (as soon as), etc. describing a <u>future</u> event:

- he/she/it **has been verbed** (Future event)
- he/she/it **has gotten verbed** (Future event)

To see the <u>above</u> meaning(s) in action using the **formula**(s) **below** with **translations**, **tips**, and helpful **resources**, <u>scan</u> or <u>click</u> the **code** below ▼
- <u>Or</u> follow the links at <u>verbexpress.net</u> > French Verb Tense Atlas > Futur antérieur > **Futur antérieur – Passif**

3B.1   Passif **direct** – Option 1 – (**Futur antérieur**)

- Passif **direct** – Option 1 – (**See Appendix C** at end of book)

▼ **Formula**

Sujet (nom ou pronom, **objet direct** du verbe principal) + (**aurai**, **auras**, **aura**, **aurons**, **aurez**, **auront**) + **été** + verbe principal (**p.p.**)(e.s.es).

(**Note**: When using the "Passif **direct** – Option 1" format, the **subject** of the verb "être" must also be the **direct object** of the participe passé (**p.p.**) of the main verb, and because it also <u>precedes</u> the p.p., the **p.p.** <u>agrees in gender and in number</u> with that subject/direct object.)

▼ **Meaning**(s) of this verb form shown in **Univerb© Tag**(s) (3rd person) ▼

<u>Usual</u> **Meaning**(s):

- he/she/it **will have been verbed**
- he/she/it **will have gotten verbed**

Special Meaning(s) when used with words like **quand** (when), **aussitôt que / dès que** (as soon as), etc. describing a <u>future</u> event:

- ♦ he/she/it **has been verbed** (Future event)
- ♦ he/she/it **has gotten verbed** (Future event)

For **examples** and much more, <u>scan</u> or <u>click</u> the **code** below ▼
- <u>Or</u> follow the links at <u>verbexpress.net</u> > French Verb Tense Atlas > Futur antérieur > Futur antérieur – Passif > **Passif direct – Option 1**

3B.2   Passif **direct** – Option 2 – (**Futur antérieur**)

- Passif **direct** – Option 2 – (**See Appendix C** at end of book)

▼ **Formula**

When the **direct object** appears as a <u>noun</u>:

<u>On</u> (sujet indéfini) + (**aura**) + verbe principal (**p.p.**) + **objet direct**.

When the **direct object** appears as a <u>pronoun</u>:

<u>On</u> (sujet indéfini) + **pronom objet direct** + (**aura**) + verbe principal (**p.p.**)(e.s.es).

(<u>Note</u>: When there is a **direct object**, <u>and</u> it <u>precedes</u> the participe passé (**p.p.**), the p.p. <u>agrees in gender and in number</u> with that direct object.)

▼ **Meaning**(s) of this verb form shown in **Univerb© Tag**(s) (3rd person) ▼

<u>Usual</u> **Meaning**(s):

- ♦ he/she/it **will have been verbed**
- ♦ he/she/it **will have gotten verbed**

Special Meaning(s) when used with words like **quand** (when), **aussitôt que / dès que** (as soon as), etc. describing a <u>future</u> event:

- ♦ he/she/it **has been verbed** (Future event)
- ♦ he/she/it **has gotten verbed** (Future event)

For **examples** and much more, **scan** or **click** the **code** below ▼
- **Or** follow the links at **verbexpress.net** > French Verb Tense Atlas > Futur antérieur > Futur antérieur – Passif > **Passif direct – Option 2**

3B.3   Passif <u>indirect</u> – (**Futur antérieur**)

• Passif <u>indirect</u> – (**See Appendix C** at end of book)

▼ **Formula**

When the <u>indirect</u> **object** appears as a <u>noun</u>:

On (sujet indéfini) + (**aura**) + verbe principal (**p.p.**) + objet <u>indirect</u>.

When the <u>indirect</u> **object** appears as a <u>pronoun</u>:

On (sujet indéfini) + **pronom objet <u>indirect</u>** + (**aura**) + verbe principal (**p.p.**)

(**Note**: The participe passé (**p.p.**) never agrees with an <u>indirect</u> object.)

▼ **Meaning**(s) of this verb form shown in **Univerb©** **Tag**(s) (3rd person) ▼

<u>Usual</u> **Meaning**(s):

♦ he/she/it **will have been verbed**
♦ he/she/it **will have gotten verbed**

Special Meaning(s) when used with words like **quand** (when), **aussitôt que** / **dès que** (as soon as), etc. describing a <u>future</u> event:

♦ he/she/it **has been verbed** (Future event)
♦ he/she/it **has gotten verbed** (Future event)

For **examples** and much more, **scan** or **click** the **code** below ▼
- **Or** follow the links at **verbexpress.net** > French Verb Tense Atlas > Futur antérieur > Futur antérieur – Passif > **Passif indirect**

3B.4 Passif **pronominal** – (Futur antérieur)

- Passif **pronominal**

    The '**Passive Pronominal**' structure is a way to create a **passive** meaning by using the pronominal format with an **in**animate subject (a **non**-personal doer – singular or plural).
    (See **Appendix** H at end of book)

▼ Formula

Sujet (nom ou pronom, inanimé, – **objet direct** du verbe principal) + se + (**sera, seront**) + verbe principal (**p.p.**)(e.s.es)

(**Note**: When using the "Passif **pronominal** (direct)" format, the reflexive pronoun is also the **direct object** (of the participe passé (**p.p.**) of the main verb) and it also precedes the p.p., so the **p.p.** *agrees in gender and in number* with that direct-object reflexive pronoun – ie. with the subject.)

▼ **Meaning**(s) of this verb form shown in **Univerb© Tag**(s) (3rd person) ▼

Usual **Meaning**(s):

- it **will have been verbed**
- it **will have gotten verbed**

Special **Meaning**(s) when used with words like **quand** (when), **aussitôt que / dès que** (as soon as), etc. describing a future event:

- it **has been verbed** (Future event)
- it **has gotten verbed** (Future event)

For **examples** and much more, scan or click the **code** below ▼
- Or follow the links at **verbexpress.net** > French Verb Tense Atlas > Futur antérieur > Futur antérieur – Passif > **Passif pronominal**

▶3C Futur antérieur – pronominal

\>\> See *How to Do* this verb form after the **Univerb© Tag**(s) below …

▼ **Meaning**(s) of this verb form shown in **Univerb© Tag**(s) (3rd person) ▼

Usual **Meaning**(s):

- he/she **will have verbed**
- he/she/it **will have verbed** himself / herself / itself

Special **Meaning**(s) when used with words like **quand** (when), **aussitôt que / dès que** (as soon as), etc. describing a future event:

- he/she **has verbed** (Future event)
- he/she/it **has verbed** himself / herself / itself (Future event)

▼ Pronominal **Passive** Meanings ▼

Usual **Meaning**(s) when in a Pronominal **Passive** form: (See 3C.7, 3C.8 below)

- he/she/it **will have been verbed**
- he/she/it **will have gotten verbed**

Special **Meaning**(s) when in a Pronominal **Passive** form and used with words like **quand** (when), **aussitôt que / dès que** (as soon as), etc. describing a future event: (See 3C.7, 3C.8 below)

- he/she/it **has been verbed** (Future event)
- he/she/it **has gotten verbed** (Future event)

To see the **above** meaning(s) in action using the **formula**(s) below with **translations**, **tips**, and helpful **resources**, **scan** or **click** the **code** below ▼
- **Or** follow the links at **verbexpress.net** > French Verb Tense Atlas > Futur antérieur > **Futur antérieur – Pronominal**

3C.1 Pronominal **essentiel** – (Futur antérieur)

- Pronominal **essentiel** (exclusivement)
  (Verbes exclusivement pronominaux)

  '**Essential**' Pronominal Verbs are a special collection of verbs that are used **only** in the pronominal format, but have no '*reflexive*' meaning. (See Appendix E at end of book)

▼ **Formula**

Sujet + (me, te, se, nous, vous, se) + (**serai**, **seras**, **sera**, **serons**, **serez**, **seront**) + verbe principal (**p.p.**)(e.s.es)

(**Note**: With "**essential**" pronominal verbs – when done in compound tenses, as in this case – the participe passé (**p.p.**) *agrees in gender and in number* with the **subject**.)

▼ **Meaning**(s) of this verb form shown in Univerb© **Tag**(s) (3rd person) ▼

Usual Meaning(s):

- he/she/it **will have verbed**

Special Meaning(s) when used with words like **quand** (when), **aussitôt que / dès que** (as soon as), etc. describing a **future** event:

- he/she/it **has verbed** (Future event)

For **examples** and much more, **scan** or **click** the **code** below ▼
- **Or** follow the links at verbexpress.net > French Verb Tense Atlas > Futur antérieur > Futur antérieur – Pronominal > **Pronominal esentiel**

3C.2 Pronominal **à sens idiomatique** – (Futur antérieur)

- Pronominal **à sens idiomatique**

  '**Idiomatic**' Pronominal Verbs are a set of verbs which take on a

different meaning than their normal meaning when they are used in the pronominal format.
(See Appendix F at end of book)

▼ Formula

Sujet + (me, te, se, nous, vous, se) + (serai, seras, sera, serons, serez, seront) + verbe principal (p.p.)(e.s.es)

(Note: With "idiomatic" pronominal verbs in compound tenses, as in this case , the participe passé (p.p.) *agrees in gender and in number* with the subject.)

(Exception(s) – the participe passé (p.p.) of *s'imaginer, se plaire, se rendre compte*, and *se rire* do not agree with anything else. They keep their basic spelling.)

▼ Meaning(s) of this verb form shown in Univerb© Tag(s) (3rd person) ▼

Usual Meaning(s):

- he/she/it **will have verbed**

Special Meaning(s) when used with words like **quand** (when), **aussitôt que / dès que** (as soon as), etc. describing a **future** event:

- he/she/it **has verbed** (Future event)

For **examples** and much more, **scan** or **click** the **code** below ▼
- **Or** follow the links at **verbexpress.net** > French Verb Tense Atlas > Futur antérieur > Futur antérieur – Pronominal > **Pronominal à sens idiomatique**

3C.3   Pronominal réfléchi direct – (Futur antérieur)

- Pronominal **réfléchi direct**

  The **'Reflexive Direct'** Pronominal structure is when the Pronominal format is used AND the subject (the doer – singular or plural) of a

direct action is also the receiver of that direct action.
(See Appendix G at end of book)

▼ Formula

Sujet + (reflexive pronoun, – **objet direct** du verbe principal) + (**serai, seras, sera, serons, serez, seront**) + verbe principal (**p.p.**)(e.s.es)

(**Note**: When the reflexive pronoun is also the **direct object** (of the participe passé (**p.p.**) of the main verb, as in this case) and it precedes the p.p., the **p.p.** agrees in gender and in number with that reflexive pronoun.)

▼ Meaning(s) of this verb form shown in Univerb© Tag(s) (3rd person) ▼

Usual Meaning(s):

♦ he/she/it **will have verbed** himself / herself / itself

Special Meaning(s) when used with words like **quand** (when), **aussitôt que / dès que** (as soon as), etc. describing a future event:

♦ he/she/it **has verbed** himself / herself / itself (Future event)

For **examples** and much more, **scan** or **click** the **code** below ▼
- **Or** follow the links at **verbexpress.net** > French Verb Tense Atlas > Futur antérieur > Futur antérieur – Pronominal > **Pronominal réfléchi direct**

3C.4   Pronominal **réfléchi indirect** – (**Futur antérieur**)

● Pronominal **réfléchi indirect**

The '**Reflexive Indirect**' Pronominal structure is when the Pronominal format is used AND the subject (the doer - singular or plural) of an **in**direct action is also the receiver of that **in**direct action.
(See Appendix G at end of book)

▼ Formula

Sujet + (**me, te, se, nous, vous, se**, – **objet indirect** du verbe principal) + (**serai, seras, sera, serons, serez, seront**) + verbe principal (**p.p.**)

(**Note**: The participe passé (**p.p.**) never agrees with an indirect object.)

▼ **Meaning**(s) of this verb form shown in **Univerb© Tag**(s) (3rd person) ▼

Usual **Meaning**(s):

♦   he/she/it **will have verbed** himself / herself / itself

Special Meaning(s) when used with words like **quand** (when), **aussitôt que / dès que** (as soon as), etc. describing a future event:

♦   he/she/it **has verbed** himself / herself / itself (Future event)

For **examples** and much more, **scan** or **click** the **code** below ▼
- **Or** follow the links at **verbexpress.net** > French Verb Tense Atlas > Futur antérieur > Futur antérieur – Pronominal > **Pronominal réfléchi indirect**

3C.5   Pronominal **réciproque direct** – (**Futur antérieur**)

• Pronominal **réciproque direct**

The '**Reciprocal Direct**' Pronominal structure is when the Pronominal format is used AND a group of two or more (subjects) do the same **direct** action to one another.
(See **Appendix** G at end of book)

▼ **Formula**

Sujet (pluriel) + (nous, vous, se, – **objet direct** du verbe principal) + (**serons, serez, seront**) + verbe principal (**p.p.**)(e.s.es)

(**Note**: When the reflexive pronoun is also the **direct object** (of the participe passé (**p.p.**) of the main verb, as in this case) and it precedes the p.p., the **p.p.** *agrees in gender and in number* with that reflexive pronoun.)

▼ **Meaning**(s) of this verb form shown in **Univerb© Tag**(s) (3rd person) ▼

Usual **Meaning**(s):

♦ they **will have verbed** each other

Special Meaning(s) when used with words like **quand** (when), **aussitôt que** / **dès que** (as soon as), etc. describing a future event:

♦ they **have verbed** each other (Future event)

For **examples** and much more, **scan** or **click** the **code** below ▾
- **Or** follow the links at **verbexpress.net** > French Verb Tense Atlas > Futur antérieur > Futur antérieur – Pronominal > **Pronominal réciproque direct**

3C.6   Pronominal **réciproque indirect** – (**Futur antérieur**)

• Pronominal **réciproque indirect**

The '**Reciprocal Indirect**' Pronominal structure is when the Pronominal format is used AND a group of two or more (subjects) do the same **in**direct action to one another.
(**See** Appendix G at end of book)

▼ **Formula**

Sujet (pluriel) + (nous, vous, se, – **objet indirect** du verbe principal) + (**serons**, **serez**, **seront**) + verbe principal (**p.p.**)

(**Note**: The participe passé (**p.p.**) never agrees with an **in**direct object.)

▼ **Meaning**(s) of this verb form shown in **Univerb© Tag**(s) (3rd person) ▼

Usual **Meaning**(s):

♦ they **will have verbed** each other

Special Meaning(s) when used with words like **quand** (when), **aussitôt que** / **dès que** (as soon as), etc. describing a future event:

♦ they **have verbed** each other (Future event)

For **examples** and much more, **scan** or **click** the **code** below ▼
- **Or** follow the links at **verbexpress.net** > French Verb Tense Atlas > Futur antérieur > Futur antérieur – Pronominal > **Pronominal réciproque indirect**

3C.7   Pronominal **passif** – (**Futur antérieur**)

- Pronominal **passif**

    The **'Passive Pronominal'** structure is a way to create a **passive** meaning by using the pronominal format with an **in**animate subject (a **non**-personal doer – singular or plural).
    (See **Appendix** H at end of book)

▼ Formula

Sujet (nom ou pronom, inanimé, – **objet direct** du verbe principal) + se + (**sera, seront**) + verbe principal (**p.p.**)(e.s.es)

(**Note**: When using the "Pronominal **passif** (direct)" format, the reflexive pronoun is also the **direct object** (of the participe passé (**p.p.**) of the main verb) and it also precedes the p.p., so the **p.p.** *agrees in gender and in number* with that direct-object reflexive pronoun – ie. with the subject.)

▼ **Meaning**(s) of this verb form shown in **Univerb© Tag**(s) (3rd person) ▼

Usual **Meaning**(s):

- it **will have been verbed**
- it **will have gotten verbed**

Special **Meaning**(s) when used with words like **quand** (when), **aussitôt que / dès que** (as soon as), etc. describing a future event:

- it **has been verbed** (Future event)
- it **has gotten verbed** (Future event)

Futur antérieur

For **examples** and much more, **scan** or **click** the **code** below ▼
- **Or** follow the links at **verbexpress.net** > French Verb Tense Atlas > Futur antérieur > Futur antérieur – Pronominal > **Pronominal passif**

| 3C.8 | Pronominal **impersonnel** (passif) – (**Futur antérieur**) |

- Pronominal **impersonnel** (passif)

  The '**Impersonal Passive**' structure is a way to create a **passive** meaning by using the **im**personal version of the subject " **il** " in the **pronominal** format.
  (**See Appendix H** at end of book)

▼ **Formula**

... **il** (sens impersonnel) + **se** + **sera** + verbe principal (**p.p.**) + **objet direct du verbe principal**

(**Note**: When using the "Pronominal **impersonnel**" format, the participe passé (**p.p.**) *agrees in gender and in number* with the subject, which is always " **il** " – masculine singular.)

▼ **Meaning**(s) of this verb form shown in **Univerb© Tag**(s) (3rd person) ▼

<u>Usual</u> **Meaning**(s):

♦ he/she/it **will have been verbed**
♦ he/she/it **will have gotten verbed**

<u>Special</u> **Meaning**(s) when used with words like **quand** (when), **aussitôt que / dès que** (as soon as), etc. describing a **future** event:

♦ he/she/it **has been verbed** (Future event)
♦ he/she/it **has gotten verbed** (Future event)

For **examples** and much more, **scan** or **click** the **code** below ▼
- **Or** follow the links at **verbexpress.net** > French Verb Tense Atlas > Futur antérieur > Futur antérieur – Pronominal > **Pronominal impersonnel (passif)**

▶3D Futur antérieur – with aller

>> See *How to Do* this verb form after the **Univerb© Tag**(s) below …

▼ **Meaning**(s) of this verb form shown in **Univerb© Tag**(s) (3rd person) ▼

<u>Usual</u> **Meaning**(s):

- he/she **will have gone to verb**
- he/she **will have gone verbing** (Appendix O at end of book)

<u>Special</u> **Meaning**(s) when used with words like **quand** (when), **aussitôt que** / **dès que** (as soon as), etc. describing a **future event**:

- he/she **has gone to verb** (Future event)
- he/she **has gone verbing** (Appendix O at end of book) (describing **Future** event)

| 3D | Futur antérieur – with aller |

▼ **Formula**

Sujet + (**serai, seras, sera, serons, serez, seront**) + **allé** (e.s.es) + verbe principal (**Infinitif**)

For **examples** and much more, <u>scan</u> or <u>click</u> the **code** below ▼
- **Or** follow the links at **verbexpress.net** > French Verb Tense Atlas > Futur antérieur > **Futur antérieur – with Aller**

▶3E Futur antérieur – with <u>devoir</u>

>> See *How to Do* this verb form after the **Univerb© Tag**(s) below ...

▼ **Mean**ing(s) of this verb form shown in **Univerb© Tag**(s) (3rd person) ▼

<u>Usual</u> **Mean**ing(s):

- he/she/it **will have had to verb**

<u>Special</u> **Mean**ing(s) when used with words like **quand** (when), **aussitôt que / dès que** (as soon as), etc. describing a <u>future</u> **event**:

- he/she/it **has had to verb** (Future event)

3E   Futur antérieur – with <u>devoir</u>

▼ Formula

Sujet + (**aurai, auras, aura, aurons, aurez, auront**) + **dû** + verbe principal (**Infinitif**)

For **examples** and much more, **scan** or **click** the **code** below ▼
- **Or** follow the links at **verbexpress.net** > French Verb Tense Atlas > Futur antérieur > **Futur antérieur – with Devoir**

▶3F Futur antérieur – with <u>pouvoir</u>

>> See *How to Do* this verb form after the **Univerb© Tag**(s) below ...

▼ **Mean**ing(s) of this verb form shown in **Univerb© Tag**(s) (3rd person) ▼

<u>Usual</u> **Mean**ing(s):

- he/she/it **will have been able to verb**

<u>Special</u> **Mean**ing(s) when used with words like **quand** (when), **aussitôt que / dès que** (as soon as), etc. describing a <u>future</u> **event**:

- he/she/it **has been able to verb** (Future event)

3F Futur antérieur – with pouvoir

▼ **Formula**

Sujet + (**aurai, auras, aura, aurons, aurez, auront**) + **pu** + verbe principal (**Infinitif**)

For **examples** and much more, **scan** or **click** the **code** below ▼
- **Or** follow the links at **verbexpress.net** > French Verb Tense Atlas > Futur antérieur > **Futur antérieur – with Pouvoir**

▶3G Futur antérieur – with vouloir

>> See *How to Do* this verb form after the **Univerb©** **Tag**(s) below ...

▼ **Meaning**(s) of this verb form shown in **Univerb© Tag**(s) (3rd person) ▼

Usual Meaning(s):

- he/she **will have wanted to verb**

Special Meaning(s) when used with words like **quand** (when), **aussitôt que** / **dès que** (as soon as), etc. describing a **future** event:

- he/she **has wanted to verb** (Future event)

3G Futur antérieur – with vouloir

▼ **Formula**

Sujet + (**aurai, auras, aura, aurons, aurez, auront**) + **voulu** + verbe principal (**Infinitif**)

62 | Futur antérieur

For **examples** and much more, **scan** or **click** the **code** below ▼
- **Or** follow the links at **verbexpress.net** > French Verb Tense Atlas > Futur antérieur > **Futur antérieur – with Vouloir**

Futur antérieur au Futur proche

Type of Verb Tense (According to structure)
   Temps combiné – General term in this volume for any **combination** of a temps simple, temps composé, or Infinitif – with or without special added word(s)

Frequency of Use in Everyday Communication – (Low, **Medium**, High)
Level of **Difficulty** in **Formulation** – (Low, **Medium**, High)

Skill level for **Usage Mastery** – (Beginner, **Intermediate**, Advanced)

▼ This chapter covers ▼

4A	Futur antérieur au Futur proche – actif (Basic format)
4B	Futur antérieur au Futur proche – passif
1	Passif **direct** – Option 1
2	Passif **direct** – Option 2
3	Passif **indirect**
4	Passif **pronominal**
4C	Futur antérieur au Futur proche – pronominal
1	Pronominal **essentiel**
2	Pronominal **à sens idiomatique**
3	Pronominal **réfléchi direct**
4	Pronominal **réfléchi indirect**
5	Pronominal **réciproque direct**
6	Pronominal **réciproque indirect**
7	Pronominal **passif**
8	Pronominal **impersonnel** (passif)
4D	Futur antérieur au Futur proche – with aller
4E	Futur antérieur au Futur proche – with devoir
4F	Futur antérieur au Futur proche – with pouvoir
4G	Futur antérieur au Futur proche – with vouloir

▶4A Futur antérieur au Futur proche – <u>actif</u> (Basic format)

\>\> See *How to Do* this verb form after the **Univerb© Tag**(s) below …

▼ **Meaning**(s) of this verb form shown in **Univerb© Tag**(s) (3rd person) ▼

<u>Usual</u> **Meaning**(s):

- he/she/it **is going to have verbed**

<u>Special</u> **Meaning**(s) when used with words like **quand** (when), **aussitôt que** / **dès que** (as soon as), etc. describing a <u>future</u> event:

- he/she/it **has verbed** (Future event)

4A   Futur antérieur au Futur proche – <u>actif</u> (Basic format)

- [with "<u>avoir</u>"]

▼ **Formula**

Sujet + (**vais, vas, va, allons, allez, vont**) + <u>avoir</u> + verbe principal (**p.p.**)

- [with "<u>être</u>"]

▼ **Formula**

Sujet + (**vais, vas, va, allons, allez, vont**) + <u>être</u> + verbe principal (**p.p.**)(e.s.es) (from the *Secret Travel Club* – **Appendix B** at end of book)

For **examples** and much more, **scan** or **click** the **code** below ▼
- **Or** follow the links at **verbexpress.net** > French Verb Tense Atlas > Futur antérieur au Futur proche > **Futur antérieur au Futur proche – Actif (Basic Format)**

▶4B Futur antérieur au Futur proche – passif

\>\> See *How to Do* this verb form after the **Univerb© Tag**(s) below ...

▼ Meaning(s) of this verb form shown in **Univerb© Tag**(s) (3rd person) ▼

Usual **Meaning**(s):

- he/she/it **is going to have been verbed**
- he/she/it **is going to have gotten verbed**

Special **Meaning**(s) when used with words like **quand** (when), **aussitôt que / dès que** (as soon as), etc. describing a **future** event:

- he/she/it **has been verbed** (Future event)
- he/she/it **has gotten verbed** (Future event)

To see the **above** meaning(s) in action using the **formula**(s) **below** with **translations**, **tips**, and helpful **resources**, **scan** or **click** the **code** below ▼
- Or follow the links at verbexpress.net > French Verb Tense Atlas > Futur antérieur au Futur proche > **Futur antérieur au Futur proche – Passif**

4B.1   Passif **direct** – Option 1 – (**Futur antérieur au Futur proche**)

- Passif **direct** – Option 1 – (**See Appendix C** at end of book)

▼ Formula

Sujet (nom ou pronom, **objet direct** du verbe principal) + (**vais**, **vas**, **va**, **allons**, **allez**, **vont**) + **avoir** + **été** + verbe principal (**p.p.**)(e.s.es).

(**Note**: When using the "Passif **direct** – Option 1" format, the **subject** of the verb "être" must also be the **direct object** of the participe passé (**p.p.**) of the main verb, and because it also precedes the p.p., the **p.p.** *agrees in gender and in number* with that subject/direct object.)

▼ Meaning(s) of this verb form shown in **Univerb© Tag**(s) (3rd person) ▼

Usual **Meaning**(s):

- he/she/it **is going to have been verbed**
- he/she/it **is going to have gotten verbed**

Special Meaning(s) when used with words like **quand** (when), **aussitôt que / dès que** (as soon as), etc. describing a <u>future</u> event:

- he/she/it **has been verbed** (Future event)
- he/she/it **has gotten verbed** (Future event)

For **examples** and much more, **scan** or **click** the **code** below ▼
- **Or** follow the links at **verbexpress.net** > French Verb Tense Atlas > Futur antérieur au Futur proche > Futur antérieur au Futur proche – Passif > **Passif direct – Option 1**

4B.2   Passif **direct** – Option 2 – (**Futur antérieur au Futur proche**)

- Passif **direct** – Option 2 – (**See Appendix C** at end of book)

▼ **Formula**

When the **direct object** appears as a <u>noun</u>:

<u>On</u> (sujet indéfini) + **va avoir** + verbe principal (**p.p.**) + **objet direct**.

When the **direct object** appears as a <u>pronoun</u>:

<u>On</u> (sujet indéfini) + **va** + **pronom objet direct** + **avoir** + verbe principal (**p.p.**)(e.s.es).

(**Note**: When there is a **direct object**, <u>and</u> it <u>precedes</u> the participe passé (**p.p.**), the p.p. <u>agrees in gender and in number</u> with that direct object.)

▼ **Meaning**(s) of this verb form shown in **Univerb© Tag**(s) (3rd person) ▼

<u>Usual</u> **Meaning**(s):

- he/she/it **is going to have been verbed**
- he/she/it **is going to have gotten verbed**

Special Meaning(s) when used with words like **quand** (when), **aussitôt que / dès que** (as soon as), etc. describing a **future** event:

- he/she/it **has been verbed** (Future event)
- he/she/it **has gotten verbed** (Future event)

For **examples** and much more, **scan** or **click** the code below ▼
- **Or** follow the links at **verbexpress.net** > French Verb Tense Atlas > Futur antérieur au Futur proche > Futur antérieur au Futur proche – Passif > **Passif direct – Option 2**

4B.3   Passif **in**direct – (**Futur antérieur au Futur proche**)

- Passif **in**direct – (**See Appendix C** at end of book)

▼ **Formula**

When the **indirect object** appears as a **noun**:

On (sujet indéfini) + **va avoir** + verbe principal (**p.p.**) + **objet indirect**.

When the **indirect object** appears as a **pronoun**:

On (sujet indéfini) + **va** + **pronom objet indirect** + **avoir** + verbe principal (**p.p.**).

(**Note**: The participe passé (**p.p.**) never agrees with an **indirect** object.)

▼ **Meaning**(s) of this verb form shown in **Univerb© Tag**(s) (3rd person) ▼

Usual Meaning(s):

- he/she/it **is going to have been verbed**
- he/she/it **is going to have gotten verbed**

Special Meaning(s) when used with words like **quand** (when), **aussitôt que / dès que** (as soon as), etc. describing a **future** event:

- he/she/it **has been verbed** (Future event)
- he/she/it **has gotten verbed** (Future event)

For **examples** and much more, **scan** or **click** the **code** below ▾
- **Or** follow the links at **verbexpress.net** > French Verb Tense Atlas > Futur antérieur au Futur proche > Futur antérieur au Futur proche – Passif > **Passif indirect**

| 4B.4 | Passif **pronominal** – (Futur antérieur au Futur proche) |

- Passif **pronominal**

    The '**Passive Pronominal**' structure is a way to create a **passive** meaning by using the pronominal format with an **in**animate subject (a **non**-personal doer – singular or plural).
    (See Appendix H at end of book)

▼ Formula

Sujet (nom ou pronom, inanimé, – **objet direct** du verbe principal) + (**va, vont**) + s' + être + verbe principal (**p.p.**)(e.s.es)

(**Note**: When using the "Passif **pronominal** (direct)" format, the reflexive pronoun is also the **direct object** (of the participe passé (**p.p.**) of the main verb) and it also precedes the p.p., so the **p.p.** *agrees in gender and in number* with that direct-object reflexive pronoun – ie. with the subject.)

▼ **Meaning**(s) of this verb form shown in **Univerb© Tag**(s) (3ʳᵈ person) ▼

Usual **Meaning**(s):

- it **is going to have been verbed**
- it **is going to have gotten verbed**

Special **Meaning**(s) when used with words like **quand** (when), **aussitôt que / dès que** (as soon as), etc. describing a future event:

- it **has been verbed** (Future event)
- it **has gotten verbed** (Future event)

For **examples** and much more, <u>scan</u> or <u>click</u> the **code** below ▼
- **Or** follow the links at <u>verbexpress.net</u> > French Verb Tense Atlas > Futur antérieur au Futur proche > Futur antérieur au Futur proche – Passif > **Passif pronominal**

▶4C   Futur antérieur au Futur proche – <u>pronominal</u>

>> See *How to Do* this verb form after the **Univerb©** **Tag**(s) below ...

▼ **Meaning**(s) of this verb form shown in **Univerb© Tag**(s) (3ʳᵈ person) ▼

<u>Usual</u> **Meaning**(s):

- he/she **is going to have verbed**
- he/she/it **is going to have verbed** <u>himself</u> / <u>herself</u> / <u>itself</u>

<u>Special</u> **Meaning**(s) when used with words like **quand** (when), **aussitôt que** / **dès que** (as soon as), etc. describing a **future** event:

- he/she **has verbed** (Future event)
- he/she/it **has verbed** <u>himself</u> / <u>herself</u> / <u>itself</u> (Future event)

▼ <u>Pronominal</u> **Passive** Meanings ▼

<u>Usual</u> **Meaning**(s) when in a <u>Pronominal</u> **Passive** form: (See <u>4C.7</u>, <u>4C.8</u> below)

- he/she/it **is going to have been verbed**
- he/she/it **is going to have gotten verbed**

<u>Special</u> **Meaning**(s) when in a <u>Pronominal</u> **Passive** form and used with words like **quand** (when), **aussitôt que** / **dès que** (as soon as), etc. describing a <u>future</u> event: (See <u>4C.7</u>, <u>4C.8</u> below)

- he/she/it **has been verbed** (Future event)
- he/she/it **has gotten verbed** (Future event)

To see the <u>above</u> **meaning**(s) in action using the **formula**(s) **below** with **translations**, **tips**, and helpful **resources**, <u>scan</u> or <u>click</u> the **code** below ▼

Futur antérieur au Futur proche

- **Or** follow the links at **verbexpress.net** > French Verb Tense Atlas > Futur antérieur au Futur proche > **Futur antérieur au Futur proche – Pronominal**

| 4C.1 | Pronominal **essentiel** – (**Futur antérieur au Futur proche**) |

- Pronominal **essentiel** (exclusivement)
  (Verbes exclusivement pronominaux)

  '**Essential**' Pronominal Verbs are a special collection of verbs that are used **only** in the pronominal format, but have no '*reflexive*' meaning. (**See Appendix** E at end of book)

▼ Formula

Sujet + (**vais**, **vas**, **va**, **allons**, **allez**, **vont**) + (m', t', s', nous, vous, s')
+ **être** + verbe principal (**p.p.**)(e.s.es)

(**Note**: With "**essential**" pronominal verbs – when done in compound tenses, as in this case – the participe passé (**p.p.**) *agrees in gender and in number* with the **subject**.)

▼ Meaning(s) of this verb form shown in **Univerb©** Tag(s) (3rd person) ▼

Usual Meaning(s):

♦ he/she **is going to have verbed**

Special Meaning(s) when used with words like **quand** (when), **aussitôt que** / **dès que** (as soon as), etc. describing a future event:

♦ he/she **has verbed** (Future event)

For **examples** and much more, **scan** or **click** the **code** below ▼
- **Or** follow the links at **verbexpress.net** > French Verb Tense Atlas > Futur antérieur au Futur proche > Futur antérieur au Futur proche – Pronominal > **Pronominal essentiel**

4C.2 Pronominal à sens idiomatique – (Futur antérieur au Futur proche)

- Pronominal à **sens idiomatique**

    'Idiomatic' Pronominal Verbs are a set of verbs which take on a different meaning than their normal meaning when they are used in the pronominal format.
    (See Appendix F at end of book)

▼ **Formula**

Sujet + (**vais, vas, va, allons, allez, vont**) + (m', t', s', nous, vous, s') + (**être**) + verbe principal (**p.p.**)(e.s.es)

(**Note**: With "**idiomatic**" pronominal verbs in compound tenses, as in this case, the participe passé (**p.p.**) agrees in gender and in number with the **subject**.)

(**Exception**(s) – the participe passé (**p.p.**) of s'imaginer, se plaire, se rendre compte, and se rire **do not** agree with anything else. They keep their basic spelling.)

▼ **Meaning**(s) of this verb form shown in **Univerb© Tag**(s) (3rd person) ▼

Usual **Meaning**(s):

- he/she **is going to have verbed**

Special Meaning(s) when used with words like **quand** (when), **aussitôt que / dès que** (as soon as), etc. describing a future event:

- he/she **has verbed** (Future event)

For **examples** and much more, **scan** or **click** the **code** below ▼
- **Or** follow the links at **verbexpress.net** > French Verb Tense Atlas > Futur antérieur au Futur proche > Futur antérieur au Futur proche – Pronominal > **Pronominal à sens idiomatique**

4C.3   Pronominal **réfléchi direct** – (Futur antérieur au Futur proche)

- Pronominal **réfléchi direct**

    The **'Reflexive Direct'** Pronominal structure is when the Pronominal format is used AND the subject (the doer – singular or plural) of a direct action is also the receiver of that direct action.
    (See Appendix G at end of book)

▼ **Formula**

Sujet + (**vais**, **vas**, **va**, **allons**, **allez**, **vont**) + (m', t', s', nous, vous, s'. – **objet direct** du verbe principal) + (**être**) + verbe principal (**p.p.**)(e.s.es)

(**Note**: When the reflexive pronoun is also the **direct object** (of the participe passé (**p.p.**) of the main verb, as in this case) and it precedes the p.p., the **p.p.** agrees in gender and in number with that reflexive pronoun.)

▼ **Meaning**(s) of this verb form shown in **Univerb© Tag**(s) (3rd person) ▼

Usual **Meaning**(s):

- he/she/it **is going to have verbed** himself / herself / itself

Special **Meaning**(s) when used with words like **quand** (when), **aussitôt que / dès que** (as soon as), etc. describing a future event:

- he/she/it **has verbed** himself / herself / itself (Future event)

For **examples** and much more, **scan** or **click** the **code** below ▼
- **Or** follow the links at verbexpress.net > French Verb Tense Atlas > Futur antérieur au Futur proche > Futur antérieur au Futur proche – Pronominal > **Pronominal réfléchi direct**

4C.4 Pronominal **réfléchi indirect** – (Futur antérieur au Futur proche)

- Pronominal **réfléchi indirect**

   The **'Reflexive Indirect'** Pronominal structure is when the Pronominal format is used AND the subject (the doer - singular or plural) of an indirect action is also the receiver of that indirect action.
   (See **Appendix** G at end of book)

▼ **Formula**

Sujet + (**vais**, **vas**, **va**, **allons**, **allez**, **vont**) + (**m'**, **t'**, **s'**, **nous**, **vous**, **s'**, – **objet indirect** du verbe principal) + (**être**) + verbe principal (**p.p.**)

(**Note**: The participe passé (**p.p.**) never agrees with an **indirect** object.)

▼ **Meaning**(s) of this verb form shown in **Univerb© Tag**(s) (3rd person) ▼

Usual Meaning(s):

♦ he/she/it **is going to have verbed** himself / herself / itself

Special Meaning(s) when used with words like **quand** (when), **aussitôt que** / **dès que** (as soon as), etc. describing a **future** event:

♦ he/she/it **has verbed** himself / herself / itself (Future event)

For **examples** and much more, **scan** or **click** the **code** below ▼
- **Or** follow the links at **verbexpress.net** > French Verb Tense Atlas > Futur antérieur au Futur proche > Futur antérieur au Futur proche – Pronominal > **Pronominal réfléchi indirect**

4C.5 Pronominal **réciproque direct** – (Futur antérieur au Futur proche)

- Pronominal **réciproque direct**

The **'Reciprocal Direct'** Pronominal structure is when the Pronominal format is used AND a group of two or more (subjects) do the same **direct** action to one another.
(**See Appendix** G at end of book)

▼ Formula

Sujet (pluriel) + (**allons, allez, vont**) + (nous, vous, s', – **objet direct** du verbe principal) + (**être**) + verbe principal (**p.p.**)(e.s.es)

(**Note**: When the reflexive pronoun is also the **direct object** (of the participe passé (**p.p.**) of the main verb, as in this case) and it precedes the p.p., the **p.p.** agrees in gender and in number with that reflexive pronoun.)

▼ Meaning(s) of this verb form shown in Univerb© Tag(s) (3rd person) ▼

Usual **Meaning**(s):

- they **are going to have verbed** each other

Special Meaning(s) when used with words like **quand** (when), **aussitôt que / dès que** (as soon as), etc. describing a **future** event:

- they **have verbed** each other (Future event)

For **examples** and much more, **scan** or **click** the **code** below ▼
- **Or** follow the links at **verbexpress.net** > French Verb Tense Atlas > Futur antérieur au Futur proche > Futur antérieur au Futur proche – Pronominal > **Pronominal réciproque direct**

4C.6   Pronominal **réciproque indirect** – (Futur antérieur au Futur proche)

- Pronominal **réciproque indirect**

    The **'Reciprocal Indirect'** Pronominal structure is when the Pronominal format is used AND a group of two or more (subjects) do the same **in**direct action to one another.
    (**See Appendix** G at end of book)

Futur antérieur au Futur proche | 75

▼ **Formula**

Sujet (pluriel) + (**allons, allez, vont**) + (**nous, vous, se-s'**, – **objet indirect** du verbe principal) + (**être**) + verbe principal (**p.p.**)

(**Note**: The participe passé (**p.p.**) never agrees with an **indirect** object.)

▼ **Meaning**(s) of this verb form shown in **Univerb© Tag**(s) (3rd person) ▼

Usual **Meaning**(s):

♦ they **are going to have verbed** each other

Special Meaning(s) when used with words like **quand** (when), **aussitôt que / dès que** (as soon as), etc. describing a **future** event:

♦ they **have verbed** each other (Future event)

For **examples** and much more, **scan** or **click** the **code** below ▼
- **Or** follow the links at **verbexpress.net** > French Verb Tense Atlas > Futur antérieur au Futur proche > Futur antérieur au Futur proche – Pronominal > **Pronominal réciproque indirect**

4C.7   Pronominal **passif** – (Futur antérieur au Futur proche)

● Pronominal **passif**

The '**Passive Pronominal**' structure is a way to create a **passive** meaning by using the pronominal format with an **in**animate subject (a **non**-personal doer – singular or plural).
(**See Appendix** H at end of book)

▼ **Formula**

Sujet (nom ou pronom, inanimé, – **objet direct** du verbe principal) + (**va, vont**) + **s'** + **être** + verbe principal (**p.p.**)(e.s.es)

(**Note**: When using the "Pronominal **passif** (direct)" format, the reflexive pronoun is also the **direct object** (of the participe passé (**p.p.**) of the main verb) and it also precedes the p.p., so the **p.p.** *agrees in gender and in number* with that direct-object reflexive pronoun – ie. with the subject.)

▼ **Meaning**(s) of this verb form shown in **Univerb© Tag**(s) (3rd person) ▼

<u>Usual</u> **Meaning**(s):

- it **is going to have been** verbed
- it **is going to have gotten** verbed

<u>Special</u> **Meaning**(s) when used with words like **quand** (when), **aussitôt que / dès que** (as soon as), etc. describing a <u>future</u> event:

- it **has been** verbed (Future event)
- it **has gotten** verbed (Future event)

For **examples** and much more, **scan** or **click** the **code** below ▼
- **Or** follow the links at **verbexpress.net** > French Verb Tense Atlas > Futur antérieur au Futur proche > Futur antérieur au Futur proche – Pronominal > **Pronominal passif**

4C.8 Pronominal **impersonnel** (passif) – (**Futur antérieur au Futur proche**)

- Pronominal **impersonnel** (passif)

  The '<u>Impersonal Passive</u>' structure is a way to create a **passive** meaning by using the <u>im</u>personal version of the subject " <u>il</u> " in the <u>pronominal</u> format.
  (See **Appendix** H at end of book)

▼ **Formula**

... <u>il</u> (sens impersonnel) + va <u>s</u>'être + verbe principal (**p.p.**) + **objet direct du verbe principal**

(**Note**: When using the "Pronominal **impersonnel**" format, the participe passé (**p.p.**) *agrees in gender and in number* with the subject, which is always " <u>il</u> " – masculine singular.)

▼ **Meaning**(s) of this verb form shown in **Univerb© Tag**(s) (3ʳᵈ person) ▼

<u>Usual</u> **Meaning**(s):

- he/she/it **is going to have been verbed**
- he/she/it **is going to have gotten verbed**

<u>Special</u> **Meaning**(s) when used with words like **quand** (when), **aussitôt que / dès que** (as soon as), etc. describing a <u>future</u> event:

- he/she/it **has been verbed** (Future event)
- he/she/it **has gotten verbed** (Future event)

For **examples** and much more, <u>scan</u> or <u>click</u> the **code** below ▼
- **Or** follow the links at **verbexpress.net** > French Verb Tense Atlas > Futur antérieur au Futur proche > Futur antérieur au Futur proche – Pronominal > **Pronominal impersonnel (passif)**

▶4D Futur antérieur au Futur proche – with <u>aller</u>

>> See *How to Do* this verb form after the **Univerb© Tag**(s) below ...

▼ **Meaning**(s) of this verb form shown in **Univerb© Tag**(s) (3ʳᵈ person) ▼

<u>Usual</u> **Meaning**(s):

- he/she **is going to have gone to verb**
- he/she **is going to have gone verbing** (Appendix O at end of book)

<u>Special</u> **Meaning**(s) when used with words like **quand** (when), **aussitôt que / dès que** (as soon as), etc. describing a <u>future</u> event:

- he/she **has gone to verb** (Future event)
- he/she **has gone verbing** (Future event) (Appendix O at end of book)

4D	Futur antérieur au Futur proche – with <u>aller</u>

▼ **Formula**

Sujet + (**vais, vas, va, allons, allez, vont**) + **être** + **allé** (e.s.es) + verbe principal (**Infinitif**)

For **examples** and much more, **scan** or **click** the **code** below ▼
- **Or** follow the links at **verbexpress.net** > French Verb Tense Atlas > Futur antérieur au Futur proche > **Futur antérieur au Futur proche – with Aller**

▶**4E** Futur antérieur au Futur proche – with **devoir**

>> See *How to Do* this verb form after the **Univerb© Tag**(s) below …

▼ **Meaning**(s) of this verb form shown in **Univerb© Tag**(s) (3rd person) ▼

Usual Meaning(s):

♦ he/she/it **is going to have had to verb**

Special Meaning(s) when used with words like **quand** (when), **aussitôt que / dès que** (as soon as), etc. describing a **future** event:

♦ he/she/it **has had to verb** (Future event)

4E   Futur antérieur au Futur proche – with **devoir**

▼ **Formula**

Sujet + (**vais, vas, va, allons, allez, vont**) + **avoir** + **dû** + verbe principal (**Infinitif**)

For **examples** and much more, **scan** or **click** the **code** below ▼
- **Or** follow the links at **verbexpress.net** > French Verb Tense Atlas > Futur antérieur au Futur proche > **Futur antérieur au Futur proche – with Devoir**

▶4F   Futur antérieur au Futur proche – with pouvoir

>> See *How to Do* this verb form after the **Univerb©** **Tag**(s) below ...

▼ **Meaning**(s) of this verb form shown in **Univerb© Tag**(s) (3rd person) ▼

Usual Meaning(s):

♦   he/she/it **is going to have been able to verb**

Special Meaning(s) when used with words like **quand** (when), **aussitôt que / dès que** (as soon as), etc. describing a **future** event:

♦   he/she/it **has been able to verb** (Future event)

4F   Futur antérieur au Futur proche – with pouvoir

▼ Formula

Sujet + (**vais, vas, va, allons, allez, vont**) + **avoir** + **pu** + verbe principal (**Infinitif**)

For **examples** and much more, **scan** or **click** the **code** below ▼
- **Or** follow the links at **verbexpress.net** > French Verb Tense Atlas > Futur antérieur au Futur proche > **Futur antérieur au Futur proche – with Pouvoir**

▶4G   Futur antérieur au Futur proche – with vouloir

>> See *How to Do* this verb form after the **Univerb©** **Tag**(s) below ...

Futur antérieur au Futur proche

▼ **Meaning**(s) of this verb form shown in **Univerb© Tag**(s) (3rd person) ▼

<u>Usual</u> **Meaning**(s):

♦ he/she **is going to have wanted to verb**

<u>Special</u> **Meaning**(s) when used with words like **quand** (when), **aussitôt que / dès que** (as soon as), etc. describing a <u>future</u> event:

♦ he/she **has wanted to verb** (Future event)

4G   Futur antérieur au Futur proche – with <u>vouloir</u>

▼ **Formula**

Sujet + (**vais, vas, va, allons, allez, vont**) + **avoir** + **voulu** + verbe principal (**Infinitif**)

For **examples** and much more, <u>scan</u> or <u>click</u> the **code** below ▼
- **Or** follow the links at <u>verbexpress.net</u> > French Verb Tense Atlas > Futur antérieur au Futur proche > **Futur antérieur au Futur proche – with Vouloir**

Futur proche

Type of Verb Tense (According to <u>structure</u>)
    Temps combiné – General term in this volume for any <u>combination</u> of a <u>temps simple</u>, <u>temps composé</u>, or <u>Infinitif</u> – with or without special added word(s)

Frequency of Use in Everyday Communication – (Low, Medium, <u>**High**</u>)
Level of **Difficulty** in **Formulation** – (<u>**Low**</u>, Medium, High)

Skill level for **Usage Mastery** – (<u>**Beginner**</u>, Intermediate, Advanced)

▼ This chapter covers ▼

5A		Futur proche – actif (Basic format)
5B		Futur proche – passif
	1	Passif **direct** – Option 1
	2	Passif **direct** – Option 2
	3	Passif **indirect**
	4	Passif **pronominal**
5C		Futur proche – pronominal
	1	Pronominal **essentiel**
	2	Pronominal **à sens idiomatique**
	3	Pronominal **réfléchi direct**
	4	Pronominal **réfléchi indirect**
	5	Pronominal **réciproque direct**
	6	Pronominal **réciproque indirect**
	7	Pronominal **passif**
	8	Pronominal **impersonnel** (passif)
5D		Futur proche – with aller
5E		Futur proche – with devoir
5F		Futur proche – with pouvoir
5G		Futur proche – with vouloir

▶5A Futur proche – <u>actif</u> (Basic format)

>> See *How to Do* this verb form after the **Univerb© Tag**(s) below ...

▼ **Meaning**(s) of this verb form shown in **Univerb© Tag**(s) (3rd person) ▼

<u>Usual</u> **Meaning**(s):

- he/she/it **is going to be verbing**
- he/she/it **is going to verb** (in the future)

<u>Special</u> **Meaning**(s) when used with words like **quand** (when), **aussitôt que / dès que** (as soon as), etc. describing a <u>future</u> event:

- he/she/it **does verb** (for *emphasis*, or *negative*) (Future event)
- he/she/it **is verbing** (Future event)
- he/she/it **verbs** (Future event)

| 5A | Futur proche – <u>actif</u> (Basic format) |

▼ Formula

Sujet + (**vais, vas, va, allons, allez, vont**) + verbe principal (**Infinitif**)

For **examples** and much more, **scan** or **click** the **code** below ▼
- **Or** follow the links at **verbexpress.net** > French Verb Tense Atlas > Futur proche > **Futur proche – Actif (Basic Format)**

▶5B Futur proche – <u>passif</u>

>> See *How to Do* this verb form after the **Univerb© Tag**(s) below ...

▼ **Meaning**(s) of this verb form shown in **Univerb© Tag**(s) (3rd person) ▼

<u>Usual</u> **Meaning**(s):

- he/she/it **is going to be verbed**
- he/she/it **is going to get verbed**

Special Meaning(s) when used with words like **quand** (when), **aussitôt que / dès que** (as soon as), etc. describing a future event:

- he/she/it **does get verbed** (for *emphasis*, or *negative*) (Future event)
- he/she/it **gets verbed** (Future event)
- he/she/it **is being verbed** (Future event)
- he/she/it **is getting verbed** (Future event)
- he/she/it **is verbed** (Future event)

To see the above meaning(s) in action using the formula(s) below with translations, tips, and helpful resources, scan or click the code below ▼
- Or follow the links at verbexpress.net > French Verb Tense Atlas > Futur proche > **Futur proche – Passif**

5B.1   Passif **direct** – Option 1 – (**Futur proche**)

- Passif **direct** – Option 1 – (**See Appendix C** at end of book)

▼ **Formula**

Sujet (nom ou pronom, **objet direct** du verbe principal) + (**vais, vas, va, allons, allez, vont**) + **être** + verbe principal (**p.p.**)(e.s.es)(but cannot be a member of the *Secret Travel Club* verbs – listed in **Appendix B** at end of book)

(**Note**: When using the "Passif direct – Option 1" format, the **subject** of the verb "être" must also be the **direct object** of the participe passé (**p.p.**) of the main verb, and because it also precedes the p.p., the **p.p.** *agrees in gender and in number* with that subject/direct object.)

▼ Meaning(s) of this verb form shown in **Univerb© Tag**(s) (3rd person) ▼

Usual Meaning(s):

- he/she/it **is going to be verbed**
- he/she/it **is going to get verbed**

Special Meaning(s) when used with words like **quand** (when), **aussitôt que / dès que** (as soon as), etc. describing a future event:

- he/she/it **does get verbed** (for *emphasis*, or *negative*) (Future event)
- he/she/it **gets verbed** (Future event)
- he/she/it **is being verbed** (Future event)
- he/she/it **is getting verbed** (Future event)
- he/she/it **is verbed** (Future event)

For **examples** and much more, **scan** or **click** the **code** below ▼
- **Or** follow the links at <u>verbexpress.net</u> > French Verb Tense Atlas > Futur proche > Futur proche – Passif > **Passif direct – Option 1**

5B.2   Passif **direct** – Option 2 – (**Futur proche**)

- Passif **direct** – Option 2 – (**See Appendix C** at end of book)

▼ **Formula**

When the **direct object** appears as a <u>noun</u>:

<u>On</u> (sujet indéfini) + **va** + verbe principal (**Infinitif**)] + **objet direct**.

When the **direct object** appears as a <u>pronoun</u>:

<u>On</u> (sujet indéfini) + **va** + **pronom objet direct** + verbe principal (**Infinitif**).

▼ **Meaning**(s) of this verb form shown in **Univerb© Tag**(s) (3rd person) ▼

<u>Usual</u> **Meaning**(s):

- he/she/it **is going to be verbed**
- he/she/it **is going to get verbed**

<u>Special</u> **Meaning**(s) when used with words like **quand** (when), **aussitôt que** / **dès que** (as soon as), etc. describing a <u>future</u> event:

- he/she/it **does get verbed** (for *emphasis*, or *negative*) (Future event)
- he/she/it **gets verbed** (Future event)
- he/she/it **is being verbed** (Future event)
- he/she/it **is getting verbed** (Future event)
- he/she/it **is verbed** (Future event)

Futur proche | 85

For **examples** and much more, **scan** or **click** the **code** below ▼
- **Or** follow the links at **verbexpress.net** > French Verb Tense Atlas > Futur proche > Futur proche – Passif > **Passif direct – Option 2**

5B.3 Passif <u>indirect</u> – (**Futur proche**)

- Passif <u>indirect</u> – (**See Appendix C** at end of book)

▼ **Formula**

When the <u>indirect object</u> appears as a <u>noun</u>:

<u>On</u> (sujet indéfini) + **va** + verbe principal (**Infinitif**) + objet <u>indirect</u>.

When the <u>indirect object</u> appears as a <u>pronoun</u>:

<u>On</u> (sujet indéfini) + **va** + **pronom objet <u>indirect</u>** + verbe principal (**Infinitif**).

▼ **Meaning**(s) of this verb form shown in **Univerb© Tag**(s) (3rd person) ▼

<u>Usual</u> **Meaning**(s):

- he/she/it **is going to be verbed**
- he/she/it **is going to get verbed**

Special Meaning(s) when used with words like **quand** (when), **aussitôt que / dès que** (as soon as), etc. describing a **future** event:

- he/she/it **does get verbed** (for *emphasis*, or *negative*) (Future event)
- he/she/it **gets verbed** (Future event)
- he/she/it **is being verbed** (Future event)
- he/she/it **is getting verbed** (Future event)
- he/she/it **is verbed** (Future event)

For **examples** and much more, **scan** or **click** the **code** below ▼
- **Or** follow the links at **verbexpress.net** > French Verb Tense Atlas > Futur proche > Futur proche – Passif > **Passif indirect**

5B.4　Passif **pronominal** – (**Futur proche**)

- Passif **pronominal**

    The '**Passive Pronominal**' structure is a way to create a **passive** meaning by using the pronominal format with an **in**animate subject (a **non**-personal doer – singular or plural).
    (See Appendix H at end of book)

▼ Formula

Sujet (nom ou pronom, inanimé, – **objet direct** du verbe principal) + (**va, vont**) + se-s' + verbe principal (**Infinitif**)

▼ **Meaning**(s) of this verb form shown in **Univerb© Tag**(s) (3rd person) ▼

Usual **Meaning**(s):

- it **is going to be verbed**
- it **is going to get verbed**

Special **Meaning**(s) when used with words like **quand** (when), **aussitôt que** / **dès que** (as soon as), etc. describing a future event:

- it **does get verbed** (for *emphasis*, or *negative*) (Future event)
- it **gets verbed** (Future event)
- it **is being verbed** (Future event)
- it **is getting verbed** (Future event)
- it **is verbed** (Future event)

For **examples** and much more, scan or click the **code** below ▼
- **Or** follow the links at verbexpress.net > French Verb Tense Atlas > Futur proche > Futur proche – Passif > **Passif pronominal**

▶5C   Futur proche – pronominal

>> See *How to Do* this verb form after the **Univerb©** **Tag**(s) below …

▼ **Meaning**(s) of this verb form shown in **Univerb©** **Tag**(s) (3rd person) ▼

Usual **Meaning**(s):

- he/she **is going to be verbing** (in the future)
- he/she/it **is going to be verbing** himself / herself / itself (in the future)
- he/she **is going to verb** (in the future)
- he/she/it **is going to verb** himself / herself / itself (in the future)

Special **Meaning**(s) when used with words like **quand** (when), **aussitôt que / dès que** (as soon as), etc. describing a **future** event:

- he/she **does verb** (for *emphasis*, or *negative*) (Future event)
- he/she/it **does verb** himself / herself / itself (for *emphasis*, or *negative*) (Future event)
- he/she **is verbing** (Future event)
- he/she/it **is verbing** himself / herself / itself (Future event)
- he/she **verbs** (Future event)
- he/she/it **verbs** himself / herself / itself (Future event)

▼ Pronominal **Passive** Meanings ▼

Usual **Meaning**(s) when in a Pronominal Passive form: (See 5C.7, 5C.8 below)

- he/she/it **is going to be verbed**
- he/she/it **is going to get verbed**

Special **Meaning**(s) when in a Pronominal Passive form and used with words like **quand** (when), **aussitôt que / dès que** (as soon as), etc. describing a **future** event: (See 5C.7, 5C.8 below)

- he/she/it **does get verbed** (for *emphasis*, or *negative*) (Future event)
- he/she/it **gets verbed** (Future event)
- he/she/it **is being verbed** (Future event)
- he/she/it **is getting verbed** (Future event)
- he/she/it **is verbed** (Future event)

To see the **above** meaning(s) in action using the **formula**(s) **below** with **translations**, **tips**, and helpful **resources**, **scan** or **click** the **code** below ▼
- **Or** follow the links at verbexpress.net > French Verb Tense Atlas > Futur proche > **Futur proche – Pronominal**

Futur proche

5C.1 Pronominal **essentiel** – (**Futur proche**)

- Pronominal **essentiel** (exclusivement)
  (Verbes exclusivement pronominaux)

  '**Essential**' Pronominal Verbs are a special collection of verbs that are used **only** in the pronominal format, but have no '*reflexive*' meaning. (See Appendix **E** at end of book)

▼ **Formula**

Sujet + (**vais, vas, va, allons, allez, vont**) + (me-m', te-t', se-s', nous, vous, se-s') + verbe principal (**Infinitif**)

▼ **Meaning**(s) of this verb form shown in **Univerb© Tag**(s) (3rd person) ▼

Usual **Meaning**(s):

- he/she **is going to be verbing**
- he/she **is going to verb** (in the future)

Special **Meaning**(s) when used with words like **quand** (when), **aussitôt que / dès que** (as soon as), etc. describing a future event:

- he/she **does verb** (for *emphasis*, or *negative*) (Future event)
- he/she **is verbing** (Future event)
- he/she **verbs** (Future event)

For **examples** and much more, scan or click the **code** below ▼
- **Or** follow the links at verbexpress.net > French Verb Tense Atlas > Futur proche > Futur proche – Pronominal > **Pronominal essentiel**

5C.2 Pronominal **à sens idiomatique** – (**Futur proche**)

- Pronominal **à sens idiomatique**

  '<u>Idiomatic</u>' Pronominal Verbs are a set of verbs which take on a <u>different meaning</u> than their normal meaning when they are used in the <u>pronominal</u> format.
  (**See** <u>Appendix</u> **F** at end of book)

▼ **Formula**

Sujet + (**vais, vas, va, allons, allez, vont**) + (<u>me-m', te-t', se-s', nous, vous, se-s'</u>) + verbe principal (**Infinitif**)

▼ **Meaning**(s) of this verb form shown in **Univerb© Tag**(s) (3rd person) ▼

<u>Usual</u> **Meaning**(s):

♦ he/she **is going to be verbing**
♦ he/she **is going to verb** (in the future)

Special Meaning(s) when used with words like **quand** (when), **aussitôt que / dès que** (as soon as), etc. describing a <u>future</u> **event**:

♦ he/she **does verb** (for *emphasis*, or *negative*) (Future event)
♦ he/she **is verbing** (Future event)
♦ he/she **verbs** (Future event)

For **examples** and much more, **scan** or **click** the **code** below ▼
- **Or** follow the links at **verbexpress.net** > French Verb Tense Atlas > Futur proche > Futur proche – Pronominal > **Pronominal à sens idiomatique**

5C.3   Pronominal **réfléchi direct** – (**Futur proche**)

- Pronominal **réfléchi direct**

  The '<u>**Reflexive Direct**</u>' Pronominal structure is when the <u>Pronominal format</u> is used AND the subject (the doer – singular or plural) of a <u>direct</u> action is <u>also</u> the <u>receiver</u> of that <u>direct</u> action.
  (**See** <u>Appendix</u> **G** at end of book)

▼ **Formula**

Sujet + (**vais, vas, va, allons, allez, vont**) + (me-m', te-t', se-s', nous, vous, se-s', – **objet direct** du verbe principal) + verbe principal (**Infinitif**)

▼ **Meaning**(s) of this verb form shown in **Univerb© Tag**(s) (3rd person) ▼

Usual **Meaning**(s):

- he/she/it **is going to be verbing** himself / herself / itself
- he/she/it **is going to verb** himself / herself / itself (in the future)

Special Meaning(s) when used with words like **quand** (when), **aussitôt que / dès que** (as soon as), etc. describing a future event:

- he/she/it **does verb** himself / herself / itself (for **emphasis**, or **negative**) (Future event)
- he/she/it **is verbing** himself / herself / itself (Future event)
- he/she/it **verbs** himself / herself / itself (Future event)

For **examples** and much more, **scan** or **click** the **code** below ▼
- **Or** follow the links at verbexpress.net > French Verb Tense Atlas > Futur proche > Futur proche – Pronominal > **Pronominal réfléchi direct**

5C.4   Pronominal **réfléchi indirect** – (Futur proche)

- Pronominal **réfléchi indirect**

    The **'Reflexive Indirect'** Pronominal structure is when the Pronominal format is used AND the subject (the doer - singular or plural) of an indirect action is also the receiver of that indirect action.
    (See Appendix G at end of book)

▼ **Formula**

Sujet + (**vais, vas, va, allons, allez, vont**) + (me-m', te-t', se-s', nous, vous, se-s', – **objet indirect** du verbe principal) + verbe principal (**Infinitif**)

▼ **Meaning**(s) of this verb form shown in **Univerb© Tag**(s) (3rd person) ▼

<u>Usual</u> **Meaning**(s):

- he/she/it **is going to be verbing** <u>himself</u> / <u>herself</u> / <u>itself</u>
- he/she/it **is going to verb** <u>himself</u> / <u>herself</u> / <u>itself</u> (in the future)

<u>Special</u> **Meaning**(s) when used with words like **quand** (when), **aussitôt que** / **dès que** (as soon as), etc. describing a <u>future</u> event:

- he/she/it **does verb** <u>himself</u> / <u>herself</u> / <u>itself</u> (for *emphasis*, or *negative*) (Future event)
- he/she/it **is verbing** <u>himself</u> / <u>herself</u> / <u>itself</u> (Future event)
- he/she/it **verbs** <u>himself</u> / <u>herself</u> / <u>itself</u> (Future event)

For **examples** and much more, **scan** or **click** the **code** below ▾
- **Or** follow the links at <u>verbexpress.net</u> > French Verb Tense Atlas > Futur proche > Futur proche – Pronominal > **Pronominal réfléchi indirect**

5C.5 Pronominal **réciproque direct** – (Futur proche)

• Pronominal **réciproque direct**

> The **'Reciprocal Direct'** Pronominal structure is when the <u>Pronominal format</u> is used AND a group of two or more (subjects) do the same **direct** action <u>to one another</u>.
> (**See <u>Appendix</u> G** at end of book)

▼ **Formula**

Sujet (<u>pluriel</u>) + (**allons, allez, vont**) + (<u>nous, vous, se-s'</u>, – **objet direct** du verbe principal) + verbe principal (**Infinitif**)

▼ **Meaning**(s) of this verb form shown in **Univerb© Tag**(s) (3rd person) ▼

<u>Usual</u> **Meaning**(s):

- they **are going to be verbing** <u>each other</u> (in the future)
- they **are going to verb** <u>each other</u> (in the future)

Special Meaning(s) when used with words like **quand** (when), **aussitôt que / dès que** (as soon as), etc. describing a future event:

- they **do verb** each other (for *emphasis*, or *negative*) (Future event)
- they **are verbing** each other (Future event)
- they **verb** each other (Future event)

For **examples** and much more, **scan** or **click** the code below ▼
- **Or** follow the links at **verbexpress.net** > French Verb Tense Atlas > Futur proche > Futur proche – Pronominal > **Pronominal réciproque direct**

5C.6   Pronominal **réciproque indirect** – (**Futur proche**)

- Pronominal **réciproque indirect**

    The **'Reciprocal Indirect'** Pronominal structure is when the Pronominal format is used AND a group of two or more (subjects) do the same **in**direct action to one another.
    (**See Appendix** G at end of book)

▼ **Formula**

Sujet (pluriel) + (**allons, allez, vont**) + (**nous, vous, se-s'**, – **objet indirect** du verbe principal) + verbe principal (**Infinitif**)

▼ **Meaning**(s) of this verb form shown in **Univerb© Tag**(s) (3rd person) ▼

Usual **Meaning**(s):

- they **are going to be verbing** each other
- they **are going to verb** each other (in the future)

Special **Meaning**(s) when used with words like **quand** (when), **aussitôt que / dès que** (as soon as), etc. describing a future event:

- they **do verb** each other (for *emphasis*, or *negative*) (Future event)
- they **are verbing** each other (Future event)
- they **verb** each other (Future event)

For **examples** and much more, <u>scan</u> or <u>click</u> the **code** below ▼
- <u>Or</u> follow the links at <u>verbexpress.net</u> > French Verb Tense Atlas > Futur proche > Futur proche – Pronominal > **Pronominal réciproque indirect**

5C.7   Pronominal **passif** – (**Futur proche**)

- Pronominal **passif**

    The '<u>Passive Pronominal</u>' structure is a way to create a **passive** meaning by using the <u>pronominal</u> format with an <u>in</u>animate subject (a <u>non</u>-personal doer – singular or plural).
    (See <u>Appendix</u> H at end of book)

▼ **Formula**

Sujet (nom ou pronom, <u>inanimé</u>, – **objet direct** du verbe principal) + (**va, vont**) + <u>se-s'</u> + verbe principal (**Infinitif**)

▼ **Meaning**(s) of this verb form shown in **Univerb© Tag**(s) (3rd person) ▼

<u>Usual</u> **Meaning**(s):

♦ it **is going to be** verbed
♦ it **is going to get** verbed

Special Meaning(s) when used with words like **quand** (when), **aussitôt que / dès que** (as soon as), etc. describing a <u>future</u> event:

♦ it **does get** verbed (for *emphasis*, or *negative*) (Future event)
♦ it **gets** verbed (Future event)
♦ it **is being** verbed (Future event)
♦ it **is getting** verbed (Future event)
♦ it **is** verbed (Future event)

For **examples** and much more, <u>scan</u> or <u>click</u> the **code** below ▼
- <u>Or</u> follow the links at <u>verbexpress.net</u> > French Verb Tense Atlas > Futur proche > Futur proche – Pronominal > **Pronominal passif**

Futur proche

5C.8 Pronominal **impersonnel** (passif) – (**Futur proche**)

- Pronominal **impersonnel** (passif)

  The '**Impersonal Passive**' structure is a way to create a **passive** meaning by using the **im**personal version of the subject " **il** " in the **pronominal** format.
  (See **Appendix** H at end of book)

▼ Formula

... **il** (sens impersonnel) + **va** + **se-s'** + verbe principal (**Infinitif**) + objet direct du verbe principal

▼ **Meaning**(s) of this verb form shown in **Univerb©** **Tag**(s) (3rd person) ▼

Usual Meaning(s):

♦ he/she/it **is going to be verbed**
♦ he/she/it **is going to get verbed**

Special Meaning(s) when used with words like **quand** (when), **aussitôt que / dès que** (as soon as), etc. describing a future event:

♦ he/she/it **does get verbed** (for *emphasis*, or *negative*) (Future event)
♦ he/she/it **gets verbed** (Future event)
♦ he/she/it **is being verbed** (Future event)
♦ he/she/it **is getting verbed** (Future event)
♦ he/she/it **is verbed** (Future event)

For **examples** and much more, **scan** or **click** the **code** below ▼
- **Or** follow the links at verbexpress.net > French Verb Tense Atlas > Futur proche > Futur proche – Pronominal > **Pronominal impersonnel (passif)**

▶5D Futur proche – with <u>aller</u>

\>\> See *How to Do* this verb form after the **Univerb©** **Tag**(s) below ...

▼ **Meaning**(s) of this verb form shown in **Univerb© Tag**(s) (3rd person) ▼

<u>Usual</u> **Meaning**(s):

- he/she **is going to be going to** verb
- he/she **is going to be going** verbing (Appendix O at end of book)
- he/she **is going to go to** verb
- he/she **is going to go** verb
- he/she **is going to go** verbing (Appendix O at end of book)

<u>Special</u> **Meaning**(s) when used with words like **quand** (when), **aussitôt que / dès que** (as soon as), etc. describing a <u>future</u> event:

- he/she **does go to** verb (for *emphasis*, or *negative*) (Future event)
- he/she **does go** verb (for *emphasis*, or *negative*) (Future event)
- he/she **does go** verbing (for *emphasis*, or *negative*) (Future event) (Appendix O at end of book)
- he/she **goes to** verb (Future event)
- he/she **goes** verbing (Future event) (Appendix O at end of book)
- he/she **is going to** verb (Future event)
- he/she **is going** verbing (Future event) (Appendix O at end of book)

5D Futur proche – with <u>aller</u>

▼ Formula

Sujet + (**vais, vas, va, allons, allez, vont**) + **aller** + verbe principal (**Infinitif**)

For **examples** and much more, **scan** or **click** the **code** below ▼
- **Or** follow the links at **verbexpress.net** > French Verb Tense Atlas > Futur proche > **Futur proche – with Aller**

▶5E   Futur proche – with <u>devoir</u>

\>\> See *How to Do* this verb form after the **Univerb© Tag**(s) below …

▼ **Meaning**(s) of this verb form shown in **Univerb© Tag**(s) (3rd person) ▼

<u>Usual</u> **Meaning**(s):

- he/she/it **is going to have to verb**

<u>Special</u> **Meaning**(s) when used with words like **quand** (when), **aussitôt que / dès que** (as soon as), etc. describing a <u>future</u> event:

- he/she/it **does have to verb** (for *emphasis*, or *negative*) (Future event)
- he/she/it **has to verb** (Future event)
- he/she/it **is having to verb** (Future event)
- he/she/it **must verb** (Future event)

5E	Futur proche – with <u>devoir</u>

▼ **Formula**

Sujet + (**vais, vas, va, allons, allez, vont**) + **devoir** + verbe principal (**Infinitif**)

For **examples** and much more, **scan** or **click** the code below ▼
- **Or** follow the links at **verbexpress.net** > French Verb Tense Atlas > Futur proche > **Futur proche – with Devoir**

▶5F   Futur proche – with <u>pouvoir</u>

\>\> See *How to Do* this verb form after the **Univerb© Tag**(s) below …

▼ **Meaning**(s) of this verb form shown in **Univerb© Tag**(s) (3rd person) ▼

<u>Usual</u> **Meaning**(s):

- he/she/it **is going to be able to verb**

Special Meaning(s) when used with words like **quand** (when), **aussitôt que / dès que** (as soon as), etc. describing a **future** event:

- he/she/it **can verb** (Future event)
- he/she/it **is able to verb** (Future event)
- he/she/it **may verb** (Future event)

5F   Futur proche – with pouvoir

▼ Formula

Sujet + (**vais, vas, va, allons, allez, vont**) + **pouvoir** + verbe principal (**Infinitif**)

For **examples** and much more, **scan** or **click** the **code** below ▼
- **Or** follow the links at verbexpress.net > French Verb Tense Atlas > Futur proche > **Futur proche – with Pouvoir**

▶ **5G** Futur proche – with vouloir

>> See *How to Do* this verb form after the **Univerb© Tag**(s) below …

▼ Meaning(s) of this verb form shown in **Univerb© Tag**(s) (3rd person) ▼

Usual Meaning(s):

- he/she **is going to be wanting to verb**
- he/she **is going to want to be verbing** (This form is usually used in speaking, and spoken quickly, often resulting in " *gonna wanna be*...".
- he/she **is going to want to verb**

Special Meaning(s) when used with words like **quand** (when), **aussitôt que / dès que** (as soon as), etc. describing a **future** event:

- he/she **does want to verb** (for *emphasis*, or *negative*) (Future event)
- he/she **is wanting to verb** (Future event)
- he/she **wants to verb** (Future event)

5G   Futur proche – with vouloir

▼ **Formula**

Sujet + (**vais, vas, va, allons, allez, vont**) + **vouloir** + verbe principal (**Infinitif**)

For **examples** and much more, **scan** or **click** the **code** below ▼
- **Or** follow the links at **verbexpress.net** > French Verb Tense Atlas > Futur proche > **Futur proche – with Vouloir**

Futur proche au passé

Type of Verb Tense (According to structure)
    Temps combiné – General term in this volume for any combination of a temps simple, temps composé, or Infinitif – with or without special added word(s)

Frequency of Use in Everyday Communication – (Low, **Medium**, High)
Level of **Difficulty** in **Formulation** – (**Low**, Medium, High)

Skill level for **Usage Mastery** – (Beginner, **Intermediate**, Advanced)

▼ This chapter covers ▼

6A		Futur proche au passé – actif (Basic format)
6B		Futur proche au passé – passif
	1	Passif **direct** – Option 1
	2	Passif **direct** – Option 2
	3	Passif **indirect**
	4	Passif **pronominal**
6C		Futur proche au passé – pronominal
	1	Pronominal **essentiel**
	2	Pronominal **à sens idiomatique**
	3	Pronominal **réfléchi direct**
	4	Pronominal **réfléchi indirect**
	5	Pronominal **réciproque direct**
	6	Pronominal **réciproque indirect**
	7	Pronominal **passif**
	8	Pronominal **impersonnel** (passif)
6D		Futur proche au passé – with aller
6E		Futur proche au passé – with devoir
6F		Futur proche au passé – with pouvoir
6G		Futur proche au passé – with vouloir

▶6A Futur proche au passé – <u>actif</u> (Basic format)

\>\> See *How to Do* this verb form after the **Univerb© Tag**(s) below …

▼ **Meaning**(s) of this verb form shown in **Univerb© Tag**(s) (3rd person) ▼

<u>Usual</u> **Meaning**(s):

- he/she/it **was going to be verbing**
- he/she/it **was going to verb**

| 6A | Futur proche au passé – <u>actif</u> (Basic format) |

▼ **Formula**

Sujet + (**allais, allais, allait, allions, alliez, allaient**) + verbe principal (**Infinitif**)

For **examples** and much more, <u>scan</u> or <u>click</u> the **code** below ▼
- <u>Or</u> follow the links at **verbexpress.net** > French Verb Tense Atlas > Futur proche au passé > **Futur proche au passé – Actif (Basic Format)**

▶6B Futur proche au passé – <u>passif</u>

\>\> See *How to Do* this verb form after the **Univerb© Tag**(s) below …

▼ **Meaning**(s) of this verb form shown in **Univerb© Tag**(s) (3rd person) ▼

<u>Usual</u> **Meaning**(s):

- he/she/it **was going to be verbed**
- he/she/it **was going to get verbed**

To see the <u>above</u> **meaning**(s) in action using the **formula**(s) **below** with **translations**, **tips**, and helpful **resources**, <u>scan</u> or <u>click</u> the **code** below ▼
- <u>Or</u> follow the links at **verbexpress.net** > French Verb Tense Atlas > Futur

proche au passé > **Futur proche au passé – Passif**

6B.1   Passif **direct** – Option 1 – (**Futur proche au passé**)

- Passif **direct** – Option 1 – (**See Appendix C** at end of book)

▼ **Formula**

Sujet (nom ou pronom, **objet direct** du verbe principal) + (**allais, allais, allait, allions, alliez, allaient**) + être + verbe principal (**p.p.**)(e.s.es)(but cannot be a member of the *Secret Travel Club* verbs – listed in **Appendix B** at end of book)

(**Note**: When using the "Passif **direct** – Option 1" format, the **subject** of the verb "être" must also be the **direct object** of the participe passé (**p.p.**) of the main verb, and because it also precedes the p.p., the **p.p.** *agrees in gender and in number* with that subject/direct object.)

▼ **Meaning**(s) of this verb form shown in **Univerb© Tag**(s) (3rd person) ▼

Usual Meaning(s):

- he/she/it **was going to be verbed**
- he/she/it **was going to get verbed**

For **examples** and much more, **scan** the code below ▼
- **Or** follow the links at **verbexpress.net** > French Verb Tense Atlas > Futur proche au passé > Futur proche au passé – Passif > **Passif direct – Option 1**

6B.2   Passif **direct** – Option 2 – (**Futur proche au passé**)

- Passif **direct** – Option 2 – (**See Appendix C** at end of book)

▼ **Formula**

When the **direct object** appears as a <u>noun</u>:

<u>On</u> (sujet indéfini) + **allait** + verbe principal (**Infinitif**) + **objet direct**.

When the **direct object** appears as a <u>pronoun</u>:

<u>On</u> (sujet indéfini) + **allait** + **pronom objet direct** + verbe principal (**Infinitif**).

▼ **Meaning**(s) of this verb form shown in **Univerb© Tag**(s) (3rd person) ▼

<u>Usual</u> **Meaning**(s):

- he/she/it **was going to be verbed**
- he/she/it **was going to get verbed**

For **examples** and much more, <u>scan</u> or <u>click</u> the **code** below ▼
- **Or** follow the links at <u>verbexpress.net</u> > French Verb Tense Atlas > Futur proche au passé > Futur proche au passé – Passif > **Passif direct – Option 2**

6B.3   Passif <u>indirect</u> – (Futur proche au passé)

- Passif <u>in</u>direct – (**See Appendix C** at end of book)

▼ **Formula**

When the **<u>in</u>direct object** appears as a **<u>noun</u>**:

<u>On</u> (sujet indéfini) + **allait** + verbe principal (**Infinitif**) + **objet <u>in</u>direct**.

When the **<u>in</u>direct object** appears as a **<u>pronoun</u>**:

<u>On</u> (sujet indéfini) + **allait** + **pronom objet <u>in</u>direct** + verbe principal (**Infinitif**).

▼ **Meaning**(s) of this verb form shown in **Univerb© Tag**(s) (3rd person) ▼

<u>Usual</u> **Meaning**(s):

♦ he/she/it **was going to be verbed**
♦ he/she/it **was going to get verbed**

For **examples** and much more, **scan** or **click** the **code** below ▼
- **Or** follow the links at **verbexpress.net** > French Verb Tense Atlas > Futur proche au passé > Futur proche au passé – Passif > **Passif indirect**

6B.4   Passif **pronominal** – (Futur proche au passé)

- Passif **pronominal**

    The '**Passive Pronominal**' structure is a way to create a **passive** meaning by using the <u>pronominal</u> format with an <u>in</u>animate subject (a **non**-personal doer – singular or plural).
    (**See Appendix H** at end of book)

▼ **Formula**

Sujet (nom ou pronom, <u>inanimé</u>, – **objet direct** du verbe principal) + (**allait, allaient**) + <u>se-s'</u> + verbe principal (**Infinitif**)

▼ **Meaning**(s) of this verb form shown in **Univerb© Tag**(s) (3rd person) ▼

Usual **Meaning**(s):

- it **was going to be verbed**
- it **was going to get verbed**

For **examples** and much more, <u>scan</u> or <u>click</u> the **code** below ▾
- <u>Or</u> follow the links at **verbexpress.net** > French Verb Tense Atlas > Futur proche au passé > Futur proche au passé – Passif > **Passif pronominal**

▸6C   Futur proche au passé – <u>pronominal</u>

\>\> See *How to Do* this verb form after the **Univerb© Tag**(s) below …

▼ **Meaning**(s) of this verb form shown in **Univerb© Tag**(s) (3ʳᵈ person) ▼

<u>Usual</u> **Meaning**(s):

- he/she **was going to be verbing**
- he/she/it **was going to be verbing** <u>himself</u> / <u>herself</u> / <u>itself</u>
- he/she **was going to verb**
- he/she/it **was going to verb** <u>himself</u> / <u>herself</u> / <u>itself</u>

▾ Pronominal **Passive** Meanings ▾

<u>Usual</u> **Meaning**(s) when in a <u>Pronominal</u> **Passive** form: (See <u>6C.7</u>, <u>6C.8</u> below)

- he/she/it **was going to be verbed**
- he/she/it **was going to get verbed**

To see the <u>above</u> **meaning**(s) in action using the **formula**(s) **below** with **translations**, **tips**, and helpful **resources**, <u>scan</u> or <u>click</u> the **code** below ▾
- <u>Or</u> follow the links at **verbexpress.net** > French Verb Tense Atlas > Futur proche au passé > **Futur proche au passé – Pronominal**

Futur proche au passé | 105

6C.1 Pronominal **essentiel** – (**Futur proche au passé**)

- Pronominal **essentiel** (exclusivement)
  (Verbes <u>exclusivement</u> pronominaux)

  '<u>Essential</u>' Pronominal Verbs are a special collection of verbs that are used **only** in the <u>pronominal</u> format, but have no '*reflexive*' meaning. (See <u>Appendix</u> E at end of book)

▼ **Formula**

Sujet + (**allais, allais, allait, allions, alliez, allaient**) + (<u>me-m', te-t', se-s', nous, vous, se-s'</u>) + verbe principal (**Infinitif**)

▼ **Meaning**(s) of this verb form shown in **Univerb© Tag**(s) (3rd person) ▼

<u>Usual</u> **Meaning**(s):

- he/she **was going to be verbing**
- he/she **was going to verb**

For **examples** and much more, **scan** or **click** the **code** below ▼
- **Or** follow the links at **verbexpress.net** > French Verb Tense Atlas > Futur proche au passé > Futur proche au passé – Pronominal > **Pronominal essentiel**

6C.2 Pronominal **à sens idiomatique** – (**Futur proche au passé**)

- Pronominal à sens idiomatique

    '**Idiomatic**' Pronominal Verbs are a set of verbs which take on a different meaning than their normal meaning when they are used in the pronominal format.
    (See Appendix F at end of book)

▼ **Formula**

Sujet + (**allais, allais, allait, allions, alliez, allaient**) + (**me-m', te-t', se-s', nous, vous, se-s'**) + verbe principal (**Infinitif**)

▼ **Meaning**(s) of this verb form shown in Univerb© Tag(s) (3rd person) ▼

Usual **Meaning**(s):

- he/she **was going to be verbing**
- he/she **was going to verb**

For **examples** and much more, **scan** or **click** the **code** below ▼
- **Or** follow the links at verbexpress.net > French Verb Tense Atlas > Futur proche au passé > Futur proche au passé – Pronominal > **Pronominal à sens idiomatique**

6C.3 Pronominal réfléchi direct – (Futur proche au passé)

- Pronominal **réfléchi direct**

    The '**Reflexive Direct**' Pronominal structure is when the Pronominal format is used AND the subject (the doer – singular or plural) of a direct action is also the receiver of that direct action.
    (See Appendix G at end of book)

▼ **Formula**

Sujet + (**allais, allais, allait, allions, alliez, allaient**) + (**me-m', te-t', se-s', nous, vous, se-s'**, – **objet direct** du verbe principal) + verbe principal (**Infinitif**)

▼ **Meaning**(s) of this verb form shown in **Univerb© Tag**(s) (3rd person) ▼

Usual **Meaning**(s):

- he/she/it **was going to be verbing** himself / herself / itself
- he/she/it **was going to verb** himself / herself / itself

For **examples** and much more, **scan** or **click** the **code** below ▼
- **Or** follow the links at **verbexpress.net** > French Verb Tense Atlas > Futur proche au passé > Futur proche au passé – Pronominal > **Pronominal réfléchi direct**

6C.4   Pronominal **réfléchi indirect** – (**Futur proche au passé**)

● Pronominal **réfléchi indirect**

The '**Reflexive Indirect**' Pronominal structure is when the Pronominal format is used AND the subject (the doer - singular or plural) of an indirect action is also the receiver of that indirect action.
(**See Appendix G** at end of book)

▼ **Formula**

Sujet + (**allais, allais, allait, allions, alliez, allaient**) + (me-m', te-t', se-s', nous, vous, se-s', – **objet indirect** du verbe principal) + verbe principal (**Infinitif**)

▼ **Meaning**(s) of this verb form shown in **Univerb© Tag**(s) (3rd person) ▼

Usual **Meaning**(s):

- he/she/it **was going to be verbing** himself / herself / itself
- he/she/it **was going to verb** himself / herself / itself

For **examples** and much more, **scan** or **click** the **code** below ▼
- **Or** follow the links at **verbexpress.net** > French Verb Tense Atlas > Futur proche au passé > Futur proche au passé – Pronominal > **Pronominal réfléchi indirect**

6C.5 Pronominal **réciproque direct** – (**Futur proche au passé**)

- Pronominal **réciproque direct**

  The '**Reciprocal Direct**' Pronominal structure is when the Pronominal format is used AND a group of two or more (subjects) do the same direct action to one another.
  (See Appendix G at end of book)

▼ **Formula**

Sujet (pluriel) + (**allions, alliez, allaient**) + (nous, vous, se-s', – **objet direct** du verbe principal) + verbe principal (**Infinitif**)

▼ **Meaning**(s) of this verb form shown in **Univerb© Tag**(s) (3rd person) ▼

Usual **Meaning**(s):

- they **were going to be verbing** each other
- they **were going to verb** each other

For **examples** and much more, **scan** or **click** the **code** below ▼
- **Or** follow the links at verbexpress.net > French Verb Tense Atlas > Futur proche au passé > Futur proche au passé – Pronominal > **Pronominal réciproque direct**

6C.6 Pronominal **réciproque** indirect – (**Futur proche au passé**)

Futur proche au passé | 109

- Pronominal **réciproque indirect**

    The '**Reciprocal Indirect**' Pronominal structure is when the Pronominal format is used AND a group of two or more (subjects) do the same indirect action to one another.
    (**See Appendix** G at end of book)

| ▼ Formula

Sujet (pluriel) + (**allions, alliez, allaient**) + (nous, vous, se-s', – **objet indirect** du verbe principal) + verbe principal (**Infinitif**)

▼ **Meaning**(s) of this verb form shown in **Univerb© Tag**(s) (3rd person) ▼

Usual Meaning(s):

- they **were going to be verbing** each other
- they **were going to verb** each other

For **examples** and much more, **scan** or **click** the **code** below ▼
- **Or** follow the links at **verbexpress.net** > French Verb Tense Atlas > Futur proche au passé > Futur proche au passé – Pronominal > **Pronominal réciproque indirect**

6C.7   Pronominal **passif** – (**Futur proche au passé**)

- Pronominal **passif**

    The '**Passive Pronominal**' structure is a way to create a **passive** meaning by using the pronominal format with an inanimate subject (a **non**-personal doer – singular or plural).
    (**See Appendix** H at end of book)

| ▼ Formula

Sujet (nom ou pronom, inanimé, – **objet direct** du verbe principal) + (**allait, allaient**) + se-s' + verbe principal (**Infinitif**)

| ▼ **Meaning**(s) of this verb form shown in **Univerb© Tag**(s) (3rd person) ▼

Usual Meaning(s):

♦ it **was going to be verbed**
♦ it **was going to get verbed**

For **examples** and much more, **scan** or **click** the **code** below ▼
- **Or** follow the links at **verbexpress.net** > French Verb Tense Atlas > Futur proche au passé > Futur proche au passé – Pronominal > **Pronominal passif**

6C.8 Pronominal **impersonnel** (passif) – (**Futur proche au passé**)

● Pronominal **impersonnel** (passif)

The '**Impersonal Passive**' structure is a way to create a **passive** meaning by using the **im**personal version of the subject " **il** " in the pronominal format.
(See **Appendix** H at end of book)

▼ Formula

… **il** (sens impersonnel) + **allait** + **se-s'** + verbe principal (**Infinitif**) + **objet direct du verbe principal**

▼ Meaning(s) of this verb form shown in Univerb© Tag(s) (3ʳᵈ person) ▼

Usual Meaning(s):

♦ he/she/it **was going to be verbed**
♦ he/she/it **was going to get verbed**

For **examples** and much more, **scan** or **click** the **code** below ▼
- **Or** follow the links at **verbexpress.net** > French Verb Tense Atlas > Futur proche au passé > Futur proche au passé – Pronominal > **Pronominal impersonnel (passif)**

Futur proche au passé | 111

▶6D Futur proche au passé – with aller

\>> See *How to Do* this verb form after the Univerb© Tag(s) below …

▼ Meaning(s) of this verb form shown in Univerb© Tag(s) (3rd person) ▼

Usual Meaning(s):

- he/she **was going to be going to verb** (Usually used in speaking, and spoken quickly, often resulting in "*gonna be going*...").
- he/she **was going to be going verbing** (Appendix O at end of book) (Usually used in speaking, and spoken quickly, often resulting in "*gonna be going*...").
- he/she **was going to go to verb**
- he/she **was going to go verb**
- he/she **was going to go verbing** (Appendix O at end of book)

6D   Futur proche au passé – with aller

▼ Formula

Sujet + (**allais, allais, allait, allions, alliez, allaient**) + **aller** + verbe principal (**Infinitif**)

For **examples** and much more, **scan** or **click** the **code** below ▼
- **Or** follow the links at **verbexpress.net** > French Verb Tense Atlas > Futur proche au passé > **Futur proche au passé – with Aller**

▶6E Futur proche au passé – with devoir

\>> See *How to Do* this verb form after the Univerb© Tag(s) below …

▼ Meaning(s) of this verb form shown in Univerb© Tag(s) (3rd person) ▼

Futur proche au passé

Usual Meaning(s):

- he/she/it **was going to be having to verb**
- he/she/it **was going to have to verb**

| 6E | Futur proche au passé – with devoir |

▼ Formula

Sujet + (**allais, allais, allait, allions, alliez, allaient**) + devoir + verbe principal (**Infinitif**)

For **examples** and much more, **scan** or **click** the **code** below ▼
- **Or** follow the links at **verbexpress.net** > French Verb Tense Atlas > Futur proche au passé > **Futur proche au passé – with Devoir**

▶6F Futur proche au passé – with pouvoir

\>> See *How to Do* this verb form after the **Univerb©** **Tag**(s) below ...

▼ **Meaning**(s) of this verb form shown in **Univerb©** **Tag**(s) (3rd person) ▼

Usual Meaning(s):

- he/she/it **was going to be able to verb**

| 6F | Futur proche au passé – with pouvoir |

▼ Formula

Sujet + (**allais, allais, allait, allions, alliez, allaient**) + pouvoir + verbe principal (**Infinitif**)

For **examples** and much more, **scan** or **click** the **code** below ▼
- **Or** follow the links at **verbexpress.net** > French Verb Tense Atlas > Futur proche au passé > **Futur proche au passé – with Pouvoir**

▶6G   Futur proche au passé – with <u>vouloir</u>

>> See *How to Do* this verb form after the **Univerb© Tag**(s) below ...

▼ **Meaning**(s) of this verb form shown in **Univerb© Tag**(s) (3rd person) ▼

<u>Usual</u> **Meaning**(s):

- he/she **was going to be wanting to verb**
- he/she **was going to want to be verbing**
  (Usually used in speaking, and spoken quickly, often resulting in "*was gonna wanna be ...*".
- he/she **was going to want to verb**

6G   Futur proche au passé – with <u>vouloir</u>

▼ Formula

Sujet + (**allais, allais, allait, allions, alliez, allaient**) + **vouloir** + verbe principal (**Infinitif**)

For **examples** and much more, **scan** or **click** the **code** below ▼
- **Or** follow the links at <u>verbexpress.net</u> > French Verb Tense Atlas > Futur proche au passé > **Futur proche au passé – with Vouloir**

Futur simple

Type of Verb Tense (According to structure)
  Temps simple – ("**Simple**" Tense: a single-word tense.)

Frequency of Use in Everyday Communication – (Low, **Medium**, High)
Level of **Difficulty** in **Formulation** – (**Low**, Medium, High)

Skill level for **Usage Mastery** – (Beginner, **Intermediate**, Advanced)

▼ This chapter covers ▼

7A	Futur simple – actif (Basic format)
7B	Futur simple – passif
1	Passif **direct** – Option 1
2	Passif **direct** – Option 2
3	Passif **indirect**
4	Passif **pronominal**
7C	Futur simple – pronominal
1	Pronominal **essentiel**
2	Pronominal **à sens idiomatique**
3	Pronominal **réfléchi direct**
4	Pronominal **réfléchi indirect**
5	Pronominal **réciproque direct**
6	Pronominal **réciproque indirect**
7	Pronominal **passif**
8	Pronominal **impersonnel** (passif)
7D	Futur simple – with aller
7E	Futur simple – with devoir
7F	Futur simple – with pouvoir
7G	Futur simple – with vouloir

▶7A Futur simple – actif (Basic format)

>> See *How to Do* this verb form after the **Univerb© Tag**(s) below …

▼ **Meaning**(s) of this verb form shown in **Univerb© Tag**(s) (3rd person) ▼

Usual **Meaning**(s):

- he/she/it **shall be verbing**
- he/she/it **shall verb**

- he/she/it **will be verbing**
- he/she/it **will verb**

Special Meaning(s) when used with words like **quand** (when), **aussitôt que / dès que** (as soon as), etc. describing a **future** event:

- he/she/it **does verb** (for *emphasis*, or *negative*) (Future event)
- he/she/it **is verbing** (Future event)
- he/she/it **verbs** (Future event)

7A   Futur simple – actif (Basic format)

▼ Formula

1. For verbs ending in "**-r**", add the following endings after the final "**-r**" of the verb (**-ai**, **-as**, **-a**, **-ons**, **-ez**, **-ont**).

2. For verbs ending in "**-re**", first remove the final "**-e**" from "**-re**", and then add the above endings.

- These endings, when added after the final "**-r**" of the verb, **all** mean "**will**", or "**will be … -ing**".

For **examples** and much more, **scan** or **click** the **code** below ▾
- **Or** follow the links at **verbexpress.net** > French Verb Tense Atlas > Futur simple > **Futur simple – Actif (Basic Format)**

A few special spelling rules for the Futur simple:

Rule 1.

According to the rules of "La Nouvelle orthographe" (New Rules of Spelling) from the Académie française ,

when creating the **Futur simple** of a verb whose "Infinitif" form ends in the sequence "... e + single consonant + -er", or in "... é + single consonant + -er", the "e" or "é" preceding the "single consonant" is changed into "è" before a mute syllable, (that is a syllable ending in a silent –e).

Example:
        Infinitif: "se lever" = (... e + v + er) ; Futur simple: il (elle) se lèvera

Example:
        Infinitif: "protéger" = (... é + g + er) ; Futur simple: il (elle) protègera

Rule 1 also applies to 1st-Group verbs in –er whose "Infinitif" form includes the sequence of "... e" or "... é" followed by a pair of unlike consonants whose second letter is "h", "l", "n", "r", or "u".

Examples are: pécher, régler, régner, célébrer, déléguer, etc. resulting in il (elle) pèchera, il (elle) règlera, il (elle) règnera, il (elle) célèbrera, and il (elle) délèguera, respectively.

Rule 2.

The rules of " La Nouvelle orthographe " from the Académie française also state that when the consonant in the "... e + single consonant + -er", or in "... é + single consonant + -er" sequence is an "l" or a "t", the "l" or "t" is doubled (before a mute syllable – a syllable ending in a silent –e) in a small group of verbs, namely appeler, jeter, and their derivatives (including interpeler).

Examples of the doubling of "l":
        Infinitif: "appeler", "rappeler"; Futur simple: il (elle) appellera, il (elle) rappellera, respectively.

Examples of the doubling of "t":
        Infinitif: "jeter", "projeter"; Futur simple: il (elle) jettera, il (elle) projettera, respectively.

Finally, there are several important verbs which modify their stem (core spelling) before adding the endings.

These are listed below, and are grouped according to the similarities in their modified form (that is, in their adjusted stem).

Infinitif		Adjusted stem	Examples for : "je, tu, il, nous, vous, ils" (in sequence)
avoir (to have)	▶	aur-	j'au**rai** I will be having, I will have
savoir (to know)	▶	saur-	tu sau**ras** you will know
être (to be)	▶	ser-	il se**ra** he will be
faire (to do / to make)	▶	fer-	nous fe**rons** we will be doing / we will be making we will do / we will make

vouloir (to want)	▶	voudr-	vous voud**rez** you will be wanting, you will want
pouvoir (to be able)	▶	pourr-	ils pour**ront** they will be able
devoir (to have to)	▶	devr-	je dev**rai** I will have to
recevoir (to receive)	▶	recevr-	tu recev**ras** you will be receiving / you will receive
aller (to go)	▶	ir-	il i**ra** he will be going / he will go
venir (to come)	▶	viendr-	je viend**rai** I will be coming / I will come
tenir (to hold)	▶	tiendr-	tu tiend**ras** you will be holding / you will hold
voir (to see)	▶	verr-	il ve**rra** he will be seeing / he will see
envoyer (to send)	▶	enverr-	nous enver**rons** we will be sending / we will send
courir (to run)	▶	courr-	vous cour**rez** you will be running / you will run

mourir (to die)	▶	mourr-	ils **mourront** they will be dying / they will die
valoir (to be worth)	▶	vaudr-	je **vaudrai** I will be worth
falloir (to be necessary) (impersonal)	▶	faudr- (impersonal)	il **faudra** it will be necessary
s'asseoir (to sit)	▶	assoir-	tu t'**assoiras** you will be sitting / you will sit
s'asseoir (to sit)	▶	assiér-	nous nous **assiérons** we will be sitting / we will sit

▶7B Futur simple – passif

\>\> See *How to Do* this verb form after the **Univerb© Tag**(s) below …

▼ **Meaning**(s) of this verb form shown in **Univerb© Tag**(s) (3rd person) ▼

Usual **Meaning**(s):

- he/she/it **shall be verbed**
- he/she/it **shall get verbed**

- he/she/it **will be verbed**
- he/she/it **will get verbed**

Special **Meaning**(s) when used with words like **quand** (when), **aussitôt que** / **dès que** (as soon as), etc. describing a future event:

- he/she/it **does get verbed** (for *emphasis*, or *negative*) (Future event)
- he/she/it **gets verbed** (Future event)
- he/she/it **is being verbed** (Future event)
- he/she/it **is getting verbed** (Future event)
- he/she/it **is verbed** (Future event)

To see the **above meaning**(s) in action using the **formula**(s) **below** with **translations**, **tips**, and helpful **resources**, **scan** or **click** the **code** below ▼
- **Or** follow the links at **verbexpress.net** > French Verb Tense Atlas > Futur simple > **Futur simple – Passif**

120 | Futur simple

| 7B.1 | Passif **direct** – Option 1 – (**Futur simple**)

- Passif **direct** – Option 1 – (**See Appendix C** at end of book)

▼ **Formula**

Sujet (nom ou pronom, **objet direct** du verbe principal) + (**serai**, **seras**, **sera**, **serons**, **serez**, **seront**) + verbe principal (**p.p.**)(e.s.es)(but <u>cannot be</u> a member of the *Secret Travel Club* verbs – listed in **Appendix B** at end of book)

(**Note**: When using the "Passif **direct** – Option 1" format, the **subject** of the verb "être" must also be the **direct object** of the participe passé (**p.p.**) of the main verb, and because it also <u>precedes</u> the p.p., the **p.p.** *agrees in gender and in number* with that subject/direct object.)

▼ **Meaning**(s) of this verb form shown in **Univerb© Tag**(s) (3rd person) ▼

<u>Usual</u> **Meaning**(s):

- he/she/it **shall be verbed**
- he/she/it **shall get verbed**

- he/she/it **will be verbed**
- he/she/it **will get verbed**

Special Meaning(s) when used with words like **quand** (when), **aussitôt que** / **dès que** (as soon as), etc. describing a <u>future</u> event:

- he/she/it **does get verbed** (for *emphasis*, or *negative*) (Future event)
- he/she/it **gets verbed** (Future event)
- he/she/it **is being verbed** (Future event)
- he/she/it **is getting verbed** (Future event)
- he/she/it **is verbed** (Future event)

For **examples** and much more, **scan** or **click** the **code** below ▼
- **Or** follow the links at **verbexpress.net** > French Verb Tense Atlas > Futur simple > Futur simple – Passif > **Passif direct – Option 1**

7B.2 Passif **direct** – Option 2 – (**Futur simple**)

- Passif **direct** – Option 2 – (**See Appendix C** at end of book)

▼ **Formula**

When the **direct object** appears as a <u>noun</u>:

On (sujet indéfini) + verbe principal (**Futur simple** - *Details in 7A above*) + **objet direct**.

When the **direct object** appears as a <u>pronoun</u>:

On (sujet indéfini) + **pronom objet direct** + verbe principal (**Futur simple** - *Details in 7A above*)

▼ **Meaning**(s) of this verb form shown in **Univerb© Tag**(s) (3rd person) ▼

<u>Usual</u> **Meaning**(s):

- he/she/it **shall be verbed**
- he/she/it **shall get verbed**

- he/she/it **will be verbed**
- he/she/it **will get verbed**

<u>Special</u> **Meaning**(s) when used with words like **quand** (when), **aussitôt que** / **dès que** (as soon as), etc. describing a <u>future</u> event:

- he/she/it **does get verbed** (for *emphasis*, or *negative*) (Future event)
- he/she/it **gets verbed** (Future event)
- he/she/it **is being verbed** (Future event)
- he/she/it **is getting verbed** (Future event)
- he/she/it **is verbed** (Future event)

For **examples** and much more, **scan** or **click** the **code** below ▼
- **Or** follow the links at **verbexpress.net** > French Verb Tense Atlas > Futur simple > Futur simple – Passif > **Passif direct – Option 2**

Futur simple

7B.3 Passif <u>in</u>direct – (**Futur simple**)

- Passif <u>in</u>direct – (**See Appendix C** at end of book)

▼ **Formula**

When the <u>indirect object</u> appears as a <u>noun</u>:

<u>On</u> (sujet indéfini) + verbe principal (**Futur simple** - *Details in 7A above*) + objet <u>in</u>direct.

When the <u>indirect object</u> appears as a <u>pronoun</u>:

<u>On</u> (sujet indéfini) + **pronom objet <u>in</u>direct** + verbe principal (**Futur simple** - *Details in 7A above*)

▼ **Meaning**(s) of this verb form shown in **Univerb© Tag**(s) (3rd person) ▼

<u>Usual</u> **Meaning**(s):

- he/she/it **shall be verbed**
- he/she/it **shall get verbed**

- he/she/it **will be verbed**
- he/she/it **will get verbed**

<u>Special</u> **Meaning**(s) when used with words like **quand** (when), **aussitôt que / dès que** (as soon as), etc. describing a <u>future</u> event:

- he/she/it **does get verbed** (for *emphasis*, or *negative*) (Future event)
- he/she/it **gets verbed** (Future event)
- he/she/it **is being verbed** (Future event)
- he/she/it **is getting verbed** (Future event)
- he/she/it **is verbed** (Future event)

For **examples** and much more, **scan** or **click** the **code** below ▼
- **Or** follow the links at **verbexpress.net** > French Verb Tense Atlas > Futur simple > Futur simple – Passif > **Passif indirect**

7B.4 Passif **pronominal** – (**Futur simple**)

- Passif **pronominal**

    The '**Passive Pronominal**' structure is a way to create a **passive** meaning by using the pronominal format with an **in**animate subject (a **non**-personal doer – singular or plural).
    (**See** Appendix H at end of book)

▼ Formula

Sujet (nom ou pronom, inanimé, – **objet direct** du verbe principal) + se-s' + verbe principal (**Futur simple** - *Details in 7A above*)

▼ **Meaning**(s) of this verb form shown in **Univerb© Tag**(s) (3rd person) ▼

Usual **Meaning**(s):

- it **shall be verbed**
- it **shall get verbed**

- it **will be verbed**
- it **will get verbed**

Special **Meaning**(s) when used with words like **quand** (when), **aussitôt que / dès que** (as soon as), etc. describing a **future** event:

- it **does get verbed** (for *emphasis*, or *negative*) (Future event)
- it **gets verbed** (Future event)
- it **is being verbed** (Future event)
- it **is getting verbed** (Future event)
- it **is verbed** (Future event)

For **examples** and much more, **scan** or **click** the **code** below ▼
- **Or** follow the links at **verbexpress.net** > French Verb Tense Atlas > Futur simple > Futur simple – Passif > **Passif pronominal**

▶7C Futur simple – pronominal

\>\> See *How to Do* this verb form after the **Univerb© Tag**(s) below …

▼ **Meaning**(s) of this verb form shown in **Univerb© Tag**(s) (3rd person) ▼

Usual **Meaning**(s):

- he/she **shall be verbing**
- he/she/it **shall be verbing** himself / herself / itself
- he/she **shall verb**
- he/she/it **shall verb** himself / herself / itself

- he/she **will be verbing**
- he/she/it **will be verbing** himself / herself / itself
- he/she **will verb**
- he/she/it **will verb** himself / herself / itself

Special **Meaning**(s) when used with words like **quand** (when), **aussitôt que / dès que** (as soon as), etc. describing a future event:

- he/she **does verb** (for *emphasis*, or *negative*) (Future event)
- he/she/it **does verb** himself / herself / itself (for *emphasis*, or *negative*) (Future event)
- he/she **is verbing** (Future event)
- he/she/it **is verbing** himself / herself / itself (Future event)
- he/she **verbs** (Future event)
- he/she/it **verbs** himself / herself / itself (Future event)

▼ Pronominal **Passive** Meanings ▼

Usual **Meaning**(s) when in a Pronominal **Passive** form: (See 7C.7, 7C.8 below)

- he/she/it **shall be verbed**
- he/she/it **shall get verbed**

- he/she/it **will be verbed**
- he/she/it **will get verbed**

Special **Meaning**(s) when in a Pronominal **Passive** form and used with words like **quand** (when), **aussitôt que / dès que** (as soon as), etc. describing a future event: (See 7C.7, 7C.8 below)

- he/she/it **does get verbed** (for *emphasis*, or *negative*) (Future event)
- he/she/it **gets verbed** (Future event)
- he/she/it **is being verbed** (Future event)
- he/she/it **is getting verbed** (Future event)
- he/she/it **is verbed** (Future event)

To see the **above** meaning(s) in action using the **formula**(s) **below** with **translations**, **tips**, and helpful **resources**, scan or click the code below ▼
- **Or** follow the links at **verbexpress.net** > French Verb Tense Atlas > Futur simple > **Futur simple – Pronominal**

7C.1   Pronominal **essentiel** – (**Futur simple**)

- Pronominal **essentiel** (exclusivement)
  (Verbes exclusivement pronominaux)

  '**Essential**' Pronominal Verbs are a special collection of verbs that are used **only** in the pronominal format, but have no '*reflexive*' meaning. (**See Appendix E** at end of book)

▼ **Formula**

Sujet + (me-m', te-t', se-s', nous, vous, se-s') + verbe principal (**Futur simple** - *Details in 7A above*)

▼ Meaning(s) of this verb form shown in **Univerb© Tag**(s) (3rd person) ▼

Usual Meaning(s):

- he/she **shall be verbing**
- he/she **shall verb**

- he/she **will be verbing**
- he/she **will verb**

Special Meaning(s) when used with words like **quand** (when), **aussitôt que** / **dès que** (as soon as), etc. describing a future event:

- he/she **does verb** (for *emphasis*, or *negative*) (Future event)
- he/she **is verbing** (Future event)
- he/she **verbs** (Future event)

For **examples** and much more, scan or click the code below ▼
- **Or** follow the links at **verbexpress.net** > French Verb Tense Atlas > Futur simple > Futur simple – Pronominal > **Pronominal essentiel**

126 | Futur simple

7C.2   Pronominal **à sens idiomatique** – (**Futur simple**)

- Pronominal **à sens idiomatique**

    '**Idiomatic**' Pronominal Verbs are a set of verbs which take on a different meaning than their normal meaning when they are used in the pronominal format.
    (**See Appendix** F at end of book)

▼ **Formula**

Sujet + (me-m', te-t', se-s', nous, vous, se-s') + verbe principal (**Futur simple** - *Details in 7A above*)

▼ **Meaning**(s) of this verb form shown in **Univerb© Tag**(s) (3rd person) ▼

Usual **Meaning**(s):

- he/she **shall be verbing**
- he/she **shall verb**

- he/she **will be verbing**
- he/she **will verb**

Special **Meaning**(s) when used with words like **quand** (when), **aussitôt que / dès que** (as soon as), etc. describing a future event:

- he/she **does verb** (for *emphasis*, or *negative*) (Future event)
- he/she **is verbing** (Future event)
- he/she **verbs** (Future event)

For **examples** and much more, **scan** or **click** the **code** below ▼
- **Or** follow the links at **verbexpress.net** > French Verb Tense Atlas > Futur simple > Futur simple – Pronominal > **Pronominal à sens idiomatique**

Futur simple | 127

7C.3 Pronominal **réfléchi direct** – (**Futur simple**)

- Pronominal **réfléchi direct**

  The '**Reflexive Direct**' Pronominal structure is when the Pronominal format is used AND the subject (the doer – singular or plural) of a direct action is also the receiver of that direct action.
  (**See** Appendix G at end of book)

▼ **Formula**

Sujet + (me-m', te-t', se-s', nous, vous, se-s', – **objet direct** du verbe principal) + verbe principal (**Futur simple** - *Details in 7A above*)

▼ **Meaning**(s) of this verb form shown in **Univerb© Tag**(s) (3rd person) ▼

Usual **Meaning**(s):

- he/she/it **shall verb** himself / herself / itself
- he/she/it **shall be verbing** himself / herself / itself

- he/she/it **will be verbing** himself / herself / itself
- he/she/it **will verb** himself / herself / itself

Special **Meaning**(s) when used with words like **quand** (when), **aussitôt que** / **dès que** (as soon as), etc. describing a future event:

- he/she/it **does verb** himself / herself / itself (for *emphasis*, or *negative*) (Future event)
- he/she/it **is verbing** himself / herself / itself (Future event)
- he/she/it **verbs** himself / herself / itself (Future event)

For **examples** and much more, **scan** or **click** the code below ▼
- **Or** follow the links at **verbexpress.net** > French Verb Tense Atlas > Futur simple > Futur simple – Pronominal > **Pronominal réfléchi direct**

7C.4 Pronominal **réfléchi** <u>indirect</u> – (**Futur simple**)

- Pronominal **réfléchi indirect**

  > The **'Reflexive Indirect'** Pronominal structure is when the Pronominal format is used AND the subject (the doer - singular or plural) of an indirect action is also the receiver of that indirect action.
  > (See **Appendix** G at end of book)

▼ **Formula**

Sujet + (me-m', te-t', se-s', nous, vous, se-s', – **objet indirect** du verbe principal) + verbe principal (**Futur simple** - *Details in 7A above*)

▼ **Meaning**(s) of this verb form shown in **Univerb© Tag**(s) (3ʳᵈ person) ▼

Usual **Meaning**(s):

- he/she/it **shall verb** himself / herself / itself
- he/she/it **shall be verbing** himself / herself / itself

- he/she/it **will be verbing** himself / herself / itself
- he/she/it **will verb** himself / herself / itself

Special **Meaning**(s) when used with words like **quand** (when), **aussitôt que** / **dès que** (as soon as), etc. describing a future event:

- he/she/it **does verb** himself / herself / itself (for *emphasis*, or *negative*) (Future event)
- he/she/it **is verbing** himself / herself / itself (Future event)
- he/she/it **verbs** himself / herself / itself (Future event)

For **examples** and much more, **scan** or **click** the **code** below ▼
- Or follow the links at **verbexpress.net** > French Verb Tense Atlas > Futur simple > Futur simple – Pronominal > **Pronominal réfléchi indirect**

7C.5   Pronominal **réciproque direct** – (**Futur simple**)

- Pronominal **réciproque direct**

  > The **'Reciprocal Direct'** Pronominal structure is when the Pronominal

format is used AND a group of two or more (subjects) do the same **direct** action to one another.
(**See Appendix** G at end of book)

▼ **Formula**

Sujet (pluriel) + (nous, vous, se-s', – **objet direct** du verbe principal) + verbe principal (**Futur simple** - *Details in 7A above*)

▼ **Meaning**(s) of this verb form shown in **Univerb© Tag**(s) (3rd person) ▼

Usual **Meaning**(s):

- they **shall verb** each other
- they **shall be verbing** each other

- they **will be verbing** each other
- they **will verb** each other

Special Meaning(s) when used with words like **quand** (when), **aussitôt que / dès que** (as soon as), etc. describing a **future event**:

- they **do verb** each other (for *emphasis*, or *negative*) (Future event)
- they **are verbing** each other (Future event)
- they **verb** each other (Future event)

For **examples** and much more, **scan** or **click** the **code** below ▼
- **Or** follow the links at **verbexpress.net** > French Verb Tense Atlas > Futur simple > Futur simple – Pronominal > **Pronominal réciproque direct**

7C.6   Pronominal **réciproque** indirect – (**Futur simple**)

- Pronominal **réciproque indirect**

    The '**Reciprocal Indirect**' Pronominal structure is when the Pronominal format is used AND a group of two or more (subjects) do the same **in**direct action to one another.
    (**See Appendix** G at end of book)

▼ **Formula**

Sujet (pluriel) + (nous, vous, se-s', - **objet indirect** du verbe principal) + verbe principal (**Futur simple** - *Details in 7A above*)

▼ **Meaning**(s) of this verb form shown in **Univerb© Tag**(s) (3rd person) ▼

<u>Usual</u> **Meaning**(s):

- they **shall verb** each other
- they **shall be verbing** each other

- they **will be verbing** each other
- they **will verb** each other

<u>Special</u> **Meaning**(s) when used with words like **quand** (when), **aussitôt que / dès que** (as soon as), etc. describing a <u>future</u> event:

- they **do verb** each other (for *emphasis*, or *negative*) (Future event)
- they **are verbing** each other (Future event)
- they **verb** each other (Future event)

For **examples** and much more, **scan** or **click** the **code** below ▼
- **Or** follow the links at **verbexpress.net** > French Verb Tense Atlas > Futur simple > Futur simple – Pronominal > **Pronominal réciproque indirect**

7C.7   Pronominal **passif** – (**Futur simple**)

- Pronominal **passif**

    The '**Passive Pronominal**' structure is a way to create a **passive** meaning by using the pronominal format with an **in**animate subject (a **non**-personal doer – singular or plural).
    (See Appendix H at end of book)

▼ **Formula**

Sujet (nom ou pronom, inanimé, – **objet direct** du verbe principal) + se-s' + verbe principal (**Futur simple** - *Details in 7A above*)

▼ **Meaning**(s) of this verb form shown in **Univerb© Tag**(s) (3rd person) ▼

Futur simple | 131

<u>Usual</u> **Meaning**(s):

- it **shall be verbed**
- it **shall get verbed**

- it **will be verbed**
- it **will get verbed**

Special Meaning(s) when used with words like **quand** (when), **aussitôt que / dès que** (as soon as), etc. describing a <u>future</u> event:

- it **does get verbed** (for *emphasis*, or *negative*) (Future event)
- it **gets verbed** (Future event)
- it **is being verbed** (Future event)
- it **is getting verbed** (Future event)
- it **is verbed** (Future event)

For **examples** and much more, <u>scan</u> or <u>click</u> the **code** below ▼
- **Or** follow the links at **verbexpress.net** > French Verb Tense Atlas > Futur simple > Futur simple – Pronominal > **Pronominal passif**

7C.8   Pronominal **impersonnel** (passif) – (**Futur simple**)

- Pronominal **impersonnel** (passif)

   The '<u>Impersonal Passive</u>' structure is a way to create a <u>passive</u> meaning by using the <u>im</u>personal version of the subject " <u>il</u> " in the <u>pronominal</u> format.
   (See **Appendix** H at end of book)

▼ **Formula**

... <u>il</u> (sens impersonnel) + <u>se-s'</u> + verbe principal (**Futur simple** - *Details in <u>7A</u> above*) + **objet direct du verbe principal**

▼ **Meaning**(s) of this verb form shown in **Univerb©** **Tag**(s) (3rd person) ▼

<u>Usual</u> **Meaning**(s):

- he/she/it **shall be verbed**
- he/she/it **shall get verbed**

- he/she/it **will be verbed**
- he/she/it **will get verbed**

Special Meaning(s) when used with words like **quand** (when), **aussitôt que / dès que** (as soon as), etc. describing a <u>future</u> event:

- he/she/it **does get verbed** (for *emphasis*, or *negative*) (Future event)
- he/she/it **gets verbed** (Future event)
- he/she/it **is being verbed** (Future event)
- he/she/it **is getting verbed** (Future event)
- he/she/it **is verbed** (Future event)

For **examples** and much more, <u>scan</u> or <u>click</u> the **code** below ▼
- <u>Or</u> follow the links at <u>verbexpress.net</u> > French Verb Tense Atlas > Futur simple > Futur simple – Pronominal > **Pronominal impersonnel (passif)**

▶7D Futur simple – with <u>aller</u>

>> See *How to Do* this verb form after the **Univerb© Tag**(s) below …

▼ **Meaning**(s) of this verb form shown in **Univerb© Tag**(s) (3rd person) ▼

<u>Usual</u> **Meaning**(s):

- he/she **shall be going to verb**
- he/she **shall be going verbing** (Appendix O at end of book)
- he/she **shall go to verb**
- he/she **shall go verb**
- he/she **shall go verbing** (Appendix O at end of book)

- he/she **will be going to verb**
- he/she **will be going verbing** (Appendix O at end of book)
- he/she **will go to verb**
- he/she **will go verb**
- he/she **will go verbing** (Appendix O at end of book)

Special Meaning(s) when used with words like **quand** (when), **aussitôt que / dès que** (as soon as), etc. describing a <u>future</u> event:

- he/she **does go to verb** (for *emphasis*, or *negative*) (Future event)
- he/she **does go verb** (for *emphasis*, or *negative*) (Future event)
- he/she **does go verbing** (for *emphasis*, or *negative*) (Future event) (Appendix O at end of book)
- he/she **goes to verb** (Future event)
- he/she **goes verbing** (Future event) (Appendix O at end of book)
- he/she **is going to verb** (Future event)
- he/she **is going verbing** (Future event) (Appendix O at end of book)

7D Futur simple – with <u>aller</u>

▼ Formula

Sujet + (**irai, iras, ira, irons, irez, iront**) + verbe principal (**Infinitif**)

For **examples** and much more, **scan** or **click** the **code** below ▼
- <u>Or</u> follow the links at <u>verbexpress.net</u> > French Verb Tense Atlas > Futur simple > **Futur simple – with Aller**

▶7E Futur simple – with <u>devoir</u>

>> See *How to Do* this verb form after the **Univerb© Tag**(s) below ...

▼ Meaning(s) of this verb form shown in Univerb© Tag(s) (3rd person) ▼

<u>Usual</u> Meaning(s):

- he/she/it **shall have to be verbing**
- he/she/it **shall have to verb**

- he/she/it **will have to be verbing**
- he/she/it **will have to verb**

<u>Special</u> Meaning(s) when used with words like **quand** (when), **aussitôt que / dès que** (as soon as), etc. describing a <u>future event</u>:

- he/she/it **does have to verb** (for *emphasis*, or *negative*) (Future event)
- he/she/it **has to verb** (Future event)
- he/she/it **is having to verb** (Future event)
- he/she/it **must verb** (Future event)

| 7E | Futur simple – with <u>devoir</u> |

▼ Formula

Sujet + (**devrai, devras, devra, devrons, devrez, devront**) + verbe principal (**Infinitif**)

For **examples** and much more, **scan** or **click** the **code** below ▼
- **Or** follow the links at **verbexpress.net** > French Verb Tense Atlas > Futur simple > **Futur simple – with Devoir**

▶7F Futur simple – with <u>pouvoir</u>

>> See *How to Do* this verb form after the **Univerb©** **Tag**(s) below ...

▼ **Meaning**(s) of this verb form shown in **Univerb© Tag**(s) (3rd person) ▼

<u>Usual</u> **Meaning**(s):

♦ he/she/it **shall be able to verb**
♦ he/she/it **will be able to verb**

<u>Special</u> **Meaning**(s) when used with words like **quand** (when), **aussitôt que / dès que** (as soon as), etc. describing a <u>future</u> event:

♦ he/she/it **can verb** (Future event)
♦ he/she/it **is able to verb** (Future event)
♦ he/she/it **may verb** (Future event)

| 7F | Futur simple – with <u>pouvoir</u> |

▼ Formula

Sujet + (**pourrai, pourras, pourra, pourrons, pourrez, pourront**) + verbe principal (**Infinitif**)

For **examples** and much more, **scan** or **click** the **code** below ▼
- **Or** follow the links at **verbexpress.net** > French Verb Tense Atlas > Futur simple > **Futur simple – with Pouvoir**

▶7G   Futur simple – with vouloir

>> See *How to Do* this verb form after the **Univerb© Tag**(s) below ...

▼ **Meaning**(s) of this verb form shown in **Univerb© Tag**(s) (3rd person) ▼

Usual **Meaning**(s):

♦ he/she **shall be wanting to verb**
♦ he/she **shall want to be verbing**
♦ he/she **shall want to verb**

♦ he/she **will be wanting to verb**
♦ he/she **will want to be verbing**
♦ he/she **will want to verb**

Special **Meaning**(s) when used with words like **quand** (when), **aussitôt que / dès que** (as soon as), etc. describing a **future event**:

♦ he/she **does want to verb** (for *emphasis*, or *negative*) (Future event)
♦ he/she **is wanting to verb** (Future event)
♦ he/she **wants to verb** (Future event)

7G   Futur simple – with vouloir

▼ Formula

Sujet + (**voudrai, voudras, voudra, voudrons, voudrez, voudront**) + verbe principal (**Infinitif**)

For **examples** and much more, **scan** or **click** the **code** below ▼
- **Or** follow the links at **verbexpress.net** > French Verb Tense Atlas > Futur simple > **Futur simple – with Vouloir**

136 | Futur simple

Gérondif passé

Type of Verb Tense (According to structure)
   Temps composé – ("Compound" Tense: an auxiliary verb – "avoir" or "être" – followed by the participe passé (p.p.) of the main verb.)

Frequency of Use in Everyday Communication – (**Low**, Medium, High)
Level of Difficulty in Formulation – (Low, **Medium**, High)

Skill level for Usage Mastery – (Beginner, Intermediate, **Advanced**)

| ▼ This chapter covers ▼ |

8A	Gérondif passé – actif (Basic format)	
8B	Gérondif passé – passif	
	1	Passif **direct**
	2	Passif **pronominal**
8C	Gérondif passé – pronominal	
	1	Pronominal **essentiel**
	2	Pronominal **à sens idiomatique**
	3	Pronominal **réfléchi direct**
	4	Pronominal **réfléchi indirect**
	5	Pronominal **réciproque direct**
	6	Pronominal **réciproque indirect**
	7	Pronominal **passif**
8D	Gérondif passé – with aller	
8E	Gérondif passé – with devoir	
8F	Gérondif passé – with pouvoir	
8G	Gérondif passé – with vouloir	

▶8A Gérondif passé – <u>actif</u> (Basic format)

>> See *How to Do* this verb form after the **Univerb©** **Tag**(s) below …

▼ **Meaning**(s) of this verb form shown in **Univerb©** **Tag**(s) ▼

<u>Usual</u> **Meaning**(s):

♦ by having verbed

| 8A   Gérondif passé – <u>actif</u> (Basic format) |

- [with "<u>avoir</u>"]

▼ Formula

… **en** + **ayant** + verbe principal (**p.p.**)

- [with "<u>être</u>"]

▼ Formula

… **en** + **étant** + verbe principal (**p.p.**)(e.s.es) (from the <u>Secret Travel Club</u> – <u>Appendix B</u> at end of book)

For **examples** and much more, **scan** or **click** the **code** below ▼
- **Or** follow the links at <u>verbexpress.net</u> > French Verb Tense Atlas > Gérondif passé > Gérondif passé – Actif (Basic Format)

▶8B Gérondif passé – <u>passif</u>

>> See *How to Do* this verb form after the **Univerb©** **Tag**(s) below …

▼ **Meaning**(s) of this verb form shown in **Univerb©** **Tag**(s) ▼

<u>Usual</u> **Meaning**(s):

♦ by having been verbed

Gérondif passé | 139

♦ **by having gotten verbed**

To see the <u>above</u> **meaning**(s) in action using the **formula**(s) **below** with **translations**, **tips**, and helpful **resources**, <u>scan</u> or <u>click</u> the **code** below ▼
- <u>Or</u> follow the links at <u>verbexpress.net</u> > French Verb Tense Atlas > Gérondif passé > **Gérondif passé – Passif**

8B.1   Passif **direct** – (**Gérondif passé**)

• Passif **direct** – (**See Appendix C** at end of book)

▼ **Formula**

... **en** + **ayant été** + verbe principal (**p.p.**)(e.s.es)

(**Note**: When using the "Passif **direct**" format, the **subject** of the verb "être" must also be the **direct object** of the participe passé (**p.p.**) of the main verb, and because it also <u>precedes</u> the p.p., the **p.p.** <u>agrees in gender and in number</u> with that subject/direct object.)

▼ **Meaning**(s) of this verb form shown in **Univerb© Tag**(s) ▼

<u>Usual</u> **Meaning**(s):

♦ **by having been verbed**
♦ **by having gotten verbed**

For **examples** and much more, <u>scan</u> or <u>click</u> the **code** below ▼
- <u>Or</u> follow the links at <u>verbexpress.net</u> > French Verb Tense Atlas > Gérondif passé > Gérondif passé – Passif > **Passif direct**

8B.2   Passif **pronominal** – (**Gérondif passé**)

Gérondif passé

- Passif **pronominal** – (See **Appendix H** at end of book)

▼ **Formula**

… **en** + **s'** (inanimé, – **objet direct** du verbe principal) + **étant** + verbe principal (**p.p.**)(e.s.es)

(**Note**: When using the "Passif **pronominal** (direct)" format, the reflexive pronoun is also the **direct object** (of the participe passé (**p.p.**) of the main verb) and it also precedes the p.p., so the **p.p.** agrees in gender and in number with that direct-object reflexive pronoun – ie. with the subject.)

▼ **Meaning**(s) of this verb form shown in **Univerb© Tag**(s) ▼

Usual Meaning(s):

♦ by having been verbed
♦ by having gotten verbed

For **examples** and much more, **scan** or **click** the **code** below ▾
- **Or** follow the links at **verbexpress.net** > French Verb Tense Atlas > Gérondif passé > Gérondif passé – Passif > **Passif pronominal**

▶8C Gérondif passé – pronominal

>> See *How to Do* this verb form after the **Univerb© Tag**(s) below …

▼ **Meaning**(s) of this verb form shown in **Univerb© Tag**(s) ▼

Usual Meaning(s):

♦ by having verbed
♦ by having verbed himself / herself / itself

▾ Pronominal **Passive** Meanings ▾

Usual Meaning(s) when in a Pronominal **Passive** form: (See 8C.7, below)

Gérondif passé | 141

- ♦ by having been verbed
- ♦ by having gotten verbed

To see the <u>above</u> **meaning**(s) in action using the **formula**(s) **below** with **translations**, **tips**, and helpful **resources**, <u>scan</u> or <u>click</u> the **code** below ▼
- **Or** follow the links at <u>verbexpress.net</u> > French Verb Tense Atlas > Gérondif passé > **Gérondif passé – Pronominal**

8C.1   Pronominal **essentiel** – (Gérondif passé)

- Pronominal **essentiel** (exclusivement)
  (Verbes <u>exclusivement</u> pronominaux)

  '<u>**Essential**</u>' Pronominal Verbs are a special collection of verbs that are used **only** in the <u>pronominal</u> format, but have no '*reflexive*' meaning.
  (**See** <u>Appendix</u> E at end of book)

▼ **Formula**

… en + <u>s</u>' + **étant** + verbe principal (**p.p.**)(e.s.es)

(**Note**: With "<u>essential</u>" pronominal verbs – when done in compound tenses, as in this case – the participe passé (**p.p.**) <u>*agrees in gender and in number*</u> with the **subject**.)

▼ **Meaning**(s) of this verb form shown in **Univerb© Tag**(s) ▼

<u>Usual</u> **Meaning**(s):

- ♦ by having verbed

For **examples** and much more, <u>scan</u> or <u>click</u> the **code** below ▼
- **Or** follow the links at <u>verbexpress.net</u> > French Verb Tense Atlas > Gérondif passé > Gérondif passé – Pronominal > **Pronominal essentiel**

142 | Gérondif passé

8C.2   Pronominal **à sens idiomatique** – (Gérondif passé)

- Pronominal **à sens idiomatique**

    '**Idiomatic**' Pronominal Verbs are a set of verbs which take on a different meaning than their normal meaning when they are used in the pronominal format.
    (See **Appendix** F at end of book)

▼ Formula

... **en** + (m', t', s', nous, vous, s') + **étant** + verbe principal (**p.p.**)(e.s.es)

(**Note**: With "**idiomatic**" pronominal verbs in compound tenses, as in this case, the participe passé (p.p.) *agrees in gender and in number* with the **subject**.)

(**Exception**(s) – the participe passé (**p.p.**) of *s'imaginer*, *se plaire*, *se rendre compte*, and *se rire* **do not** agree with anything else. They keep their basic spelling.)

▼ **Meaning**(s) of this verb form shown in Univerb© **Tag**(s) ▼

Usual Meaning(s):

♦   by having verbed

For **examples** and much more, **scan** or **click** the **code** below ▼
- **Or** follow the links at **verbexpress.net** > French Verb Tense Atlas > Gérondif passé > Gérondif passé – Pronominal > **Pronominal à sens idiomatique**

8C.3   Pronominal **réfléchi direct** – (Gérondif passé)

- Pronominal **réfléchi direct**

    The '**Reflexive Direct**' Pronominal structure is when the Pronominal

format is used AND the subject (the doer – singular or plural) of a direct action is also the receiver of that direct action.
(See Appendix G at end of book)

▼ Formula

... en + (m', t', s', nous, vous, s', – **objet direct** du verbe principal) + étant + verbe principal (**p.p.**)(e.s.es)

(Note: When the reflexive pronoun is also the **direct object** (of the participe passé (**p.p.**) of the main verb, as in this case) and it precedes the p.p., the **p.p.** *agrees in gender and in number* with that reflexive pronoun.)

▼ Meaning(s) of this verb form shown in **Univerb© Tag**(s) (3rd person) ▼

Usual Meaning(s):

♦ **by having verbed** himself / herself / itself

For **examples** and much more, **scan** or **click** the code below ▼
- **Or** follow the links at **verbexpress.net** > French Verb Tense Atlas > Gérondif passé > Gérondif passé – Pronominal > **Pronominal réfléchi direct**

8C.4 Pronominal **réfléchi** indirect – (**Gérondif passé**)

● Pronominal **réfléchi indirect**

The '**Reflexive Indirect**' Pronominal structure is when the Pronominal format is used AND the subject (the doer – singular or plural) of an indirect action is also the receiver of that indirect action.
(See Appendix G at end of book)

▼ Formula

... en + (m', t', s', nous, vous, s', – **objet indirect** du verbe principal) + étant + verbe principal (**p.p.**)

Gérondif passé

(**Note**: The participe passé (**p.p.**) never agrees with an <u>indirect</u> object.)

▼ **Meaning**(s) of this verb form shown in **Univerb©** **Tag**(s) (3rd person) ▼

<u>Usual</u> **Meaning**(s):

♦ **by having verbed** <u>himself</u> / <u>herself</u> / <u>itself</u>

For **examples** and much more, <u>scan</u> or <u>click</u> the **code** below ▾
- **Or** follow the links at **verbexpress.net** > French Verb Tense Atlas > Gérondif passé > Gérondif passé – Pronominal > **Pronominal réfléchi indirect**

8C.5   Pronominal **réciproque direct** – (Gérondif passé)

• Pronominal **réciproque direct**

> The '**Reciprocal Direct**' Pronominal structure is when the <u>Pronominal format</u> is used AND a group of two or more (subjects) do the same <u>direct</u> action <u>to one another</u>.
> (See <u>Appendix</u> G at end of book)

▼ **Formula**

... **en** + (<u>nous, vous, s</u>', – **objet direct** du verbe principal) + **étant** + verbe principal (**p.p.**)(e.s.es)

(**Note**: When the <u>reflexive pronoun</u> is also the **direct object** (of the participe passé (**p.p.**) of the main verb, as in this case) and it <u>precedes</u> the p.p., the **p.p.** <u>agrees in gender and in number</u> with that reflexive pronoun.)

▼ **Meaning**(s) of this verb form shown in **Univerb©** **Tag**(s) (3rd person) ▼

<u>Usual</u> **Meaning**(s):

♦ **by having verbed** <u>each other</u>

For **examples** and much more, <u>scan</u> or <u>click</u> the **code** below ▾
- <u>Or</u> follow the links at <u>verbexpress.net</u> > French Verb Tense Atlas > Gérondif passé > Gérondif passé – Pronominal > **Pronominal réciproque direct**

| 8C.6 | Pronominal **réciproque** <u>indirect</u> – (**Gérondif passé**) |

- Pronominal **réciproque** <u>indirect</u>

    The '<u>Reciprocal Indirect</u>' Pronominal structure is when the <u>Pronominal format</u> is used AND a group of two or more (subjects) do the same <u>in</u>direct action <u>to one another</u>.
    (**See** <u>Appendix</u> G at end of book)

▼ **Formula**

… **en** + (<u>nous, vous, s</u>', – **objet** <u>indirect</u> du verbe principal) + **étant** + verbe principal (**p.p.**)

(<u>Note</u>: The participe passé (**p.p.**) never agrees with an <u>indirect</u> object.)

▼ **Meaning**(s) of this verb form shown in **Univerb© Tag**(s) (3rd person) ▼

<u>Usual</u> **Meaning**(s):

♦ **by having verbed** <u>each other</u>

For **examples** and much more, <u>scan</u> or <u>click</u> the **code** below ▾
- <u>Or</u> follow the links at <u>verbexpress.net</u> > French Verb Tense Atlas > Gérondif passé > Gérondif passé – Pronominal > **Pronominal réciproque indirect**

8C.7   Pronominal passif – (Gérondif passé)

- Pronominal **passif**

  The '**Passive Pronominal**' structure is a way to create a **passive** meaning by using the pronominal format with an **in**animate subject (a **non**-personal doer – singular or plural).
  (**See** Appendix H at end of book)

▼ Formula

… **en** + **s**' (inanimé, – **objet direct** du verbe principal) + **étant** + verbe principal (**p.p.**)(e.s.es)

(**Note**: When using the "Pronominal **passif** (direct)" format, the reflexive pronoun is also the **direct object** (of the participe passé (**p.p.**) of the main verb) and it also precedes the p.p., so the **p.p.** *agrees in gender and in number* with that direct-object reflexive pronoun – ie. with the subject.)

▼ **Meaning**(s) of this verb form shown in Univerb© **Tag**(s) ▼

Usual **Meaning**(s):

- ♦ by having been verbed
- ♦ by having gotten verbed

For **examples** and much more, scan or click the **code** below ▼
- **Or** follow the links at verbexpress.net > French Verb Tense Atlas > Gérondif passé > Gérondif passé – Pronominal > **Pronominal passif**

▶8D   Gérondif passé – with aller

>> See *How to Do* this verb form after the Univerb© **Tag**(s) below …

▼ **Meaning**(s) of this verb form shown in Univerb© **Tag**(s) ▼

Usual Meaning(s):

- by having gone to verb
- by having gone verbing (Appendix O at end of book)

8D   Gérondif passé – with aller

▼ Formula

... en + étant + allé(e.s.es) + verbe principal (Infinitif)

For **examples** and much more, **scan** or **click** the **code** below ▾
- **Or** follow the links at **verbexpress.net** > French Verb Tense Atlas > Gérondif passé > **Gérondif passé – with Aller**

▶8E   Gérondif passé – with devoir

>> See *How to Do* this verb form after the **Univerb© Tag**(s) below ...

▼ Meaning(s) of this verb form shown in **Univerb© Tag**(s) ▼

Usual Meaning(s):

- by having had to verb

8E   Gérondif passé – with devoir

▼ Formula

... en + ayant + dû + verbe principal (Infinitif)

For **examples** and much more, **scan** or **click** the **code** below ▾
- **Or** follow the links at **verbexpress.net** > French Verb Tense Atlas > Gérondif passé > **Gérondif passé – with Devoir**

148 | Gérondif passé

▸8F   Gérondif passé – with <u>pouvoir</u>

>> See *How to Do* this verb form after the **Univerb© Tag**(s) below …

▼ **Meaning**(s) of this verb form shown in **Univerb© Tag**(s) ▼

<u>Usual</u> **Meaning**(s):

♦   by having been able to verb

8F   Gérondif passé – with <u>pouvoir</u>

▼ Formula

… en + ayant + pu + verbe principal (**Infinitif**)

For **examples** and much more, **scan** or **click** the code below ▾
- **Or** follow the links at **verbexpress.net** > French Verb Tense Atlas > Gérondif passé > **Gérondif passé – with Pouvoir**

▸8G   Gérondif passé – with <u>vouloir</u>

>> See *How to Do* this verb form after the **Univerb© Tag**(s) below …

▼ **Meaning**(s) of this verb form shown in **Univerb© Tag**(s) ▼

<u>Usual</u> **Meaning**(s):

♦   by having wanted to verb

8G   Gérondif passé – with vouloir

▼ **Formula**

… **en** + **ayant** + **voulu** + verbe principal (**Infinitif**)

For **examples** and much more, **scan** or **click** the **code** below ▼
- **Or** follow the links at **verbexpress.net** > French Verb Tense Atlas > Gérondif passé > **Gérondif passé – with Vouloir**

Gérondif passé

Gérondif présent

Type of Verb Tense (According to structure)
    Temps simple – ("**Simple**" Tense: a single-word tense.)

Frequency of Use in Everyday Communication – (Low, **Medium**, High)
Level of **Difficulty** in **Formulation** – (**Low**, Medium, High)

Skill level for **Usage Mastery** – (Beginner, Intermediate, **Advanced**)

▼ This chapter covers ▼

9A	Gérondif présent – actif (Basic format)
9B	Gérondif présent – passif
1	Passif **direct**
2	Passif **pronominal**
9C	Gérondif présent – pronominal
1	Pronominal **essentiel**
2	Pronominal **à sens idiomatique**
3	Pronominal **réfléchi direct**
4	Pronominal **réfléchi indirect**
5	Pronominal **réciproque direct**
6	Pronominal **réciproque indirect**
7	Pronominal **passif**
9D	Gérondif présent – with aller
9E	Gérondif présent – with devoir
9F	Gérondif présent – with pouvoir
9G	Gérondif présent – with vouloir

152 | Gérondif présent

▶9A Gérondif présent – <u>actif</u> (Basic format)

\>\> See *How to Do* this verb form after the **Univerb© Tag**(s) below ...

▼ **Meaning**(s) of this verb form shown in **Univerb© Tag**(s) ▼

<u>Usual</u> **Meaning**(s):

♦ by verbing
♦ while verbing

9A   Gérondif présent – <u>actif</u> (Basic format)

▼ Formula

1. Take the "**nous**" form of the verb in the **Présent - Indicatif**
   - (See **Chapter 35A** for detailed discussion and important exceptions of the Présent - Indicatif.)
       (nous) parl**ons**
2. Remove the "-**ons**" ending
       parl ...
3. Add "-**ant**" as the verb ending:
       parl**ant**   (This is called the *Participe présent* - See **Chapter 18A**)
4. Finally, add "**en**" in front of the pair:
       en parl**ant**

Exceptions:

Être: The verb "**être**" becomes "**ét**ant", so the **Gérondif** of "être" is "**en étant**" (<u>by</u> being ... / <u>while</u> being ...)

Avoir: The verb "**avoir**" becomes "**ay**ant" so the **Gérondif** of "avoir" is "**en ayant**" (<u>by</u> having ... / <u>while</u> having ...)

Savoir: The verb "**savoir**" becomes "**sach**ant" so the **Gérondif** of "savoir" is "**en sachant**" (<u>by</u> knowing ... / <u>while</u> knowing ...)

For **examples** and much more, <u>scan</u> or <u>click</u> the **code** below ▾
- <u>Or</u> follow the links at **verbexpress.net** > French Verb Tense Atlas > Gérondif présent > **Gérondif présent – Actif (Basic Format)**

Gérondif présent | 153

▶9B Gérondif présent – passif

\>\> See *How to Do* this verb form after the **Univerb© Tag**(s) below …

▼ **Meaning**(s) of this verb form shown in **Univerb© Tag**(s) ▼

Usual **Meaning**(s):

- by being verbed
- by getting verbed
- while being verbed
- while getting verbed

To see the above meaning(s) in action using the **formula**(s) **below** with **translations**, **tips**, and helpful **resources**, scan or click the **code** below ▼
- Or follow the links at verbexpress.net > French Verb Tense Atlas > Gérondif présent > **Gérondif présent – Passif**

9B.1   Passif **direct** – (Gérondif présent)

- Passif **direct** – (**See Appendix C** at end of book)

▼ Formula

… **en** + **étant** + verbe principal (**p.p.**)(e.s.es)(but cannot be a member of the *Secret Travel Club* verbs – listed in **Appendix B** at end of book)

(**Note**: When using the "Passif **direct**" format, the **subject** of the verb "être" must also be the **direct object** of the participe passé (**p.p.**) of the main verb, and because it also precedes the p.p., the **p.p.** *agrees in gender and in number* with that subject/direct object.)

▼ **Meaning**(s) of this verb form shown in **Univerb© Tag**(s) ▼

Usual Meaning(s):

- by being verbed
- by getting verbed
- while being verbed
- while getting verbed

For **examples** and much more, **scan** or **click** the **code** below ▼
- **Or** follow the links at **verbexpress.net** > French Verb Tense Atlas > Gérondif présent > Gérondif présent – Passif > **Passif direct**

9B.2   Passif **pronominal** – (Gérondif présent)

- Passif **pronominal** – (See **Appendix H** at end of book)

▼ Formula

… **en** + se-s' (**objet direct** du verbe principal) + verbe principal (**Participe présent** - *Details in 18A*)

▼ Meaning(s) of this verb form shown in Univerb© Tag(s) ▼

Usual Meaning(s):

- by being verbed
- by getting verbed
- while being verbed
- while getting verbed

For **examples** and much more, **scan** or **click** the **code** below ▼
- **Or** follow the links at **verbexpress.net** > French Verb Tense Atlas > Gérondif présent > Gérondif présent – Passif > **Passif pronominal**

▶9C Gérondif présent – pronominal

>> See *How to Do* this verb form after the **Univerb©** Tag(s) below ...

▼ **Meaning**(s) of this verb form shown in **Univerb© Tag**(s) ▼

Usual **Meaning**(s):

- by verbing
- by verbing himself / herself / itself
- while verbing
- while verbing himself / herself / itself

▼ Pronominal **Passive** Meanings ▼

Usual **Meaning**(s) when in a Pronominal **Passive** form: (See 9C.7, below)

- by being verbed
- by getting verbed
- while being verbed
- while getting verbed

To see the **above** meaning(s) in action using the **formula**(s) **below** with **translations**, **tips**, and helpful **resources**, scan or click the **code** below ▼
- Or follow the links at **verbexpress.net** > French Verb Tense Atlas > Gérondif présent > **Gérondif présent – Pronominal**

9C.1   Pronominal **essentiel** – (Gérondif présent)

- Pronominal **essentiel** (exclusivement)
  (Verbes exclusivement pronominaux)

    '**Essential**' Pronominal Verbs are a special collection of verbs that are used **only** in the pronominal format, but have no '*reflexive*' meaning.
    (See Appendix E at end of book)

156 | Gérondif présent

▼ **Formula**

... **en** + (me-m', te-t', se-s', nous, vous, se-s') + verbe principal (**Participe présent** - *Details in 18A*)

▼ **Meaning**(s) of this verb form shown in **Univerb© Tag**(s) ▼

<u>Usual</u> **Meaning**(s):

♦ **by verbing**
♦ **while verbing**

For **examples** and much more, **scan** or **click** the **code** below ▾
- **Or** follow the links at **verbexpress.net** > French Verb Tense Atlas > Gérondif présent > Gérondif présent – Pronominal > **Pronominal essentiel**

9C.2   Pronominal **à sens idiomatique** – (Gérondif présent)

● Pronominal **à sens idiomatique**

> '**Idiomatic**' Pronominal Verbs are a set of verbs which take on a <u>different meaning</u> than their normal meaning when they are used in the <u>pronominal</u> format.
> (**See** <u>Appendix</u> **F** at end of book)

▼ **Formula**

... **en** + (me-m', te-t', se-s', nous, vous, se-s') + verbe principal (**Participe présent** - *Details in 18A*)

▼ **Meaning**(s) of this verb form shown in **Univerb© Tag**(s) ▼

<u>Usual</u> **Meaning**(s):

♦ **by verbing**
♦ **while verbing**

Gérondif présent | 157

For **examples** and much more, **scan** or **click** the **code** below ▾
- **Or** follow the links at **verbexpress.net** > French Verb Tense Atlas > Gérondif présent > Gérondif présent – Pronominal > **Pronominal à sens idiomatique**

9C.3   Pronominal **réfléchi direct** – (Gérondif présent)

- Pronominal **réfléchi direct**

    The **'Reflexive Direct'** Pronominal structure is when the Pronominal format is used AND the subject (the doer – singular or plural) of a direct action is also the receiver of that direct action.
    (See Appendix G at end of book)

▼ **Formula**

… **en** + (me-m', te-t', se-s', nous, vous, se-s', – **objet direct** du verbe principal) + verbe principal (**Participe présent** - *Details in 18A*)

▼ Meaning(s) of this verb form shown in **Univerb© Tag**(s) (3rd person) ▼

Usual Meaning(s):

- **by verbing** himself / herself / itself
- **while verbing** himself / herself / itself

For **examples** and much more, **scan** or **click** the **code** below ▾
- **Or** follow the links at **verbexpress.net** > French Verb Tense Atlas > Gérondif présent > Gérondif présent – Pronominal > **Pronominal réfléchi direct**

9C.4   Pronominal **réfléchi indirect** – (Gérondif présent)

158 | Gérondif présent

- Pronominal **réfléchi** indirect

    The **'Reflexive Indirect'** Pronominal structure is when the Pronominal format is used AND the subject (the doer - singular or plural) of an indirect action is also the receiver of that indirect action.
    (See Appendix G at end of book)

▼ Formula

... **en** + (me-m', te-t', se-s', nous, vous, se-s', – **objet direct** du verbe principal) + verbe principal (**Participe présent** - *Details in 18A*)

▼ **Meaning**(s) of this verb form shown in **Univerb© Tag**(s) (3rd person) ▼

Usual **Meaning**(s):

- by verbing himself / herself / itself
- while verbing himself / herself / itself

For **examples** and much more, **scan** or **click** the **code** below ▼
- **Or** follow the links at **verbexpress.net** > French Verb Tense Atlas > Gérondif présent > Gérondif présent – Pronominal > **Pronominal réfléchi indirect**

9C.5   Pronominal **réciproque direct** – (Gérondif présent)

- Pronominal **réciproque direct**

    The **'Reciprocal Direct'** Pronominal structure is when the Pronominal format is used AND a group of two or more (subjects) do the same direct action to one another.
    (See Appendix G at end of book)

▼ Formula

... **en** + (nous, vous, se-s', – **objet direct** du verbe principal) + verbe principal (**Participe présent** - *Details in 18A*)

▼ **Meaning**(s) of this verb form shown in **Univerb© Tag**(s) (3ʳᵈ person) ▼

<u>Usual</u> **Meaning**(s):

♦ **by verbing** <u>each other</u>
♦ **while verbing** <u>each other</u>

For **examples** and much more, <u>scan</u> or <u>click</u> the **code** below ▼
- <u>Or</u> follow the links at <u>verbexpress.net</u> > French Verb Tense Atlas > Gérondif présent > Gérondif présent – Pronominal > **Pronominal réciproque direct**

9C.6   Pronominal **réciproque** <u>indirect</u> – (Gérondif présent)

• Pronominal **réciproque** <u>indirect</u>

The **'<u>Reciprocal Indirect</u>'** Pronominal structure is when the <u>Pronominal format</u> is used AND a group of two or more (subjects) do the same <u>in</u>direct action <u>to one another</u>.
(**See <u>Appendix</u>** G at end of book)

▼ **Formula**

... **en** + (<u>nous, vous, se-s'</u>, – **objet** <u>indirect</u> du verbe principal) + verbe principal (**Participe présent** - *Details in <u>18A</u>*)

▼ **Meaning**(s) of this verb form shown in **Univerb© Tag**(s) (3ʳᵈ person) ▼

<u>Usual</u> **Meaning**(s):

♦ **by verbing** <u>each other</u>
♦ **while verbing** <u>each other</u>

For **examples** and much more, <u>scan</u> or <u>click</u> the **code** below ▼
- <u>Or</u> follow the links at <u>verbexpress.net</u> > French Verb Tense Atlas > Gérondif présent > Gérondif présent – Pronominal > **Pronominal réciproque indirect**

Gérondif présent

9C.7   Pronominal **passif** – (**Gérondif présent**)

- Pronominal **passif**

  The **'Passive Pronominal'** structure is a way to create a **passive** meaning by using the pronominal format with an **in**animate subject (a **non**-personal doer – singular or plural).
  (See **Appendix** H at end of book)

▼ Formula

... **en** + **se-s'** (**objet direct** du verbe principal) + verbe principal (**Participe présent** - *Details in 18A*)

▼ **Meaning**(s) of this verb form shown in **Univerb© Tag**(s) ▼

Usual **Meaning**(s):

- by being verbed
- by getting verbed
- while being verbed
- while getting verbed

For **examples** and much more, **scan** or **click** the **code** below ▾
- **Or** follow the links at **verbexpress.net** > French Verb Tense Atlas > Gérondif présent > Gérondif présent – Pronominal > **Pronominal passif**

▶9D Gérondif présent – with aller

>> See *How to Do* this verb form after the **Univerb© Tag**(s) below ...

▼ **Meaning**(s) of this verb form shown in **Univerb© Tag**(s) ▼

Usual **Meaning**(s):

- **by going to verb**
- **by going verbing** (Appendix O at end of book)
- **while going to verb**
- **while going verbing** (Appendix O at end of book)

9D   Gérondif présent – with aller

▼ Formula

... **en** + **allant** + verbe principal (**Infinitif**)

For **examples** and much more, **scan** or **click** the **code** below ▼
- **Or** follow the links at **verbexpress.net** > French Verb Tense Atlas > Gérondif présent > **Gérondif présent – with Aller**

▶9E   Gérondif présent – with devoir

>> See *How to Do* this verb form after the **Univerb©** **Tag**(s) below ...

▼ **Meaning**(s) of this verb form shown in **Univerb© Tag**(s) ▼

Usual **Meaning**(s):

- **by having to verb**
- **while having to verb**

9E   Gérondif présent – with devoir

▼ Formula

... **en** + **devant** + verbe principal (**Infinitif**)

For **examples** and much more, **scan** or **click** the **code** below ▼
- **Or** follow the links at **verbexpress.net** > French Verb Tense Atlas > Gérondif présent > **Gérondif présent – with Devoir**

▶9F Gérondif présent – with pouvoir

\>> See *How to Do* this verb form after the Univerb© Tag(s) below …

▼ **Meaning**(s) of this verb form shown in Univerb© Tag(s) ▼

Usual Meaning(s):

♦ by being able to verb
♦ while being able to verb

| 9F | Gérondif présent – with pouvoir |

▼ **Formula**

… **en** + **pouvant** + verbe principal (**Infinitif**)

For **examples** and much more, **scan** or **click** the **code** below ▼
- **Or** follow the links at **verbexpress.net** > French Verb Tense Atlas > Gérondif présent > **Gérondif présent – with Pouvoir**

▶9G Gérondif présent – with vouloir

\>> See *How to Do* this verb form after the Univerb© Tag(s) below …

▼ **Meaning**(s) of this verb form shown in Univerb© Tag(s) ▼

Usual Meaning(s):

- by wanting to verb
- while wanting to verb

9G   Gérondif présent – with vouloir

▼ Formula

... en + voulant + verbe principal (Infinitif)

For **examples** and much more, <u>scan</u> or <u>click</u> the **code** below ▼
- <u>Or</u> follow the links at <u>verbexpress.net</u> > French Verb Tense Atlas > Gérondif présent > **Gérondif présent – with Vouloir**

Imparfait

Type of Verb Tense (According to structure)
   Temps simple – ("**Simple**" Tense: a single-word tense.)

Frequency of Use in Everyday Communication – (Low, Medium, **High**)
Level of **Difficulty** in **Formulation** – (**Low**, Medium, High)

Skill level for **Usage Mastery** – (Beginner, Intermediate, **Advanced**)
(Because of the challenge in distinguishing when to use the Imparfait vs. the Passé composé)

▼ This chapter covers ▼

10A	Imparfait – actif (Basic format)	
10B	Imparfait – passif	
	1	Passif **direct** – Option 1
	2	Passif **direct** – Option 2
	3	Passif **indirect**
	4	Passif **pronominal**
10C	Imparfait – pronominal	
	1	Pronominal **essentiel**
	2	Pronominal **à sens idiomatique**
	3	Pronominal **réfléchi direct**
	4	Pronominal **réfléchi indirect**
	5	Pronominal **réciproque direct**
	6	Pronominal **réciproque indirect**
	7	Pronominal **passif**
	8	Pronominal **impersonnel** (passif)
10D	Imparfait – with aller	
10E	Imparfait – with devoir	
10F	Imparfait – with pouvoir	
10G	Imparfait – with vouloir	

▶10A Imparfait – actif (Basic format)

\>\> See *How to Do* this verb form after the **Univerb©** Tag(s) below …

▼ **Meaning**(s) of this verb form shown in **Univerb©** Tag(s) (3rd person) ▼

<u>Usual</u> **Meaning**(s):

- he/she/it **did verb** (for *emphasis*, *negative*, or *asking a question*) (<u>routine action</u> or <u>state</u> at some time <u>in the past</u>)
- he/she/it **used to verb** (<u>routine action</u> or <u>state</u> at some time <u>in the past</u>)
- he/she/it **verbed** (<u>routine action</u> or <u>state</u> at some time <u>in the past</u>)
- he/she/it **was** in a <u>state</u> or <u>condition</u>
- he/she/it **was verbing** (<u>past</u> action <u>in progress</u>)
- he/she/it **would verb** (<u>routine action</u> or <u>state</u> at some time <u>in the past</u>)

| 10A | Imparfait – <u>actif</u> (Basic format) |

▼ **Formula**

1. Take the "**nous**" form of the verb in the **Présent - Indicatif**

- (See **Chapter 35A** for detailed discussion and important exceptions of the Présent - Indicatif.)
    (nous) parl**ons**

2. Remove the "**-ons**" ending
    parl …

3. Add the appropriate ending:
    (**-ais**, **-ais**, **-ait**, **-ions**, **-iez**, **-aient**)

Exception: the verb "être" becomes "**ét**ais, **ét**ais, **ét**ait, **ét**ions, **ét**iez, **ét**aient"

For **examples** and much more, **scan** or **click** the **code** below ▼
- **Or** follow the links at <u>verbexpress.net</u> > French Verb Tense Atlas > Imparfait > **Imparfait – Actif (Basic Format)**

▶10B Imparfait – passif

\>\> See *How to Do* this verb form after the **Univerb©** **Tag**(s) below ...

▼ **Meaning**(s) of this verb form shown in **Univerb©** **Tag**(s) (3rd person) ▼

Usual **Meaning**(s):

- he/she/it **did get verbed** (routinely, at some time in the past) (for **emphasis**, **negative**, or **asking a question**)
- he/she/it **got verbed** (routinely, at some time in the past)
- he/she/it **used to be verbed** (routinely, at some time in the past)
- he/she/it **used to get verbed** (routinely, at some time in the past)
- he/she/it **was being verbed** (was in a state of being verbed)
- he/she/it **was getting verbed** (was in a state of getting verbed)
- he/she/it **was verbed** (routinely, at some time in the past)
- he/she/it **would be verbed** (routinely, at some time in the past)
- he/she/it **would get verbed** (routinely, at some time in the past)

To see the **above** meaning(s) in action using the **formula**(s) **below** with **translations**, **tips**, and helpful **resources**, **scan** or **click** the **code** below ▼
- **Or** follow the links at **verbexpress.net** > French Verb Tense Atlas > Imparfait > **Imparfait – Passif**

10B.1   Passif **direct** – Option 1 – (**Imparfait**)

- Passif **direct** – Option 1 – (**See Appendix C**)

▼ **Formula**

Sujet (nom ou pronom, **objet direct** du verbe principal) + (**étais**, **étais**, **était**, **étions**, **étiez**, **étaient**) + verbe principal (**p.p.**)(e.s.es)(but cannot be a member of the *Secret Travel Club* verbs – listed in **Appendix B** at end of book)

(**Note**: When using the "Passif **direct** – Option 1" format, the **subject** of the verb "être" must also be the **direct object** of the participe passé (**p.p.**) of the main verb, and because it also precedes the p.p., the **p.p.** agrees in gender and in number with that subject/direct object.)

168 | Imparfait

▼ **Meaning**(s) of this verb form shown in **Univerb© Tag**(s) (3rd person) ▼

Usual **Meaning**(s):

- he/she/it **did get verbed** (routinely, at some time in the past) (for *emphasis*, *negative*, or *asking a question*)
- he/she/it **got verbed** (routinely, at some time in the past)
- he/she/it **used to be verbed** (routinely, at some time in the past)
- he/she/it **used to get verbed** (routinely, at some time in the past)
- he/she/it **was being verbed** (was in a state of being verbed)
- he/she/it **was getting verbed** (was in a state of getting verbed)
- he/she/it **was verbed** (routinely, at some time in the past)
- he/she/it **would be verbed** (routinely, at some time in the past)
- he/she/it **would get verbed** (routinely, at some time in the past)

For **examples** and much more, **scan** or **click** the **code** below ▼
- **Or** follow the links at verbexpress.net > French Verb Tense Atlas > Imparfait > Imparfait – Passif > **Passif direct – Option 1**

10B.2 Passif **direct** – Option 2 – (**Imparfait**)

- Passif **direct** – Option 2 – (**See Appendix C** at end of book)

▼ **Formula**

When the **direct object** appears as a noun:

On (sujet indéfini) + verbe principal (**Imparfait** - *Details in 10A above*) + **objet direct**.

When the **direct object** appears as a pronoun:

On (sujet indéfini) + **pronom objet direct** + verbe principal (**Imparfait** - *Details in 10A above*)

▼ **Meaning**(s) of this verb form shown in **Univerb© Tag**(s) (3rd person) ▼

Usual **Meaning**(s):

- he/she/it **did get verbed** (routinely, at some time in the past) (for ***emphasis***, ***negative***, or ***asking a question***)
- he/she/it **got verbed** (routinely, at some time in the past)
- he/she/it **used to be verbed** (routinely, at some time in the past)
- he/she/it **used to get verbed** (routinely, at some time in the past)
- he/she/it **was being verbed** (was in a state of being verbed)
- he/she/it **was getting verbed** (was in a state of getting verbed)
- he/she/it **was verbed** (routinely, at some time in the past)
- he/she/it **would be verbed** (routinely, at some time in the past)
- he/she/it **would get verbed** (routinely, at some time in the past)

For **examples** and much more, **scan** or **click** the **code** below ▼
- **Or** follow the links at **verbexpress.net** > French Verb Tense Atlas > Imparfait > Imparfait – Passif > **Passif direct – Option 2**

10B.3   Passif indirect – (Imparfait)

- Passif indirect – (**See Appendix C** at end of book)

▼ **Formula**

When the **indirect object** appears as a **noun**:

On (sujet indéfini) + verbe principal (**Imparfait** - *Details in 10A above*) + **objet indirect**.

When the **indirect object** appears as a **pronoun**:

On (sujet indéfini) + **pronom objet indirect** + verbe principal (**Imparfait** - *Details in 10A above*)

▼ **Meaning**(s) of this verb form shown in **Univerb© Tag**(s) (3rd person) ▼

Usual **Meaning**(s)**:**

- he/she/it **did get verbed** (routinely, at some time in the past) (for ***emphasis***, ***negative***, or ***asking a question***)
- he/she/it **got verbed** (routinely, at some time in the past)
- he/she/it **used to be verbed** (routinely, at some time in the past)
- he/she/it **used to get verbed** (routinely, at some time in the past)

- he/she/it **was being verbed** (was in a state of being verbed)
- he/she/it **was getting verbed** (was in a state of getting verbed)
- he/she/it **was verbed** (routinely, at some time in the past)
- he/she/it **would be verbed** (routinely, at some time in the past)
- he/she/it **would get verbed** (routinely, at some time in the past)

For **examples** and much more, **scan** or **click** the **code** below ▼
- **Or** follow the links at **verbexpress.net** > French Verb Tense Atlas > Imparfait > Imparfait – Passif > **Passif indirect**

10B.4   Passif **pronominal** – (**Imparfait**)

- Passif **pronominal**

   The '**Passive Pronominal**' structure is a way to create a **passive** meaning by using the pronominal format with an **in**animate subject (a **non**-personal doer – singular or plural).
   (See Appendix H at end of book)

▼ **Formula**

Sujet (nom ou pronom, inanimé, – **objet direct** du verbe principal) + se-s' + verbe principal (**Imparfait** - *Details in 10A above*)

▼ **Meaning**(s) of this verb form shown in **Univerb© Tag**(s) (3rd person) ▼

Usual **Meaning**(s):

- it **did get verbed** (routinely, at some time in the past) (for *emphasis*, *negative*, or *asking a question*)
- it **got verbed** (routinely, at some time in the past)
- it **used to be verbed** (routinely, at some time in the past)
- it **used to get verbed** (routinely, at some time in the past)
- it **was being verbed** (was in a state of being verbed)
- it **was getting verbed** (was in a state of getting verbed)
- it **was verbed** (routinely, at some time in the past)
- it **would be verbed** (routinely, at some time in the past)
- it **would get verbed** (routinely, at some time in the past)

For **examples** and much more, **scan** or **click** the **code** below ▼
- **Or** follow the links at **verbexpress.net** > French Verb Tense Atlas > Imparfait > Imparfait – Passif > **Passif pronominal**

▶10C Imparfait – pronominal

>> See *How to Do* this verb form after the **Univerb©** **Tag**(s) below ...

▼ **Meaning**(s) of this verb form shown in **Univerb©** **Tag**(s) (3rd person) ▼

Usual **Meaning**(s):

- he/she **did verb** (routinely at some time in the past) (for *emphasis*, *negative*, or *asking a question*)
- he/she/it **did verb** himself / herself / itself (routinely, at some time in the past) (for *emphasis*, *negative*, or *asking a question*)

- he/she **used to verb** (routinely, at some time in the past)
- he/she/it **used to verb** himself / herself / itself (routinely, at some time in the past)

- he/she **verbed** (routinely, at some time in the past)
- he/she/it **verbed** himself / herself / itself (routinely, at some time in the past)

- he/she **was verbing** (past action in progress)
- he/she/it **was verbing** himself / herself / itself (past action in progress)

- he/she **would verb** (routinely, at some time in the past)
- he/she/it **would verb** himself / herself / itself (routinely, at some time in the past)

▼ Pronominal **Passive** Meanings ▼

Usual **Meaning**(s) when in a Pronominal **Passive** form: (See 10C.7, 10C.8 below)

- he/she/it **did get verbed** (routinely, at some time in the past) (for *emphasis*, *negative*, or *asking a question*)
- he/she/it **got verbed** (routinely, at some time in the past)
- he/she/it **used to be verbed** (routinely, at some time in the past)
- he/she/it **used to get verbed** (routinely, at some time in the past)

Imparfait

- he/she/it **was being verbed** (was in a state of being verbed)
- he/she/it **was getting verbed** (was in a state of getting verbed)
- he/she/it **was verbed** (routinely, at some time in the past)
- he/she/it **would be verbed** (routinely, at some time in the past)
- he/she/it **would get verbed** (routinely, at some time in the past)

To see the **above** meaning(s) in action using the **formula**(s) **below** with **translations**, **tips**, and helpful **resources**, **scan** or **click** the **code** below ▼
- **Or** follow the links at **verbexpress.net** > French Verb Tense Atlas > Imparfait > **Imparfait – Pronominal**

10C.1   Pronominal **essentiel** – (Imparfait)

- Pronominal **essentiel** (exclusivement)
  (Verbes exclusivement pronominaux)

  'Essential' Pronominal Verbs are a special collection of verbs that are used **only** in the pronominal format, but have no '*reflexive*' meaning. (See Appendix E at end of book)

▼ **Formula**

Sujet + (me-m', te-t', se-s', nous, vous, se-s') + verbe principal (**Imparfait** - Details in 10A above)

▼ **Meaning**(s) of this verb form shown in **Univerb© Tag**(s) (3rd person) ▼

Usual Meaning(s):

- he/she **did verb** (routinely at some time in the past) (for *emphasis*, *negative*, or *asking a question*)
- he/she **used to verb** (routinely, at some time in the past)
- he/she **verbed** (routinely, at some time in the past)
- he/she **was verbing** (past action in progress)
- he/she **would verb** (routinely, at some time in the past)

For **examples** and much more, **scan** or **click** the **code** below ▼
- **Or** follow the links at **verbexpress.net** > French Verb Tense Atlas > Imparfait > Imparfait – Pronominal > **Pronominal essentiel**

10C.2   Pronominal **à sens idiomatique** – (**Imparfait**)

- Pronominal **à sens idiomatique**

    '<u>Idiomatic</u>' Pronominal Verbs are a set of verbs which take on a <u>different meaning</u> than their normal meaning when they are used in the <u>pronominal</u> format.
    (**See <u>Appendix</u>** F at end of book)

▼ **Formula**

Sujet + (<u>me-m', te-t', se-s', nous, vous, se-s'</u>) + verbe principal (**Imparfait** - *Details in <u>10A</u> above*)

▼ **Meaning**(s) of this verb form shown in **Univerb© Tag**(s) (3rd person) ▼

<u>Usual</u> **Meaning**(s):

- he/she **did verb** (<u>routinely</u> at some time in the past) (for *emphasis*, *negative*, or *asking a question*)
- he/she **used to verb** (<u>routinely</u>, at some time <u>in the past</u>)
- he/she **verbed** (<u>routinely</u>, at some time <u>in the past</u>)
- he/she **was verbing** (past action <u>in progress</u>)
- he/she **would verb** (<u>routinely</u>, at some time <u>in the past</u>)

For **examples** and much more, **scan** or **click** the **code** below ▼
- **Or** follow the links at **verbexpress.net** > French Verb Tense Atlas > Imparfait > Imparfait – Pronominal > **Pronominal à sens idiomatique**

10C.3   Pronominal **réfléchi direct** – (**Imparfait**)

- Pronominal **réfléchi direct**

  The **'Reflexive Direct'** Pronominal structure is when the Pronominal format is used AND the subject (the doer – singular or plural) of a direct action is also the receiver of that direct action.
  (See Appendix G at end of book)

| ▼ Formula

Sujet + (me-m', te-t', se-s', nous, vous, se-s', – **objet direct** du verbe principal) + verbe principal (**Imparfait** - Details in 10A above)

▼ **Meaning**(s) of this verb form shown in **Univerb© Tag**(s) (3rd person) ▼

Usual **Meaning**(s):

- he/she/it **did verb** himself / herself / itself (routinely, at some time in the past) (for *emphasis*, *negative*, or *asking a question*)
- he/she/it **used to verb** himself / herself / itself (routinely, at some time in the past)
- he/she/it **verbed** himself / herself / itself (routinely, at some time in the past)
- he/she/it **was verbing** himself / herself / itself (past action in progress)
- he/she/it **would verb** himself / herself / itself (routinely, at some time in the past)

For **examples** and much more, **scan** or **click** the **code** below ▼
- **Or** follow the links at **verbexpress.net** > French Verb Tense Atlas > Imparfait > Imparfait – Pronominal > **Pronominal réfléchi direct**

10C.4   Pronominal **réfléchi indirect** – (Imparfait)

- Pronominal **réfléchi indirect**

  The **'Reflexive Indirect'** Pronominal structure is when the Pronominal format is used AND the subject (the doer - singular or plural) of an indirect action is also the receiver of that indirect action.
  (See Appendix G at end of book)

Imparfait | 175

▼ **Formula**

Sujet + (me-m', te-t', se-s', nous, vous, se-s', – **objet indirect** du verbe principal) + verbe principal (**Imparfait** - *Details in 10A above*)

▼ **Meaning**(s) of this verb form shown in **Univerb© Tag**(s) (3rd person) ▼

<u>Usual</u> **Meaning**(s):

- he/she/it **did verb** <u>himself</u> / <u>herself</u> / <u>itself</u> (<u>routinely</u>, at some time <u>in the past</u>) (for ***emphasis***, ***negative***, or ***asking a question***)
- he/she/it **used to verb** <u>himself</u> / <u>herself</u> / <u>itself</u> (<u>routinely</u>, at some time <u>in the past</u>)
- he/she/it **verbed** <u>himself</u> / <u>herself</u> / <u>itself</u> (<u>routinely</u>, at some time <u>in the past</u>)
- he/she/it **was verbing** <u>himself</u> / <u>herself</u> / <u>itself</u> (past action <u>in progress</u>)
- he/she/it **would verb** <u>himself</u> / <u>herself</u> / <u>itself</u> (<u>routinely</u>, at some time <u>in the past</u>)

For **examples** and much more, <u>scan</u> or <u>click</u> the code below ▼
- **Or** follow the links at **verbexpress.net** > French Verb Tense Atlas > Imparfait > Imparfait – Pronominal > **Pronominal réfléchi indirect**

10C.5 Pronominal **réciproque direct** – (**Imparfait**)

- Pronominal **réciproque direct**

    The '**Reciprocal Direct**' Pronominal structure is when the <u>Pronominal format</u> is used AND a group of two or more (subjects) do the same <u>direct</u> action <u>to one another</u>.
    (**See Appendix G** at end of book)

▼ **Formula**

Sujet (<u>pluriel</u>) + (<u>nous, vous, se-s'</u>, – **objet direct** du verbe principal) + verbe principal (**Imparfait** - *Details in 10A above*)

▼ **Meaning**(s) of this verb form shown in **Univerb© Tag**(s) (3rd person) ▼

176 | Imparfait

Usual Meaning(s):

- they **did verb** each other (routinely, at some time in the past) (for *emphasis*, *negative*, or *asking a question*)
- they **used to verb** each other (routinely, at some time in the past)
- they **verbed** each other (routinely, at some time in the past)
- they **were verbing** each other (past action in progress)
- they **would verb** each other (routinely, at some time in the past)

For **examples** and much more, **scan** or **click** the **code** below ▼
- **Or** follow the links at verbexpress.net > French Verb Tense Atlas > Imparfait > Imparfait – Pronominal > **Pronominal réciproque direct**

10C.6   Pronominal **réciproque indirect** – (Imparfait)

- Pronominal **réciproque indirect**

    The **'Reciprocal Indirect'** Pronominal structure is when the Pronominal format is used AND a group of two or more (subjects) do the same **in**direct action to one another.
    (**See Appendix G** at end of book)

▼ **Formula**

Sujet (pluriel) + (nous, vous, se-s', – **objet indirect** du verbe principal) + verbe principal (**Imparfait** - *Details in 10A above*)

▼ **Meaning**(s) of this verb form shown in **Univerb© Tag**(s) (3rd person) ▼

Usual Meaning(s):

- they **did verb** each other (routinely, at some time in the past) (for *emphasis*, *negative*, or *asking a question*)
- they **used to verb** each other (routinely, at some time in the past)
- they **verbed** each other (routinely, at some time in the past)
- they **were verbing** each other (past action in progress)
- they **would verb** each other (routinely, at some time in the past)

For **examples** and much more, **scan** or **click** the **code** below ▾
- **Or** follow the links at **verbexpress.net** > French Verb Tense Atlas >
Imparfait > Imparfait – Pronominal > **Pronominal réciproque indirect**

10C.7   Pronominal **passif** – (**Imparfait**)

- Pronominal **passif**

    The '**Passive Pronominal**' structure is a way to create a **passive** meaning by using the pronominal format with an **in**animate subject (a **non**-personal doer – singular or plural).
    (**See** Appendix H at end of book)

▼ **Formula**

Sujet (nom ou pronom, inanimé, - **objet direct** du verbe principal) + se-s' + verbe principal (**Imparfait** - *Details in 10A above*)

▼ **Meaning**(s) of this verb form shown in **Univerb© Tag**(s) (3ʳᵈ person) ▼

Usual **Meaning**(s):

- it **did get verbed** (routinely, at some time in the past) (for *emphasis, negative*, or *asking a question*)
- it **got verbed** (routinely, at some time in the past)
- it **used to be verbed** (routinely, at some time in the past)
- it **used to get verbed** (routinely, at some time in the past)
- it **was being verbed** (was in a state of being verbed)
- it **was getting verbed** (was in a state of getting verbed)
- it **was verbed** (routinely, at some time in the past)
- it **would be verbed** (routinely, at some time in the past)
- it **would get verbed** (routinely, at some time in the past)

For **examples** and much more, **scan** or **click** the **code** below ▾
- **Or** follow the links at **verbexpress.net** > French Verb Tense Atlas >
Imparfait > Imparfait – Pronominal > **Pronominal passif**

10C.8 Pronominal **impersonnel** (passif) – (**Imparfait**)

- Pronominal **impersonnel** (passif)

   The '**Impersonal Passive**' structure is a way to create a **passive** meaning by using the **im**personal version of the subject " **il** " in the pronominal format.
   (**See Appendix** H at end of book)

▼ Formula

... **il** (sens impersonnel) + **se-s'** + verbe principal (**Imparfait** - Details in 10A above) + **objet direct du verbe principal**

▼ **Meaning**(s) of this verb form shown in **Univerb© Tag**(s) (3ʳᵈ person) ▼

Usual Meaning(s) when in the Impersonal **Pronominal** form:

- he/she/it **did get verbed** (routinely, at some time in the past) (for *emphasis*, *negative*, or *asking a question*)
- he/she/it **got verbed** (routinely, at some time in the past)
- he/she/it **used to be verbed** (routinely, at some time in the past)
- he/she/it **used to get verbed** (routinely, at some time in the past)
- he/she/it **was being verbed** (was in a state of being verbed)
- he/she/it **was getting verbed** (was in a state of getting verbed)
- he/she/it **was verbed** (routinely, at some time in the past)
- he/she/it **would be verbed** (routinely, at some time in the past)
- he/she/it **would get verbed** (routinely, at some time in the past)

For **examples** and much more, **scan** or **click** the **code** below ▼
- **Or** follow the links at **verbexpress.net** > French Verb Tense Atlas > Imparfait > Imparfait – Pronominal > **Pronominal impersonnel (passif)**

▶10D Imparfait – with aller

\>\> See *How to Do* this verb form after the **Univerb© Tag**(s) below …

▼ **Meaning**(s) of this verb form shown in **Univerb© Tag**(s) (3rd person) ▼

<u>Usual</u> **Meaning**(s):

- he/she **did go to verb** (<u>routinely</u>, at some time <u>in the past</u>) (for *emphasis*, *negative*, or *asking a question*)
- he/she **did go verb** (<u>routinely</u>, at some time <u>in the past</u>) (for *emphasis*, *negative*, or *asking a question*)
- he/she **did go verbing** (<u>routinely</u>, at some time <u>in the past</u>) (for *emphasis*, *negative*, or *asking a question*) (Appendix O at end of book)
- he/she **used to go to verb** (<u>routinely</u>, at some time <u>in the past</u>)
- he/she **used to go verb** (<u>routinely</u>, at some time <u>in the past</u>)
- he/she **used to go verbing** (<u>routinely</u>, at some time <u>in the past</u>) (Appendix O at end of book)
- he/she **was going** (somewhere) **to verb** (past action <u>in progress</u>)
- he/she **was going verbing** (past action <u>in progress</u>) (Appendix O at end of book)
- he/she **went to verb** (<u>routinely</u>, at some time <u>in the past</u>)
- he/she **went verbing** (<u>routinely</u>, at some time <u>in the past</u>) (Appendix O at end of book)
- he/she **would go to verb** (<u>routinely</u>, at some time <u>in the past</u>)
- he/she **would go verb** (<u>routinely</u>, at some time <u>in the past</u>)
- he/she **would go verbing** (<u>routinely</u>, at some time <u>in the past</u>) (Appendix O at end of book)

10D   Imparfait – with <u>aller</u>

▼ **Formula**

Sujet + (**allais, allais, allait, allions, alliez, allaient**) + verbe principal (**Infinitif**)

For **examples** and much more, **scan** or **click** the **code** below ▼
- **Or** follow the links at **verbexpress.net** > French Verb Tense Atlas > Imparfait > **Imparfait – with Aller**

▸10E Imparfait – with devoir

\>> See *How to Do* this verb form after the **Univerb©** **Tag**(s) below …

▼ **Meaning**(s) of this verb form shown in **Univerb© Tag**(s) (3rd person) ▼

Usual **Meaning**(s):

- he/she/it **did have to verb** (routinely, at some time in the past) (for *emphasis*, *negative*, or *asking a question*)
- he/she/it **had to be verbing** (was in a "state" of having to verb)
- he/she/it **had to verb** (routinely, at some time in the past)
- he/she/it **had to verb** (was in a "state" of having to verb)
- he/she/it **used to have to verb** (routinely, at some time in the past)
- he/she/it **was having to verb** (past state, or routinely, at some time in the past)
- he/she/it **would have to verb** (routinely, at some time in the past)

| 10E | Imparfait – with devoir |

▼ Formula

Sujet + (**devais, devais, devait, devions, deviez, devaient**) + verbe principal (**Infinitif**)

For **examples** and much more, **scan** or **click** the **code** below ▾
- **Or** follow the links at **verbexpress.net** > French Verb Tense Atlas > **Imparfait** > **Imparfait – with Devoir**

▸10F Imparfait – with pouvoir

\>> See *How to Do* this verb form after the **Univerb©** **Tag**(s) below …

Imparfait | 181

▼ **Meaning**(s) of this verb form shown in **Univerb© Tag**(s) (3rd person) ▼

Usual **Meaning**(s):

- he/she/it **could verb** (routinely, at some time in the past)
- he/she/it **could verb** (was in a "state" of being able to verb)
- he/she/it **used to be able to verb** (routinely, at some time in the past)
- he/she/it **was able to verb** (routinely, at some time in the past)
- he/she/it **was able to verb** (was in a "state" of being able to verb)
- he/she/it **would be able to verb** (routinely, at some time in the past)

10F   Imparfait – with pouvoir

▼ **Formula**

Sujet + (**pouvais, pouvais, pouvait, pouvions, pouviez, pouvaient**)
+ verbe principal (**Infinitif**)

For **examples** and much more, **scan** or **click** the **code** below ▼
- **Or** follow the links at **verbexpress.net** > French Verb Tense Atlas > Imparfait > **Imparfait – with Pouvoir**

▶10G   Imparfait – with vouloir

>> See *How to Do* this verb form after the **Univerb© Tag**(s) below ...

▼ **Meaning**(s) of this verb form shown in **Univerb© Tag**(s) (3rd person) ▼

Usual **Meaning**(s):

- he/she **did want to verb** (routinely, at some time in the past) (for *emphasis*, *negative*, or *asking a question*)
- he/she **did want to verb** (was in a "state" of wanting to verb) (for *emphasis*, *negative*, or *asking a question*)
- he/she **used to want to verb** (routinely, at some time in the past)
- he/she **wanted to verb** (routinely, at some time in the past)
- he/she **wanted to verb** (was in a "state" of wanting to verb)
- he/she **was wanting to verb** (was in a "state" of wanting to verb)
- he/she **would want to verb** (routinely, at some time in the past)

10G   Imparfait – with <u>vouloir</u>

▼ **Formula**

Sujet + (**voulais, voulais, voulait, voulions, vouliez, voulaient**) + verbe principal (**Infinitif**)

For **examples** and much more, <u>scan</u> or <u>click</u> the **code** below ▼
- <u>Or</u> follow the links at **verbexpress.net** > French Verb Tense Atlas > Imparfait > **Imparfait – with Vouloir**

Imparfait avec 'depuis'

Type of Verb Tense (According to structure)
    Temps simple – ("**Simple**" Tense: a single-word tense.)

Frequency of Use in Everyday Communication – (**Low**, Medium, High)
Level of **Difficulty** in **Formulation** – (Low, **Medium**, High)

Skill level for **Usage Mastery** – (Beginner, Intermediate, **Advanced**)

▼ This chapter covers ▼

11A	Imparfait avec "depuis" – actif (Basic format)
11B	Imparfait avec "depuis" – passif
1	Passif **direct** – Option 1
2	Passif **direct** – Option 2
3	Passif **indirect**
4	Passif **pronominal**
11C	Imparfait avec "depuis" – pronominal
1	Pronominal **essentiel**
2	Pronominal **à sens idiomatique**
3	Pronominal **réfléchi direct**
4	Pronominal **réfléchi indirect**
5	Pronominal **réciproque direct**
6	Pronominal **réciproque indirect**
7	Pronominal **passif**
8	Pronominal **impersonnel** (passif)
11D	Imparfait avec "depuis" – with aller
11E	Imparfait avec "depuis" – with devoir
11F	Imparfait avec "depuis" – with pouvoir
11G	Imparfait avec "depuis" – with vouloir

▸11A   Imparfait avec 'depuis' – <u>actif</u> (Basic format)

\>\> See *How to Do* this verb form after the **Univerb©** **Tag**(s) below ...

▼ **Meaning**(s) of this verb form shown in **Univerb©** **Tag**(s) (3rd person) ▼

<u>Usual</u> **Meaning**(s):

A)   With verbs of **CONDITION** or **STATE**

- he/she/it **had been in a certain** <u>condition or state</u> (<u>for</u> a certain <u>amount</u> of time) **when** ... (*something happened*)
- he/she/it **had been in a certain** <u>condition or state</u> (<u>since</u> a certain <u>moment</u> in time) **when** ... (*something happened*)

B)   With verbs of **ACTION**

- he/she/it **had been verbing** (<u>for</u> a certain <u>amount</u> of time) **when** ... (*something happened*)
- he/she/it **had been verbing** (<u>since</u> a certain <u>moment</u> in time) **when** ... (*something happened*)
- he/she/it **had** (already) **verbed** (<u>for</u> a certain <u>amount</u> of time) **when** ... (*something happened*)
- he/she/it **had** (already) **verbed** (<u>since</u> a certain <u>moment</u> in time) **when** ... (*something happened*)

11A   Imparfait avec 'depuis' – <u>actif</u> (Basic format)

▼ Formula

1. Follow the same steps as for the <u>Imparfait - Actif</u> (Basic format) (*Details in 10A above*)

2. Then add the special word ' depuis ' followed by an **amount of** time or a **moment in** time.

For **examples** and much more, **scan** or **click** the **code** below ▾
- **Or** follow the links at **verbexpress.net** > French Verb Tense Atlas > Imparfait avec 'depuis' > **Imparfait avec 'depuis' – Actif (Basic Format)**

▶11B Imparfait avec 'depuis' – passif

\>\> See *How to Do* this verb form after the **Univerb©** **Tag**(s) below ...

▼ **Meaning**(s) of this verb form shown in **Univerb© Tag**(s) (3rd person) ▼

<u>Usual</u> **Meaning**(s):

- he/she/it **had been being verbed** (<u>for</u> a certain <u>amount</u> of time) *when* ... (*something happened*)
- he/she/it **had been being verbed** (<u>since</u> a certain <u>moment</u> in time) *when* ... (*something happened*)
- he/she/it **had been getting verbed** (<u>for</u> a certain <u>amount</u> of time) *when* ... (*something happened*)
- he/she/it **had been getting verbed** (<u>since</u> a certain <u>moment</u> in time) *when* ... (*something happened*)
- he/she/it **had been verbed** (<u>for</u> a certain <u>amount</u> of time) *when* ... (*something happened*)
- he/she/it **had been verbed** (<u>since</u> a certain <u>moment</u> in time) *when* ... (*something happened*)

To see the <u>above</u> meaning(s) in action using the **formula**(s) <u>below</u> with **translations**, **tips**, and helpful **resources**, <u>scan</u> or <u>click</u> the code below ▼
- <u>Or</u> follow the links at <u>verbexpress.net</u> > French Verb Tense Atlas > Imparfait avec 'depuis' > **Imparfait avec 'depuis' – Passif**

11B.1   Passif **direct** – Option 1 – (**Imparfait avec 'depuis'**)

- Passif **direct** – Option 1 – (**See Appendix C** at end of book)

▼ **Formula**

Sujet (nom ou pronom, **objet direct** du verbe principal) + (**étais, étais, était, étions, étiez, étaient**) + verbe principal (**p.p.**)(e.s.es) + depuis + (an <u>amount</u> of time / a <u>moment</u> in time)

(The main verb in this case <u>cannot be</u> a member of the *Secret Travel Club* verbs – listed in **Appendix B** at end of book)

(**Note**: When using the "Passif **direct** – Option 1" format, the **subject** of the verb "être" must also be the **direct object** of the participe passé (**p.p.**) of the main verb, and because it also precedes the p.p., the **p.p.** agrees in gender and in number with that subject/direct object.)

▼ **Meaning**(s) of this verb form shown in **Univerb© Tag**(s) (3rd person) ▼

<u>Usual</u> **Meaning**(s):

- he/she/it **had been verbed** (<u>for</u> a certain **amount** of time) **when** ... (*something happened*)
- he/she/it **had been verbed** (<u>since</u> a certain **moment** in time) **when** ... (*something happened*)

For **examples** and much more, <u>scan</u> or <u>click</u> the **code** below ▼
- **Or** follow the links at verbexpress.net > French Verb Tense Atlas > Imparfait avec 'depuis' > Imparfait avec 'depuis' – Passif > **Passif direct – Option 1**

11B.2   Passif **direct** – Option 2 – (**Imparfait avec 'depuis'**)

- Passif **direct** – Option 2 – (**See Appendix C** at end of book)

▼ **Formula**

When the **direct object** appears as a <u>noun</u>:

On (sujet indéfini) + verbe principal (**Imparfait** - *Details in <u>10A</u> above*) + **objet direct** + ⟨depuis⟩ + (an **amount** of time / a **moment** in time).

When the **direct object** appears as a <u>pronoun</u>:

On (sujet indéfini) + **pronom objet direct** + verbe principal (**Imparfait** - *Details in <u>10A</u> above*) + ⟨depuis⟩ + (an **amount** of time / a **moment** in time)

▼ **Meaning**(s) of this verb form shown in **Univerb© Tag**(s) (3rd person) ▼

Usual **Meaning**(s):

- he/she/it **had been being verbed** (<u>for</u> a certain **amount** of time) **when** ... (*something happened*)
- he/she/it **had been being verbed** (<u>since</u> a certain **moment** in time) **when** ... (*something happened*)
- he/she/it **had been getting verbed** (<u>for</u> a certain **amount** of time) **when** ... (*something happened*)
- he/she/it **had been getting verbed** (<u>since</u> a certain **moment** in time) **when** ... (*something happened*)

For **examples** and much more, <u>scan</u> or <u>click</u> the **code** below ▼
- **Or** follow the links at **verbexpress.net** > French Verb Tense Atlas > Imparfait avec 'depuis' > Imparfait avec 'depuis' – Passif > **Passif direct – Option 2**

11B.3   Passif <u>indirect</u> – (**Imparfait avec 'depuis'**)

- Passif <u>indirect</u> – (**See Appendix C** at end of book)

▼ **Formula**

When the <u>indirect</u> **object** appears as a <u>noun</u>:

<u>On</u> (sujet indéfini) + verbe principal (**Imparfait** - *Details in 10A above*) + **objet <u>indirect</u>** + depuis + (an **amount** of time / a **moment** in time).

When the <u>indirect</u> **object** appears as a <u>pronoun</u>:

<u>On</u> (sujet indéfini) + **pronom objet <u>indirect</u>** + verbe principal (**Imparfait** - *Details in 10A above*) + depuis + (an **amount** of time / a **moment** in time)

▼ **Meaning**(s) of this verb form shown in **Univerb© Tag**(s) (3rd person) ▼

Usual **Meaning**(s):

- he/she/it **had been being verbed** (<u>for</u> a certain **amount** of time) **when** ... (*something happened*)

- ♦ he/she/it **had been being verbed** (<u>since</u> a certain **moment** in time) **when** ... (*something happened*)
- ♦ he/she/it **had been getting verbed** (<u>for</u> a certain **amount** of time) **when** ... (*something happened*)
- ♦ he/she/it **had been getting verbed** (<u>since</u> a certain **moment** in time) **when** ... (*something happened*)

For **examples** and much more, <u>scan</u> or <u>click</u> the **code** below ▼
- <u>Or</u> follow the links at **verbexpress.net** > French Verb Tense Atlas > Imparfait avec 'depuis' > Imparfait avec 'depuis' – Passif > **Passif indirect**

| 11B.4 | Passif **pronominal** – (**Imparfait avec 'depuis'**) |

- Passif **pronominal**

   The '**Passive Pronominal**' structure is a way to create a **passive** meaning by using the <u>pronominal</u> format with an <u>in</u>animate subject (a **non**-personal doer – singular or plural).
   (See **Appendix H** at end of book)

▼ Formula

Sujet (nom ou pronom, <u>inanimé</u>, – **objet direct** du verbe principal) + <u>se-s'</u> + verbe principal (**Imparfait** - *Details in <u>10A</u> above*) + depuis + (an **amount** of time / a **moment** in time)

▼ **Meaning**(s) of this verb form shown in **Univerb© Tag**(s) (3rd person) ▼

<u>Usual</u> **Meaning**(s):

- ♦ it **had been being verbed** (<u>for</u> a certain **amount** of time) **when** ... (*something happened*)
- ♦ it **had been being verbed** (<u>since</u> a certain **moment** in time) **when** ... (*something happened*)
- ♦ it **had been getting verbed** (<u>for</u> a certain **amount** of time) **when** ... (*something happened*)
- ♦ it **had been getting verbed** (<u>since</u> a certain **moment** in time) **when** ... (*something happened*)

Imparfait avec 'depuis'

- it **had been verbed** (**for** a certain **amount** of time) **when** ... (*something happened*)
- it **had been verbed** (**since** a certain **moment** in time) **when** ... (*something happened*)
- it **had gotten verbed** (**for** a certain **amount** of time) **when** ... (*something happened*)
- it **had gotten verbed** (**since** a certain **moment** in time) **when** ... (*something happened*)
- it **was being verbed** (**for** a certain **amount** of time) **when** ... (*something happened*)
- it **was being verbed** (**since** a certain **moment** in time) **when** ... (*something happened*)
- it **was getting verbed** (**for** a certain **amount** of time) **when** ... (*something happened*)
- it **was getting verbed** (**since** a certain **moment** in time) **when** ... (*something happened*)

For **examples** and much more, **scan** or **click** the **code** below ▼
- **Or** follow the links at **verbexpress.net** > French Verb Tense Atlas > Imparfait avec 'depuis' > Imparfait avec 'depuis' – Passif > **Passif pronominal**

▶11C   Imparfait avec 'depuis' – pronominal

>> See *How to Do* this verb form after the **Univerb© Tag**(s) below ...

▼ **Meaning**(s) of this verb form shown in **Univerb© Tag**(s) (3rd person) ▼

<u>Usual</u> **Meaning**(s):

- he/she **had been verbing** (**for** a certain **amount** of time) **when** ... (*something happened*)
- he/she **had been verbing** (**since** a certain **moment** in time) **when** ... (*something happened*)
- he/she **had verbed** (**for** a certain **amount** of time) **when** ... (*something happened*)
- he/she **had verbed** (**since** a certain **moment** in time) **when** ... (*something happened*)

- he/she/it **had been verbing** himself / herself / itself (**for** a certain **amount** of time) **when** ... (*something happened*)
- he/she/it **had been verbing** himself / herself / itself (**since** a certain **moment** in time) **when** ... (*something happened*)

- he/she/it **had verbed** himself / herself / itself (**for** a certain **amount** of time) **when** ... (*something happened*)
- he/she/it **had verbed** himself / herself / itself (**since** a certain **moment** in time) **when** ... (*something happened*)

▼ Pronominal **Passive** Meanings ▼

Usual **Meaning**(s) when in a Pronominal **Passive** form: (See 11C.7, 11C.8 below)

- he/she/it **had been being verbed** (**for** a certain **amount** of time) **when** ... (*something happened*)
- he/she/it **had been being verbed** (**since** a certain **moment** in time) **when** ... (*something happened*)

- he/she/it **had been getting verbed** (**for** a certain **amount** of time) **when** ... (*something happened*)
- he/she/it **had been getting verbed** (**since** a certain **moment** in time) **when** ... (*something happened*)

- he/she/it **had been verbed** (**for** a certain **amount** of time) **when** ... (*something happened*)
- he/she/it **had been verbed** (**since** a certain **moment** in time) **when** ... (*something happened*)

- he/she/it **had gotten verbed** (**for** a certain **amount** of time) **when** ... (*something happened*)
- he/she/it **had gotten verbed** (**since** a certain **moment** in time) **when** ... (*something happened*)

- he/she/it **was being verbed** (**for** a certain **amount** of time) **when** ... (*something happened*)
- he/she/it **was being verbed** (**since** a certain **moment** in time) **when** ... (*something happened*)

- he/she/it **was getting verbed** (**for** a certain **amount** of time) **when** ... (*something happened*)
- he/she/it **was getting verbed** (**since** a certain **moment** in time) **when** ... (*something happened*)

To see the **above** meaning(s) in action using the **formula**(s) **below** with **translations**, **tips**, and helpful **resources**, **scan** or **click** the **code** below ▼ - **Or** follow the links at verbexpress.net > French Verb Tense Atlas > Imparfait avec 'depuis' > **Imparfait avec 'depuis' – Pronominal**

11C.1 Pronominal **essentiel** – (Imparfait avec 'depuis')

- Pronominal **essentiel** (exclusivement)
  (Verbes exclusivement pronominaux)

  > '**Essential**' Pronominal Verbs are a special collection of verbs that are used **only** in the pronominal format, but have no '*reflexive*' meaning.
  > (See Appendix E at end of book)

▼ Formula

Sujet + (me-m', te-t', se-s', nous, vous, se-s') + verbe principal (**Imparfait** - Details in 10A above) + depuis + (an **amount** of time / a **moment** in time)

▼ Meaning(s) of this verb form shown in Univerb© Tag(s) (3rd person) ▼

Usual Meaning(s):

- he/she **had been verbing** (for a certain **amount** of time) *when* ... (*something happened*)
- he/she **had been verbing** (since a certain **moment** in time) *when* ... (*something happened*)

- he/she **had verbed** (for a certain **amount** of time) *when* ... (*something happened*)
- he/she **had verbed** (since a certain **moment** in time) *when* ... (*something happened*)

For **examples** and much more, **scan** or **click** the **code** below ▼
- **Or** follow the links at **verbexpress.net** > French Verb Tense Atlas > Imparfait avec 'depuis' > Imparfait avec 'depuis' – Pronominal > **Pronominal essentiel**

11C.2 Pronominal à sens idiomatique – (Imparfait avec 'depuis')

- Pronominal **à sens idiomatique**

  '**Idiomatic**' Pronominal Verbs are a set of verbs which take on a different meaning than their normal meaning when they are used in the pronominal format.
  (See **Appendix** F at end of book)

▼ **Formula**

Sujet + (me-m', te-t', se-s', nous, vous, se-s') + verbe principal (**Imparfait** - Details in 10A above) + depuis + (an **amount** of time / a **moment** in time)

▼ **Meaning**(s) of this verb form shown in **Univerb© Tag**(s) (3rd person) ▼

<u>Usual</u> **Meaning**(s):

- he/she **had been verbing** (<u>for</u> a certain **amount** of time) **when** ... (something happened)
- he/she **had been verbing** (<u>since</u> a certain **moment** in time) **when** ... (something happened)

- he/she **had verbed** (<u>for</u> a certain **amount** of time) **when** ... (something happened)
- he/she **had verbed** (<u>since</u> a certain **moment** in time) **when** ... (something happened)

For **examples** and much more, **scan** or **click** the **code** below ▼
- Or follow the links at **verbexpress.net** > French Verb Tense Atlas > Imparfait avec 'depuis' > Imparfait avec 'depuis' – Pronominal > **Pronominal à sens idiomatique**

11C.3 Pronominal réfléchi direct – (Imparfait avec 'depuis')

- Pronominal **réfléchi direct**

The **'Reflexive Direct'** Pronominal structure is when the Pronominal format is used AND the subject (the doer – singular or plural) of a **direct** action is also the **receiver** of that **direct** action.
(**See Appendix G** at end of book)

▼ **Formula**

Sujet + (me-m', te-t', se-s', nous, vous, se-s', – **objet direct** du verbe principal) + verbe principal (**Imparfait** - *Details in 10A above*) + depuis + (an **amount** of time / a **moment** in time)

▼ Meaning(s) of this verb form shown in **Univerb© Tag**(s) (3rd person) ▼

Usual Meaning(s):

- he/she/it **had been verbing** himself / herself / itself (**for** a certain **amount** of time) **when** ... (*something happened*)
- he/she/it **had been verbing** himself / herself / itself (**since** a certain **moment** in time) **when** ... (*something happened*)

- he/she/it **had verbed** himself / herself / itself (**for** a certain **amount** of time) **when** ... (*something happened*)
- he/she/it **had verbed** himself / herself / itself (**since** a certain **moment** in time) **when** ... (*something happened*)

For **examples** and much more, **scan** or **click** the **code** below ▼
- **Or** follow the links at **verbexpress.net** > French Verb Tense Atlas > Imparfait avec 'depuis' > Imparfait avec 'depuis' – Pronominal > **Pronominal réfléchi direct**

11C.4   Pronominal **réfléchi indirect** – (Imparfait avec 'depuis')

- Pronominal **réfléchi indirect**

    The **'Reflexive Indirect'** Pronominal structure is when the Pronominal format is used AND the subject (the doer - singular or plural) of an **in**direct action is also the receiver of that **in**direct action.
    (**See Appendix G** at end of book)

Imparfait avec 'depuis'

▼ **Formula**

Sujet + (me-m', te-t', se-s', nous, vous, se-s', – **objet indirect** du verbe principal) + verbe principal (**Imparfait** - *Details in 10A above*) + depuis + (an **amount** of time / a **moment** in time)

▼ **Meaning**(s) of this verb form shown in **Univerb© Tag**(s) (3rd person) ▼

Usual **Meaning**(s):

- he/she/it **had been verbing** himself / herself / itself (**for** a certain **amount** of time) **when** ... (*something happened*)
- he/she/it **had been verbing** himself / herself / itself (**since** a certain **moment** in time) **when** ... (*something happened*)

- he/she/it **had verbed** himself / herself / itself (**for** a certain **amount** of time) **when** ... (*something happened*)
- he/she/it **had verbed** himself / herself / itself (**since** a certain **moment** in time) **when** ... (*something happened*)

For **examples** and much more, **scan** or **click** the **code** below ▼
- **Or** follow the links at **verbexpress.net** > French Verb Tense Atlas > Imparfait avec 'depuis' > Imparfait avec 'depuis' – Pronominal > **Pronominal réfléchi indirect**

11C.5   Pronominal **réciproque direct** – (Imparfait avec 'depuis')

- Pronominal **réciproque direct**

    The '**Reciprocal Direct**' Pronominal structure is when the Pronominal format is used AND a group of two or more (subjects) do the same **direct** action to one another.
    (See **Appendix** G at end of book)

▼ **Formula**

Sujet (pluriel) + (nous, vous, se-s', – **objet direct** du verbe principal) + verbe principal (**Imparfait** - *Details in 10A above*) + depuis + (an **amount** of time / a **moment** in time)

▼ **Meaning**(s) of this verb form shown in **Univerb© Tag**(s) (3rd person) ▼

<u>Usual</u> **Meaning**(s):

- they **had been verbing** <u>each other</u> (**for** a certain **amount** of time) *when* ... (*something happened*)
- they **had been verbing** <u>each other</u> (**since** a certain **moment** in time) *when* ... (*something happened*)
- they **had verbed** <u>each other</u> (**for** a certain **amount** of time) *when* ... (*something happened*)
- they **had verbed** <u>each other</u> (**since** a certain **moment** in time) *when* ... (*something happened*)

For **examples** and much more, **scan** or **click** the **code** below ▾
- **Or** follow the links at **verbexpress.net** > French Verb Tense Atlas > Imparfait avec 'depuis' > Imparfait avec 'depuis' – Pronominal > **Pronominal réciproque direct**

11C.6   Pronominal **réciproque** <u>in</u>direct – (**Imparfait avec 'depuis'**)

- Pronominal **réciproque** <u>in</u>direct

    The '<u>**Reciprocal Indirect**</u>' Pronominal structure is when the <u>Pronominal format</u> is used AND a group of two or more (subjects) do the same <u>in</u>direct action <u>to one another</u>.
    (**See** <u>Appendix</u> G at end of book)

▼ **Formula**

Sujet (<u>pluriel</u>) + (<u>nous, vous, se-s'</u>, – **objet** <u>in</u>**direct** du verbe principal) + verbe principal (**Imparfait** - *Details in <u>10A</u> above*) + depuis + (an **amount** of time / a **moment** in time)

▼ **Meaning**(s) of this verb form shown in **Univerb© Tag**(s) (3rd person) ▼

<u>Usual</u> **Meaning**(s):

196 | Imparfait avec 'depuis'

- they **had been verbing** each other (**for** a certain **amount** of time) **when** ... (*something happened*)
- they **had been verbing** each other (**since** a certain **moment** in time) **when** ... (*something happened*)
- they **had verbed** each other (**for** a certain **amount** of time) **when** ... (*something happened*)
- they **had verbed** each other (**since** a certain **moment** in time) **when** ... (*something happened*)

For **examples** and much more, **scan** or **click** the **code** below ▼
- **Or** follow the links at **verbexpress.net** > French Verb Tense Atlas > Imparfait avec 'depuis' > Imparfait avec 'depuis' – Pronominal > **Pronominal réciproque indirect**

11C.7   Pronominal **passif** – (**Imparfait avec 'depuis'**)

- Pronominal **passif**

  The '**Passive Pronominal**' structure is a way to create a **passive** meaning by using the pronominal format with an **in**animate subject (a **non**-personal doer – singular or plural).
  (See **Appendix H** at end of book)

▼ **Formula**

Sujet (nom ou pronom, inanimé, – **objet direct** du verbe principal) + se-s' + verbe principal (**Imparfait** - *Details in 10A above*) + depuis + (an **amount** of time / a **moment** in time)

▼ **Meaning**(s) of this verb form shown in **Univerb© Tag**(s) (3rd person) ▼

Usual **Meaning**(s):

- it **had been being verbed** (**for** a certain **amount** of time) **when** ... (*something happened*)
- it **had been being verbed** (**since** a certain **moment** in time) **when** ... (*something happened*)

- it **had been getting verbed** (<u>for</u> a certain **amount** of time) **when** ... (*something happened*)
- it **had been getting verbed** (<u>since</u> a certain **moment** in time) **when** ... (*something happened*)
- it **had been verbed** (<u>for</u> a certain **amount** of time) **when** ... (*something happened*)
- it **had been verbed** (<u>since</u> a certain **moment** in time) **when** ... (*something happened*)
- it **had gotten verbed** (<u>for</u> a certain **amount** of time) **when** ... (*something happened*)
- it **had gotten verbed** (<u>since</u> a certain **moment** in time) **when** ... (*something happened*)
- it **was being verbed** (<u>for</u> a certain **amount** of time) **when** ... (*something happened*)
- it **was being verbed** (<u>since</u> a certain **moment** in time) **when** ... (*something happened*)
- it **was getting verbed** (<u>for</u> a certain **amount** of time) **when** ... (*something happened*)
- it **was getting verbed** (<u>since</u> a certain **moment** in time) **when** ... (*something happened*)

For **examples** and much more, **scan** or **click** the **code** below ▼
- **Or** follow the links at <u>verbexpress.net</u> > French Verb Tense Atlas > Imparfait avec 'depuis' > Imparfait avec 'depuis' – Pronominal > **Pronominal passif**

11C.8   Pronominal **impersonnel** (passif) – (**Imparfait avec 'depuis'**)

- Pronominal **impersonnel** (passif)

    The '<u>Impersonal Passive</u>' structure is a way to create a <u>**passive**</u> meaning by using the <u>im</u>personal version of the subject " <u>*il*</u> " in the <u>pronominal</u> format.
    (See <u>Appendix</u> H at end of book)

▼ Formula

198 | Imparfait avec 'depuis'

... **il** (sens impersonnel) + <u>se-s'</u> + verbe principal (**Imparfait** - *Details in 10A above*) + **objet direct du verbe principal** + **depuis** + (an <u>amount</u> of time / a <u>moment</u> in time)

▼ **Meaning**(s) of this verb form shown in **Univerb© Tag**(s) (3rd person) ▼

<u>Usual</u> **Meaning**(s):

- he/she/it **had been being verbed** (<u>for</u> a certain <u>amount</u> of time) *when* ... (*something happened*)
- he/she/it **had been being verbed** (<u>since</u> a certain <u>moment</u> in time) *when* ... (*something happened*)

- he/she/it **had been getting verbed** (<u>for</u> a certain <u>amount</u> of time) *when* ... (*something happened*)
- he/she/it **had been getting verbed** (<u>since</u> a certain <u>moment</u> in time) *when* ... (*something happened*)

- he/she/it **had been verbed** (<u>for</u> a certain <u>amount</u> of time) *when* ... (*something happened*)
- he/she/it **had been verbed** (<u>since</u> a certain <u>moment</u> in time) *when* ... (*something happened*)

- he/she/it **had gotten verbed** (<u>for</u> a certain <u>amount</u> of time) *when* ... (*something happened*)
- he/she/it **had gotten verbed** (<u>since</u> a certain <u>moment</u> in time) *when* ... (*something happened*)

- he/she/it **was being verbed** (<u>for</u> a certain <u>amount</u> of time) *when* ... (*something happened*)
- he/she/it **was being verbed** (<u>since</u> a certain <u>moment</u> in time) *when* ... (*something happened*)

- he/she/it **was getting verbed** (<u>for</u> a certain <u>amount</u> of time) *when* ... (*something happened*)
- he/she/it **was getting verbed** (<u>since</u> a certain <u>moment</u> in time) *when* ... (*something happened*)

For **examples** and much more, **scan** or **click** the **code** below ▼
- **Or** follow the links at **verbexpress.net** > French Verb Tense Atlas > Imparfait avec 'depuis' > Imparfait avec 'depuis' – Pronominal > **Pronominal impersonnel (passif)**

▶11D Imparfait avec 'depuis' – with aller

>> See *How to Do* this verb form after the **Univerb© Tag**(s) below ...

▼ **Meaning**(s) of this verb form shown in **Univerb© Tag**(s) (3rd person) ▼

Usual Meaning(s):

- he/she **had been going to verb** (for a certain amount of time) and was still doing so when ... (*something happened*)
- he/she **had been going to verb** (since a certain moment in time) and was still doing so when ... (*something happened*)
- he/she **had been going verbing** (for a certain amount of time) and was still doing so when ... (*something happened*) (Appendix O at end of book)
- he/she **had been going verbing** (since a certain moment in time) and was still doing so when ... (*something happened*) (Appendix O at end of book)
- he/she **had gone to verb** (for a certain amount of time) or (since a certain moment in time) and was still doing so when ... (*something happened*)
- he/she **had gone to verb** (since a certain moment in time) and was still doing so when ... (*something happened*)
- he/she **had gone verbing** (for a certain amount of time) or (since a certain moment in time) and was still doing so when ... (*something happened*) (Appendix O at end of book)
- he/she **had gone verbing** (since a certain moment in time) and was still doing so when ... (*something happened*) (Appendix O at end of book)

11D   Imparfait avec 'depuis' – with aller

▼ Formula

Sujet + (**allais, allais, allait, allions, alliez, allaient**) + verbe principal (Infinitif) + depuis + (an amount of time / a moment in time)

For **examples** and much more, **scan** or **click** the code below ▾
- **Or** follow the links at **verbexpress.net** > French Verb Tense Atlas > Imparfait avec 'depuis' > **Imparfait avec 'depuis' – with Aller**

200 | Imparfait avec 'depuis'

▶11E Imparfait avec 'depuis' – with <u>devoir</u>

>> See *How to Do* this verb form after the **Univerb©** **Tag**(s) below …

▼ **Meaning**(s) of this verb form shown in **Univerb© Tag**(s) (3rd person) ▼

<u>Usual</u> **Meaning**(s):

- he/she/it **had been having to** verb (<u>for</u> a certain **amount** of time) and <u>was still having to</u> **when** … (*something happened*)
- he/she/it **had been having to** verb (<u>since</u> a certain **moment** in time) and <u>was still having to</u> **when** … (*something happened*)

- he/she/it **had had to** verb (<u>for</u> a certain **amount** of time) and <u>was still having to</u> **when** … (*something happened*)
- he/she/it **had had to** verb (<u>since</u> a certain **moment** in time) and <u>was still having to</u> **when** … (*something happened*)

- he/she/it **had to** verb (<u>for</u> a certain **amount** of time) and <u>was still having to</u> **when** … (*something happened*)
- he/she/it **had to** verb (<u>since</u> a certain **moment** in time) and <u>was still having to</u> **when** … (*something happened*)

11E   Imparfait avec 'depuis' – with <u>devoir</u>

▼ Formula

Sujet + (**devais, devais, devait, devions, deviez, devaient**) + verbe principal (**Infinitif**) + **depuis** + (an **amount** of time / a **moment** in time)

For **examples** and much more, **scan** or **click** the **code** below ▼
- **Or** follow the links at **verbexpress.net** > French Verb Tense Atlas > Imparfait avec 'depuis' > **Imparfait avec 'depuis' – with Devoir**

▶11F Imparfait avec 'depuis' – with pouvoir

>> See *How to Do* this verb form after the Univerb© Tag(s) below ...

▼ **Meaning**(s) of this verb form shown in **Univerb© Tag**(s) (3ʳᵈ person) ▼

<u>Usual</u> **Meaning**(s):

- he/she/it **could verb** (<u>since</u> a certain **moment** in time) and <u>could still do so</u> **when** ... (*something happened*)

- he/she/it **had been able to verb** (<u>for</u> a certain **amount** of time) and <u>was still able to</u> **when** ... (*something happened*)
- he/she/it **had been able to verb** (<u>since</u> a certain **moment** in time) and <u>was still able to</u> **when** ... (*something happened*)

- he/she/it **was able to verb** (<u>for</u> a certain **amount** of time) and <u>was still able to</u> **when** ... (*something happened*)
- he/she/it **was able to verb** (<u>since</u> a certain **moment** in time) and <u>was still able to</u> **when** ... (*something happened*)

| 11F | Imparfait avec 'depuis' – with <u>pouvoir</u> |

▼ Formula

Sujet + (**pouvais, pouvais, pouvait, pouvions, pouviez, pouvaient**) + verbe principal (**Infinitif**) + depuis + (an **amount** of time / a **moment** in time)

For **examples** and much more, <u>scan</u> or <u>click</u> the code below ▼
- <u>Or</u> follow the links at **verbexpress.net** > French Verb Tense Atlas > Imparfait avec 'depuis' > **Imparfait avec 'depuis' – with Pouvoir**

▶11G Imparfait avec 'depuis' – with vouloir

>> See *How to Do* this verb form after the Univerb© Tag(s) below ...

▼ **Meaning**(s) of this verb form shown in **Univerb© Tag**(s) (3ʳᵈ person) ▼

Usual Meaning(s):

- he/she **had been wanting to verb** (<u>for</u> a certain **amount** of time) and <u>still wanted to</u> **when** ... (*something happened*)
- he/she **had been wanting to verb** (<u>since</u> a certain **moment** in time) and <u>still wanted to</u> **when** ... (*something happened*)

- he/she **had wanted to verb** (<u>for</u> a certain **amount** of time) and <u>still wanted to</u> **when** ... (*something happened*)
- he/she **had wanted to verb** (<u>since</u> a certain **moment** in time) **when** ... (*something happened*) and <u>still wanted to</u>

- he/she **wanted to verb** (<u>for</u> a certain **amount** of time) and <u>still wanted to</u> **when** ... (*something happened*)
- he/she **wanted to verb** (<u>since</u> a certain **moment** in time) and <u>still wanted to</u> **when** ... (*something happened*)

11G   Imparfait avec 'depuis' – with <u>vouloir</u>

▼ **Formula**

Sujet + (**voulais, voulais, voulait, voulions, vouliez, voulaient**) + verbe principal (**Infinitif**) + depuis + (an **amount** of time / a **moment** in time)

For **examples** and much more, <u>scan</u> or <u>click</u> the **code** below ▼
- **Or** follow the links at <u>verbexpress.net</u> > French Verb Tense Atlas > Imparfait avec 'depuis' > **Imparfait avec 'depuis' – with Vouloir**

Impératif passé

Type of Verb Tense (According to structure)
    Temps composé – ("**Compound**" Tense: an auxiliary verb – "**avoir**" or "**être**" – followed by the **participe passé** (**p.p.**) of the main verb.)

Frequency of Use in Everyday Communication – (**Low**, Medium, High)
Level of Difficulty in **Formulation** – (**Low**, Medium, High)

Skill level for **Usage Mastery** – (Beginner, **Intermediate**, Advanced)

▼ This chapter covers ▼

12A | Impératif passé – actif (Basic format)

204 | Impératif passé

▶12A   Impératif passé – <u>actif</u> (Basic format)

\>\> See *How to Do* this verb form after the **Univerb© Tag**(s) below ...

▼ **Meaning**(s) of this verb form shown in **Univerb© Tag**(s) ▼

- **Be verbed**! (Command or suggestion)
- **Have** (something) **verbed**! (Command or suggestion)
- **Let's be verbed**! (Command or suggestion)
- **Let's have** (something) **verbed**! (Command or suggestion)

This command-form verb tense can only be done in the **2nd** person singular (**tu**), the **1st** person plural (**nous**), and the **2nd** person plural (**vous**).

12A   Impératif passé – <u>actif</u> (Basic format)

- [with "<u>avoir</u>"]

▼ **Formula**

(**aie, ayons, ayez**) + verbe principal (**p.p.**)

- [with "<u>être</u>"]

▼ **Formula**

(**sois, soyons, soyez**) + verbe principal (**p.p.**)(e.s.es) (from the <u>Secret Travel Club</u> – **Appendix B** at end of book)

For **examples** and much more, **scan** or **click** the **code** below ▼
- **Or** follow the links at **verbexpress.net** > French Verb Tense Atlas > Impératif passé > **Impératif passé – Actif (Basic Format)**

Impératif présent

Type of Verb Tense (According to structure)
    Temps simple – ("**Simple**" Tense: a single-word tense.)

Frequency of Use in Everyday Communication – (Low, Medium, **High**)
Level of **Difficulty** in **Formulation** – (**Low**, Medium, High)

Skill level for **Usage Mastery** – (**Beginner**, Intermediate, Advanced)

▼ This chapter covers ▼

13A	Impératif présent – actif (Basic format)
13B	Impératif présent – passif
13C	Impératif présent – pronominal
	1 Pronominal **essentiel**
	2 Pronominal **à sens idiomatique**
	3 Pronominal **réfléchi direct**
	4 Pronominal **réfléchi indirect**
	5 Pronominal **réciproque direct**
	6 Pronominal **réciproque indirect**
13D	Impératif présent – with aller
13E	Impératif présent – with vouloir

▶13A Impératif présent – <u>actif</u> (Basic format)

\>\> See *How to Do* this verb form after the Univerb© Tag(s) below …

▼ **Meaning**(s) of this verb form shown in Univerb© Tag(s) ▼

<u>Usual</u> **Meaning**(s):

♦ **Let's verb**! (Command or suggestion)
♦ **Verb**! (Command or suggestion)

This command-form verb tense can only be done in the **2nd** person singular (**tu**), the **1st** person plural (**nous**), and the **2nd** person plural (**vous**).

| 13A | Impératif présent – <u>actif</u> (Basic format) |

▼ **Formula**

For verbs ending in "-er"

1. Take the "**tu**", "**nous**" or "**vous**" form of the verb in the Présent-Indicatif (**Chapter 35A**)
   tu parl<u>es</u>, nous parl<u>ons</u>, vous parl<u>ez</u>

2. Eliminate the subjects ("**tu**", "**nous**" or "**vous**")
   parl<u>es</u>, parl<u>ons</u>, parl<u>ez</u>

3. **Delete** the "**s**" from any "**-es**" and "**-as**" endings (ex: verb parl<u>er</u> - tu parl<u>es</u>; verb all<u>er</u> - tu v<u>as</u>), and keep the rest of the endings the same.
   parle, parl<u>ons</u>, parl<u>ez</u> - va, all<u>ons</u>, all<u>ez</u>

*<u>For verbs **not** ending in -er, **keep** the final "-s" on the "tu" form.</u>*

Additional Exceptions (with special spellings for **tu**, **nous**, and **vous**):

"**être**": "sois, soyons, soyez"
"**avoir**": "aie, ayons, ayez"
"**vouloir**": "veuille, veuillons, veuillez"
"**savoir**": "sache, sachons, sachez"

For **examples** and much more, **scan** or **click** the **code** below ▾
- **Or** follow the links at **verbexpress.net** > French Verb Tense Atlas > Impératif présent > **Impératif présent – Actif (Basic Format)**

▶13B   Impératif présent – passif

>> See *How to Do* this verb form after the **Univerb© Tag**(s) below ...

▼ **Meaning**(s) of this verb form shown in **Univerb© Tag**(s) ▼

Usual **Meaning**(s):

- **Be verbed**!
- **Let's be verbed**!

This command-form verb tense can only be done in the **2nd** person singular (**tu**), the **1st** person plural (**nous**), and the **2nd** person plural (**vous**).

To see the **above** meaning(s) in action using the **formula**(s) **below** with **translations**, **tips**, and helpful **resources**, **scan** or **click** the **code** below ▼ - **Or** follow the links at **verbexpress.net** > French Verb Tense Atlas > Impératif présent > **Impératif présent – Passif**

13B   Passif **direct** – (**Impératif présent**) – (See Appendix C)

▼ **Formula**

(**sois, soyons, soyez**) + verbe principal (**p.p.**)(e.s.es)
(but <u>cannot be</u> a member of the *Secret Travel Club* verbs – listed in **Appendix B** at end of book)

▼ **Meaning**(s) of this verb form shown in **Univerb© Tag**(s) ▼

Usual **Meaning**(s):

- **Be verbed**!
- **Let's be verbed**!

This command-form verb tense can only be done in the **2nd** person singular (**tu**), the **1st** person plural (**nous**), and the **2nd** person plural (**vous**).

For **examples** and much more, **scan** or **click** the **code** below ▼
- **Or** follow the links at **verbexpress.net** > French Verb Tense Atlas > Impératif présent > **Impératif présent – Passif**

▶13C Impératif présent – pronominal

>> See *How to Do* this verb form after the **Univerb© Tag**(s) below ...

▼ **Meaning**(s) of this verb form shown in **Univerb© Tag**(s) ▼

- **Let's verb**! (Command or suggestion)
- **Let's verb** ourselves / each other! (Command or suggestion)
- **Verb**! (Command or suggestion)
- **Verb** yourself / yourselves / each other! (Command or suggestion)

This command-form verb tense can only be done in the **2nd** person singular (**tu**), the **1st** person plural (**nous**), and the **2nd** person plural (**vous**).

To see the **above meaning**(s) in action using the **formula**(s) **below** with **translations**, **tips**, and helpful **resources**, **scan** or **click** the **code** below ▼
- **Or** follow the links at **verbexpress.net** > French Verb Tense Atlas > Impératif présent > **Impératif présent – Pronominal**

13C.1   Pronominal **essentiel** – (Impératif présent)

- Pronominal **essentiel** (exclusivement)
  (Verbes exclusivement pronominaux)

  '**Essential**' Pronominal Verbs are a special collection of verbs that are used **only** in the pronominal format, but have no '*reflexive*' meaning.

(See Appendix E at end of book)

▼ Formula

(Affirmatif)
Verbe principal (**Impératif présent** - *Details in 13A above*) + (-toi, -nous, -vous)

(Négatif)
Ne + (te-t', nous, vous) + verbe principal (**Impératif présent** - *Details in 13A above*) + (pas, plus, jamais, etc.)

▼ Meaning(s) of this verb form shown in **Univerb© Tag**(s) ▼

- ♦ **Let's verb**! (Command or suggestion)
- ♦ **Verb**! (Command or suggestion)

This command-form verb tense can only be done in the **2nd** person singular (**tu**), the **1st** person plural (**nous**), and the **2nd** person plural (**vous**).

For **examples** and much more, **scan** or **click** the **code** below ▼
- **Or** follow the links at **verbexpress.net** > French Verb Tense Atlas > Impératif présent > Impératif présent – Pronominal > **Pronominal essentiel**

13C.2   Pronominal **à sens idiomatique** – (Impératif présent)

- Pronominal **à sens idiomatique**

    'Idiomatic' Pronominal Verbs are a set of verbs which take on a different meaning than their normal meaning when they are used in the pronominal format.
    (See **Appendix** F at end of book)

▼ Formula

Impératif présent

(Affirmatif)
Verbe principal (**Impératif présent** - *Details in 13A above*) + (-toi, -nous, -vous)

(Négatif)
Ne + (te-t', nous, vous) + verbe principal (**Impératif présent** - *Details in 13A above*) + (pas, plus, jamais, etc.)

▼ **Meaning**(s) of this verb form shown in **Univerb© Tag**(s) ▼

- **Let's verb**! (Command or suggestion)
- **Verb**! (Command or suggestion)

This command-form verb tense can only be done in the **2nd** person singular (**tu**), the **1st** person plural (**nous**), and the **2nd** person plural (**vous**).

For **examples** and much more, **scan** or **click** the **code** below ▼
- **Or** follow the links at **verbexpress.net** > French Verb Tense Atlas > Impératif présent > Impératif présent – Pronominal > **Pronominal à sens idiomatique**

13C.3   Pronominal **réfléchi direct** – (**Impératif présent**)

- Pronominal **réfléchi direct**

    The **'Reflexive Direct'** Pronominal structure is when the Pronominal format is used AND the subject (the doer – singular or plural) of a **direct** action is also the **receiver** of that **direct** action.
    (See Appendix G at end of book)

▼ Formula

(Affirmatif)
Verbe principal (**Impératif présent** - *Details in 13A above*) + (-toi, -nous, -vous, – **objet direct** du verbe principal)

(Négatif)
Ne + (te-t', nous, vous, – **objet direct** du verbe principal) + verbe principal (**Impératif présent** - *Details in 13A above*) + (pas, plus, jamais, etc.)

▼ Meaning(s) of this verb form shown in Univerb© Tag(s) ▼

- **Let's verb** ourselves! (Command or suggestion)
- **Verb** yourself / yourselves! (Command or suggestion)

This command-form verb tense can only be done in the **2nd** person singular (**tu**), the **1st** person plural (**nous**), and the **2nd** person plural (**vous**).

For **examples** and much more, **scan** or **click** the **code** below ▼
- **Or** follow the links at **verbexpress.net** > French Verb Tense Atlas > Impératif présent > Impératif présent – Pronominal > **Pronominal réfléchi direct**

13C.4   Pronominal **réfléchi indirect** – (Impératif présent)

- Pronominal **réfléchi indirect**

    The '**Reflexive Indirect**' Pronominal structure is when the Pronominal format is used AND the subject (the doer - singular or plural) of an indirect action is also the receiver of that indirect action.
    (See **Appendix G** at end of book)

▼ Formula

(Affirmatif)
Verbe principal (**Impératif présent** - *Details in 13A above*) + (-toi, -nous, -vous, – **objet indirect** du verbe principal)

(Négatif)
Ne + (te-t', nous, vous, – **objet indirect** du verbe principal) + verbe principal (**Impératif présent** - *Details in 13A above*) + (pas, plus, jamais, etc.)

▼ **Meaning**(s) of this verb form shown in **Univerb© Tag**(s) ▼

- **Let's verb ourselves!** (Command or suggestion)
- **Verb yourself / yourselves!** (Command or suggestion)

This command-form verb tense can only be done in the **2nd** person singular (**tu**), the **1st** person plural (**nous**), and the **2nd** person plural (**vous**).

For **examples** and much more, **scan** or **click** the **code** below ▾
- **Or** follow the links at **verbexpress.net** > French Verb Tense Atlas > Impératif présent > Impératif présent – Pronominal > **Pronominal réfléchi indirect**

13C.5   Pronominal **réciproque direct** – (**Impératif présent**)

- Pronominal **réciproque direct**

  The '**Reciprocal Direct**' Pronominal structure is when the Pronominal format is used AND a group of two or more (subjects) do the same **direct** action to one another.
  (See **Appendix G** at end of book)

▼ **Formula**

(Affirmatif)
Verbe principal (**Impératif présent** - *Details in 13A above*) + (-nous, -vous, – **objet direct** du verbe principal)

(Négatif)
Ne + (nous, vous, – **objet direct** du verbe principal) + verbe principal (**Impératif présent** - *Details in 13A above*) + (pas, plus, jamais, etc.)

▼ **Meaning**(s) of this verb form shown in **Univerb© Tag**(s) ▼

♦ **Let's verb** each other! (Command or suggestion)
♦ **Verb** each other! (Command or suggestion)

This variation can only be done in the **1st** person plural (**nous**), and the **2nd** person plural (**vous**).

For **examples** and much more, **scan** or **click** the **code** below ▼
- **Or** follow the links at **verbexpress.net** > French Verb Tense Atlas > Impératif présent > Impératif présent – Pronominal > **Pronominal réciproque direct**

13C.6   Pronominal **réciproque indirect** – (**Impératif présent**)

● Pronominal **réciproque indirect**

The **'Reciprocal Indirect'** Pronominal structure is when the Pronominal format is used AND a group of two or more (subjects) do the same **in**direct action to one another.
(**See Appendix G** at end of book)

▼ **Formula**

(Affirmatif)
Verbe principal (**Impératif présent** - *Details in 13A above*) + (-nous, -vous, – **objet indirect** du verbe principal)

(Négatif)
Ne + (nous, vous, – **objet indirect** du verbe principal) + verbe principal (**Impératif présent** - *Details in 13A above*) + (pas, plus, jamais, etc.)

▼ **Meaning**(s) of this verb form shown in **Univerb© Tag**(s) ▼

♦ **Let's verb** each other! (Command or suggestion)
♦ **Verb** each other! (Command or suggestion)

214 | Impératif présent

This variation can only be done in the **1st** person plural (**nous**), and the **2nd** person plural (**vous**).

For **examples** and much more, <u>scan</u> or <u>click</u> the **code** below ▼
- **Or** follow the links at **verbexpress.net** > French Verb Tense Atlas > Impératif présent > Impératif présent – Pronominal > **Pronominal réciproque indirect**

▶13D Impératif présent – with <u>aller</u>

>> See *How to Do* this verb form after the **Univerb©** **Tag**(s) below …

▼ **Meaning**(s) of this verb form shown in **Univerb© Tag**(s) ▼

<u>Usual</u> **Meaning**(s):

- **Go to verb**! (Command or suggestion)
- **Go verb**! (Command or suggestion)
- **Go verbing**! (Appendix O at end of book) (Command or suggestion)

- **Let's go to verb**! (Command or suggestion)
- **Let's go verb**! (Command or suggestion)
- **Let's go verbing**! (Appendix O at end of book) (Command or suggestion)

This command-form verb tense can only be done in the **2nd** person singular (**tu**), the **1st** person plural (**nous**), and the **2nd** person plural (**vous**).

13D   Impératif présent – with <u>aller</u>

▼ **Formula**

(**va, allons, allez**) + verbe principal (**Infinitif**)

For **examples** and much more, <u>scan</u> or <u>click</u> the **code** below ▼
- **Or** follow the links at **verbexpress.net** > French Verb Tense Atlas > Impératif présent > **Impératif présent – with Aller**

▶13E Impératif présent – with vouloir

>> See *How to Do* this verb form after the **Univerb© Tag**(s) below ...

▼ **Meaning**(s) of this verb form shown in **Univerb© Tag**(s) ▼

Usual Meaning(s):

- Kindly **verb** . . .
- Please **verb** . . .

The **Impératif présent** with "vouloir" is only done with "**vous**," and is very polite.

| 13E | Impératif présent – with vouloir |

▼ **Formula**

(**Veuillez**) + verbe principal (**Infinitif**)

For **examples** and much more, **scan** or **click** the **code** below ▼
- **Or** follow the links at **verbexpress.net** > French Verb Tense Atlas > Impératif présent > **Impératif présent – with Vouloir**

Infinitif passé

Type of Verb Tense (According to <u>structure</u>)
  Temps composé – ("**Compound**" Tense: an auxiliary verb – "**avoir**" or "**être**" – followed by the **participe passé** (**p.p.**) of the main verb.)

Frequency of Use in Everyday Communication – (Low, **<u>Medium</u>**, High)
Level of **Difficulty** in **Formulation** – (**<u>Low</u>**, Medium, High)

Skill level for **Usage Mastery** – (Beginner, Intermediate, **<u>Advanced</u>**)

| ▼ This chapter covers ▼

14A	Infinitif passé – actif (Basic format)
14B	Infinitif passé – passif
1	Passif **direct**
2	Passif **pronominal**
14C	Infinitif passé – pronominal
1	Pronominal **essentiel**
2	Pronominal **à sens idiomatique**
3	Pronominal **réfléchi direct**
4	Pronominal **réfléchi indirect**
5	Pronominal **réciproque direct**
6	Pronominal **réciproque indirect**
7	Pronominal **passif**
8	Pronominal **impersonnel** (passif)
14D	Infinitif passé – with aller
14E	Infinitif passé – with devoir
14F	Infinitif passé – with pouvoir
14G	Infinitif passé – with vouloir

▸14A Infinitif passé – <u>actif</u> (Basic format)

>> See *How to Do* this verb form after the **Univerb©** **Tag**(s) below ...

▼ **Meaning**(s) of this verb form shown in **Univerb©** **Tag**(s) ▼

<u>Usual</u> **Meaning**(s):

- having verbed
- to have verbed
- verbing

| 14A | Infinitif passé – <u>actif</u> (Basic format) |

- [with "<u>avoir</u>"]

▼ **Formula**

. . . **avoir** + verbe principal (**p.p.**)

- [with "<u>être</u>"]

▼ **Formula**

. . . **être** + verbe principal (**p.p.**)(e.s.es) (from the <u>Secret Travel Club</u> – <u>**Appendix B**</u> at end of book)

For **examples** and much more, **scan** or **click** the **code** below ▾
- **Or** follow the links at **verbexpress.net** > French Verb Tense Atlas > Infinitif passé > **Infinitif passé – Actif (Basic Format)**

▸14B Infinitif passé – <u>passif</u>

>> See *How to Do* this verb form after the **Univerb©** **Tag**(s) below ...

▼ **Meaning**(s) of this verb form shown in **Univerb©** **Tag**(s) ▼

<u>Usual</u> **Meaning**(s):

- being verbed
- getting verbed
- having been verbed
- having gotten verbed
- to have been verbed
- to have gotten verbed

To see the <u>above</u> **meaning**(s) in action using the **formula**(s) **below** with **translations**, **tips**, and helpful **resources**, <u>scan</u> or <u>click</u> the **code** below ▼ - **Or** follow the links at <u>verbexpress.net</u> > French Verb Tense Atlas > Infinitif passé > **Infinitif passé – Passif**

14B.1   Passif **direct** – (**Infinitif passé**)

- Passif **direct** – (**See Appendix C** at end of book)

▼ **Formula**

. . . **avoir** + **été** + verbe principal (**p.p.**)(e.s.es)

(<u>Note</u>: When using the "Passif **direct** – Option 1" format, the **subject** of the verb "être" must also be the **direct object** of the participe passé (**p.p.**) of the main verb, and because it also <u>precedes</u> the p.p., (or is treated as preceding the p.p.), the **p.p.** <u>*agrees in gender and in number*</u> with that subject/direct object.)

▼ **Meaning**(s) of this verb form shown in **Univerb© Tag**(s) ▼

<u>Usual</u> **Meaning**(s):

- being verbed
- getting verbed
- having been verbed
- having gotten verbed
- to have been verbed
- to have gotten verbed

For **examples** and much more, **scan** or **click** the **code** below ▼
- **Or** follow the links at **verbexpress.net** > French Verb Tense Atlas > Infinitif passé > Infinitif passé – Passif > **Passif direct**

14B.2   Passif **pronominal** – (Infinitif **passé**)

- Passif **pronominal** – (See **Appendix H** at end of book)

▼ **Formula**

. . . **s'** (**objet direct** du verbe principal, representing an inanimate noun or pronoun) + **être** + verbe principal (**p.p.**)(e.s.es)

(**Note**: When using the "Passif **pronominal** (direct)" format, the reflexive pronoun is also the **direct object** (of the participe passé (**p.p.**) of the main verb) and it also precedes the p.p., so the **p.p.** agrees in gender and in number with that direct-object reflexive pronoun – ie. with the subject.)

▼ **Meaning**(s) of this verb form shown in **Univerb© Tag**(s) ▼

Usual **Meaning**(s):

- being verbed
- getting verbed
- having been verbed
- having gotten verbed
- to have been verbed
- to have gotten verbed

For **examples** and much more, **scan** or **click** the **code** below ▼
- **Or** follow the links at **verbexpress.net** > French Verb Tense Atlas > Infinitif passé > Infinitif passé – Passif > **Passif pronominal**

▶14C Infinitif passé – pronominal

\>> See *How to Do* this verb form after the **Univerb© Tag**(s) below ...

▼ **Meaning**(s) of this verb form shown in **Univerb© Tag**(s) ▼

Usual **Meaning**(s):

- **having verbed**
- **having verbed** himself / herself / itself

- **to have verbed**
- **to have verbed** himself / herself / itself

- **verbing**
- **verbing** himself / herself / itself

▼ Pronominal **Passive** Meanings ▼

Usual Meaning(s) when in a Pronominal Passive form: (See 14C.7, 14C.8 below)

- **being verbed**
- **getting verbed**
- **having been verbed**
- **having gotten verbed**

To see the **above** meaning(s) in action using the **formula**(s) **below** with **translations**, **tips**, and helpful **resources**, **scan** or **click** the **code** below ▼
- Or follow the links at **verbexpress.net** > French Verb Tense Atlas > Infinitif passé > **Infinitif passé – Pronominal**

14C.1   Pronominal **essentiel** – (Infinitif passé)

- Pronominal **essentiel** (exclusivement)
  (Verbes exclusivement pronominaux)

  '**Essential**' Pronominal Verbs are a special collection of verbs that are used **only** in the pronominal format, but have no '*reflexive*' meaning.

(See **Appendix** E at end of book)

▼ Formula

. . . (**m', t', s', nous, vous, s'**) + **être** + verbe principal (**p.p.**)(e.s.es)

(**Note**: With "**essential**" pronominal verbs – when done in compound tenses, as in this case – the participe passé (**p.p.**) *agrees in gender and in number* with the **subject**.)

▼ Meaning(s) of this verb form shown in Univerb© Tag(s) ▼

Usual Meaning(s):

- having verbed
- to have verbed
- verbing

For **examples** and much more, **scan** or **click** the **code** below ▼
- **Or** follow the links at **verbexpress.net** > French Verb Tense Atlas > Infinitif passé > Infinitif passé – Pronominal > **Pronominal essentiel**

14C.2   Pronominal à sens idiomatique – (Infinitif passé)

- Pronominal **à sens idiomatique**

    '**Idiomatic**' Pronominal Verbs are a set of verbs which take on a different meaning than their normal meaning when they are used in the pronominal format.
    (See **Appendix** F at end of book)

▼ Formula

. . . (**m', t', s', nous, vous, s'**) + **être** + verbe principal (**p.p.**)(e.s.es)

(Note: With "**idiomatic**" pronominal verbs – when done in compound tenses, as in this case – the participe passé (**p.p.**) *agrees in gender and in number* with the **subject**.)

Infinitif passé | 223

(**Exception**(s) – the participe passé (**p.p.**) of *s'imaginer*, *se plaire*, *se rendre compte*, and *se rire* **do not** agree with anything else. They keep their basic spelling.)

▼ **Meaning**(s) of this verb form shown in **Univerb© Tag**(s) ▼

Usual **Meaning**(s):

- having verbed
- to have verbed
- verbing

For **examples** and much more, **scan** or **click** the **code** below ▼
- **Or** follow the links at **verbexpress.net** > French Verb Tense Atlas > Infinitif passé > Infinitif passé – Pronominal > **Pronominal à sens idiomatique**

14C.3   Pronominal **réfléchi direct** – (**Infinitif passé**)

- Pronominal **réfléchi direct**

    The **'Reflexive Direct'** Pronominal structure is when the Pronominal format is used AND the subject (the doer – singular or plural) of a **direct** action is also the **receiver** of that **direct** action.
    (**See** Appendix G at end of book)

▼ **Formula**

. . . (m', t', s', nous, vous, s', – **objet direct** du verbe principal) + **être** + verbe principal (**p.p.**)(e.s.es)

(**Note**: When the reflexive pronoun is also the **direct object** (of the participe passé (**p.p.**) of the main verb, as in this case) and it precedes the p.p., the **p.p.** agrees in gender and in number with that reflexive pronoun.)

▼ **Meaning**(s) of this verb form shown in **Univerb© Tag**(s) (3rd person) ▼

224 | Infinitif passé

Usual Meaning(s):

- **having verbed** himself / herself / itself
- **to have verbed** himself / herself / itself
- **verbing** himself / herself / itself

For **examples** and much more, **scan** or **click** the **code** below ▼
- **Or** follow the links at **verbexpress.net** > French Verb Tense Atlas > Infinitif passé > Infinitif passé – Pronominal > **Pronominal réfléchi direct**

14C.4   Pronominal **réfléchi indirect** – (Infinitif passé)

- Pronominal **réfléchi indirect**

  > The **'Reflexive Indirect'** Pronominal structure is when the Pronominal format is used AND the subject (the doer - singular or plural) of an indirect action is also the receiver of that indirect action.
  > (See **Appendix** G at end of book)

▼ Formula

. . . (m', t', s', nous, vous, s', – **objet indirect** du verbe principal) + **être** + verbe principal (**p.p.**)

(**Note**: The participe passé (**p.p.**) never agrees with an **indirect** object.)

▼ Meaning(s) of this verb form shown in **Univerb© Tag**(s) (3rd person) ▼

Usual Meaning(s):

- **having verbed** himself / herself / itself
- **to have verbed** himself / herself / itself
- **verbing** himself / herself / itself

For **examples** and much more, **scan** or **click** the **code** below ▼
- **Or** follow the links at **verbexpress.net** > French Verb Tense Atlas > Infinitif passé > Infinitif passé – Pronominal > **Pronominal réfléchi indirect**

Infinitif passé | 225

14C.5 Pronominal **réciproque direct** – (Infinitif passé)

- Pronominal **réciproque direct**

    The '**Reciprocal Direct**' Pronominal structure is when the Pronominal format is used AND a group of two or more (subjects) do the same **direct** action to one another.
    (**See** Appendix G at end of book)

▼ **Formula**

... (nous, vous, s', – **objet direct** du verbe principal) + **être** + verbe principal (**p.p.**)(e.s.es)

(**Note**: When the reflexive pronoun is also the **direct object** (of the participe passé (**p.p.**) of the main verb, as in this case) and it precedes the p.p., the **p.p.** agrees in gender and in number with that reflexive pronoun.)

▼ Meaning(s) of this verb form shown in **Univerb© Tag**(s) (3rd person) ▼

Usual Meaning(s):

- **having verbed** each other
- **to have verbed** each other
- **verbing** each other

For **examples** and much more, **scan** or **click** the **code** below ▼
- **Or** follow the links at **verbexpress.net** > French Verb Tense Atlas > Infinitif passé > Infinitif passé – Pronominal > **Pronominal réciproque direct**

14C.6 Pronominal **réciproque indirect** – (Infinitif passé)

- Pronominal **réciproque** **in**direct

  The '**Reciprocal Indirect**' Pronominal structure is when the Pronominal format is used AND a group of two or more (subjects) do the same **in**direct action to one another.
  (**See** Appendix G at end of book)

▼ **Formula**

. . . (nous, vous, s', – objet **in**direct du verbe principal) + **être** + verbe principal (**p.p.**)

(**Note**: The participe passé (**p.p.**) never agrees with an **in**direct object.)

▼ **Meaning**(s) of this verb form shown in **Univerb©** **Tag**(s) (3rd person) ▼

Usual **Meaning**(s):

- having verbed each other
- to have verbed each other
- verbing each other

For **examples** and much more, **scan** or **click** the **code** below ▼
- **Or** follow the links at verbexpress.net > French Verb Tense Atlas > Infinitif passé > Infinitif passé – Pronominal > **Pronominal réciproque indirect**

14C.7   Pronominal **passif** – (Infinitif passé)

- Pronominal **passif**

  The '**Passive Pronominal**' structure is a way to create a **passive** meaning by using the pronominal format with an **in**animate subject (a **non**-personal doer – singular or plural).
  (**See** Appendix H at end of book)

▼ **Formula**

Infinitif passé | 227

. . . s' (**objet direct** du verbe principal, representing an <u>inanimate</u> noun or pronoun) + **être** + verbe principal (**p.p.**)(e.s.es)

(**Note**: When using the "Pronominal **passif** (direct)" format, the <u>reflexive pronoun</u> is also the **direct object** (of the participe passé (**p.p.**) of the main verb) and it also <u>precedes</u> the p.p., so the **p.p.** <u>agrees in gender and in number</u> with that direct-object reflexive pronoun – ie. with the subject.)

▼ **Meaning**(s) of this verb form shown in **Univerb© Tag**(s) ▼

<u>Usual</u> **Meaning**(s):

- being verbed
- having been verbed

For **examples** and much more, **scan** or **click** the **code** below ▼
- **Or** follow the links at **verbexpress.net** > French Verb Tense Atlas > Infinitif passé > Infinitif passé – Pronominal > **Pronominal passif**

14C.8   Pronominal **impersonnel** (passif) – (**Infinitif passé**)

- Pronominal **impersonnel** (passif)

    The '**Impersonal Passive**' structure is a way to create a **passive** meaning by using the **im**personal version of the subject " **il** " in the <u>pronominal</u> format.
    (**See Appendix** H at end of book)

▼ **Formula**

... **il** (sens impersonnel) + semi-auxiliary verb (**conjugated**) + s' + "être"(**Infinitif**) + verbe principal (**p.p.**) + **objet direct du verbe principal**

(**Note**: When using the "Pronominal **impersonnel**" format, the participe passé (**p.p.**) <u>agrees in gender and in number</u> with the subject, which is always " **il** " – masculine singular.)

| Infinitif passé

▼ **Meaning**(s) of this verb form shown in **Univerb©** **Tag**(s) ▼

Usual **Meaning**(s):

- have been verbed
- have gotten verbed

For **examples** and much more, **scan** or **click** the **code** below ▾
- **Or** follow the links at **verbexpress.net** > French Verb Tense Atlas > Infinitif passé > Infinitif passé – Pronominal > **Pronominal impersonnel (passif)**

▶14D Infinitif passé – with aller

\>> See *How to Do* this verb form after the **Univerb©** **Tag**(s) below …

▼ **Meaning**(s) of this verb form shown in **Univerb©** **Tag**(s) ▼

Usual **Meaning**(s):

- going to verb
- going verbing (Appendix O at end of book)

- having gone to verb
- having gone verbing (Appendix O at end of book)

- to have gone to verb
- to have gone verbing (Appendix O at end of book)

| 14D   Infinitif passé – with aller

▼ Formula

... être + allé (e.s.es) + verbe principal (**Infinitif**)

For **examples** and much more, **scan** or **click** the **code** below ▾
- **Or** follow the links at **verbexpress.net** > French Verb Tense Atlas > Infinitif passé > **Infinitif passé – with Aller**

▶14E Infinitif passé – with devoir

\>> See *How to Do* this verb form after the Univerb© Tag(s) below …

▼ **Meaning**(s) of this verb form shown in **Univerb© Tag**(s) ▼

Usual **Meaning**(s):

- having had to verb
- having to verb
- to have had to verb

| 14E | Infinitif passé – with devoir |

▼ **Formula**

… **avoir** + **dû** + verbe principal (**Infinitif**)

For **examples** and much more, **scan** or **click** the **code** below ▼
- **Or** follow the links at **verbexpress.net** > French Verb Tense Atlas > Infinitif passé > **Infinitif passé – with Devoir**

▶14F Infinitif passé – with pouvoir

\>> See *How to Do* this verb form after the Univerb© Tag(s) below …

▼ **Meaning**(s) of this verb form shown in **Univerb© Tag**(s) ▼

Usual **Meaning**(s):

- being able to verb
- having been able to verb
- to have been able to verb

| 14F | Infinitif passé – with pouvoir |

▼ Formula

. . . **avoir** + **pu** + verbe principal (**Infinitif**)

For **examples** and much more, **scan** or **click** the **code** below ▼
- **Or** follow the links at **verbexpress.net** > French Verb Tense Atlas > Infinitif passé > **Infinitif passé – with Pouvoir**

▶14G Infinitif passé – with vouloir

\>> See *How to Do* this verb form after the **Univerb© Tag**(s) below ...

▼ Meaning(s) of this verb form shown in **Univerb© Tag**(s) ▼

Usual Meaning(s):

- having wanted to verb
- to have wanted to verb
- wanting to verb

| 14G | Infinitif passé – with vouloir |

▼ Formula

. . . **avoir** + **voulu** + verbe principal (**Infinitif**)

For **examples** and much more, **scan** or **click** the **code** below ▼
- **Or** follow the links at **verbexpress.net** > French Verb Tense Atlas > Infinitif passé > **Infinitif passé – with Vouloir**

Infinitif (présent)

Type of Verb Tense (According to structure)
    Temps simple – ("**Simple**" Tense: a single-word tense.)

Frequency of Use in Everyday Communication – (Low, Medium, **High**)
Level of **Difficulty** in **Formulation** – (**Low**, Medium, High)

Skill level for **Usage Mastery** – (**Beginner**, Intermediate, Advanced)

▼ **This chapter covers** ▼

15A	Infinitif – actif (Basic format)
15B	Infinitif – passif
1	Passif **direct**
2	Passif **pronominal**
15C	Infinitif – pronominal
1	Pronominal **essentiel**
2	Pronominal **à sens idiomatique**
3	Pronominal **réfléchi direct**
4	Pronominal **réfléchi indirect**
5	Pronominal **réciproque direct**
6	Pronominal **réciproque indirect**
7	Pronominal **passif**
8	Pronominal **impersonnel** (passif)
15D	Infinitif – with aller
15E	Infinitif – with devoir
15F	Infinitif – with pouvoir
15G	Infinitif – with vouloir

▶15A Infinitif présent – actif (Basic format)

>> See *How to Do* this verb form after the **Univerb© Tag**(s) below ...

▼ **Meaning**(s) of this verb form shown in **Univerb© Tag**(s) ▼

<u>Usual</u> **Meaning**(s):

- **to verb** (as the <u>subject</u> of a phrase or as the <u>object</u> of another verb)
- **verbing** (as the <u>subject</u> of a phrase or as the <u>object</u> of another verb)

15A   Infinitif (Présent) – <u>actif</u> (Basic format)

The **Infinitif** (occasionally referred to as the **Infinitif présent**) is the most basic form of the French verb, it is ***not conjugated***.

- It is simply the way every verb appears in the dictionary, it's the *default* verb form, or *base* form.
- It can function as the subject of another verb, or be added after another verb or a preposition. **Lots of examples and practice exercises will be available at verbexpress.net.**
- It always ends in "-**er**", "-**ir**", or "-**re**", all of which usually mean "ing" or "to", depending on its role in the sentence.

Note: The Infinitif can be used as the **'subject'** of a verb, as the **'object'** (action receiver) of a verb, and can **also be used** after **prepositions** and **short phrases** as shown in the many examples online at verbexpress.net.

For **examples** and much more, **scan** or **click** the **code** below ▼
- **Or** follow the links at **verbexpress.net** > French Verb Tense Atlas > Infinitif présent > **Infinitif présent – Actif (Basic Format)**

▶15B Infinitif présent – passif

>> See *How to Do* this verb form after the **Univerb© Tag**(s) below ...

▼ **Meaning**(s) of this verb form shown in **Univerb© Tag**(s) ▼

Usual Meaning(s):

- being verbed
- getting verbed
- to be verbed
- to get verbed

To see the above meaning(s) in action using the formula(s) below with translations, tips, and helpful resources, scan or click the code below ▼
- Or follow the links at verbexpress.net > French Verb Tense Atlas > Infinitif présent > **Infinitif présent – Passif**

15B.1 Passif **direct** – (**Infinitif présent**)

- Passif **direct** – (**See Appendix C** at end of book)

▼ **Formula**

. . . **être** + verbe principal (**p.p.**)(e.s.es)(but cannot be a member of the *Secret Travel Club* verbs – listed in **Appendix B** at end of book)

(**Note**: When using the "Passif **direct**" format, the **subject** of the verb "être" must also be the **direct object** of the participe passé (**p.p.**) of the main verb, and because it also precedes the p.p., the **p.p.** *agrees in gender and in number* with that subject/direct object.)

▼ Meaning(s) of this verb form shown in **Univerb© Tag**(s) ▼

Usual Meaning(s):

- being verbed
- getting verbed
- to be verbed
- to get verbed

For **examples** and much more, scan or click the code below ▼
- Or follow the links at verbexpress.net > French Verb Tense Atlas > Infinitif présent > Infinitif présent – Passif > **Passif direct**

234 | Infinitif (présent)

15B.2   Passif **pronominal** – (Infinitif présent)

- Passif **pronominal** – (See <u>Appendix H</u> at end of book)

▼ **Formula**

. . . <u>se-s'</u> (**objet direct** du verbe principal, representing an <u>inanimate</u> noun or pronoun) + verbe principal (**Infinitif** - *Details in 15A* above)

▼ **Meaning**(s) of this verb form shown in **Univerb© Tag**(s) ▼

<u>Usual</u> **Meaning**(s):

- being verbed
- getting verbed

- to be verbed
- to get verbed
- to verb

- verbing

For **examples** and much more, <u>scan</u> or <u>click</u> the **code** below ▾
- **Or** follow the links at <u>verbexpress.net</u> > French Verb Tense Atlas > Infinitif présent > Infinitif présent – Passif > **Passif pronominal**

▶15C   Infinitif présent – <u>pronominal</u>

>> See *How to Do* this verb form after the **Univerb© Tag**(s) below …

▼ **Meaning**(s) of this verb form shown in **Univerb© Tag**(s) ▼

Infinitif (présent) | 235

Usual **Meaning**(s):

- **to verb** (as the subject of a phrase or as the object of another verb)
- **to verb** himself / herself / itself (as the subject of a phrase or as the object of another verb)

- **verbing** (as the subject of a phrase or as the object of another verb)
- **verbing** himself / herself / itself (as the subject of a phrase or as the object of another verb)

▼ Pronominal **Passive** Meanings ▼

Usual **Meaning**(s) when in a Pronominal **Passive** form: (See 15C.7, 15C.8 below)

- **be verbed**
- **being verbed**
- **get verbed**
- **getting verbed**

To see the **above** meaning(s) in action using the **formula**(s) **below** with **translations**, **tips**, and helpful **resources**, scan or click the **code** below ▼
- **Or** follow the links at **verbexpress.net** > French Verb Tense Atlas > Infinitif présent > **Infinitif présent – Pronominal**

15C.1   Pronominal **essentiel** – (Infinitif présent)

- Pronominal **essentiel** (exclusivement)
  (Verbes exclusivement pronominaux)

  '**Essential**' Pronominal Verbs are a special collection of verbs that are used **only** in the pronominal format, but have no '*reflexive*' meaning.
  (**See** Appendix **E** at end of book)

▼ **Formula**

. . . (me-m', te-t', se-s', nous, vous, se-s') + verbe principal (**Infinitif** - Details in 15A above)

▼ **Meaning**(s) of this verb form shown in **Univerb© Tag**(s) ▼

Usual Meaning(s):

- **to verb** (as the <u>subject</u> of a phrase or as the <u>object</u> of another verb)
- **verbing** (as the <u>subject</u> of a phrase or as the <u>object</u> of another verb)

For **examples** and much more, **scan** or **click** the **code** below ▼
- **Or** follow the links at **verbexpress.net** > French Verb Tense Atlas >
Infinitif présent > Infinitif présent – Pronominal > **Pronominal essentiel**

15C.2   Pronominal à sens idiomatique – (Infinitif présent)

- Pronominal **à sens idiomatique**

    '<u>Idiomatic</u>' Pronominal Verbs are a set of verbs which take on a <u>different meaning</u> than their normal meaning when they are used in the <u>pronominal</u> format.
    (See **Appendix** F at end of book)

▼ **Formula**

. . . (me-m', te-t', se-s', nous, vous, se-s') + verbe principal (**Infinitif** - *Details in 15A above*)

▼ **Meaning**(s) of this verb form shown in Univerb© Tag(s) ▼

Usual Meaning(s):

- **to verb** (as the <u>subject</u> of a phrase or as the <u>object</u> of another verb)
- **verbing** (as the <u>subject</u> of a phrase or as the <u>object</u> of another verb)

For **examples** and much more, **scan** or **click** the **code** below ▼
- **Or** follow the links at **verbexpress.net** > French Verb Tense Atlas >
Infinitif présent > Infinitif présent – Pronominal > **Pronominal à sens idiomatique**

Infinitif (présent) | 237

15C.3   Pronominal **réfléchi direct** – (**Infinitif présent**)

- Pronominal **réfléchi direct**

    The '**Reflexive Direct**' Pronominal structure is when the Pronominal format is used AND the subject (the doer – singular or plural) of a **direct** action is also the **receiver** of that **direct** action.
    (**See** Appendix G at end of book)

▼ **Formula**

. . . (me-m', te-t', se-s', nous, vous, se-s', – **objet direct** du verbe principal)
+ verbe principal (**Infinitif** - Details in 15A above)

▼ **Meaning**(s) of this verb form shown in **Univerb© Tag**(s) (3rd person) ▼

Usual **Meaning**(s):

- **to verb** himself / herself / itself (as the subject of a phrase or as the object of another verb)
- **verbing** himself / herself / itself (as the subject of a phrase or as the object of another verb)

For **examples** and much more, **scan** or **click** the **code** below ▼
- **Or** follow the links at **verbexpress.net** > French Verb Tense Atlas > Infinitif présent > Infinitif présent – Pronominal > **Pronominal réfléchi direct**

15C.4   Pronominal **réfléchi indirect** – (**Infinitif présent**)

- Pronominal **réfléchi indirect**

238 | Infinitif (présent)

The **'Reflexive Indirect'** Pronominal structure is when the Pronominal format is used AND the subject (the doer - singular or plural) of an indirect action is also the receiver of that indirect action.
(See **Appendix** G at end of book)

▼ **Formula**

. . . (me-m', te-t', se-s', nous, vous, se-s', – **objet indirect** du verbe principal) + verbe principal (**Infinitif** - *Details in 15A above*)

▼ **Meaning**(s) of this verb form shown in **Univerb© Tag**(s) (3rd person) ▼

Usual Meaning(s):

- **to verb** himself / herself / itself (as the subject of a phrase or as the object of another verb)
- **verbing** himself / herself / itself (as the subject of a phrase or as the object of another verb)

For **examples** and much more, **scan** or **click** the **code** below ▼
- **Or** follow the links at **verbexpress.net** > French Verb Tense Atlas > Infinitif présent > Infinitif présent – Pronominal > **Pronominal réfléchi indirect**

15C.5   Pronominal **réciproque direct** – (**Infinitif présent**)

- Pronominal **réciproque direct**

The **'Reciprocal Direct'** Pronominal structure is when the Pronominal format is used AND a group of two or more (subjects) do the same direct action to one another.
(See **Appendix** G at end of book)

▼ **Formula**

. . . (nous, vous, se-s', – **objet direct** du verbe principal) + verbe principal (**Infinitif** - *Details in 15A above*)

Infinitif (présent) | 239

▼ **Meaning**(s) of this verb form shown in **Univerb© Tag**(s) ▼

Usual **Meaning**(s):

- **to verb** each other (as the subject of a phrase or as the object of another verb)
- **verbing** each other (as the subject of a phrase or as the object of another verb)

For **examples** and much more, **scan** or **click** the **code** below ▼
- **Or** follow the links at **verbexpress.net** > French Verb Tense Atlas > Infinitif présent > Infinitif présent – Pronominal > **Pronominal réciproque direct**

15C.6   Pronominal **réciproque** indirect – (Infinitif présent)

- Pronominal **réciproque** indirect

    The '**Reciprocal Indirect**' Pronominal structure is when the Pronominal format is used AND a group of two or more (subjects) do the same **in**direct action to one another.
    (**See Appendix G** at end of book)

▼ **Formula**

. . . (nous, vous, se-s', – **objet indirect** du verbe principal) + verbe principal (**Infinitif** - Details in 15A above)

▼ **Meaning**(s) of this verb form shown in **Univerb© Tag**(s) ▼

Usual **Meaning**(s):

- **to verb** each other (as the subject of a phrase or as the object of another verb)
- **verbing** each other (as the subject of a phrase or as the object of another verb)

For **examples** and much more, <u>scan</u> or <u>click</u> the **code** below ▼
- <u>Or</u> follow the links at <u>verbexpress.net</u> > French Verb Tense Atlas > Infinitif présent > Infinitif présent – Pronominal > **Pronominal réciproque indirect**

| 15C.7 | Pronominal **passif** – (Infinitif présent) |

- Pronominal **passif**

  The '<u>Passive Pronominal</u>' structure is a way to create a **passive** meaning by using the <u>pronominal</u> format with an <u>in</u>animate subject (a <u>non</u>-personal doer – singular or plural).
  (See <u>Appendix</u> H at end of book)

▼ **Formula**

. . . <u>se-s'</u> (**objet direct** du verbe principal, representing an <u>inanimate</u> noun or pronoun) + verbe principal (**Infinitif** - Details in *15A* above)

▼ **Meaning**(s) of this verb form shown in **Univerb© Tag**(s) ▼

<u>Usual</u> **Meaning**(s):

- **being verbed**
- **getting verbed**

- **to be verbed**
- **to get verbed**

- **to verb**

For **examples** and much more, <u>scan</u> or <u>click</u> the **code** below ▼
- <u>Or</u> follow the links at <u>verbexpress.net</u> > French Verb Tense Atlas > Infinitif présent > Infinitif présent – Pronominal > **Pronominal passif**

Infinitif (présent) | 241

15C.8   Pronominal **impersonnel** (passif) – (**Infinitif présent**)

- Pronominal **impersonnel** (passif)

  The '<u>Impersonal Passive</u>' structure is a way to create a **passive** meaning by using the **im**personal version of the subject " <u>il</u> " in the <u>pronominal</u> format.
  (**See <u>Appendix</u>** H at end of book)

▼ **Formula**

... <u>il</u> (sens impersonnel) + semi-auxiliary verb (**conjugated**) + <u>se-s</u>' + verbe principal (**Infinitif** - Details in <u>15A</u> above) + **objet direct du verbe principal**

▼ **Meaning**(s) of this verb form shown in **Univerb© Tag**(s) ▼

<u>Usual</u> **Meaning**(s):

- ♦ be being verbed
- ♦ be getting verbed

- ♦ be verbed
- ♦ get verbed

For **examples** and much more, **scan** or **click** the **code** below ▼
- **Or** follow the links at **verbexpress.net** > French Verb Tense Atlas > Infinitif présent > Infinitif présent – Pronominal > **Pronominal impersonnel (passif)**

▶15D Infinitif présent – with <u>aller</u>

\>> See *How to Do* this verb form after the **Univerb© Tag**(s) below ...

▼ **Meaning**(s) of this verb form shown in **Univerb© Tag**(s) ▼

<u>Usual</u> **Meaning**(s):

242 | Infinitif (présent)

- **going to verb** (as the subject of a phrase or as the object of another verb)
- **going verbing** (as the subject of a phrase or as the object of another verb) (Appendix O at end of book)
- **to go to verb** (as the subject of a phrase or as the object of another verb)
- **to go verb** (as the subject of a phrase or as the object of another verb)
- **to go verbing** (as the subject of a phrase or as the object of another verb) (Appendix O at end of book)

15D   Infinitif – with aller

▼ Formula

. . . **aller** + verbe principal (**Infinitif** - *Details in 15A above*)

For **examples** and much more, **scan** or **click** the **code** below ▾
- **Or** follow the links at **verbexpress.net** > French Verb Tense Atlas > Infinitif présent > **Infinitif présent – with Aller**

▶15E   Infinitif présent – with devoir

\>\> See *How to Do* this verb form after the **Univerb© Tag**(s) below …

▼ Meaning(s) of this verb form shown in **Univerb© Tag**(s) ▼

Usual Meaning(s):

- **having to verb** (as the subject of a phrase or as the object of another verb)
- **to have to verb** (as the subject of a phrase or as the object of another verb)

15E   Infinitif – with devoir

Infinitif (présent) | 243

▼ Formula

... **devoir** + verbe principal (**Infinitif** - *Details in 15A above*)

For **examples** and much more, **scan** or **click** the **code** below ▼
- **Or** follow the links at **verbexpress.net** > French Verb Tense Atlas >
Infinitif présent > **Infinitif présent – with Devoir**

▶15F Infinitif présent – with pouvoir

\>> See *How to Do* this verb form after the **Univerb© Tag**(s) below ...

▼ **Meaning**(s) of this verb form shown in **Univerb© Tag**(s) ▼

Usual Meaning(s):

♦ **being able to verb** (as the subject of a phrase or as the object of another verb)
♦ **to be able to verb** (as the subject of a phrase or as the object of another verb)

| 15F | Infinitif – with pouvoir |

▼ Formula

... **pouvoir** + verbe principal (**Infinitif** - *Details in 15A above*)

For **examples** and much more, **scan** or **click** the **code** below ▼
- **Or** follow the links at **verbexpress.net** > French Verb Tense Atlas >
Infinitif présent > **Infinitif présent – with Pouvoir**

▶15G Infinitif présent – with vouloir

\>\> See *How to Do* this verb form after the **Univerb© Tag**(s) below ...

▼ **Meaning**(s) of this verb form shown in **Univerb© Tag**(s) ▼

Usual **Meaning**(s):

- **to be wanting to verb**
- **to want to be verbing**
- **to want to verb**
- **to want to verb** (as the subject of a phrase or as the object of another verb)
- **wanting to verb** (as the subject of a phrase or as the object of another verb)

| 15G   Infinitif – with vouloir

▼ **Formula**

. . . **vouloir** + verbe principal (**Infinitif** - *Details in 15A above*)

For **examples** and much more, **scan** or **click** the **code** below ▼
- **Or** follow the links at **verbexpress.net** > French Verb Tense Atlas > Infinitif présent > **Infinitif présent – with Vouloir**

Participe passé

Type of Verb Tense (According to structure)
  Participe – ("**Participle**" – An extracted **portion** of a verb which is not conjugated with a subject and whose spelling does not change, except when used as an adjective, a noun, or in compound tenses under certain conditions.)

Frequency of Use in Everyday Communication – (Low, Medium, **High**)
Level of **Difficulty** in **Formulation** – (**Low**, Medium, High)

Skill level for **Usage Mastery** – (Beginner, **Intermediate**, Advanced)

▼ This chapter covers ▼

16A	Participe passé – actif (Basic format)	
16B	Participe passé – passif	
	1	Passif **direct**
16C	Participe passé – with aller	
16D	Participe passé – with devoir	
16E	Participe passé – with pouvoir	
16F	Participe passé – with vouloir	

▶16A Participe passé – <u>actif</u> (Basic format)

\>\> See *How to Do* this verb form after the Univerb© Tag(s) below ...

▼ **Meaning**(s) of this verb form shown in **Univerb© Tag**(s) ▼

<u>Usual</u> **Meaning**(s):

♦ **verbed (participe passé)**

- Can be used as a regular <u>adjective</u>

- Can be used with a subject and auxiliary verb to <u>create</u> **compound verb tenses** such as the Passé composé, the Plus-que-parfait, the Conditionnel passé, and others, all shown below.

| 16A | Participe passé – <u>actif</u> (Basic format) |

- Can be used as a regular <u>adjective</u>

- Can be used with a subject and auxiliary verb to create compound verb tenses such as the Passé composé, the Plus-que-parfait, the Conditionnel passé, and others, all shown below, and located throughout this volume.

For **examples** and much more, <u>scan</u> or <u>click</u> the **code** below ▼
- **Or** follow the links at <u>verbexpress.net</u> > French Verb Tense Atlas > Participe passé > **Participe passé – Actif (Basic Format)**

Participe passé – General Discussion
(Additional details in **Appendix J** at end of book)

The **Participe passé** is used <u>extensively</u> in creating French verb tenses. Throughout the volume, I refer to the **Participe passé** in the formulas as the "**p.p.**"
Please read the following discussion of the "Participe passé" <u>attentively</u>. It will help you to master French verb tenses faster and more easily.

Participe passé | 247

We can think of the "**Participe passé**" as a verb which is _adjusted to behave like_ an **adjective** which describes the **finished** "state" of something. Let's consider a few examples: A "**spoken**" word - a word that has been spoken, a "**written**" letter - a letter that has been written, a "**finished**" product - a product that has been finished, and so on. As you can see, the _flavor_ of the Participe passé is always **finished**, or **completed**. The English version of the participe passé, called the "**past participle**", often—but not always—ends in "-**ed**" or "-**en**". _Key_: the **p.p.** of French verbs whose "**Infinitif**" ending is in "-**er**" is created by simply changing the "-**er**" into "-**é**". More details below.

The "**partcipe passé**" is a verb "**component**" used very often in French _in combination_ with the verb "**avoir**" (_to have_) or the verb "**être**" (_to be_) to express **where in time** an action takes place. In English, the "**past participle**" is used with the verb "**to have**" for creating different time frames. Consider the following English examples of the verb "**to have**" with the English past participle of the verb _to speak_ which is "_spoken_": He **will have** _spoken_ – He **would have** _spoken_ – He **had** _spoken_, etc.

Let me illustrate:

A) Let's take the verb "**to listen**". If I wish to express that a listening action was done by someone in the past, I can say "**they have** listen**ed**". I just add the letters "-**ed**" after the stem "**listen**". The English "p.p" is "listen**ed**'.

B) In the same way, the English "p.p." of "**to talk**" is "talk**ed**" (which we can use to create "they have talk**ed**"). Very many English verbs create their "p.p." by simply adding "-**ed**" after the verb stem. The "p.p." of "**to walk**" is "walk**ed**" (which we can use to create "I have walk**ed**"); the "p.p." of "**to cry**" is "cri**ed**" ("which can be used to create "You would have cri**ed**"); the "p.p." of "**to paint**" is "paint**ed**" (which we can use to create "He had paint**ed**"), etc.

C) Some English verbs are unpredictable, however, as shown by the following examples: the "p.p." of "**to send**" is "sen**t**" (which we can use to create "We have sen**t**"); the "p.p." of "**to write**" is "wri**tten**" (which can be used to create "You have wri**tten**") and the "p.p." of "**to be**" is "be**en**" ("They have be**en**"), etc.

Now, let's return to French. As mentioned above, the p.p of "-**er**" verbs (verbs whose "**Infinitif**" ending is "-**er**") is created by changing the "-**er**" ending into "-**é**". The "-**é**" at the end of a verb in French is really the "-**ed**" or the "-**en**" (in most cases) at the end of a verb in English.

Let's look at the French versions of the same examples that we considered above. Consider the verb "**écouter**" (to listen). The p.p. of the French verb "**écouter**" is "écout**é**", and means "listen**ed**". The p.p. of the French verb "**parler**" (to talk) is "parl**é**", and means "talk**ed** or "sp**ok**en". Likewise the p.p.s of the verbs "**marcher**" (to walk), "**pleurer**" (to cry), "**peinturer**" (to paint) and "**envoyer**" (to send) are "march**é**", "pleur**é**", "peintur**é**" and "envoy**é**" respectively. The "**-ed**" English endings of the English past participles appear most often in French as "-**é**" endings.

- <u>General</u> **guidelines** for changing an "**Infinitif**" into a "**p.p.**" are included in the list below.

- *Exceptions*: The **p.p.** of **the key** verb "**avoir**" is "<u>eu</u>" and the **p.p.** of "**être**" is "<u>été</u>".

Infinitif endings	▶	p.p.		Examples	
"-er"	usually becomes	"-é"	▶	chant<u>er</u>, parl<u>er</u>	▶ chant**é**, parl**é**
"-ir"	often becomes	"-i"	▶	bât<u>ir</u>, fin<u>ir</u>, grand<u>ir</u>, ment<u>ir</u>	▶ bâti, fini, grandi, menti
"-ire"	"	"-it"	▶	éc<u>rire</u>, f<u>rire</u>	▶ écr**it**, fr**it**
"-uire"	"	"-uit"	▶	cond<u>uire</u>, prod<u>uire</u>	▶ cond**uit**, prod**uit**
"-ettre"	"	"-is"	▶	m<u>ettre</u>, perm<u>ettre</u>	▶ m**is**, perm**is**
"-aindre"	"	"-aint"	▶	cr<u>aindre</u>, pl<u>aindre</u>	▶ cr**aint**, pl**aint**
"-endre"	"	"-u"	▶	att<u>endre</u>, p<u>endre</u>, v<u>endre</u>	▶ attend**u**, pend**u**, vend**u**
"-eindre"	"	"-eint"	▶	att<u>eindre</u>, p<u>eindre</u>	▶ att**eint**, p**eint**
"-dre"	"	"-du"	▶	per<u>dre</u>, fon<u>dre</u>	▶ per**du**, fon**du**
"-enir"	"	"-u"	▶	v<u>enir</u>	▶ ven**u**
"-oir"	"	"-u"	▶	fall<u>oir</u>, pouv<u>oir</u>, val<u>oir</u>	▶ fall**u**, p**u**, val**u**
"-oire"	"	"-u"	▶	b<u>oire</u>	▶ b**u**
"-frir"	"	"-fert"	▶	of<u>frir</u>	▶ off**ert**
"-vrir"	"	"-vert"	▶	ou<u>vrir</u>	▶ ouv**ert**

Participe passé

The **Participe passé** is used to create the following French tenses, whose chapters are indicated in parentheses:

Conditionnel passé (**Chapter 1A**)	Impératif passé (**Chapter 12A**)	Passé composé (**Chapter 20A**)
Futur antérieur (**Chapter 3A**)	Infinitif passé (**Chapter 14A**)	Passé surcomposé (**Chapter 27A**)
Futur antérieur au futur proche (**Chapter 4A**)	Participe passé composé (**Chapter 17A**)	Plus-que-parfait (**Chapter 28A**)
Gérondif passé (**Chapter 8A**)	Passé antérieur (**Chapter 19A**)	Subjonctif passé (**Chapter 37A**)

♦ To know **when** to use *avoir* and when to use *être*, follow the guidelines below. Further details are available in **Appendix B**.

1. Use the "auxiliaire **être**" when creating compound tenses (auxiliary + participe passé) with any of the verbs in what I call the **Secret Travel Club** (all of which describe movement through time or space, without drawing attention to the parts of the body, or the mode of transportation). They are listed in the table below, along with their respective "**participe passé**" in parentheses.

*Secret Travel Club Verbs (p.p.):		
naître (**né**)	mourir (**mort**)	décéder (**décédé**)
aller (**allé**)	rester (**resté**)	retourner (**retourné**)
arriver (**arrivé**)	partir (**parti**)	repartir (**reparti**)
venir (**venu**)	revenir (**revenu**)	
passer (**passé**)	repasser (**repassé**)	
entrer (**entré**)	sortir (**sorti**)	
rentrer (**rentré**)	ressortir (**ressorti**)	
monter (**monté**)	descendre (**descendu**)	
remonter (**remonté**)	redescendre (**redescendu**)	
tomber (**tombé**)	retomber (**retombé**)	
devenir (**devenu**)	redevenir (**redevenu**)	
advenir (**advenu**)	survenir (**survenu**)	
parvenir (**parvenu**)	intervenir (**intervenu**)	

2. We also use the "auxiliaire **être**" when making a compound tense in the pronominal format. Many verbs can be used in **both** the non-pronominal format as well as the pronominal format (See **Appendix D** for full discussion on the Pronominal format). For example, the normal verb "laver" (to wash) can be used in the pronominal format as "se laver" (to wash oneself). In its non-pronominal format, the passé composé (**Chapter 20A**) of the verb laver with the subject "il" will be "**il a** lavé" (he washed), but in the pronominal format, we will use the auxiliary **être** instead, which will give "il s'**est** lavé (he washed himself). Practice exercises are available at *verbexpress.net*.

3. Use the "auxiliaire **avoir**" in all other cases.

IMPORTANT: For every *compound* verb tense presented in this volume, each of the following forms is shown,

1. The normal, or **basic**, format is presented using **avoir**,
2. The **Secret-Travel Club** version is presented using **être**,
3. and the **pronominal** versions are also presented using **être**.

♦ The chart below presents examples of each compound verb tense (again, a "*compound tense*" is the verb form that uses a combination of *avoir* (*conjugated or not*) or *être* (*conjugated or not*) plus the *Participe passé* of the main verb. Each one of them is presented in this volume (the Chapter reference for each tense/form appears in parentheses).

Read from left to right to easily see the pattern. The verb tenses shown are arranged alphabetically throughout the volume.

Compound tenses that use "*être*"		Compound tenses that use "*avoir*"
"Secret-Travel Club" verbs	Verbs in the **pronominal format**	All other verbs
Conditionnel passé (**Chapter 1A**)		
Je *serais* allé(e)	Je me *serais* réveillé(e)	J'*aurais* parlé
Futur antérieur (**Chapter 3A**)		
Je *serai* allé(e)	Je me *serai* réveillé(e)	J'*aurai* parlé
Futur antérieur au futur proche (**Chapter 4A**)		
Je *vais être* allé(e)	Je *vais* m'*être* réveillé(e)	Je *vais avoir* parlé
Gérondif passé (**Chapter 8A**)		

Participe passé | 251

Compound tenses that use "*être*"		Compound tenses that use "*avoir*"
"Secret-Travel Club" verbs	Verbs in the **pronominal format**	All other verbs
en *étant* allé(e)(s)	en m'*étant* réveillé(e)	en *ayant* parlé

Impératif passé (**Chapter 12A**)

Soyons parti(e)(s)	Not used	*ayons* fini

Compound tenses that use "*être*"		Compound tenses that use "*avoir*"
"Secret-Travel Club" verbs	Verbs in the **pronominal format**	All other verbs

Infinitif passé (**Chapter 14A**)

être allé(e)(s)	s'*être* réveillé(e)(s)	*avoir* parlé

Participe passé composé (**Chapter 17A**)

étant allé(e)(s)	s'*étant* réveillé(e)(s)	*ayant* parlé

Passé antérieur (**Chapter 19A**)

Je *fus* allé(e)	Je me *fus* réveillé(e)	J'*eus* parlé

Passé composé (**Chapter 20A**)

Je *suis* allé(e)	Je me *suis* réveillé(e)	J'*ai* parlé

Passé surcomposé (**Chapter 27A**)

... quand j'*ai été* retourné(e) (rare)	Not used	... quand j'*ai eu* parlé

Plus-que-parfait (**Chapter 28A**)

J'*étais* allé(e)	Je m'*étais* réveillé(e)	J'*avais* parlé

Subjonctif passé (**Chapter 37A**)

... que je *sois* allé(e)	... que je me *sois* réveillé(e)	... que j'*aie* parlé

▶16B Participe passé – passif

\>> See *How to Do* this verb form after the **Univerb© Tag**(s) below ...

▼ **Meaning**(s) of this verb form shown in **Univerb© Tag**(s) ▼

<u>Usual</u> **Meaning**(s):

- **been verbed** – Can only be used if preceded by "**avoir**" (Infinitif, or conjugated)
- **gotten verbed** – Can only be used if preceded by "**avoir**" (Infinitif, or conjugated)

To see the <u>above</u> **meaning**(s) in action using the **formula**(s) **below** with **translations**, **tips**, and helpful **resources**, <u>scan</u> or <u>click</u> the **code** below ▼
- <u>Or</u> follow the links at <u>verbexpress.net</u> > French Verb Tense Atlas > Participe passé > **Participe passé – Passif**

16B.1   Passif **direct** – (Participe passé)

- Passif **direct** – (**See Appendix C** at end of book)

▼ **Formula**

. . . **été** + verbe principal (**p.p.**)(e.s.es)

[**Limitation**]: The **p.p.** of "être" (which is "<u>**été**</u>") is used to create the "**Passif direct**" (**Passive voice**) in <u>compound tenses</u> *only if* preceded by the auxiliary verb "**avoir**" (Infinitif, or conjugated).

Note: The "**Passif direct**" of <u>compound</u> tenses will always use "**été**" (the participe passé of "être") in the creation of the <u>passive</u> voice with **direct objects**. To see how, check out the "**Passif direct**" in any <u>compound</u> tense in this volume and a detailed description in <u>**Appendix C**</u> at the end of this volume.

(<u>**Note**</u> on participe passé <u>agreement</u> with other words:

When using the "**Passif direct** – Option 1" format of any tense, the **subject** of the verb "être" must also be the **direct object** of the participe passé

Participe passé | 253

(**p.p.**) of the main verb, and because it also <u>precedes</u> the p.p., the **p.p.** *<u>agrees in gender and in number</u>* with that subject/direct object.)

▼ **Meaning**(s) of this verb form shown in **Univerb© Tag**(s) ▼

<u>Usual</u> **Meaning**(s):

♦ **been verbed** – Can only be used if preceded by "**avoir**" (Infinitif, or conjugated)
♦ **gotten verbed** – Can only be used if preceded by "**avoir**" (Infinitif, or conjugated)

For **examples** and much more, **scan** or **click** the **code** below ▼
- **Or** follow the links at **verbexpress.net** > French Verb Tense Atlas > Participe passé > Participe passé – Passif > **Passif direct**

▶16C Participe passé – with <u>aller</u>

>> See *How to Do* this verb form after the **Univerb© Tag**(s) below ...

▼ **Meaning**(s) of this verb form shown in **Univerb© Tag**(s) ▼

<u>Usual</u> **Meaning**(s):

♦ **gone to verb**
   - Can only be used if preceded by "**être**" (Infinitif, or conjugated)
♦ **gone verbing** (Appendix O at end of book)
   - Can only be used if preceded by "**être**" (Infinitif, or conjugated)

16C   Participe passé – with <u>aller</u>

▼ Formula

. . . **allé** (e.s.es) + verbe principal (**Infinitif**) – Must be preceded by the auxiliary verb "**être**" (Infinitif, or conjugated) to create a *Compound* tense.

254 | Participe passé

For **examples** and much more, <u>scan</u> or <u>click</u> the **code** below ▼
- <u>Or</u> follow the links at <u>verbexpress.net</u> > French Verb Tense Atlas > Participe passé > **Participe passé – with Aller**

▸16D Participe passé – with <u>devoir</u>

>> See *How to Do* this verb form after the **Univerb© Tag**(s) below ...

▼ **Meaning**(s) of this verb form shown in **Univerb© Tag**(s) ▼

<u>Usual</u> **Meaning**(s):

♦ **had to verb** – Can only be used if preceded by "**avoir**" (**Infinitif**, or conjugated)

| 16D | Participe passé – with <u>devoir</u> |

▼ Formula

. . . **dû** + verbe principal (**Infinitif**) – Must be preceded by the auxiliary verb "**avoir**" (Infinitif, or conjugated) to create a *Compound* tense.

Note: the **p.p.** of devoir (dû, due, (s)) can also be used as an **adjective**, meaning *owed / owing*, or *due*.

In such cases, it does not need to be preceded by the auxiliary verb "**avoir**"

For **examples** and much more, <u>scan</u> or <u>click</u> the **code** below ▼
- <u>Or</u> follow the links at <u>verbexpress.net</u> > French Verb Tense Atlas > Participe passé > **Participe passé – with Devoir**

▶16E Participe passé – with pouvoir

>> See *How to Do* this verb form after the **Univerb© Tag**(s) below ...

▼ **Meaning**(s) of this verb form shown in **Univerb© Tag**(s) ▼

Usual **Meaning**(s):

- ♦ (**been/was**) **able to verb** – Can only be used if preceded by "**avoir**" (Infinitif, or conjugated)

| 16E | Participe passé – with pouvoir |

▼ Formula

... **pu** + verbe principal (**Infinitif**) – Must be preceded by the auxiliary verb "**avoir**" (Infinitif, or conjugated) to create a *Compound* tense.

For **examples** and much more, **scan** or **click** the **code** below ▼
- <u>Or</u> follow the links at **verbexpress.net** > French Verb Tense Atlas > Participe passé > **Participe passé – with Pouvoir**

▶16F Participe passé – with vouloir

>> See *How to Do* this verb form after the **Univerb© Tag**(s) below ...

▼ **Meaning**(s) of this verb form shown in **Univerb© Tag**(s) ▼

Usual **Meaning**(s):

- ♦ **wanted to verb** – Can only be used if preceded by "**avoir**" (Infinitif, or conjugated)

| 16F | Participe passé – with vouloir |

256 | Participe passé

▼ Formula

... **voulu** + verbe principal (**Infinitif**) – Must be preceded by the auxiliary verb "**avoir**" (Infinitif, or conjugated) to create a *Compound* tense.

For **examples** and much more, <u>scan</u> or <u>click</u> the **code** below ▼
- <u>Or</u> follow the links at **verbexpress.net** > French Verb Tense Atlas > Participe passé > **Participe passé – with Vouloir**

Participe passé composé

Type of Verb Tense (According to structure)
  Temps composé – ("**Compound**" Tense: an auxiliary verb – "**avoir**" or "**être**" – followed by the **participe passé** (**p.p.**) of the main verb.)

Frequency of Use in Everyday Communication – (**Low**, Medium, High)
Level of **Difficulty** in **Formulation** – (Low, **Medium**, High)

Skill level for **Usage Mastery** – (Beginner, Intermediate, **Advanced**)

| ▼ This chapter covers ▼ |

17A	Participe passé composé – actif (Basic format)
17B	Participe passé composé – passif
1	Passif **direct**
2	Passif **pronominal**
17C	Participe passé composé – pronominal
1	Pronominal **essentiel**
2	Pronominal **à sens idiomatique**
3	Pronominal **réfléchi direct**
4	Pronominal **réfléchi indirect**
5	Pronominal **réciproque direct**
6	Pronominal **réciproque indirect**
7	Pronominal **passif**
17D	Participe passé composé – with aller
17E	Participe passé composé – with devoir
17F	Participe passé composé – with pouvoir
17G	Participe passé composé – with vouloir

▶17A Participe passé composé – actif (Basic format)

>> See *How to Do* this verb form after the Univerb© Tag(s) below ...

▼ **Meaning**(s) of this verb form shown in Univerb© Tag(s) ▼

<u>Usual</u> **Meaning**(s):

♦ having verbed

> 17A   Participe passé composé – actif (Basic format)
>
> • [with "avoir"]
>
> ▼ Formula
>
> . . . **ayant** + verbe principal (**p.p.**)
>
> ---
>
> • [with "être"]
>
> ▼ Formula
>
> . . . **étant** + verbe principal (**p.p.**)(e.s.es) (from the *Secret Travel Club* – **Appendix B** at end of book)

For **examples** and much more, **scan** or **click** the **code** below ▼
- **Or** follow the links at verbexpress.net > French Verb Tense Atlas > Participe passé composé > **Participe passé composé – Actif (Basic Format)**

▶17B Participe passé composé – passif

>> See *How to Do* this verb form after the Univerb© Tag(s) below ...

▼ **Meaning**(s) of this verb form shown in Univerb© Tag(s) ▼

Usual Meaning(s):

♦ having been verbed
♦ having gotten verbed

To see the <u>above</u> meaning(s) in action using the formula(s) below with translations, tips, and helpful resources, <u>scan</u> or <u>click</u> the code below ▼
- <u>Or</u> follow the links at <u>verbexpress.net</u> > French Verb Tense Atlas > Participe passé composé > **Participe passé composé – Passif**

17B.1   Passif **direct** – (**Participe passé composé**)

• Passif **direct** – (**See Appendix C** at end of book)

▼ **Formula**

. . . **ayant** + **été** + verbe principal (**p.p.**)(e.s.es)

(**Note**: When using the "Passif **direct**" format, the subject of the verb "être" (**ayant été**) must also be the **direct object** of the participe passé (**p.p.**) of the main verb, and it may come <u>before</u> or <u>after</u> the participe passé (**p.p.**). In both cases, the **p.p.** <u>agrees in gender and in number</u> with that direct object.)

▼ Meaning(s) of this verb form shown in **Univerb© Tag**(s) ▼

Usual Meaning(s):

♦ having been verbed
♦ having gotten verbed

For **examples** and much more, <u>scan</u> or <u>click</u> the **code** below ▼
- <u>Or</u> follow the links at <u>verbexpress.net</u> > French Verb Tense Atlas > Participe passé composé > Participe passé composé – Passif > **Passif direct**

17B.2   Passif **pronominal** – (Participe passé composé)

- Passif **pronominal** – (See <u>Appendix H</u> at end of book)

▼ **Formula**

. . . <u>s'</u> (**objet direct** du verbe principal, representing an <u>inanimate</u> noun or pronoun) + (**étant**) + verbe principal (**p.p.**)(e.s.es)

(**Note**: When using the "Passif **pronominal** (direct)" format, the <u>reflexive pronoun</u> is also the **direct object** (of the participe passé (**p.p.**) of the main verb) and it also <u>precedes</u> the p.p., so the **p.p.** <u>agrees in gender and in number</u> with that direct-object reflexive pronoun – ie. with the subject.)

▼ **Meaning**(s) of this verb form shown in **Univerb©** **Tag**(s) ▼

<u>Usual</u> **Meaning**(s):

- having been verbed
- having gotten verbed

For **examples** and much more, <u>scan</u> or <u>click</u> the **code** below ▾
- **Or** follow the links at **verbexpress.net** > French Verb Tense Atlas > Participe passé composé > Participe passé composé – Passif > **Passif pronominal**

▶17C   Participe passé composé – <u>pronominal</u>

\>\> See *How to Do* this verb form after the **Univerb©** **Tag**(s) below ...

▼ **Meaning**(s) of this verb form shown in **Univerb©** **Tag**(s) ▼

<u>Usual</u> **Meaning**(s):

- having verbed
- having verbed <u>himself</u> / <u>herself</u> / <u>itself</u>

▼ Pronominal **Passive** Meanings ▼

Usual **Meaning**(s) when in a <u>Pronominal</u> **Passive** form: (See <u>17C.7</u>, below)

- having been verbed
- having gotten verbed

To see the <u>above</u> **meaning**(s) in action using the **formula**(s) **below** with **translations**, **tips**, and helpful **resources**, <u>scan</u> or <u>click</u> the code below ▼
- **Or** follow the links at **verbexpress.net** > French Verb Tense Atlas > Participe passé composé > **Participe passé composé – Pronominal**

17C.1   Pronominal **essentiel** – (**Participe passé composé**)

- Pronominal **essentiel** (exclusivement)
  (Verbes <u>exclusivement</u> pronominaux)

  '**Essential**' Pronominal Verbs are a special collection of verbs that are used **only** in the <u>pronominal</u> format, but have no '*reflexive*' meaning. (**See** <u>Appendix</u> **E** at end of book)

▼ **Formula**

. . . (<u>m', t', s', nous, vous, s'</u>) + **étant** + verbe principal (**p.p.**)(e.s.es)

(**Note**: With "**essential**" pronominal verbs – when done in compound tenses, as in this case – the participe passé (**p.p.**) *agrees in gender and in number* with the **subject**.)

▼ **Meaning**(s) of this verb form shown in **Univerb©** **Tag**(s) ▼

Usual **Meaning**(s):

- having verbed

For **examples** and much more, **scan** or **click** the **code** below ▼
- **Or** follow the links at **verbexpress.net** > French Verb Tense Atlas > Participe passé composé > Participe passé composé – Pronominal > **Pronominal essentiel**

| 17C.2 | Pronominal à sens idiomatique – (Participe passé composé) |

- Pronominal à sens idiomatique

    'Idiomatic' Pronominal Verbs are a set of verbs which take on a <u>different meaning</u> than their normal meaning when they are used in the <u>pronominal</u> format.
    (**See <u>Appendix</u> F** at end of book)

▼ Formula

. . . (m', t', s', nous, vous, s') + **étant** + verbe principal (**p.p.**)(e.s.es)

(**<u>Note</u>**: With "**<u>idiomatic</u>**" pronominal verbs in compound tenses, as in this case , the participe passé (p.p.) *agrees in gender and in number* with the **subject**.)

(**<u>Exception</u>**(s) – the participe passé (**p.p.**) of *s'imaginer*, *se plaire*, *se rendre compte*, and *se rire* **do not** agree with anything else. They keep their basic spelling.)

▼ **Meaning**(s) of this verb form shown in **Univerb© Tag**(s) ▼

<u>Usual</u> **Meaning**(s):

♦   having verbed

For **examples** and much more, <u>scan</u> or <u>click</u> the **code** below ▼
- <u>Or</u> follow the links at **verbexpress.net** > French Verb Tense Atlas > Participe passé composé > Participe passé composé – Pronominal > **Pronominal à sens idiomatique**

17C.3   Pronominal **réfléchi direct** – (**Participe passé composé**)

- Pronominal **réfléchi direct**

    The '**Reflexive Direct**' Pronominal structure is when the Pronominal format is used AND the subject (the doer – singular or plural) of a direct action is also the receiver of that direct action.
    (**See Appendix G** at end of book)

▼ **Formula**

... (m', t', s', nous, vous, s', – **objet direct** du verbe principal) + **étant** + verbe principal (**p.p.**)(e.s.es)

(**Note**: When the reflexive pronoun is also the **direct object** (of the participe passé (**p.p.**) of the main verb, as in this case) and it precedes the p.p., the **p.p.** agrees in gender and in number with that reflexive pronoun.)

▼ **Meaning**(s) of this verb form shown in **Univerb© Tag**(s) (3rd person) ▼

Usual **Meaning**(s):

♦ **having verbed** himself / herself / itself

For **examples** and much more, **scan** or **click** the **code** below ▼
- **Or** follow the links at **verbexpress.net** > French Verb Tense Atlas > Participe passé composé > Participe passé composé – Pronominal > **Pronominal réfléchi direct**

17C.4   Pronominal **réfléchi indirect** – (**Participe passé composé**)

- Pronominal **réfléchi indirect**

    The '**Reflexive Indirect**' Pronominal structure is when the Pronominal format is used AND the subject (the doer – singular or plural) of an indirect action is also the receiver of that indirect action.
    (**See Appendix G** at end of book)

Participe passé composé

▼ **Formula**

. . . (**m', t', s', nous, vous, s'**, – **objet indirect** du verbe principal) + **étant** + verbe principal (**p.p.**)

(**Note**: The participe passé (**p.p.**) never agrees with an indirect object.)

▼ **Meaning**(s) of this verb form shown in **Univerb© Tag**(s) (3rd person) ▼

Usual Meaning(s):

♦   **having verbed** himself / herself / itself

For **examples** and much more, **scan** or **click** the **code** below ▼
- **Or** follow the links at **verbexpress.net** > French Verb Tense Atlas > Participe passé composé > Participe passé composé – Pronominal > **Pronominal réfléchi indirect**

17C.5   Pronominal **réciproque direct** – (**Participe passé composé**)

● Pronominal **réciproque direct**

The '**Reciprocal Direct**' Pronominal structure is when the Pronominal format is used AND a group of two or more (subjects) do the same direct action to one another.
(See Appendix G at end of book)

▼ **Formula**

. . . (**nous, vous, s'**, – **objet direct** du verbe principal) + **étant** + verbe principal (**p.p.**)(e.s.es)

(**Note**: When the reflexive pronoun is also the **direct object** (of the participe passé (**p.p.**) of the main verb, as in this case) and it precedes the p.p., the **p.p.** agrees in gender and in number with that reflexive pronoun.)

▼ **Meaning**(s) of this verb form shown in **Univerb© Tag**(s) (3rd person) ▼

Usual **Meaning**(s):

- **having verbed** each other

For **examples** and much more, **scan** or **click** the **code** below ▼
- **Or** follow the links at **verbexpress.net** > French Verb Tense Atlas >
Participe passé composé > Participe passé composé – Pronominal >
Pronominal réciproque direct

17C.6   Pronominal **réciproque** indirect – (**Participe passé composé**)

- Pronominal **réciproque** indirect

    The '**Reciprocal Indirect**' Pronominal structure is when the Pronominal format is used AND a group of two or more (subjects) do the same **in**direct action to one another.
    (**See Appendix G** at end of book)

▼ **Formula**

. . . (nous, vous, s', – **objet** indirect du verbe principal) + **étant** + verbe principal (**p.p.**)

(**Note**: The participe passé (**p.p.**) never agrees with an **in**direct object.)

▼ **Meaning**(s) of this verb form shown in **Univerb**© **Tag**(s) (3rd person) ▼

Usual **Meaning**(s):

- **having verbed** each other

For **examples** and much more, **scan** or **click** the **code** below ▼
- **Or** follow the links at **verbexpress.net** > French Verb Tense Atlas >
Participe passé composé > Participe passé composé – Pronominal >
Pronominal réciproque indirect

17C.7   Pronominal **passif** – (**Participe passé composé**)

- Pronominal **passif**

    The '**Passive Pronominal**' structure is a way to create a **passive** meaning by using the pronominal format with an **in**animate subject (a **non**-personal doer – singular or plural).
    (See Appendix H at end of book)

▼ Formula

. . . s' (**objet direct** du verbe principal, representing an inanimate noun or pronoun) + **étant** + verbe principal (**p.p.**)(e.s.es)

(**Note**: When using the "Pronominal **passif** (direct)" format, the reflexive pronoun is also the **direct object** (of the participe passé (**p.p.**) of the main verb) and it also precedes the p.p., so the **p.p.** *agrees in gender and in number* with that direct-object reflexive pronoun – ie. with the subject.)

▼ **Meaning**(s) of this verb form shown in **Univerb© Tag**(s) ▼

Usual **Meaning**(s):

- ♦ having been verbed
- ♦ having gotten verbed

For **examples** and much more, **scan** or **click** the **code** below ▼
- **Or** follow the links at **verbexpress.net** > French Verb Tense Atlas > Participe passé composé > Participe passé composé – Pronominal > **Pronominal passif**

▶**17D**   Participe passé composé – with aller

>> See *How to Do* this verb form after the **Univerb© Tag**(s) below ...

▼ **Meaning**(s) of this verb form shown in **Univerb© Tag**(s) ▼

Usual **Meaning**(s):

- having gone to verb
- having gone verbing (Appendix O at end of book)

17D   Participe passé composé – with aller

▼ **Formula**

. . . **étant** + **allé** (e.s.es) + verbe principal (**Infinitif**)

For **examples** and much more, **scan** or **click** the **code** below ▼
- **Or** follow the links at **verbexpress.net** > French Verb Tense Atlas > Participe passé composé > **Participe passé composé – with Aller**

▶17E   Participe passé composé – with devoir

>> See *How to Do* this verb form after the **Univerb© Tag**(s) below ...

▼ **Meaning**(s) of this verb form shown in **Univerb© Tag**(s) ▼

Usual **Meaning**(s):

- having had to verb

17E   Participe passé composé – with devoir

▼ **Formula**

. . . **ayant** + **dû** + verbe principal (**Infinitif**)

268 | Participe passé composé

For **examples** and much more, **scan** or **click** the **code** below ▾
- **Or** follow the links at **verbexpress.net** > French Verb Tense Atlas > Participe passé composé > **Participe passé composé – with Devoir**

▸**17F**   Participe passé composé – with <u>pouvoir</u>

\>\> See *How to Do* this verb form after the **Univerb© Tag**(s) below ...

▼ **Meaning**(s) of this verb form shown in **Univerb© Tag**(s) ▼

<u>Usual</u> **Meaning**(s):

♦   having been able to verb

| 17F | Participe passé composé – with <u>pouvoir</u> |

▼ Formula

. . . **ayant** + **pu** + verbe principal (**Infinitif**)

For **examples** and much more, **scan** or **click** the **code** below ▾
- **Or** follow the links at **verbexpress.net** > French Verb Tense Atlas > Participe passé composé > **Participe passé composé – with Pouvoir**

▸**17G**   Participe passé composé – with <u>vouloir</u>

\>\> See *How to Do* this verb form after the **Univerb© Tag**(s) below ...

▼ **Meaning**(s) of this verb form shown in **Univerb© Tag**(s) ▼

<u>Usual</u> **Meaning**(s):

- having wanted to verb

17G   Participe passé composé – with <u>vouloir</u>

▼ **Formula**

. . . **ayant** + **voulu** + verbe principal (**Infinitif**)

For **examples** and much more, <u>scan</u> or <u>click</u> the **code** below ▾
- <u>Or</u> follow the links at **verbexpress.net** > French Verb Tense Atlas > Participe passé composé > **Participe passé composé – with Vouloir**

Participe passé composé

Participe présent

Type of Verb Tense (According to <u>structure</u>)
   Participe – ("**Participle**" – An extracted **portion** of a verb which is not conjugated with a subject.)

Frequency of Use in Everyday Communication – (<u>**Low**</u>, Medium, High)
Level of **Difficulty** in **Formulation** – (<u>**Low**</u>, Medium, High)

Skill level for **Usage Mastery** – (Beginner, Intermediate, <u>**Advanced**</u>)

▼ This chapter covers ▼

18A	Participe présent – actif (Basic format)	
18B	Participe présent – passif	
	1	Passif **direct**
	2	Passif **pronominal**
18C	Participe présent – pronominal	
	1	Pronominal **essentiel**
	2	Pronominal **à sens idiomatique**
	3	Pronominal **réfléchi direct**
	4	Pronominal **réfléchi indirect**
	5	Pronominal **réciproque direct**
	6	Pronominal **réciproque indirect**
	7	Pronominal **passif**
18D	Participe présent – with aller	
18E	Participe présent – with devoir	
18F	Participe présent – with pouvoir	
18G	Participe présent – with vouloir	

▶18A Participe présent – <u>actif</u> (Basic format)

>> See *How to Do* this verb form after the **Univerb©** **Tag**(s) below ...

▼ **Meaning**(s) of this verb form shown in **Univerb©** **Tag**(s) ▼

<u>Usual</u> **Meaning**(s):

♦ verbing

| 18A | Participe présent – <u>actif</u> (Basic format) |

▼ Formula

1. Take the "**nous**" form of the verb in the **Présent - Indicatif**
   - (See **Chapter 35A** for detailed discussion and important exceptions of the Présent - Indicatif.)
     (nous) parl**ons**
2. Remove the "-**ons**" ending
     parl ...
3. Add "-**ant**" as the verb ending:
     parl<u>ant</u>

Exceptions:
   the verb "être" becomes "<u>ét</u>ant"
   the verb "avoir" becomes "<u>ay</u>ant"
   the verb "savoir" becomes "<u>sach</u>ant"

For **examples** and much more, **scan** or **click** the **code** below ▼
- **Or** follow the links at **verbexpress.net** > French Verb Tense Atlas > Participe présent > **Participe présent – Actif (Basic Format)**

▶18B Participe présent – <u>passif</u>

>> See *How to Do* this verb form after the **Univerb©** **Tag**(s) below ...

▼ **Meaning**(s) of this verb form shown in **Univerb©** **Tag**(s) ▼

Usual **Meaning**(s):

♦ being verbed
♦ getting verbed

To see the <u>above</u> **meaning**(s) in action using the **formula**(s) **below** with **translations**, **tips**, and helpful **resources**, <u>scan</u> or <u>click</u> the **code** below ▼
- <u>Or</u> follow the links at **verbexpress.net** > French Verb Tense Atlas > Participe présent > **Participe présent – Passif**

18B.1   Passif **direct** – (**Participe présent**)

• Passif **direct** – (**See Appendix C** at end of book)

▼ **Formula**

. . . **étant** + verbe principal (**p.p.**)(e.s.es)(but <u>cannot be</u> a member of the *Secret Travel Club* verbs – listed in **Appendix B** at end of book)

(<u>Note</u>: When using the "Passif **direct**" format in the "**Participe présent**", the **subject** of the verb "être" is really the **direct object** of the participe passé (**p.p.**) of the main verb.

The subject may come *before or after* the participe passé (**p.p.**), but in either case, the **p.p.** <u>agrees in gender and in number</u> with that subject/direct object.

▼ **Meaning**(s) of this verb form shown in **Univerb© Tag**(s) ▼

Usual **Meaning**(s):

♦ being verbed
♦ getting verbed

For **examples** and much more, <u>scan</u> or <u>click</u> the **code** below ▼
- <u>Or</u> follow the links at **verbexpress.net** > French Verb Tense Atlas > Participe présent > Participe présent – Passif > **Passif direct**

18B.2 Passif **pronominal** – (**Participe présent**)

- Passif **pronominal** – (See Appendix H at end of book)

▼ **Formula**

. . . se-s' (**objet direct** du verbe principal, representing an inanimate noun or pronoun) + verbe principal (**Participe présent** - *Details in 18A above*)

▼ **Meaning**(s) of this verb form shown in **Univerb© Tag**(s) ▼

Usual **Meaning**(s):

- being verbed
- getting verbed

For **examples** and much more, scan or click the **code** below ▼
- Or follow the links at verbexpress.net > French Verb Tense Atlas > Participe présent > Participe présent – Passif > **Passif pronominal**

▸18C Participe présent – pronominal

>> See *How to Do* this verb form after the **Univerb© Tag**(s) below ...

▼ **Meaning**(s) of this verb form shown in **Univerb© Tag**(s) ▼

Usual **Meaning**(s):

- verbing
- verbing himself / herself / itself

Participe présent | 275

▼ Pronominal **Passive** Meanings ▼

Usual Meaning(s) when in a Pronominal **Passive** form: (See 18C.7, below)

- being verbed
- getting verbed

To see the **above** meaning(s) in action using the **formula**(s) **below** with **translations**, **tips**, and helpful **resources**, **scan** or **click** the **code** below ▼
- **Or** follow the links at **verbexpress.net** > French Verb Tense Atlas > Participe présent > **Participe présent – Pronominal**

18C.1 Pronominal **essentiel** – (**Participe présent**)

- Pronominal **essentiel** (exclusivement)
  (Verbes exclusivement pronominaux)

  '**Essential**' Pronominal Verbs are a special collection of verbs that are used **only** in the pronominal format, but have no 'reflexive' meaning. (See Appendix E at end of book)

▼ **Formula**

. . . (me-m', te-t', se-s', nous, vous, se-s') + verbe principal (**Participe présent** - Details in 18A above)

▼ **Meaning**(s) of this verb form shown in **Univerb© Tag**(s) ▼

Usual Meaning(s):

- verbing

For **examples** and much more, **scan** or **click** the **code** below ▼
- **Or** follow the links at **verbexpress.net** > French Verb Tense Atlas > Participe présent > Participe présent – Pronominal > **Pronominal essentiel**

18C.2 Pronominal **à sens idiomatique** – (**Participe présent**)

- Pronominal **à sens idiomatique**

  '**Idiomatic**' Pronominal Verbs are a set of verbs which take on a different meaning than their normal meaning when they are used in the pronominal format.
  (**See Appendix** F at end of book)

▼ **Formula**

. . . (me-m', te-t', se-s', nous, vous, se-s') + verbe principal (**Participe présent** - *Details in 18A above*)

▼ **Meaning**(s) of this verb form shown in **Univerb© Tag**(s) ▼

Usual **Meaning**(s):

- ◆ verbing

For **examples** and much more, **scan** or **click** the **code** below ▾
- **Or** follow the links at verbexpress.net > French Verb Tense Atlas > Participe présent > Participe présent – Pronominal > **Pronominal à sens idiomatique**

18C.3 Pronominal **réfléchi direct** – (**Participe présent**)

- Pronominal **réfléchi direct**

  The '**Reflexive Direct**' Pronominal structure is when the Pronominal format is used AND the subject (the doer – singular or plural) of a

direct action is <u>also</u> the **receiver** of that **direct** action.
(**See Appendix G** at end of book)

▼ **Formula**

. . . (<u>me-m', te-t', se-s', nous, vous, se-s'</u>, – **objet direct** du verbe principal) + verbe principal (**Participe présent** - *Details in 18A above*)

▼ **Meaning**(s) of this verb form shown in **Univerb© Tag**(s) (3rd person) ▼

<u>Usual</u> **Meaning**(s):

♦ **verbing** <u>himself</u> / <u>herself</u> / <u>itself</u>

For **examples** and much more, **scan** or **click** the **code** below ▼
- **Or** follow the links at **verbexpress.net** > French Verb Tense Atlas > Participe présent > Participe présent – Pronominal > **Pronominal réfléchi direct**

18C.4   Pronominal **réfléchi** <u>in</u>direct – (**Participe présent**)

● Pronominal **réfléchi** <u>in</u>direct

The '**Reflexive Indirect**' Pronominal structure is when the <u>Pronominal format</u> is used AND the subject (the doer - singular or plural) of an <u>in</u>direct action is <u>also</u> the receiver of that <u>in</u>direct action.
(**See Appendix G** at end of book)

▼ **Formula**

. . . (<u>me-m', te-t', se-s', nous, vous, se-s'</u>, – **objet indirect** du verbe principal) + verbe principal (**Participe présent** - *Details in 18A above*)

▼ **Meaning**(s) of this verb form shown in **Univerb© Tag**(s) (3rd person) ▼

<u>Usual</u> **Meaning**(s):

♦ **verbing** <u>himself</u> / <u>herself</u> / <u>itself</u>

278 | Participe présent

For **examples** and much more, <u>scan</u> or <u>click</u> the **code** below ▼
- <u>Or</u> follow the links at **verbexpress.net** > French Verb Tense Atlas > Participe présent > Participe présent – Pronominal > **Pronominal réfléchi indirect**

18C.5 Pronominal **réciproque direct** – (**Participe présent**)

- Pronominal **réciproque direct**

    The '**Reciprocal Direct**' Pronominal structure is when the <u>Pronominal format</u> is used AND a group of two or more (subjects) do the same <u>direct</u> action <u>to one another</u>.
    (See <u>Appendix</u> G at end of book)

▼ **Formula**

. . . (<u>nous, vous, se-s'</u>, – **objet direct** du verbe principal) + verbe principal (**Participe présent** - *Details in 18A above*)

▼ **Meaning**(s) of this verb form shown in **Univerb© Tag**(s) (3rd person) ▼

<u>Usual</u> **Meaning**(s):

♦ **verbing** <u>each other</u>

For **examples** and much more, <u>scan</u> or <u>click</u> the **code** below ▼
- <u>Or</u> follow the links at **verbexpress.net** > French Verb Tense Atlas > Participe présent > Participe présent – Pronominal > **Pronominal réciproque direct**

18C.6 Pronominal **réciproque** <u>indirect</u> – (**Participe présent**)

- Pronominal **réciproque** indirect

    The **'Reciprocal Indirect'** Pronominal structure is when the Pronominal format is used AND a group of two or more (subjects) do the same indirect action to one another.
    (See Appendix G at end of book)

▼ **Formula**

. . . (**nous, vous, se-s'**, – **objet indirect** du verbe principal) + verbe principal (**Participe présent** - *Details in 18A above*)

▼ **Meaning**(s) of this verb form shown in **Univerb© Tag**(s) (3rd person) ▼

Usual **Meaning**(s):

♦ verbing each other

For **examples** and much more, **scan** or **click** the **code** below ▼
- **Or** follow the links at **verbexpress.net** > French Verb Tense Atlas > Participe présent > Participe présent – Pronominal > **Pronominal réciproque indirect**

18C.7   Pronominal **passif** – (**Participe présent**)

- Pronominal **passif**

    The **'Passive Pronominal'** structure is a way to create a **passive** meaning by using the pronominal format with an inanimate subject (a non-personal doer – singular or plural).
    (See Appendix H at end of book)

▼ **Formula**

. . . **se-s'** (**objet direct** du verbe principal, representing an inanimate noun or pronoun) + verbe principal (**Participe présent** - *Details in 18A above*)

▼ **Meaning**(s) of this verb form shown in **Univerb© Tag**(s) ▼

Usual Meaning(s):

♦ being verbed
♦ getting verbed

For **examples** and much more, **scan** or **click** the **code** below ▾
- **Or** follow the links at <u>verbexpress.net</u> > French Verb Tense Atlas > Participe présent > Participe présent – Pronominal > **Pronominal passif**

▶18D Participe présent – with <u>aller</u>

>> See *How to Do* this verb form after the **Univerb© Tag**(s) below ...

▼ **Meaning**(s) of this verb form shown in **Univerb© Tag**(s) ▼

Usual Meaning(s):

♦ going to verb
♦ going verbing (Appendix O at end of book)

18D   Participe présent – with <u>aller</u>

▼ Formula

. . . **allant** + verbe principal (**Infinitif**)

For **examples** and much more, **scan** or **click** the **code** below ▾
- **Or** follow the links at <u>verbexpress.net</u> > French Verb Tense Atlas > Participe présent > **Participe présent – with Aller**

▶18E   Participe présent – with <u>devoir</u>

>> See *How to Do* this verb form after the **Univerb© Tag**(s) below ...

▼ **Meaning**(s) of this verb form shown in **Univerb© Tag**(s) ▼

<u>Usual</u> **Meaning**(s):

- having to verb

| 18E   Participe présent – with <u>devoir</u>

▼ Formula

... **devant** + verbe principal (**Infinitif**)

For **examples** and much more, **scan** or **click** the **code** below ▼
- **Or** follow the links at **verbexpress.net** > French Verb Tense Atlas > Participe présent > **Participe présent – with Devoir**

▶18F   Participe présent – with <u>pouvoir</u>

>> See *How to Do* this verb form after the **Univerb© Tag**(s) below ...

▼ **Meaning**(s) of this verb form shown in **Univerb© Tag**(s) ▼

<u>Usual</u> **Meaning**(s):

- being able to verb

| 18F   Participe présent – with <u>pouvoir</u>

▼ Formula

... **pouvant** + verbe principal (**Infinitif**)

For **examples** and much more, **scan** or **click** the **code** below ▼
- **Or** follow the links at **verbexpress.net** > French Verb Tense Atlas > Participe présent > **Participe présent – with Pouvoir**

▶18G   Participe présent – with vouloir

>> See *How to Do* this verb form after the **Univerb©** **Tag**(s) below ...

▼ **Meaning**(s) of this verb form shown in **Univerb©** **Tag**(s) ▼

<u>Usual</u> **Meaning**(s):

♦   wanting to verb

| 18G   Participe présent – with <u>vouloir</u> |

▼ **Formula**

... **voulant** + verbe principal (**Infinitif**)

For **examples** and much more, **scan** or **click** the **code** below ▼
- **Or** follow the links at **verbexpress.net** > French Verb Tense Atlas > Participe présent > **Participe présent – with Vouloir**

Passé antérieur

Type of Verb Tense (According to <u>structure</u>)
    Temps composé – ("**Compound**" Tense: an auxiliary verb – "**avoir**" or "**être**" – followed by the **participe passé** (**p.p.**) of the main verb.)

Frequency of Use in Everyday Communication – (<u>**Low**</u>, Medium, High)
Level of **Difficulty** in **Formulation** – (Low, Medium, <u>**High**</u>)

Skill level for **Usage Mastery** – (Beginner, Intermediate, <u>**Advanced**</u>)

▼ This chapter covers ▼

19A	Passé antérieur – actif (Basic format)
19B	Passé antérieur – **passif**
	1 Passif **direct** – Option 1
	2 Passif **direct** – Option 2
	3 Passif **indirect**
	4 Passif **pronominal**
19C	Passé antérieur – **pronominal**
	1 Pronominal **essentiel**
	2 Pronominal **à sens idiomatique**
	3 Pronominal **réfléchi direct**
	4 Pronominal **réfléchi indirect**
	5 Pronominal **réciproque direct**
	6 Pronominal **réciproque indirect**
	7 Pronominal **passif**
	8 Pronominal **impersonnel** (passif)
19D	Passé antérieur – **with aller**
19E	Passé antérieur – **with devoir**
19F	Passé antérieur – **with pouvoir**
19G	Passé antérieur – **with vouloir**

▶19A Passé antérieur – actif (Basic format)

\>> See *How to Do* this verb form after the **Univerb© Tag**(s) below ...

▼ **Meaning**(s) of this verb form shown in **Univerb© Tag**(s) (3rd person) ▼

<u>Usual</u> **Meaning**(s):

- he/she/it **had verbed** (when preceded by <u>Recent-past</u> word or expression)

    Recent-past words and expressions:
    à peine que ... (barely / right after ...), après que ... (after ...),
    aussitôt que ... (as soon as ...), dès que ... (as soon as ...),
    lorsque ... (when ...), une fois que ... (once ...)

| 19A   Passé antérieur – <u>actif</u> (Basic format)

- [with "<u>avoir</u>"]

▼ Formula

[Indicateur d'antériorité <u>récente</u>*] + sujet + (**eus, eus, eut, eûmes, eûtes, eurent**) + verbe principal (**p.p.**)

  * **Recent-past words and expressions:**
    à peine que ... (barely / right after ...), après que ... (after ...),
    aussitôt que ... (as soon as ...), dès que ... (as soon as ...),
    lorsque ... (when ...), une fois que ... (once ...)

- [with "<u>être</u>"]

▼ Formula

[Indicateur d'antériorité <u>récente</u>*] + sujet + (**fus, fus, fut, fûmes, fûtes, furent**) + verbe principal (**p.p.**)(e.s.es) (from the *Secret Travel Club* – **Appendix B** at end of book)

  * **Recent-past words and expressions:**
    à peine que ... (barely / right after ...), après que ... (after ...),
    aussitôt que ... (as soon as ...), dès que ... (as soon as ...),
    lorsque ... (when ...), une fois que ... (once ...)

For **examples** and much more, **scan** or **click** the **code** below ▼
- **Or** follow the links at **verbexpress.net** > French Verb Tense Atlas > Passé antérieur > **Passé antérieur – Actif (Basic Format)**

▶19B   Passé antérieur – passif

\>\> See *How to Do* this verb form after the **Univerb© Tag**(s) below ...

▼ **Meaning**(s) of this verb form shown in **Univerb© Tag**(s) (3rd person) ▼

<u>Usual</u> **Meaning**(s):

- he/she/it **had been verbed** (when preceded by <u>Recent-past</u> word or expression)
- he/she/it **had gotten verbed** (when preceded by <u>Recent-past</u> word or expression)

  * <u>Recent-past</u> **words and expressions:**
  à peine que ... (barely / right after ...), après que ... (after ...),
  aussitôt que ... (as soon as ...), dès que ... (as soon as ...),
  lorsque ... (when ...), une fois que ... (once ...)

To see the <u>above</u> **meaning**(s) in action using the **formula**(s) **below** with **translations**, **tips**, and helpful **resources**, **scan** or **click** the **code** below ▼
- **Or** follow the links at **verbexpress.net** > French Verb Tense Atlas > Passé antérieur > **Passé antérieur – Passif**

19B.1   Passif **direct** – Option 1 – (**Passé antérieur**)

- Passif **direct** – Option 1 – (**See Appendix C** at end of book)

▼ **Formula**

[Indicateur d'antériorité <u>récente</u>*] + sujet (nom ou pronom, **objet direct** du verbe principal) + (**eus, eus, eut, eûmes, eûtes, eurent**) + été + verbe principal (**p.p.**)(e.s.es)

   * <u>Recent-past</u> **words and expressions:**
   à peine que ... (barely / right after ...), après que ... (after ...),

aussitôt que ... (as soon as ...), dès que ... (as soon as ...), lorsque ... (when ...), une fois que ... (once ...)

(**Note**: When using the "Passif **direct** – Option 1" format, the **subject** of the verb "être" must also be the **direct object** of the participe passé (**p.p.**) of the main verb, and because it also precedes the p.p., the **p.p.** *agrees in gender and in number* with that subject/direct object.)

▼ **Meaning**(s) of this verb form shown in **Univerb© Tag**(s) (3rd person) ▼

Usual Meaning(s):

- he/she/it **had been verbed** (when preceded by Recent-past word or expression)
- he/she/it **had gotten verbed** (when preceded by Recent-past word or expression)

  Recent-past words and expressions:
  à peine que ... (barely / right after ...), après que ... (after ...), aussitôt que ... (as soon as ...), dès que ... (as soon as ...), lorsque ... (when ...), une fois que ... (once ...)

For **examples** and much more, **scan** or **click** the **code** below ▼
- **Or** follow the links at **verbexpress.net** > French Verb Tense Atlas > Passé antérieur > Passé antérieur – Passif > **Passif direct – Option 1**

19B.2   Passif **direct** – Option 2 – (**Passé antérieur**)

- Passif **direct** – Option 2 – (**See Appendix C** at end of book)

▼ **Formula**

When the **direct object** appears as a noun:

[Indicateur d'antériorité récente*] + **on** (sujet indéfini) + (**eut**) + verbe principal (**p.p.**) + **objet direct**.

When the **direct object** appears as a pronoun:

Passé antérieur | 287

[Indicateur d'antériorité récente*] + **on** (sujet indéfini) + **pronom objet direct** + (**eut**) + verbe principal (**p.p.**)(e.s.es)

* Recent-past words and expressions:
à peine que ... (barely / right after ...), après que ... (after ...),
aussitôt que ... (as soon as ...), dès que ... (as soon as ...),
lorsque ... (when ...), une fois que ... (once ...)

(**Note**: When there is a **direct object**, and it precedes the participe passé (**p.p.**), the p.p. _agrees in gender and in number_ with that direct object.)

▼ **Meaning**(s) of this verb form shown in **Univerb© Tag**(s) (3rd person) ▼

Usual **Meaning**(s):

- he/she/it **had been verbed** (when preceded by Recent-past word or expression)
- he/she/it **had gotten verbed** (when preceded by Recent-past word or expression)

Recent-past words and expressions:
à peine que ... (barely / right after ...), après que ... (after ...),
aussitôt que ... (as soon as ...), dès que ... (as soon as ...),
lorsque ... (when ...), une fois que ... (once ...)

For **examples** and much more, **scan** or **click** the **code** below ▼
- **Or** follow the links at **verbexpress.net** > French Verb Tense Atlas > Passé antérieur > Passé antérieur – Passif > **Passif direct – Option 2**

19B.3   Passif indirect – (**Passé antérieur**)

- Passif indirect – (**See Appendix C** at end of book)

▼ **Formula**

When the **indirect object** appears as a **noun**:

[Indicateur d'antériorité récente*] + **on** (sujet indéfini) + **eut** + verbe principal (**p.p.**) + **objet indirect**.

When the **indirect object** appears as a **pronoun**:

[Indicateur d'antériorité récente*] + **on** (sujet indéfini) + **pronom objet indirect** + **eut** + verbe principal (**p.p.**)

> *** Recent-past words and expressions:**
> à peine que ... (barely / right after ...), après que ... (after ...),
> aussitôt que ... (as soon as ...), dès que ... (as soon as ...),
> lorsque ... (when ...), une fois que ... (once ...)

(**Note**: The participe passé (**p.p.**) never agrees with an **indirect** object.)

▼ **Meaning**(s) of this verb form shown in **Univerb© Tag**(s) (3rd person) ▼

<u>Usual</u> **Meaning**(s):

- he/she/it **had been verbed** (when preceded by Recent-past word or expression)
- he/she/it **had gotten verbed** (when preceded by Recent-past word or expression)

Recent-past words and expressions:
à peine que ... (barely / right after ...), après que ... (after ...),
aussitôt que ... (as soon as ...), dès que ... (as soon as ...),
lorsque ... (when ...), une fois que ... (once ...)

For **examples** and much more, **scan** or **click** the **code** below ▼
- **Or** follow the links at **verbexpress.net** > French Verb Tense Atlas > Passé antérieur > Passé antérieur – Passif > **Passif indirect**

19B.4   Passif **pronominal** – (**Passé antérieur**)

- Passif **pronominal**

    The '**Passive Pronominal**' structure is a way to create a **passive** meaning by using the pronominal format with an **in**animate subject (a **non**-personal doer – singular or plural).
    (See Appendix H at end of book)

▼ Formula

[Indicateur d'antériorité récente*] + sujet (nom ou pronom, inanimé, – **objet direct** du verbe principal) + se + (**fut, furent**) + verbe principal (**p.p.**)(e.s.es)

* Recent-past words and expressions:
à peine que ... (barely / right after ...), après que ... (after ...),
aussitôt que ... (as soon as ...), dès que ... (as soon as ...),
lorsque ... (when ...), une fois que ... (once ...)

(**Note**: When using the "Passif **pronominal** (direct)" format, the reflexive pronoun is also the **direct object** (of the participe passé (**p.p.**) of the main verb) and it also precedes the p.p., so the **p.p.** *agrees in gender and in number* with that direct-object reflexive pronoun – ie. with the subject.)

▼ Meaning(s) of this verb form shown in **Univerb© Tag**(s) (3rd person) ▼

Usual Meaning(s):

♦ it **had been verbed** (when preceded by Recent-past word or expression)
♦ it **had gotten verbed** (when preceded by Recent-past word or expression)

Recent-past words and expressions:
à peine que ... (barely / right after ...), après que ... (after ...),
aussitôt que ... (as soon as ...), dès que ... (as soon as ...),
lorsque ... (when ...), une fois que ... (once ...)

For **examples** and much more, scan or click the **code** below ▼
- **Or** follow the links at verbexpress.net > French Verb Tense Atlas > Passé antérieur > Passé antérieur – Passif > **Passif pronominal**

▶19C   Passé antérieur – pronominal

>> See *How to Do* this verb form after the **Univerb© Tag**(s) below ...

▼ Meaning(s) of this verb form shown in **Univerb© Tag**(s) (3rd person) ▼

Usual Meaning(s):

- he/she **had verbed** (when preceded by <u>Recent-past</u> word or expression)
- he/she **had verbed** <u>himself</u> / <u>herself</u> / <u>itself</u> (when preceded by <u>Recent-past</u> word or expression)

<u>Recent-past</u> **words and expressions:**
à peine que ... (barely / right after ...), après que ... (after ...), aussitôt que ... (as soon as ...), dès que ... (as soon as ...), lorsque ... (when ...), une fois que ... (once ...)

▼ Pronominal **Passive** Meanings ▼

<u>Usual</u> **Meaning**(s) when in a <u>Pronominal</u> **Passive** form: (See <u>19C.7</u>, <u>19C.8</u> below)

- he/she/it **had been verbed** (when preceded by <u>Recent-past</u> word or expression)
- he/she/it **had gotten verbed** (when preceded by <u>Recent-past</u> word or expression)

<u>Recent-past</u> **words and expressions:**
à peine que ... (barely / right after ...), après que ... (after ...), aussitôt que ... (as soon as ...), dès que ... (as soon as ...), lorsque ... (when ...), une fois que ... (once ...)

To see the <u>above</u> **meaning**(s) in action using the **formula**(s) <u>below</u> with **translations**, **tips**, and helpful **resources**, <u>scan</u> or <u>click</u> the **code** below ▼
- <u>Or</u> follow the links at <u>verbexpress.net</u> > French Verb Tense Atlas > Passé antérieur > **Passé antérieur – Pronominal**

19C.1   Pronominal **essentiel** – (**Passé antérieur**)

- Pronominal **essentiel** (exclusivement)
  (Verbes <u>exclusivement</u> pronominaux)

  '<u>Essential</u>' Pronominal Verbs are a special collection of verbs that are used <u>only</u> in the <u>pronominal</u> format, but have no '*reflexive*' meaning. (See <u>Appendix</u> E at end of book)

▼ Formula

[Indicateur d'antériorité <u>récente</u>*] + sujet + (<u>me, te, se, nous, vous, se</u>) + (**fus, fus, fut, fûmes, fûtes, furent**) + verbe principal (**p.p.**)(e.s.es)

* <u>Recent-past</u> words and expressions:
à peine que ... (barely / right after ...), après que ... (after ...),
aussitôt que ... (as soon as ...), dès que ... (as soon as ...),
lorsque ... (when ...), une fois que ... (once ...)

(<u>Note</u>: With "<u>essential</u>" pronominal verbs – when done in compound tenses, as in this case – the participe passé (**p.p.**) <u>agrees in gender and in number</u> with the **subject**.)

▼ **Meaning**(s) of this verb form shown in **Univerb© Tag**(s) (3rd person) ▼

<u>Usual</u> **Meaning**(s):

♦ he/she **had verbed** (when preceded by <u>Recent-past</u> word or expression)

<u>Recent-past</u> **words and expressions:**
à peine que ... (barely / right after ...), après que ... (after ...),
aussitôt que ... (as soon as ...), dès que ... (as soon as ...),
lorsque ... (when ...), une fois que ... (once ...)

For **examples** and much more, **scan** or **click** the **code** below ▼
- **Or** follow the links at **verbexpress.net** > French Verb Tense Atlas > Passé antérieur > Passé antérieur – Pronominal > **Pronominal essentiel**

19C.2   Pronominal **à sens idiomatique** – (Passé antérieur)

● Pronominal **à sens idiomatique**

'<u>Idiomatic</u>' Pronominal Verbs are a set of verbs which take on a <u>different meaning</u> than their normal meaning when they are used in the <u>pronominal</u> format.
(**See** <u>Appendix</u> F at end of book)

▼ **Formula**

[Indicateur d'antériorité récente*] + sujet + (me, te, se, nous, vous, se) + (**fus, fus, fut, fûmes, fûtes, furent**) + verbe principal (**p.p.**)(e.s.es)

* **Recent-past** words and expressions:
à peine que ... (barely / right after ...), après que ... (after ...),
aussitôt que ... (as soon as ...), dès que ... (as soon as ...),
lorsque ... (when ...), une fois que ... (once ...)

(**Note**: With "**idiomatic**" pronominal verbs in compound tenses, as in this case, the participe passé (p.p.) _agrees in gender and in number_ with the **subject**.)

(**Exception**(s) – the participe passé (**p.p.**) of _s'imaginer_, _se plaire_, _se rendre compte_, and _se rire_ **do not** agree with anything else. They keep their basic spelling.)

▼ **Meaning**(s) of this verb form shown in **Univerb©** **Tag**(s) (3rd person) ▼

<u>Usual</u> **Meaning**(s):

♦ he/she **had verbed** (when preceded by Recent-past word or expression)

   Recent-past words and expressions:
   à peine que ... (barely / right after ...), après que ... (after ...),
   aussitôt que ... (as soon as ...), dès que ... (as soon as ...),
   lorsque ... (when ...), une fois que ... (once ...)

For **examples** and much more, **scan** or **click** the **code** below ▼
- **Or** follow the links at verbexpress.net > French Verb Tense Atlas > Passé antérieur > Passé antérieur – Pronominal > **Pronominal à sens idiomatique**

19C.3   Pronominal **réfléchi direct** – (**Passé antérieur**)

● Pronominal **réfléchi direct**

   The '**Reflexive Direct**' Pronominal structure is when the <u>Pronominal format</u> is used AND the subject (the doer – singular or plural) of a

direct action is also the receiver of that direct action.
(See **Appendix** G at end of book)

▼ Formula

[Indicateur d'antériorité récente*] + sujet + (me, te, se, nous, vous, se, – **objet direct** du verbe principal) + (**fus, fus, fut, fûmes, fûtes, furent**) + verbe principal (**p.p.**)(e.s.es)

* **Recent-past** words and expressions:
à peine que ... (barely / right after ...), après que ... (after ...), aussitôt que ... (as soon as ...), dès que ... (as soon as ...), lorsque ... (when ...), une fois que ... (once ...)

(**Note**: When the reflexive pronoun is also the **direct object** (of the participe passé (**p.p.**) of the main verb, as in this case) and it precedes the p.p., the **p.p.** agrees in gender and in number with that reflexive pronoun.)

▼ Meaning(s) of this verb form shown in **Univerb© Tag**(s) (3rd person) ▼

Usual **Meaning**(s):

♦ he/she/it **had verbed** himself / herself / itself (when preceded by Recent-past word or expression)

Recent-past words and expressions:
à peine que ... (barely / right after ...), après que ... (after ...), aussitôt que ... (as soon as ...), dès que ... (as soon as ...), lorsque ... (when ...), une fois que ... (once ...)

For **examples** and much more, **scan** or **click** the **code** below ▼
- **Or** follow the links at **verbexpress.net** > French Verb Tense Atlas > Passé antérieur > Passé antérieur – Pronominal > **Pronominal réfléchi direct**

19C.4   Pronominal **réfléchi** indirect – (**Passé antérieur**)

● Pronominal **réfléchi** indirect

The '**Reflexive Indirect**' Pronominal structure is when the Pronominal

format is used AND the subject (the doer - singular or plural) of an indirect action is also the receiver of that indirect action.
(See **Appendix G** at end of book)

▼ **Formula**

[Indicateur d'antériorité récente*] + sujet + (me, te, se, nous, vous, se, – **objet indirect** du verbe principal) + (**fus, fus, fut, fûmes, fûtes, furent**) + verbe principal (**p.p.**)

* Recent-past words and expressions:
à peine que ... (barely / right after ...), après que ... (after ...),
aussitôt que ... (as soon as ...), dès que ... (as soon as ...),
lorsque ... (when ...), une fois que ... (once ...)

(**Note**: The participe passé (**p.p.**) never agrees with an **indirect** object.)

▼ **Meaning**(s) of this verb form shown in **Univerb© Tag**(s) (3ʳᵈ person) ▼

Usual **Meaning**(s):

♦ he/she/it **had verbed** himself / herself / itself (when preceded by Recent-past word or expression)

Recent-past words and expressions:
à peine que ... (barely / right after ...), après que ... (after ...),
aussitôt que ... (as soon as ...), dès que ... (as soon as ...),
lorsque ... (when ...), une fois que ... (once ...)

For **examples** and much more, **scan** or **click** the **code** below ▼
- **Or** follow the links at **verbexpress.net** > French Verb Tense Atlas > Passé antérieur > Passé antérieur – Pronominal > **Pronominal réfléchi indirect**

19C.5   Pronominal **réciproque direct** – (**Passé antérieur**)

• Pronominal **réciproque direct**

The '**Reciprocal Direct**' Pronominal structure is when the Pronominal format is used AND a group of two or more (subjects) do the same

direct action to one another.
(See Appendix G at end of book)

▼ Formula

[Indicateur d'antériorité récente*] + sujet (pluriel) + (nous, vous, se, – objet direct du verbe principal) + (fûmes, fûtes, furent) + verbe principal (p.p.)(e.s.es)

* **Recent-past** words and expressions:
à peine que ... (barely / right after ...), après que ... (after ...),
aussitôt que ... (as soon as ...), dès que ... (as soon as ...),
lorsque ... (when ...), une fois que ... (once ...)

(**Note**: When the reflexive pronoun is also the **direct object** (of the participe passé (**p.p.**) of the main verb, as in this case) and it precedes the p.p., the **p.p.** agrees in gender and in number with that reflexive pronoun.)

▼ Meaning(s) of this verb form shown in Univerb© Tag(s) (3rd person) ▼

Usual Meaning(s):

- they **had verbed** each other (when preceded by Recent-past word or expression)

  Recent-past words and expressions:
  à peine que ... (barely / right after ...), après que ... (after ...),
  aussitôt que ... (as soon as ...), dès que ... (as soon as ...),
  lorsque ... (when ...), une fois que ... (once ...)

For **examples** and much more, **scan** or **click** the **code** below ▼
- **Or** follow the links at **verbexpress.net** > French Verb Tense Atlas > Passé antérieur > Passé antérieur – Pronominal > **Pronominal réciproque direct**

19C.6   Pronominal **réciproque indirect** – (**Passé antérieur**)

- Pronominal **réciproque indirect**

  The '**Reciprocal Indirect**' Pronominal structure is when the

Pronominal format is used AND a group of two or more (subjects) do the same **in**direct action to one another.
(**See** Appendix G at end of book)

▼ Formula

[Indicateur d'antériorité récente*] + sujet (pluriel) + (reflexive pronoun – **objet indirect** du verbe principal) + (**fûmes, fûtes, furent**) + verbe principal (**p.p.**)

* **Recent-past words and expressions:**
à peine que ... (barely / right after ...), après que ... (after ...), aussitôt que ... (as soon as ...), dès que ... (as soon as ...), lorsque ... (when ...), une fois que ... (once ...)

(**Note**: The participe passé (**p.p.**) never agrees with an **in**direct object.)

▼ Meaning(s) of this verb form shown in Univerb© Tag(s) (3rd person) ▼

Usual **Meaning(s):**

- they **had verbed** each other (when preceded by Recent-past word or expression)

  Recent-past words and expressions:
  à peine que ... (barely / right after ...), après que ... (after ...), aussitôt que ... (as soon as ...), dès que ... (as soon as ...), lorsque ... (when ...), une fois que ... (once ...)

For **examples** and much more, **scan** or **click** the **code** below ▼
- **Or** follow the links at **verbexpress.net** > French Verb Tense Atlas > Passé antérieur > Passé antérieur – Pronominal > **Pronominal réciproque indirect**

19C.7   Pronominal **passif** – (Passé antérieur)

- Pronominal **passif**

  The **'Passive Pronominal'** structure is a way to create a **passive** meaning by using the pronominal format with an **in**animate subject (a

Passé antérieur | 297

non-personal doer – singular or plural).
(See **Appendix** H at end of book)

▼ **Formula**

[Indicateur d'antériorité récente*] + sujet (nom ou pronom, inanimé, **objet direct** du verbe principal) + se + (**fut, furent**) + verbe principal (**p.p.**)(e.s.es)

> * Recent-past **words and expressions:**
> à peine que ... (barely / right after ...), après que ... (after ...),
> aussitôt que ... (as soon as ...), dès que ... (as soon as ...),
> lorsque ... (when ...), une fois que ... (once ...)

(**Note**: When using the "Pronominal **passif** (direct)" format, the reflexive pronoun is also the **direct object** (of the participe passé (**p.p.**) of the main verb) and it also precedes the p.p., so the **p.p.** agrees in gender and in number with that direct-object reflexive pronoun – ie. with the subject.)

▼ **Meaning**(s) of this verb form shown in **Univerb© Tag**(s) (3rd person) ▼

Usual **Meaning**(s):

♦ it **had been** verbed (when preceded by Recent-past word or expression)
♦ it **had gotten** verbed (when preceded by Recent-past word or expression)

Recent-past **words and expressions:**
à peine que ... (barely / right after ...), après que ... (after ...),
aussitôt que ... (as soon as ...), dès que ... (as soon as ...),
lorsque ... (when ...), une fois que ... (once ...)

For **examples** and much more, **scan** or **click** the **code** below ▼
- **Or** follow the links at **verbexpress.net** > French Verb Tense Atlas > Passé antérieur > Passé antérieur – Pronominal > **Pronominal passif**

19C.8   Pronominal **impersonnel** (passif) – (**Passé antérieur**)

● Pronominal **impersonnel** (passif)

Passé antérieur

> The '**Impersonal Passive**' structure is a way to create a **passive** meaning by using the **im**personal version of the subject " **il** " in the pronominal format.
> (See **Appendix H** at end of book)

▼ Formula

[Indicateur d'antériorité récente*] + ... **il** (sens impersonnel) + **se** + **fut** + verbe principal (**p.p.**) + **objet direct du verbe principal**

* **Recent-past** words and expressions:
à peine que ... (barely / right after ...), après que ... (after ...), aussitôt que ... (as soon as ...), dès que ... (as soon as ...), lorsque ... (when ...), une fois que ... (once ...)

(**Note**: When using the "Pronominal **impersonnel**" format, the participe passé (**p.p.**) *agrees in gender and in number* with the subject, which is always " **il** " – masculine singular.)

▼ Meaning(s) of this verb form shown in **Univerb©** **Tag**(s) (3rd person) ▼

Usual Meaning(s):

- he/she/it **had been verbed** (when preceded by Recent-past word or expression)
- he/she/it **had gotten verbed** (when preceded by Recent-past word or expression)

Recent-past words and expressions:
à peine que ... (barely / right after ...), après que ... (after ...), aussitôt que ... (as soon as ...), dès que ... (as soon as ...), lorsque ... (when ...), une fois que ... (once ...)

For **examples** and much more, **scan** or **click** the **code** below ▼
- **Or** follow the links at **verbexpress.net** > French Verb Tense Atlas > Passé antérieur > Passé antérieur – Pronominal > **Pronominal impersonnel (passif)**

▶19D Passé antérieur – with <u>aller</u>

\>\> See *<u>How to Do</u>* this verb form after the **Univerb©** **Tag**(s) below ...

▼ **Meaning**(s) of this verb form shown in **Univerb©** **Tag**(s) (3rd person) ▼

<u>Usual</u> **Meaning**(s):

- he/she **had gone to verb** (when preceded by <u>Recent-past</u> word or expression)
- he/she **had gone verbing** (when preceded by <u>Recent-past</u> word or expression) (Appendix O at end of book)

<u>Recent-past</u> words and expressions:
à peine que ... (barely / right after ...), après que ... (after ...),
aussitôt que ... (as soon as ...), dès que ... (as soon as ...),
lorsque ... (when ...), une fois que ... (once ...)

| 19D | Passé antérieur – with <u>aller</u> |

▼ Formula

[Indicateur d'antériorité <u>récente</u>*] + sujet + (**fus, fus, fut, fûmes, fûtes, furent**) + **allé** (e.s.es) + verbe principal (**Infinitif**)

* <u>Recent-past</u> words and expressions:
à peine que ... (barely / right after ...), après que ... (after ...),
aussitôt que ... (as soon as ...), dès que ... (as soon as ...),
lorsque ... (when ...), une fois que ... (once ...)

For **examples** and much more, <u>scan</u> or <u>click</u> the **code** below ▼
- **Or** follow the links at <u>verbexpress.net</u> > French Verb Tense Atlas > Passé antérieur > **Passé antérieur – with Aller**

▶19E Passé antérieur – with devoir

\>\> See *How to Do* this verb form after the **Univerb© Tag**(s) below ...

▼ **Meaning**(s) of this verb form shown in **Univerb© Tag**(s) (3rd person) ▼

<u>Usual</u> **Meaning**(s):

- he/she/it **had had to verb** (when preceded by <u>Recent-past</u> word or expression)

    <u>Recent-past</u> **words and expressions:**
    à peine que ... (barely / right after ...), après que ... (after ...), aussitôt que ... (as soon as ...), dès que ... (as soon as ...), lorsque ... (when ...), une fois que ... (once ...)

19E   Passé antérieur – with <u>devoir</u>

▼ Formula

[Indicateur d'antériorité <u>récente</u>*] + sujet + (**eus, eus, eut, eûmes, eûtes, eurent**) + **dû** + verbe principal (**Infinitif**)

* <u>Recent-past</u> **words and expressions:**
à peine que ... (barely / right after ...), après que ... (after ...), aussitôt que ... (as soon as ...), dès que ... (as soon as ...), lorsque ... (when ...), une fois que ... (once ...)

For **examples** and much more, <u>scan</u> or <u>click</u> the **code** below ▼
- **Or** follow the links at **verbexpress.net** > French Verb Tense Atlas > Passé antérieur > **Passé antérieur – with Devoir**

▶19F Passé antérieur – with pouvoir

\>\> See *How to Do* this verb form after the **Univerb© Tag**(s) below ...

▼ **Meaning**(s) of this verb form shown in **Univerb© Tag**(s) (3rd person) ▼

<u>Usual</u> **Meaning**(s):

- he/she/it **had been able to verb** (when preceded by Recent-past word or expression)

  Recent-past words and expressions:
  à peine que ... (barely / right after ...), après que ... (after ...), aussitôt que ... (as soon as ...), dès que ... (as soon as ...), lorsque ... (when ...), une fois que ... (once ...)

19F   Passé antérieur – with pouvoir

▼ Formula

[Indicateur d'antériorité récente*] + sujet + (**eus, eus, eut, eûmes, eûtes, eurent**) + **pu** + verbe principal (**Infinitif**)

* Recent-past words and expressions:
à peine que ... (barely / right after ...), après que ... (after ...), aussitôt que ... (as soon as ...), dès que ... (as soon as ...), lorsque ... (when ...), une fois que ... (once ...)

For **examples** and much more, **scan** or **click** the **code** below ▼
- **Or** follow the links at **verbexpress.net** > French Verb Tense Atlas > Passé antérieur > **Passé antérieur – with Pouvoir**

▶**19G**   **Passé antérieur – with vouloir**

>> See *How to Do* this verb form after the **Univerb© Tag**(s) below ...

▼ **Meaning**(s) of this verb form shown in **Univerb© Tag**(s) (3rd person) ▼

Usual **Meaning**(s):

- he/she **had wanted to verb** (when preceded by Recent-past word or expression)

  Recent-past words and expressions:
  à peine que ... (barely / right after ...), après que ... (after ...), aussitôt que ... (as soon as ...), dès que ... (as soon as ...), lorsque ... (when ...), une fois que ... (once ...)

19G   Passé antérieur – with vouloir

▼ Formula

[Indicateur d'antériorité récente*] + sujet + (**eus, eus, eut, eûmes, eûtes, eurent**) + **voulu** + verbe principal (**Infinitif**)

> *** Recent-past words and expressions:**
> à peine que ... (barely / right after ...), après que ... (after ...),
> aussitôt que ... (as soon as ...), dès que ... (as soon as ...),
> lorsque ... (when ...), une fois que ... (once ...)

For **examples** and much more, **scan** or **click** the **code** below ▼
- **Or** follow the links at **verbexpress.net** > French Verb Tense Atlas > Passé antérieur > **Passé antérieur – with Vouloir**

Passé composé

Type of Verb Tense (According to structure)
    Temps composé – ("**Compound**" Tense: an auxiliary verb – "avoir" or "être" – followed by the **participe passé** (**p.p.**) of the main verb.)

Frequency of Use in Everyday Communication – (Low, Medium, **High**)
Level of **Difficulty** in **Formulation** – (Low, **Medium**, High)

Skill level for **Usage Mastery** – (Beginner, Intermediate, **Advanced**)
(Because of the challenge in distinguishing when to use the Passé composé vs. the Imparfait)

▼ This chapter covers ▼

20A	Passé composé – actif (Basic format)
20B	Passé composé – passif
1	Passif **direct** – Option 1
2	Passif **direct** – Option 2
3	Passif **indirect**
4	Passif **pronominal**
20C	Passé composé – pronominal
1	Pronominal **essentiel**
2	Pronominal **à sens idiomatique**
3	Pronominal **réfléchi direct**
4	Pronominal **réfléchi indirect**
5	Pronominal **réciproque direct**
6	Pronominal **réciproque indirect**
7	Pronominal **passif**
8	Pronominal **impersonnel** (passif)
20D	Passé composé – with aller
20E	Passé composé – with devoir
20F	Passé composé – with pouvoir
20G	Passé composé – with vouloir

▶20A   Passé composé – <u>actif</u> (Basic format)

\>> See *How to Do* this verb form after the **Univerb©** **Tag**(s) below …

▼ **Meaning**(s) of this verb form shown in **Univerb©** **Tag**(s) (3ʳᵈ person) ▼

<u>Usual</u> **Meaning**(s):

- he/she/it **did verb** (for *emphasis*, *negative*, or *asking a question*) (but <u>not</u> <u>routinely</u>)
- he/she/it **has verbed**
- he/she/it **verbed** (but <u>not</u> <u>routinely</u>)

20A   Passé composé – <u>actif</u> (Basic format)

- [with "<u>avoir</u>"]

▼ **Formula**

Sujet + (**ai, as, a, avons, avez, ont**) + verbe principal (**p.p.**)

- [with "<u>être</u>"]

▼ **Formula**

Sujet + (**suis, es, est, sommes, êtes, sont**) + verbe principal (**p.p.**)(e.s.es) (from the <u>Secret Travel Club</u> – **Appendix B** at end of book)

For **examples** and much more, <u>scan</u> or <u>click</u> the **code** below ▾
- <u>Or</u> follow the links at **verbexpress.net** > French Verb Tense Atlas > Passé composé > **Passé composé – Actif (Basic Format)**

▶20B   Passé composé – <u>passif</u>

\>> See *How to Do* this verb form after the **Univerb©** **Tag**(s) below …

▼ **Meaning**(s) of this verb form shown in **Univerb©** **Tag**(s) (3ʳᵈ person) ▼

<u>Usual</u> **Meaning**(s):

- he/she/it **did get verbed** (for *emphasis*, *negative*, or *asking a question*) (but <u>not</u> <u>routinely</u>)
- he/she/it **got verbed** (but <u>not</u> <u>routinely</u>)
- he/she/it **has been verbed**
- he/she/it **has gotten verbed**
- he/she/it **was verbed** (but <u>not</u> <u>routinely</u>)

To see the <u>above</u> <u>meaning</u>(s) in action using the <u>formula</u>(s) **below** with **translations**, **tips**, and helpful **resources**, <u>scan</u> or <u>click</u> the **code** below ▼ - **Or** follow the links at <u>verbexpress.net</u> > French Verb Tense Atlas > Passé composé > **Passé composé – Passif**

20B.1   Passif **direct** – Option 1 – (**Passé composé**)

- Passif **direct** – Option 1 – (**See Appendix C** at end of book)

▼ **Formula**

Sujet (nom ou pronom, **objet direct** du verbe principal) + (**ai**, **as**, **a**, **avons**, **avez**, **ont**) + été + verbe principal (**p.p.**)(e.s.es).

(**Note**: When using the "Passif **direct** – Option 1" format, the **subject** of the verb "être" must also be the **direct object** of the participe passé (**p.p.**) of the main verb, and because it also <u>precedes</u> the p.p., the **p.p.** <u>agrees in gender and in number</u> with that subject/direct object.)

▼ **Meaning**(s) of this verb form shown in **Univerb© Tag**(s) (3rd person) ▼

<u>Usual</u> **Meaning**(s):

- he/she/it **did get verbed** (for *emphasis*, *negative*, or *asking a question*) (but <u>not</u> <u>routinely</u>)
- he/she/it **got verbed** (but <u>not</u> <u>routinely</u>)
- he/she/it **has been verbed**
- he/she/it **has gotten verbed**
- he/she/it **was verbed** (but <u>not</u> <u>routinely</u>)

For **examples** and much more, **scan** or **click** the **code** below ▾
- **Or** follow the links at **verbexpress.net** > French Verb Tense Atlas > Passé composé > Passé composé – Passif > **Passif direct – Option 1**

20B.2   Passif **direct** – Option 2 – (**Passé composé**)

- Passif **direct** – Option 2 – (**See Appendix C** at end of book)

▼ **Formula**

When the **direct object** appears as a noun:

On (sujet indéfini) + (**a**) + verbe principal (**p.p.**) + **objet direct**.

When the **direct object** appears as a pronoun:

On (sujet indéfini) + **pronom objet direct** + (**a**) + verbe principal (**p.p.**)(e.s.es).

(**Note**: When there is a **direct object**, and it precedes the participe passé (**p.p.**), the p.p. _agrees in gender and in number_ with that direct object.)

▼ **Meaning**(s) of this verb form shown in **Univerb© Tag**(s) (3ʳᵈ person) ▼

Usual **Meaning**(s):

♦ he/she/it **did get verbed** (for *emphasis*, *negative*, or *asking a question*) (but not routinely)
♦ he/she/it **got verbed** (but not routinely)
♦ he/she/it **has been verbed**
♦ he/she/it **has gotten verbed**
♦ he/she/it **was verbed** (but not routinely)

For **examples** and much more, **scan** or **click** the **code** below ▾
- **Or** follow the links at **verbexpress.net** > French Verb Tense Atlas > Passé composé > Passé composé – Passif > **Passif direct – Option 2**

| 20B.3 | Passif <u>in</u>direct – (**Passé composé**) |

- Passif <u>in</u>direct – (**See Appendix C** at end of book)

▼ **Formula**

When the **indirect object** appears as a <u>noun</u>:

On (sujet indéfini) + **a** + verbe principal (**p.p.**) + **objet <u>in</u>direct**.

When the **indirect object** appears as a <u>pronoun</u>:

On (sujet indéfini) + **pronom objet <u>in</u>direct** + **a** + verbe principal (**p.p.**)

(<u>Note</u>: The participe passé (**p.p.**) never agrees with an **<u>in</u>direct** object.)

▼ **Meaning**(s) of this verb form shown in **Univerb© Tag**(s) (3rd person) ▼

<u>Usual</u> **Meaning**(s):

- he/she/it **did get verbed** (for *emphasis*, *negative*, or *asking a question*) (but <u>not</u> <u>routinely</u>)
- he/she/it **got verbed** (but <u>not</u> <u>routinely</u>)
- he/she/it **has been verbed**
- he/she/it **has gotten verbed**
- he/she/it **was verbed** (but <u>not</u> <u>routinely</u>)

For **examples** and much more, **scan** or **click** the **code** below ▼
- **Or** follow the links at **verbexpress.net** > French Verb Tense Atlas > Passé composé > Passé composé – Passif > **Passif indirect**

| 20B.4 | Passif **pronominal** – (**Passé composé**) |

- Passif **pronominal**

  The '**Passive Pronominal**' structure is a way to create a **passive** meaning by using the pronominal format with an **in**animate subject (a **non**-personal doer – singular or plural).
  (**See Appendix H** at end of book)

▼ Formula

Sujet (nom ou pronom, inanimé, - **objet direct** du verbe principal) + se-s' + (**est, sont**) + verbe principal (**p.p.**)(e.s.es)

(**Note**: When using the "Passif **pronominal** (direct)" format, the reflexive pronoun is also the **direct object** (of the participe passé (**p.p.**) of the main verb) and it also precedes the p.p., so the p.p. agrees in gender and in number with that direct-object reflexive pronoun – ie. with the subject.)

▼ **Meaning**(s) of this verb form shown in **Univerb© Tag**(s) (3rd person) ▼

Usual **Meaning**(s):

- it **did get verbed** (for *emphasis*, *negative*, or *asking a question*) (but not routinely)
- it **got verbed** (but not routinely)
- it **has been verbed**
- it **has gotten verbed**
- it **was verbed** (but not routinely)

For **examples** and much more, **scan** or **click** the **code** below ▼
- **Or** follow the links at verbexpress.net > French Verb Tense Atlas > Passé composé > Passé composé – Passif > **Passif pronominal**

▶20C Passé composé – pronominal

>> See *How to Do* this verb form after the **Univerb© Tag**(s) below …

▼ **Meaning**(s) of this verb form shown in **Univerb© Tag**(s) (3rd person) ▼

Usual **Meaning**(s):

- he/she **did verb** (but not routinely) (for *emphasis*, *negative*, or *asking a question*)
- he/she/it **did verb** himself / herself / itself (but not routinely) (for *emphasis*, *negative*, or *asking a question*)

- he/she **has verbed**
- he/she/it **has verbed** himself / herself / itself
- he/she **verbed** (but not routinely)
- he/she/it **verbed** himself / herself / itself (but not routinely)

▼ Pronominal **Passive** Meanings ▼

Usual Meaning(s) when in a Pronominal **Passive** form: (See 20C.7, 20C.8 below)

- he/she/it **did get verbed** (for *emphasis*, *negative*, or *asking a question*) (but not routinely)
- he/she/it **got verbed** (but not routinely)
- he/she/it **has been verbed**
- he/she/it **has gotten verbed**
- he/she/it **was verbed** (but not routinely)

To see the **above** meaning(s) in action using the **formula**(s) **below** with **translations**, **tips**, and helpful **resources**, **scan** or **click** the **code** below ▼
- **Or** follow the links at verbexpress.net > French Verb Tense Atlas > Passé composé > **Passé composé – Pronominal**

20C.1   Pronominal **essentiel** – (Passé composé)

- Pronominal **essentiel** (exclusivement)
  (Verbes exclusivement pronominaux)

  '**Essential**' Pronominal Verbs are a special collection of verbs that are used **only** in the pronominal format, but have no '*reflexive*' meaning. (See Appendix E at end of book)

▼ Formula

Sujet + (me-m', te-t', se-s', nous, vous, se-s') + (**suis**, **es**, **est**, **sommes**, **êtes**, **sont**) + verbe principal (**p.p.**)(e.s.es)

(**Note**: With "**essential**" pronominal verbs – when done in compound tenses, as in this case – the participe passé (**p.p.**) _agrees in gender and in number_ with the **subject**.)

▼ **Meaning**(s) of this verb form shown in **Univerb© Tag**(s) (3rd person) ▼

Usual Meaning(s):

- he/she **did verb** (but not routinely) (for *emphasis*, *negative*, or *asking a question*)
- he/she **has verbed**
- he/she **verbed** (but not routinely)

For **examples** and much more, **scan** or **click** the **code** below ▼
- **Or** follow the links at **verbexpress.net** > French Verb Tense Atlas > Passé composé > Passé composé – Pronominal > **Pronominal essentiel**

20C.2   Pronominal **à sens idiomatique** – (**Passé composé**)

- Pronominal **à sens idiomatique**

    '**Idiomatic**' Pronominal Verbs are a set of verbs which take on a different meaning than their normal meaning when they are used in the pronominal format.
    (See **Appendix** F at end of book)

▼ **Formula**

Sujet + (me-m', te-t', se-s', nous, vous, se-s') + (**suis**, **es**, **est**, **sommes**, **êtes**, **sont**) + verbe principal (**p.p.**)(e.s.es)

(**Note**: With "**idiomatic**" pronominal verbs in compound tenses, as in this case, the participe passé (p.p.) _agrees in gender and in number_ with the **subject**.)

(**Exception**(s) – the participe passé (**p.p.**) of *s'imaginer*, *se plaire*, *se rendre compte*, and *se rire* **do not** agree with anything else. They keep their basic spelling.)

▼ **Meaning**(s) of this verb form shown in **Univerb© Tag**(s) (3rd person) ▼

Usual **Meaning**(s):

- he/she **did verb** (but not routinely) (for *emphasis*, *negative*, or *asking a question*)
- he/she **has verbed**
- he/she **verbed** (but not routinely)

For **examples** and much more, **scan** or **click** the **code** below ▼
- **Or** follow the links at **verbexpress.net** > French Verb Tense Atlas > Passé composé > Passé composé – Pronominal > **Pronominal à sens idiomatique**

20C.3 Pronominal **réfléchi direct** – (**Passé composé**)

- Pronominal **réfléchi direct**

    The '**Reflexive Direct**' Pronominal structure is when the Pronominal format is used AND the subject (the doer – singular or plural) of a **direct** action is also the **receiver** of that **direct** action.
    (**See** Appendix G at end of book)

▼ **Formula**

Sujet + (me-m', te-t', se-s', nous, vous, se-s', – **objet direct** du verbe principal) + (**suis**, **es**, **est**, **sommes**, **êtes**, **sont**) + verbe principal (**p.p.**)(e.s.es)

(**Note**: When the reflexive pronoun is also the **direct object** (of the participe passé (**p.p.**) of the main verb, as in this case) and it precedes the p.p., the **p.p.** *agrees in gender and in number* with that reflexive pronoun.)

▼ **Meaning**(s) of this verb form shown in **Univerb© Tag**(s) (3rd person) ▼

Usual Meaning(s):

♦ he/she/it **did verb** himself / herself / itself (but not routinely) (for *emphasis*, *negative*, or *asking a question*)

♦ he/she/it **has verbed** himself / herself / itself
♦ he/she/it **verbed** himself / herself / itself (but not routinely)

For **examples** and much more, **scan** or **click** the code below ▼
- **Or** follow the links at **verbexpress.net** > French Verb Tense Atlas > Passé composé > Passé composé – Pronominal > **Pronominal réfléchi direct**

20C.4   Pronominal **réfléchi indirect** – (**Passé composé**)

● Pronominal **réfléchi indirect**

The **'Reflexive Indirect'** Pronominal structure is when the Pronominal format is used AND the subject (the doer - singular or plural) of an indirect action is also the receiver of that indirect action.
(See Appendix G at end of book)

▼ **Formula**

Sujet + (me-m', te-t', se-s', nous, vous, se-s', – **objet indirect** du verbe principal) + (**suis**, **es**, **est**, **sommes**, **êtes**, **sont**) + verbe principal (**p.p.**)

(**Note**: The participe passé (**p.p.**) never agrees with an indirect object.)

▼ **Meaning**(s) of this verb form shown in **Univerb© Tag**(s) (3rd person) ▼

Usual Meaning(s):

♦ he/she/it **did verb** himself / herself / itself (but not routinely) (for *emphasis*, *negative*, or *asking a question*)

♦ he/she/it **has verbed** himself / herself / itself
♦ he/she/it **verbed** himself / herself / itself (but not routinely)

For **examples** and much more, **scan** or **click** the **code** below ▼
- **Or** follow the links at **verbexpress.net** > French Verb Tense Atlas > Passé composé > Passé composé – Pronominal > **Pronominal réfléchi indirect**

20C.5   Pronominal **réciproque direct** – (**Passé composé**)

• Pronominal **réciproque direct**

The '**Reciprocal Direct**' Pronominal structure is when the Pronominal format is used AND a group of two or more (subjects) do the same **direct** action to one another.
(**See** Appendix G at end of book)

▼ **Formula**

Sujet (pluriel) + (nous, vous, se) + (**sommes**, **êtes**, **sont**) + verbe principal (**p.p.**)(e.s.es)

(**Note**: When the reflexive pronoun is also the **direct object** (of the participe passé (**p.p.**) of the main verb, as in this case) and it precedes the p.p., the **p.p.** agrees in gender and in number with that reflexive pronoun.)

▼ **Meaning**(s) of this verb form shown in **Univerb© Tag**(s) (3rd person) ▼

Usual **Meaning**(s):

♦ they **did verb** each other (but not routinely) (for *emphasis*, *negative*, or *asking a question*)

♦ they **have verbed** each other
♦ they **verbed** each other (but not routinely)

For **examples** and much more, **scan** or **click** the **code** below ▼
- **Or** follow the links at **verbexpress.net** > French Verb Tense Atlas > Passé composé > Passé composé – Pronominal > **Pronominal réciproque direct**

20C.6 Pronominal **réciproque indirect** – (**Passé composé**)

- Pronominal **réciproque indirect**

  The '**Reciprocal Indirect**' Pronominal structure is when the Pronominal format is used AND a group of two or more (subjects) do the same indirect action to one another.
  (**See Appendix G** at end of book)

▼ **Formula**

Sujet (pluriel) + (nous, vous, se, – **objet indirect** du verbe principal) + (**sommes**, **êtes**, **sont**) + verbe principal (**p.p.**)

(**Note**: The participe passé (**p.p.**) never agrees with an indirect object.)

▼ **Meaning**(s) of this verb form shown in **Univerb© Tag**(s) (3rd person) ▼

Usual Meaning(s)**:**

- they **did verb** each other (but not routinely) (for *emphasis*, *negative*, or *asking a question*)

- they **have verbed** each other
- they **verbed** each other (but not routinely)

For **examples** and much more, **scan** or **click** the **code** below ▼
- **Or** follow the links at **verbexpress.net** > French Verb Tense Atlas > Passé composé > Passé composé – Pronominal > **Pronominal réciproque indirect**

20C.7 Pronominal **passif** – (**Passé composé**)

Passé composé | 315

- Pronominal **passif**

    The **'Passive Pronominal'** structure is a way to create a **passive** meaning by using the pronominal format with an **in**animate subject (a **non**-personal doer – singular or plural).
    (**See Appendix** H at end of book)

| ▼ Formula

Sujet (nom ou pronom, inanimé, **objet direct** du verbe principal) + se-s' + (**est, sont**) + verbe principal (**p.p.**)(e.s.es)

(**Note**: When using the "Pronominal **passif** (direct)" format, the reflexive pronoun is also the **direct object** (of the participe passé (**p.p.**) of the main verb) and it also precedes the p.p., so the **p.p.** agrees in gender and in number with that direct-object reflexive pronoun – ie. with the subject.)

▼ **Meaning**(s) of this verb form shown in **Univerb© Tag**(s) (3ʳᵈ person) ▼

Usual Meaning(s):

- it **did get verbed** (for *emphasis, negative,* or *asking a question*) (but not routinely)
- it **got verbed** (but not routinely)
- it **has been verbed**
- it **has gotten verbed**
- it **was verbed** (but not routinely)

For **examples** and much more, **scan** or **click** the **code** below ▼
- **Or** follow the links at **verbexpress.net** > French Verb Tense Atlas > Passé composé > Passé composé – Pronominal > **Pronominal passif**

20C.8   Pronominal **impersonnel** (passif) – (**Passé composé**)

- Pronominal **impersonnel** (passif)

    The **'Impersonal Passive'** structure is a way to create a **passive** meaning by using the **im**personal version of the subject " **il** " in the

316 | Passé composé

pronominal format.
(See **Appendix H** at end of book)

▼ **Formula**

... **il** (sens impersonnel) + **s'** + **est** + verbe principal (**p.p.**) + **objet direct du verbe principal**

(**Note**: When using the "Pronominal **impersonnel**" format, the participe passé (**p.p.**) <u>agrees in gender and in number</u> with the subject, which is always "<u>il</u>" – masculine singular.)

▼ **Meaning**(s) of this verb form shown in **Univerb© Tag**(s) (3rd person) ▼

<u>Usual</u> **Meaning**(s):

- he/she/it **did get verbed** (for *emphasis*, *negative*, or *asking a question*) (but <u>not</u> <u>routinely</u>)
- he/she/it **got verbed** (but <u>not</u> <u>routinely</u>)
- he/she/it **has been verbed**
- he/she/it **has gotten verbed**
- he/she/it **was verbed** (but <u>not</u> <u>routinely</u>)

For **examples** and much more, **scan** or **click** the **code** below ▼
- **Or** follow the links at **verbexpress.net** > French Verb Tense Atlas > Passé composé > Passé composé – Pronominal > **Pronominal impersonnel (passif)**

▶20D Passé composé – with <u>aller</u>

>> See *How to Do* this verb form after the **Univerb© Tag**(s) below ...

▼ **Meaning**(s) of this verb form shown in **Univerb© Tag**(s) (3rd person) ▼

<u>Usual</u> **Meaning**(s):

- he/she **did go to verb** (for *emphasis*, *negative*, or *asking a question*) (but <u>not</u> <u>routinely</u>)
- he/she **did go verb** (for *emphasis*, *negative*, or *asking a question*) (but <u>not</u> <u>routinely</u>)

- he/she **did go verbing** (for *emphasis*, *negative*, or *asking a question*) (but not routinely) (Appendix O at end of book)
- he/she **has gone to verb**
- he/she **has gone verbing** (Appendix O at end of book)
- he/she **went to verb** (but not routinely)
- he/she **went verbing** (but not routinely) (Appendix O at end of book)

20D Passé composé – with aller

▼ Formula

Sujet + (**suis, es, est, sommes, êtes, sont**) + **allé** (e.s.es) + verbe principal (**Infinitif**)

For **examples** and much more, scan or click the **code** below ▼
- Or follow the links at **verbexpress.net** > French Verb Tense Atlas > Passé composé > **Passé composé – with Aller**

▶20E Passé composé – with devoir

>> See *How to Do* this verb form after the **Univerb©** Tag(s) below …

▼ Meaning(s) of this verb form shown in **Univerb© Tag**(s) (3rd person) ▼

Usual **Meaning**(s):

- he/she/it **did have to verb** (but not routinely) (and **fulfilled his obligation**) (for *emphasis*, *negative*, or *asking a question*)
- he/she/it **had to verb** (but not routinely) (and **fulfilled his obligation**)
- he/she/it **has had to verb**
- he/she/it **must have verbed**

20E Passé composé – with devoir

▼ Formula

Sujet + (**ai, as, a, avons, avez, ont**) + **dû** + verbe principal (**Infinitif**)

318 | Passé composé

For **examples** and much more, **scan** or **click** the **code** below ▼
- **Or** follow the links at **verbexpress.net** > French Verb Tense Atlas > Passé composé > **Passé composé – with Devoir**

▶20F   Passé composé – with <u>pouvoir</u>

>> See *How to Do* this verb form after the **Univerb©** **Tag**(s) below …

▼ **Meaning**(s) of this verb form shown in **Univerb©** **Tag**(s) (3rd person) ▼

<u>Usual</u> **Meaning**(s):

- he/she/it **has been able to verb**
- he/she/it **was able to verb** (and **did verb**) (but <u>not</u> <u>routinely</u>)

| 20F | Passé composé – with <u>pouvoir</u> |

▼ Formula

Sujet + (**ai, as, a, avons, avez, ont**) + **pu** + verbe principal (**Infinitif**)

For **examples** and much more, **scan** or **click** the **code** below ▼
- **Or** follow the links at **verbexpress.net** > French Verb Tense Atlas > Passé composé > **Passé composé – with Pouvoir**

▶20G   Passé composé – with <u>vouloir</u>

>> See *How to Do* this verb form after the **Univerb©** **Tag**(s) below …

▼ **Meaning**(s) of this verb form shown in **Univerb©** **Tag**(s) (3rd person) ▼

<u>Usual</u> **Meaning**(s):

- he/she **did want to verb** (but <u>not</u> a <u>state</u> of wanting, nor a <u>routine</u>) (for *emphasis*, *negative*, or *asking a question*)

- he/she **has wanted to verb**
- he/she **wanted to verb** (but <u>not</u> a <u>state</u> of wanting, nor a <u>routine</u>)

20G   Passé composé – with <u>vouloir</u>

▼ **Formula**

Sujet + (**ai, as, a, avons, avez, ont**) + **voulu** + verbe principal (**Infinitif**)

For **examples** and much more, **scan** or **click** the **code** below ▼
- **Or** follow the links at **verbexpress.net** > French Verb Tense Atlas > Passé composé > **Passé composé – with Vouloir**

Passé récent

> **Type** of Verb Tense (According to <u>structure</u>)
> **Temps combiné** – General term in this volume for any <u>combination</u> of a <u>temps simple</u>, <u>temps composé</u>, or <u>Infinitif</u> – with or without special added word(s)

> **Frequency of Use** in Everyday Communication – (Low, **<u>Medium</u>**, High)
> Level of **Difficulty** in **Formulation** – (**<u>Low</u>**, Medium, High)
>
> **Skill** level for **Usage Mastery** – (**<u>Beginner</u>**, Intermediate, Advanced)

▼ This chapter covers ▼

21A	Passé récent – actif (Basic format)
21B	Passé récent – passif
	1 Passif **direct** – Option 1
	2 Passif **direct** – Option 2
	3 Passif **indirect**
	4 Passif **pronominal**
21C	Passé récent – pronominal
	1 Pronominal **essentiel**
	2 Pronominal **à sens idiomatique**
	3 Pronominal **réfléchi direct**
	4 Pronominal **réfléchi indirect**
	5 Pronominal **réciproque direct**
	6 Pronominal **réciproque indirect**
	7 Pronominal **passif**
	8 Pronominal **impersonnel** (passif)
21D	Passé récent – with aller
21E	Passé récent – with devoir
21F	Passé récent – with pouvoir
21G	Passé récent – with vouloir

▶21A   Passé récent– actif (Basic format)

\>\> See *How to Do* this verb form after the **Univerb© Tag**(s) below …

▼ **Meaning**(s) of this verb form shown in **Univerb© Tag**(s) (3rd person) ▼

Usual Meaning(s):

- he/she/it **has just verbed** (recently)
- he/she/it **just verbed** (recently)

21A   Passé récent – actif (Basic format)

▼ Formula

Sujet + (**viens, viens, vient, venons, venez, viennent**) + **de/d'** + verbe principal (**Infinitif**)

For **examples** and much more, **scan** or **click** the **code** below ▼
- **Or** follow the links at **verbexpress.net** > French Verb Tense Atlas > Passé récent > **Passé récent – Actif (Basic Format)**

▶21B   Passé récent – passif

\>\> See *How to Do* this verb form after the **Univerb© Tag**(s) below …

▼ **Meaning**(s) of this verb form shown in **Univerb© Tag**(s) (3rd person) ▼

Usual Meaning(s):

- he/she/it **did just get verbed** (recently) (for *emphasis*, *negative*, or *asking a question*)
- he/she/it **has just been verbed** (recently)
- he/she/it **has just gotten verbed** (recently)
- he/she/it **just got verbed** (recently)
- he/she/it **was just verbed** (recently)

Passé récent | 323

To see the above meaning(s) in action using the formula(s) below with translations, tips, and helpful resources, scan or click the code below ▼
- Or follow the links at verbexpress.net > French Verb Tense Atlas > Passé récent > **Passé récent – Passif**

21B.1   Passif **direct** – Option 1 – (**Passé récent**)

- Passif **direct** – Option 1 – (**See Appendix C** at end of book)

▼ **Formula**

Sujet (nom ou pronom, **objet direct** du verbe principal) + (**viens, viens, vient, venons, venez, viennent**) + **d'être** + verbe principal (**p.p.**)(e.s.es)

(**Note**: When using the "Passif **direct** – Option 1" format, the **subject** of the verb "être" must also be the **direct object** of the participe passé (**p.p.**) of the main verb, and because it also precedes the p.p., the **p.p.** *agrees in gender and in number* with that subject/direct object.)

▼ **Meaning**(s) of this verb form shown in **Univerb© Tag**(s) (3rd person) ▼

Usual **Meaning**(s):

- he/she/it **did just get verbed** (recently) (for *emphasis*, *negative*, or *asking a question*)
- he/she/it **has just been verbed** (recently)
- he/she/it **has just gotten verbed** (recently)
- he/she/it **just got verbed** (recently)
- he/she/it **was just verbed** (recently)

For **examples** and much more, scan or click the code below ▼
- **Or** follow the links at verbexpress.net > French Verb Tense Atlas > Passé récent > Passé récent – Passif > **Passif direct – Option 1**

21B.2 Passif **direct** – Option 2 – (**Passé récent**)

- Passif **direct** – Option 2 – (**See Appendix C** at end of book)

▼ **Formula**

When the **direct object** appears as a <u>noun</u>:

On (sujet indéfini) + **vient** + **de/d'** + verbe principal (**Infinitif**) + **objet direct**.

When the **direct object** appears as a <u>pronoun</u>:

On (sujet indéfini) + **vient** + **de** + **pronom objet direct** + verbe principal (**Infinitif**).

▼ **Meaning**(s) of this verb form shown in **Univerb© Tag**(s) (3rd person) ▼

<u>Usual</u> **Meaning**(s):

- ♦ he/she/it **did just get verbed** (recently) (for *emphasis*, *negative*, or *asking a question*)
- ♦ he/she/it **has just been verbed** (recently)
- ♦ he/she/it **has just gotten verbed** (recently)
- ♦ he/she/it **just got verbed** (recently)
- ♦ he/she/it **was just verbed** (recently)

For **examples** and much more, **scan** or **click** the **code** below ▼
- **Or** follow the links at **verbexpress.net** > French Verb Tense Atlas > Passé récent > Passé récent – Passif > **Passif direct – Option 2**

21B.3 Passif <u>indirect</u> – (**Passé récent**)

- Passif <u>indirect</u> – (**See Appendix C** at end of book)

▼ **Formula**

When the <u>indirect object</u> appears as a <u>noun</u>:

Passé récent | 325

<u>On</u> (sujet indéfini) + **vient** + **de/d'** + verbe principal (**Infinitif**) + **objet** <u>in</u>**direct**.

When the <u>indirect object</u> appears as a <u>pronoun</u>:
<u>On</u> (sujet indéfini) + **vient** + **de/d'** + **pronom objet** <u>in</u>**direct** + verbe principal (**Infinitif**).

▼ **Meaning**(s) of this verb form shown in **Univerb© Tag**(s) (3rd person) ▼

<u>Usual</u> **Meaning**(s):

♦ he/she/it **did just get verbed** (recently) (for *emphasis*, *negative*, or *asking a question*)
♦ he/she/it **has just been verbed** (recently)
♦ he/she/it **has just gotten verbed** (recently)
♦ he/she/it **just got verbed** (recently)
♦ he/she/it **was just verbed** (recently)

For **examples** and much more, **scan** or **click** the **code** below ▾
- **Or** follow the links at **verbexpress.net** > French Verb Tense Atlas > Passé récent > Passé récent – Passif > **Passif indirect**

21B.4   Passif **pronominal** – (**Passé récent**)

● Passif **pronominal**

The '**Passive Pronominal**' structure is a way to create a **passive** meaning by using the <u>pronominal</u> format with an <u>in</u>animate subject (a **non**-personal doer – singular or plural).
(**See** <u>Appendix</u> H at end of book)

▼ Formula

Sujet (nom ou pronom, <u>inanimé</u>, - **objet direct** du verbe principal) + (**vient, viennent**) + **de** + <u>se-s'</u> + verbe principal (**Infinitif**)

▼ **Meaning**(s) of this verb form shown in **Univerb© Tag**(s) (3rd person) ▼

Usual **Meaning**(s):

- it **did just get verbed** (recently) (for *emphasis*, *negative*, or *asking a question*)
- it **has just been verbed** (recently)
- it **has just gotten verbed** (recently)
- it **just got verbed** (recently)
- it **was just verbed** (recently)

For **examples** and much more, **scan** or **click** the **code** below ▼
- **Or** follow the links at **verbexpress.net** > French Verb Tense Atlas > Passé récent > Passé récent – Passif > **Passif pronominal**

▶21C   Passé récent – pronominal

>> See *How to Do* this verb form after the **Univerb©** **Tag**(s) below …

▼ **Meaning**(s) of this verb form shown in **Univerb©** **Tag**(s) (3ʳᵈ person) ▼

Usual **Meaning**(s):

- he/she **did just verb** (recently) (for *emphasis*, *negative*, or *asking a question*)
- he/she/it **did just verb** himself / herself / itself (recently) (for *emphasis*, *negative*, or *asking a question*)

- he/she **has just verbed** (recently)
- he/she/it **has just verbed** himself / herself / itself (recently)
- he/she **just verbed** (recently)
- he/she/it **just verbed** himself / herself / itself (recently)

▼ Pronominal **Passive** Meanings ▼

Usual **Meaning**(s) when in a Pronominal **Passive** form: (See 21C.7, 21C.8 below)

- he/she/it **did just get verbed** (recently) (for *emphasis*, *negative*, or *asking a question*)
- he/she/it **has just been verbed** (recently)
- he/she/it **has just gotten verbed** (recently)
- he/she/it **just got verbed** (recently)

♦ he/she/it **was just verbed** (recently)

To see the <u>above</u> **meaning**(s) in action using the **formula**(s) **below** with **translations**, **tips**, and helpful **resources**, <u>scan</u> or <u>click</u> the **code** below ▾
- **Or** follow the links at <u>verbexpress.net</u> > French Verb Tense Atlas > Passé récent > **Passé récent – Pronominal**

21C.1   Pronominal **essentiel** – (**Passé récent**)

• Pronominal **essentiel** (exclusivement)
   (Verbes <u>exclusivement</u> pronominaux)

   '<u>Essential</u>' Pronominal Verbs are a special collection of verbs that are used **only** in the <u>pronominal</u> format, but have no '*reflexive*' meaning. (**See** <u>Appendix</u> **E** at end of book)

▼ **Formula**

Sujet + (**viens, viens, vient, venons, venez, viennent**) + **de** + (<u>me-m', te-t', se-s', nous, vous, se-s'</u>) + verbe principal (**Infinitif**)

▼ **Meaning**(s) of this verb form shown in **Univerb© Tag**(s) (3rd person) ▼

<u>Usual</u> **Meaning**(s):

♦ he/she **did just verb** (recently) (for *emphasis*, *negative*, or *asking a question*)
♦ he/she **has just verbed** (recently)
♦ he/she **just verbed** (recently)

For **examples** and much more, <u>scan</u> or <u>click</u> the **code** below ▾
- **Or** follow the links at <u>verbexpress.net</u> > French Verb Tense Atlas > Passé récent > Passé récent – Pronominal > **Pronominal essentiel**

21C.2   Pronominal **à sens idiomatique** – (**Passé récent**)

- Pronominal **à sens idiomatique**

    '**Idiomatic**' Pronominal Verbs are a set of verbs which take on a different meaning than their normal meaning when they are used in the pronominal format.
    (**See Appendix F** at end of book)

▼ **Formula**

Sujet + (**viens, viens, vient, venons, venez, viennent**) + **de** + (**me-m', te-t', se-s', nous, vous, se-s'**) + verbe principal (**Infinitif**)

▼ **Meaning**(s) of this verb form shown in **Univerb© Tag**(s) (3rd person) ▼

<u>Usual</u> **Meaning**(s):

♦ he/she **did just verb** (recently) (for *emphasis*, *negative*, or *asking a question*)
♦ he/she **has just verbed** (recently)
♦ he/she **just verbed** (recently)

For **examples** and much more, **scan** or **click** the **code** below ▼
- **Or** follow the links at **verbexpress.net** > French Verb Tense Atlas > Passé récent > Passé récent – Pronominal > **Pronominal à sens idiomatique**

21C.3   Pronominal **réfléchi direct** – (**Passé récent**)

- Pronominal **réfléchi direct**

    The '**Reflexive Direct**' Pronominal structure is when the <u>Pronominal format</u> is used AND the subject (the doer – singular or plural) of a <u>direct</u> action is <u>also</u> the <u>receiver</u> of that <u>direct</u> action.
    (**See Appendix G** at end of book)

▼ **Formula**

Sujet + (**viens, viens, vient, venons, venez, viennent**) + **de** + (me-m', te-t', se-s', nous, vous, se-s', – **objet direct** du verbe principal) + verbe principal (**Infinitif**)

▼ **Meaning**(s) of this verb form shown in **Univerb© Tag**(s) (3rd person) ▼

Usual **Meaning**(s):

- he/she/it **did just verb** himself / herself / itself (recently) (for *emphasis, negative,* or *asking a question*)

- he/she/it **has just verbed** himself / herself / itself (recently)
- he/she/it **just verbed** himself / herself / itself (recently)

For **examples** and much more, **scan** or **click** the **code** below ▼
- **Or** follow the links at **verbexpress.net** > French Verb Tense Atlas > Passé récent > Passé récent – Pronominal > **Pronominal réfléchi direct**

21C.4   Pronominal **réfléchi** indirect – (**Passé récent**)

- Pronominal **réfléchi** indirect

    The '**Reflexive Indirect**' Pronominal structure is when the Pronominal format is used AND the subject (the doer - singular or plural) of an indirect action is also the receiver of that indirect action.
    (See **Appendix** G at end of book)

▼ **Formula**

Sujet + (**viens, viens, vient, venons, venez, viennent**) + **de** + (me-m', te-t', se-s', nous, vous, se-s', – **objet indirect** du verbe principal) + verbe principal (**Infinitif**)

▼ **Meaning**(s) of this verb form shown in **Univerb© Tag**(s) (3rd person) ▼

Usual **Meaning**(s):

- he/she/it **did just verb** himself / herself / itself (recently) (for *emphasis*, *negative*, or *asking a question*)
- he/she/it **has just verbed** himself / herself / itself (recently)
- he/she/it **just verbed** himself / herself / itself (recently)

For **examples** and much more, **scan** or **click** the **code** below ▼
- **Or** follow the links at **verbexpress.net** > French Verb Tense Atlas > Passé récent > Passé récent – Pronominal > **Pronominal réfléchi indirect**

21C.5   Pronominal **réciproque direct** – (**Passé récent**)

- Pronominal **réciproque direct**

  The '**Reciprocal Direct**' Pronominal structure is when the Pronominal format is used AND a group of two or more (subjects) do the same direct action to one another.
  (See Appendix G at end of book)

▼ Formula

Sujet (pluriel) + (**venons, venez, viennent**) + de + (nous, vous, se-s', – **objet direct** du verbe principal) + verbe principal (**Infinitif**)

▼ Meaning(s) of this verb form shown in **Univerb© Tag**(s) (3rd person) ▼

Usual Meaning(s):

- they **did just verb** each other (recently) (for *emphasis*, *negative*, or *asking a question*)
- they **have just verbed** each other (recently)
- they **just verbed** each other (recently)

For **examples** and much more, **scan** or **click** the **code** below ▼
- **Or** follow the links at **verbexpress.net** > French Verb Tense Atlas > Passé récent > Passé récent – Pronominal > **Pronominal réciproque**

direct

21C.6   Pronominal **réciproque** indirect – (**Passé récent**)

- Pronominal **réciproque** indirect

    The '**Reciprocal Indirect**' Pronominal structure is when the Pronominal format is used AND a group of two or more (subjects) do the same indirect action to one another.
    (**See Appendix G** at end of book)

▼ **Formula**

Sujet (pluriel) + (**venons, venez, viennent**) + de + (nous, vous, se-s', – **objet** indirect du verbe principal) + verbe principal (**Infinitif**)

▼ **Meaning**(s) of this verb form shown in **Univerb© Tag**(s) (3rd person) ▼

Usual **Meaning**(s):

- they **did just verb** each other (recently) (for *emphasis*, *negative*, or *asking a question*)

- they **have just verbed** each other (recently)
- they **just verbed** each other (recently)

For **examples** and much more, **scan** or **click** the **code** below ▼
- **Or** follow the links at **verbexpress.net** > French Verb Tense Atlas > Passé récent > Passé récent – Pronominal > **Pronominal réciproque indirect**

21C.7   Pronominal **passif** – (**Passé récent**)

- Pronominal **passif**

    The '**Passive Pronominal**' structure is a way to create a **passive** meaning by using the pronominal format with an **in**animate subject (a **non**-personal doer – singular or plural).
    (See Appendix H at end of book)

▼ **Formula**

Sujet (nom ou pronom, inanimé, – **objet direct** du verbe principal) + (**vient, viennent**) + **de** + se-s' + verbe principal (**Infinitif**)

▼ **Meaning**(s) of this verb form shown in **Univerb©** **Tag**(s) (3rd person) ▼

Usual **Meaning**(s):

- ♦ it **did just get verbed** (recently) (for *emphasis*, *negative*, or *asking a question*)
- ♦ it **has just been verbed** (recently)
- ♦ it **has just gotten verbed** (recently)
- ♦ it **just got verbed** (recently)
- ♦ it **was just verbed** (recently)

For **examples** and much more, **scan** or **click** the **code** below ▼
- **Or** follow the links at verbexpress.net > French Verb Tense Atlas > Passé récent > Passé récent – Pronominal > **Pronominal passif**

21C.8   Pronominal **impersonnel** (passif) – (**Passé récent**)

- Pronominal **impersonnel** (passif)

    The '**Impersonal Passive**' structure is a way to create a **passive** meaning by using the **im**personal version of the subject " **il** " in the pronominal format.
    (See Appendix H at end of book)

Passé récent | 333

▼ **Formula**

... **il** (sens impersonnel) + **vient** + **de** + **se-s'** + verbe principal (Infinitif) + objet direct du verbe principal

▼ **Meaning**(s) of this verb form shown in **Univerb© Tag**(s) (3rd person) ▼

Usual **Meaning**(s):

- he/she/it **did just get verbed** (recently) (for *emphasis*, *negative*, or *asking a question*)
- he/she/it **has just been verbed** (recently)
- he/she/it **has just gotten verbed** (recently)
- he/she/it **just got verbed** (recently)
- he/she/it **was just verbed** (recently)

For **examples** and much more, **scan** or **click** the **code** below ▼
- **Or** follow the links at **verbexpress.net** > French Verb Tense Atlas > Passé récent > Passé récent – Pronominal > **Pronominal impersonnel (passif)**

▶21D Passé récent – with aller

\>> See *How to Do* this verb form after the **Univerb© Tag**(s) below ...

▼ **Meaning**(s) of this verb form shown in **Univerb© Tag**(s) (3rd person) ▼

Usual **Meaning**(s):

- he/she **did just go to verb** (recently) (for *emphasis*, *negative*, or *asking a question*)
- he/she **did just go verb** (recently) (for *emphasis*, *negative*, or *asking a question*)
- he/she **did just go verbing** (recently) (for *emphasis*, *negative*, or *asking a question*) (Appendix O at end of book)

- he/she **has just gone to verb** (recently)
- he/she **has just gone verbing** (recently) (Appendix O at end of book)
- he/she **just went to verb** (recently)
- he/she **just went verbing** (recently) (Appendix O at end of book)

| 21D   Passé récent – with <u>aller</u>

▼ Formula

Sujet + (**viens, viens, vient, venons, venez, viennent**) + **d'aller** + verbe principal (**Infinitif**)

For **examples** and much more, <u>scan</u> or <u>click</u> the **code** below ▼
- <u>Or</u> follow the links at <u>verbexpress.net</u> > French Verb Tense Atlas > Passé récent > **Passé récent – with Aller**

▶21E   Passé récent – with <u>devoir</u>

\>\> See *How to Do* this verb form after the **Univerb© Tag**(s) below …

▼ **Meaning**(s) of this verb form shown in **Univerb© Tag**(s) (3rd person) ▼

<u>Usual</u> **Meaning**(s):

♦ he/she/it **did just have to verb** (recently) (for *emphasis*, *negative*, or *asking a question*)
♦ he/she/it **has just had to verb** (recently)
♦ he/she/it **just had to verb** (recently)

| 21E   Passé récent – with <u>devoir</u>

▼ Formula

Sujet + (**viens, viens, vient, venons, venez, viennent**) + **de devoir** + verbe principal (**Infinitif**)

For **examples** and much more, <u>scan</u> or <u>click</u> the **code** below ▼
- <u>Or</u> follow the links at <u>verbexpress.net</u> > French Verb Tense Atlas > Passé récent > **Passé récent – with Devoir**

▶21F Passé récent – with pouvoir

>> See *How to Do* this verb form after the **Univerb© Tag**(s) below …

▼ **Meaning**(s) of this verb form shown in **Univerb© Tag**(s) (3rd person) ▼

Usual **Meaning**(s):

- he/she/it **has just been able to verb** (recently)
- he/she/it **was just able to verb** (recently)

21F   Passé récent – with pouvoir

▼ Formula

Sujet + (**viens, viens, vient, venons, venez, viennent**) + **de pouvoir** + verbe principal (**Infinitif**)

For **examples** and much more, **scan** or **click** the **code** below ▾
- **Or** follow the links at **verbexpress.net** > French Verb Tense Atlas > Passé récent > **Passé récent – with Pouvoir**

▶21G Passé récent – with vouloir

>> See *How to Do* this verb form after the **Univerb© Tag**(s) below …

▼ **Meaning**(s) of this verb form shown in **Univerb© Tag**(s) (3rd person) ▼

Usual **Meaning**(s):

- he/she **did just want to verb** (recently) (for *emphasis*, *negative*, or *asking a question*)
- he/she **has just wanted to verb** (recently)
- he/she **just wanted to verb** (recently)

Note: This combination is **infrequently** used, because the meaning is rarely needed. It describes **someone who has just changed his/her mind from not** wanting to do something **to wanting** to do it.

21G   Passé récent – with vouloir

▼ Formula

Sujet + (viens, viens, vient, venons, venez, viennent) + de vouloir + verbe principal (**Infinitif**)

Note: This combination is infrequently used, because the meaning is infrequently needed. It describes **someone that has just changed his/her mind** from not wanting to do something to wanting to do it.

For **examples** and much more, scan or click the **code** below ▼
- Or follow the links at verbexpress.net > French Verb Tense Atlas > Passé récent > **Passé récent – with Vouloir**

Passé récent au Conditionnel présent

Type of Verb Tense (According to structure)
   Temps combiné – General term in this volume for any **combination** of a temps simple, temps composé, or Infinitif – with or without special added word(s)

Frequency of Use in Everyday Communication – (**Low**, Medium, High)
Level of Difficulty in **Formulation** – (**Low**, Medium, High)

Skill level for **Usage Mastery** – (Beginner, Intermediate, **Advanced**)

| ▼ This chapter covers ▼ |

22A	Passé récent au Conditionnel présent – actif (Basic format)	
22B	Passé récent au Conditionnel présent – passif	
	1	Passif **direct** – Option 1
	2	Passif **direct** – Option 2
	3	Passif **indirect**
	4	Passif **pronominal**
22C	Passé récent au Conditionnel présent – pronominal	
	1	Pronominal **essentiel**
	2	Pronominal **à sens idiomatique**
	3	Pronominal **réfléchi direct**
	4	Pronominal **réfléchi indirect**
	5	Pronominal **réciproque direct**
	6	Pronominal **réciproque indirect**
	7	Pronominal **passif**
	8	Pronominal **impersonnel** (passif)
22D	Passé récent au Conditionnel présent – with aller	

▶22A Passé récent au Conditionnel présent
– actif (Basic format)

\>\> See *How to Do* this verb form after the **Univerb© Tag**(s) below …

▼ **Meaning**(s) of this verb form shown in **Univerb© Tag**(s) (3rd person) ▼

<u>Usual</u> **Meaning**(s):

♦   he/she **would have just verbed** (recently beforehand)

<u>Special</u> **Meaning**(s) often used in <u>law</u> or <u>journalism</u>:

♦   he/she/it **allegedly** <u>just</u> **verbed**
♦   he/she/it **has allegedly** <u>just</u> **verbed**
♦   he/she/it **has reportedly** <u>just</u> **verbed**
♦   he/she/it **is alleged to have** <u>just</u> **verbed**
♦   he/she/it **is reported to have** <u>just</u> **verbed**
♦   he/she/it **is said to have** <u>just</u> **verbed**
♦   he/she/it **reportedly** <u>just</u> **verbed**

22A   Passé récent au Conditionnel présent – <u>actif</u> (Basic format)

▼ **Formula**

Sujet + (**viendrais, viendrais, viendrait, viendrions, viendriez, viendraient**) + **de/d'** + verbe principal (**Infinitif**)

For **examples** and much more, **scan** or **click** the **code** below ▼
- **Or** follow the links at **verbexpress.net** > French Verb Tense Atlas > Passé récent au Conditionnel présent > **Passé récent au Conditionnel présent – Actif (Basic Format)**

▶22B Passé récent au Conditionnel présent
– passif

\>\> See *How to Do* this verb form after the **Univerb© Tag**(s) below …

▼ **Meaning**(s) of this verb form shown in **Univerb© Tag**(s) (3rd person) ▼

Usual **Meaning**(s):

- he/she/it **would have just been verbed** (recently beforehand)
- he/she/it **would have just gotten verbed** (recently beforehand)

Special **Meaning**(s) often used in law or journalism:

- he/she/it **allegedly** just **got verbed**
- he/she/it **has allegedly** just **been/gotten verbed**
- he/she/it **has reportedly** just **been/gotten verbed**
- he/she/it **is alleged to have** just **been/gotten verbed**
- he/she/it **is reported to have** just **been/gotten verbed**
- he/she/it **is said to have** just **been/gotten verbed**
- he/she/it **reportedly** just **got verbed**
- he/she/it **was allegedly** just **verbed**
- he/she/it **was reportedly** just **verbed**

To see the above meaning(s) in action using the **formula**(s) **below** with **translations**, **tips**, and helpful **resources**, **scan** or **click** the **code** below ▼
- **Or** follow the links at **verbexpress.net** > French Verb Tense Atlas > Passé récent au Conditionnel présent > **Passé récent au Conditionnel présent – Passif**

22B.1	Passif **direct** – Option 1 – (**Passé récent au Conditionnel présent**)

- Passif **direct** – Option 1 – (**See Appendix C** at end of book)

▼ **Formula**

Sujet (nom ou pronom, **objet direct** du verbe principal) + (**viendrais, viendrais, viendrait, viendrions, viendriez, viendraient**) + d'être + verbe principal (**p.p.**)(e.s.es)

(**Note**: When using the "Passif **direct** – Option 1" format, the **subject** of the verb "être" must also be the **direct object** of the participe passé (**p.p.**) of the main verb, and because it also precedes the p.p., the **p.p.** agrees in gender and in number with that subject/direct object.)

▼ **Meaning**(s) of this verb form shown in **Univerb©** **Tag**(s) (3rd person) ▼

340 | Passé récent au Conditionnel présent

Usual Meaning(s):

- he/she/it **would have just been verbed** (recently beforehand)
- he/she/it **would have just gotten verbed** (recently beforehand)

Special Meaning(s) often used in law or journalism:

- he/she/it **allegedly** just **got verbed**
- he/she/it **has allegedly** just **been/gotten verbed**
- he/she/it **has reportedly** just **been/gotten verbed**
- he/she/it **is alleged to have** just **been/gotten verbed**
- he/she/it **is reported to have** just **been/gotten verbed**
- he/she/it **is said to have** just **been/gotten verbed**
- he/she/it **reportedly** just **got verbed**
- he/she/it **was allegedly** just **verbed**
- he/she/it **was reportedly** just **verbed**

For **examples** and much more, **scan** or **click** the **code** below ▼
- **Or** follow the links at verbexpress.net > French Verb Tense Atlas > Passé récent au Conditionnel présent > Passé récent au Conditionnel présent – Passif > **Passif direct – Option 1**

22B.2   Passif **direct** – Option 2 – (**Passé récent au Conditionnel présent**)

- Passif **direct** – Option 2 – (**See Appendix C** at end of book)

▼ **Formula**

When the **direct object** appears as a noun:

On (sujet indéfini) + **viendrait** + **de/d'** + verbe principal (**Infinitif**) + **objet direct**.

When the **direct object** appears as a pronoun:

On (sujet indéfini) + **viendrait** + **de** + **pronom objet direct** + verbe principal (**Infinitif**).

▼ **Meaning(s)** of this verb form shown in **Univerb© Tag**(s) (3rd person) ▼

Usual **Meaning**(s):

- he/she/it **would have just been verbed** (recently beforehand)
- he/she/it **would have just gotten verbed** (recently beforehand)

Special **Meaning**(s) often used in law or journalism:

- he/she/it **allegedly** just **got verbed**
- he/she/it **has allegedly** just **been/gotten verbed**
- he/she/it **has reportedly** just **been/gotten verbed**
- he/she/it **is alleged to have** just **been/gotten verbed**
- he/she/it **is reported to have** just **been/gotten verbed**
- he/she/it **is said to have** just **been/gotten verbed**
- he/she/it **reportedly** just **got verbed**
- he/she/it **was allegedly** just **verbed**
- he/she/it **was reportedly** just **verbed**

For **examples** and much more, **scan** or **click** the **code** below ▼
- **Or** follow the links at **verbexpress.net** > French Verb Tense Atlas > Passé récent au Conditionnel présent > Passé récent au Conditionnel présent – Passif > **Passif direct – Option 2**

22B.3   Passif indirect – (**Passé récent au Conditionnel présent**)

- Passif indirect – (**See Appendix C** at end of book)

▼ **Formula**

When the **indirect object** appears as a **noun**:

On (sujet indéfini) + **viendrait** + **de/d'** + verbe principal (**Infinitif**) + objet indirect.

When the **indirect object** appears as a **pronoun**:

On (sujet indéfini) + **viendrait** + **de/d'** + pronom objet indirect + verbe principal (**Infinitif**).

▼ **Meaning**(s) of this verb form shown in **Univerb© Tag**(s) (3rd person) ▼

Usual Meaning(s):

- he/she/it **would have just been verbed** (recently beforehand)
- he/she/it **would have just gotten verbed** (recently beforehand)

Special Meaning(s) often used in law or journalism:

- he/she/it **allegedly** just got verbed
- he/she/it **has allegedly** just been/gotten verbed
- he/she/it **has reportedly** just been/gotten verbed
- he/she/it **is alleged to have** just been/gotten verbed
- he/she/it **is reported to have** just been/gotten verbed
- he/she/it **is said to have** just been/gotten verbed
- he/she/it **reportedly** just got verbed
- he/she/it **was allegedly** just verbed
- he/she/it **was reportedly** just verbed

For **examples** and much more, **scan** or **click** the **code** below ▼
- **Or** follow the links at verbexpress.net > French Verb Tense Atlas > Passé récent au Conditionnel présent > Passé récent au Conditionnel présent – Passif > **Passif indirect**

| 22B.4 | Passif **pronominal** – (**Passé récent au Conditionnel présent**) |

- Passif **pronominal**

  The '**Passive Pronominal**' structure is a way to create a **passive** meaning by using the pronominal format with an **in**animate subject (a **non**-personal doer – singular or plural).
  (**See Appendix** H at end of book)

▼ **Formula**

Sujet (nom ou pronom, inanimé, – **objet direct** du verbe principal) + (**viendrait, viendraient**) + **de** + se-s' + verbe principal (**Infinitif**)

▼ **Meaning**(s) of this verb form shown in **Univerb© Tag**(s) (3rd person) ▼

Underline Usual **Meaning(s):**

- it **would have** just **been** verbed (recently beforehand)
- it **would have** just **gotten** verbed (recently beforehand)

Special **Meaning(s) often used in** law **or** journalism:

- it **allegedly** just **got** verbed (recently beforehand)
- it **has allegedly** just **been/gotten** verbed (recently beforehand)
- it **has reportedly** just **been/gotten** verbed (recently beforehand)
- it **is alleged to have** just **been/gotten** verbed (recently beforehand)
- it **is reported to have** just **been/gotten** verbed (recently beforehand)
- it **is said to have** just **been/gotten** verbed (recently beforehand)
- it **reportedly** just **got** verbed (recently beforehand)
- it **was allegedly** just verbed (recently beforehand)
- it **was reportedly** just verbed (recently beforehand)

For **examples** and much more, **scan** or **click** the **code** below ▼
- **Or** follow the links at **verbexpress.net** > French Verb Tense Atlas > Passé récent au Conditionnel présent > Passé récent au Conditionnel présent – Passif > **Passif pronominal**

▶22C Passé récent au Conditionnel présent
– **pronominal**

>> See *How to Do* this verb form after the **Univerb© Tag**(s) below …

▼ **Meaning**(s) of this verb form shown in **Univerb© Tag**(s) (3rd person) ▼

Usual **Meaning(s):**

- he/she **would have just** verbed (recently beforehand)
- he/she/it **would have just** verbed himself / herself / itself (recently beforehand)

Special **Meaning(s) often used in** law **or** journalism:

- he/she **allegedly** just verbed (recently beforehand)
- he/she/it **allegedly** just verbed himself / herself / itself (recently beforehand)
- he/she **has allegedly** just verbed (recently beforehand)

- he/she/it **has allegedly just verbed** himself / herself / itself (recently beforehand)
- he/she **has reportedly just verbed** (recently beforehand)
- he/she/it **has reportedly just verbed** himself / herself / itself (recently beforehand)
- he/she **is alleged to have just verbed** (recently beforehand)
- he/she/it **is alleged to have just verbed** himself / herself / itself (recently beforehand)
- he/she **is reported to have just verbed** (recently beforehand)
- he/she/it **is reported to have just verbed** himself / herself / itself (recently beforehand)
- he/she **is said to have just verbed** (recently beforehand)
- he/she/it **is said to have just verbed** himself / herself / itself (recently beforehand)
- he/she **reportedly just verbed** (recently beforehand)
- he/she/it **reportedly just verbed** himself / herself / itself (recently beforehand)

▼ Pronominal **Passive** Meanings ▼

Usual Meaning(s) when in a Pronominal **Passive** form: (See 22C.7, 22C.8 below)

- he/she/it **would have just been verbed** (recently beforehand)
- he/she/it **would have just gotten verbed** (recently beforehand)

Special Meaning(s) often used in **law** or **journalism** when in Pronominal **Passive** forms: (See 22C.7, 22C.8 below)

- he/she/it **allegedly just got verbed** (recently beforehand)
- he/she/it **has allegedly just been/gotten verbed** (recently beforehand)
- he/she/it **has reportedly just been/gotten verbed** (recently beforehand)
- he/she/it **is alleged to have just been/gotten verbed** (recently beforehand)
- he/she/it **is reported to have just been/gotten verbed** (recently beforehand)
- he/she/it **is said to have just been/gotten verbed** (recently beforehand)
- he/she/it **reportedly just got verbed** (recently beforehand)
- he/she/it **was allegedly just verbed** (recently beforehand)
- he/she/it **was reportedly just verbed** (recently beforehand)

To see the **above** meaning(s) in action using the **formula**(s) **below** with **translations**, **tips**, and helpful **resources**, **scan** or **click** the **code** below ▼ - **Or** follow the links at **verbexpress.net** > French Verb Tense Atlas > Passé récent au Conditionnel présent > **Passé récent au Conditionnel présent – Pronominal**

22C.1 Pronominal **essentiel** – (**Passé récent au Conditionnel présent**)

- Pronominal **essentiel** (exclusivement)
  (Verbes <u>exclusivement</u> pronominaux)

  '<u>**Essential**</u>' Pronominal Verbs are a special collection of verbs that are used **only** in the <u>pronominal</u> format, but have no '*reflexive*' meaning.
  (**See <u>Appendix</u> E** at end of book)

▼ **Formula**

Sujet + (**viendrais, viendrais, viendrait, viendrions, viendriez, viendraient**) + **de** + (<u>me-m', te-t', se-s', nous, vous, se-s'</u>) + verbe principal (**Infinitif**)

▼ Meaning(s) of this verb form shown in **Univerb© Tag**(s) (3rd person) ▼

<u>Usual</u> Meaning(s):

- he/she **would have just** verbed (recently beforehand)

<u>Special</u> Meaning(s) often used in <u>law</u> or <u>journalism</u>:

- he/she **allegedly** <u>just</u> verbed (recently beforehand)
- he/she **has allegedly** <u>just</u> verbed (recently beforehand)
- he/she **has reportedly** <u>just</u> verbed (recently beforehand)
- he/she **is alleged to have** <u>just</u> verbed (recently beforehand)
- he/she **is reported to have** <u>just</u> verbed (recently beforehand)
- he/she **is said to have** <u>just</u> verbed (recently beforehand)
- he/she **reportedly** <u>just</u> verbed (recently beforehand)

For **examples** and much more, **scan** or **click** the **code** below ▼
- **Or** follow the links at **verbexpress.net** > French Verb Tense Atlas > Passé récent au Conditionnel présent > Passé récent au Conditionnel présent – Pronominal > **Pronominal essentiel**

22C.2 Pronominal à sens idiomatique – (Passé récent au Conditionnel présent)

- Pronominal **à sens idiomatique**

  'Idiomatic' Pronominal Verbs are a set of verbs which take on a different meaning than their normal meaning when they are used in the pronominal format.
  (See **Appendix** F at end of book)

▼ Formula

Sujet + (**viendrais, viendrais, viendrait, viendrions, viendriez, viendraient**) + **de** + (me-m', te-t', se-s', nous, vous, se-s') + verbe principal (**Infinitif**)

▼ **Meaning**(s) of this verb form shown in **Univerb© Tag**(s) (3rd person) ▼

Usual Meaning(s):

- he/she **would have just verbed** (recently beforehand)

Special Meaning(s) often used in law or journalism:

- he/she **allegedly just verbed** (recently beforehand)
- he/she **has allegedly just verbed** (recently beforehand)
- he/she **has reportedly just verbed** (recently beforehand)
- he/she **is alleged to have just verbed** (recently beforehand)
- he/she **is reported to have just verbed** (recently beforehand)
- he/she **is said to have just verbed** (recently beforehand)
- he/she **reportedly just verbed** (recently beforehand)

For **examples** and much more, **scan** or **click** the **code** below ▼
- **Or** follow the links at verbexpress.net > French Verb Tense Atlas > Passé récent au Conditionnel présent > Passé récent au Conditionnel présent – Pronominal > **Pronominal à sens idiomatique**

22C.3 Pronominal réfléchi direct – (Passé récent au Conditionnel présent)

- Pronominal **réfléchi direct**

  The '**Reflexive Direct**' Pronominal structure is when the Pronominal format is used AND the subject (the doer – singular or plural) of a **direct** action is also the **receiver** of that **direct** action.
  (See Appendix G at end of book)

▼ **Formula**

Sujet + (**viendrais, viendrais, viendrait, viendrions, viendriez, viendraient**) + **de** + (me-m', te-t', se-s', nous, vous, se-s', – **objet direct** du verbe principal) + verbe principal (**Infinitif**)

▼ **Meaning**(s) of this verb form shown in **Univerb© Tag**(s) (3rd person) ▼

Usual Meaning(s):

- he/she/it **would have just verbed** himself / herself / itself (recently beforehand)

Special Meaning(s) often used in law or journalism:

- he/she/it **allegedly just** verbed himself / herself / itself (recently beforehand)
- he/she/it **has allegedly just** verbed himself / herself / itself (recently beforehand)
- he/she/it **has reportedly just** verbed himself / herself / itself (recently beforehand)
- he/she/it **is alleged to have just** verbed himself / herself / itself (recently beforehand)
- he/she/it **is reported to have just** verbed himself / herself / itself (recently beforehand)
- he/she/it **is said to have just** verbed himself / herself / itself (recently beforehand)
- he/she/it **reportedly just** verbed himself / herself / itself (recently beforehand)

For **examples** and much more, **scan** or **click** the **code** below ▼
- **Or** follow the links at **verbexpress.net** > French Verb Tense Atlas > Passé récent au Conditionnel présent > Passé récent au Conditionnel présent – Pronominal > **Pronominal réfléchi direct**

22C.4 Pronominal **réfléchi** indirect – (**Passé récent au Conditionnel présent**)

- Pronominal **réfléchi** indirect

  The **'Reflexive Indirect'** Pronominal structure is when the Pronominal format is used AND the subject (the doer - singular or plural) of an indirect action is also the receiver of that indirect action.
  (See Appendix G at end of book)

▼ Formula

Sujet + (**viendrais, viendrais, viendrait, viendrions, viendriez, viendraient**) + **de** + (me-m', te-t', se-s', nous, vous, se-s', – **objet** indirect du verbe principal) + verbe principal (**Infinitif**)

▼ Meaning(s) of this verb form shown in **Univerb© Tag**(s) (3rd person) ▼

Usual Meaning(s):

- he/she/it **would have just verbed** himself / herself / itself (recently beforehand)

Special Meaning(s) often used in law or journalism:

- he/she/it **allegedly just verbed** himself / herself / itself (recently beforehand)
- he/she/it **has allegedly just verbed** himself / herself / itself (recently beforehand)
- he/she/it **has reportedly just verbed** himself / herself / itself (recently beforehand)
- he/she/it **is alleged to have just verbed** himself / herself / itself (recently beforehand)
- he/she/it **is reported to have just verbed** himself / herself / itself (recently beforehand)
- he/she/it **is said to have just verbed** himself / herself / itself (recently beforehand)
- he/she/it **reportedly just verbed** himself / herself / itself (recently beforehand)

For **examples** and much more, **scan** or **click** the **code** below ▼
- **Or** follow the links at **verbexpress.net** > French Verb Tense Atlas > Passé récent au Conditionnel présent > Passé récent au Conditionnel présent – Pronominal > **Pronominal réfléchi indirect**

22C.5 Pronominal **réciproque direct** – (Passé récent au Conditionnel présent)

- Pronominal **réciproque direct**

    The **'Reciprocal Direct'** Pronominal structure is when the Pronominal format is used AND a group of two or more (subjects) do the same direct action to one another.
    (See Appendix G at end of book)

▼ Formula

Sujet (pluriel) + (**viendrions, viendriez, viendraient**) + **de** + (nous, vous, se-s', – **objet direct** du verbe principal) + verbe principal (**Infinitif**)

▼ Meaning(s) of this verb form shown in **Univerb© Tag**(s) (3rd person) ▼

Usual Meaning(s):

- they **would have just** verbed each other (recently beforehand)

Special Meaning(s) often used in law or journalism:

- they **allegedly just** verbed each other (recently beforehand)
- they **have allegedly just** verbed each other (recently beforehand)
- they **have reportedly just** verbed each other (recently beforehand)
- they **are alleged to have just** verbed each other (recently beforehand)
- they **are reported to have just** verbed each other (recently beforehand)
- they **are said to have just** verbed each other (recently beforehand)
- they **reportedly just** verbed each other (recently beforehand)

For **examples** and much more, **scan** or **click** the **code** below ▼
- **Or** follow the links at **verbexpress.net** > French Verb Tense Atlas > Passé récent au Conditionnel présent > Passé récent au Conditionnel présent – Pronominal > **Pronominal réciproque direct**

22C.6 Pronominal **réciproque in**direct – (**Passé récent au Conditionnel présent**)

- Pronominal **réciproque in**direct

  The **'Reciprocal Indirect'** Pronominal structure is when the Pronominal format is used AND a group of two or more (subjects) do the same **in**direct action to one another.
  (See Appendix G at end of book)

▼ Formula

Sujet (pluriel) + (**viendrions, viendriez, viendraient**) + **de** + (nous, vous, se-s', – **objet indirect** du verbe principal) + verbe principal (**Infinitif**)

▼ **Meaning**(s) of this verb form shown in **Univerb© Tag**(s) (3ʳᵈ person) ▼

Usual **Meaning**(s):

- they **would have just verbed** (recently beforehand) each other (recently beforehand)

Special **Meaning**(s) often used in law or journalism:

- they **allegedly just** verbed each other (recently beforehand)
- they **have allegedly just** verbed each other (recently beforehand)
- they **have reportedly just** verbed each other (recently beforehand)
- they **are alleged to have just** verbed each other (recently beforehand)
- they **are reported to have just** verbed each other (recently beforehand)
- they **are said to have just** verbed each other (recently beforehand)
- they **reportedly just** verbed each other (recently beforehand)

For **examples** and much more, **scan** or **click** the **code** below ▼
- **Or** follow the links at **verbexpress.net** > French Verb Tense Atlas > Passé récent au Conditionnel présent > Passé récent au Conditionnel présent – Pronominal > **Pronominal réciproque indirect**

22C.7 Pronominal **passif** – (Passé récent au Conditionnel présent)

- Pronominal **passif**

  The '**Passive Pronominal**' structure is a way to create a **passive** meaning by using the pronominal format with an **in**animate subject (a **non**-personal doer – singular or plural).
  (See Appendix H at end of book)

▼ **Formula**

Sujet (nom ou pronom, inanimé, – **objet direct** du verbe principal) + (**viendrait, viendraient**) + **de** + se-s' + verbe principal (**Infinitif**)

▼ **Meaning**(s) of this verb form shown in **Univerb© Tag**(s) (3rd person) ▼

Usual **Meaning**(s):

- it **would have just been verbed** (recently beforehand)
- it **would have just gotten verbed** (recently beforehand)

Special **Meaning**(s) often used in law or journalism:

- it **allegedly** just got verbed (recently beforehand)
- it **has allegedly** just been/gotten verbed (recently beforehand)
- it **has reportedly** just been/gotten verbed (recently beforehand)
- it **is alleged to have** just been/gotten verbed (recently beforehand)
- it **is reported to have** just been/gotten verbed (recently beforehand)
- it **is said to have** just been/gotten verbed (recently beforehand)
- it **reportedly** just got verbed (recently beforehand)
- it **was allegedly** just verbed (recently beforehand)
- it **was reportedly** just verbed (recently beforehand)

For **examples** and much more, **scan** or **click** the **code** below ▼
- **Or** follow the links at verbexpress.net > French Verb Tense Atlas > Passé récent au Conditionnel présent > Passé récent au Conditionnel présent – Pronominal > **Pronominal passif**

22C.8 Pronominal **impersonnel** (passif) – (**Passé récent au Conditionnel présent**)

- Pronominal **impersonnel** (passif)

  The '**Impersonal Passive**' structure is a way to create a **passive** meaning by using the **im**personal version of the subject " **il** " in the pronominal format.
  (See **Appendix** H at end of book)

▼ Formula

... **il** (sens impersonnel) + **viendrait** + **de** + **se-s'** + verbe principal (**Infinitif**) + **objet direct du verbe principal**

▼ **Meaning**(s) of this verb form shown in **Univerb© Tag**(s) (3rd person) ▼

Usual **Meaning**(s):

- he/she/it **would have just been verbed** (recently beforehand)
- he/she/it **would have just gotten verbed** (recently beforehand)

Special **Meaning**(s) often used in law or journalism:

- he/she/it **allegedly just got verbed** (recently beforehand)
- he/she/it **has allegedly just been/gotten verbed** (recently beforehand)
- he/she/it **has reportedly just been/gotten verbed** (recently beforehand)
- he/she/it **is alleged to have just been/gotten verbed** (recently beforehand)
- he/she/it **is reported to have just been/gotten verbed** (recently beforehand)
- he/she/it **is said to have just been/gotten verbed** (recently beforehand)
- he/she/it **reportedly just got verbed** (recently beforehand)
- he/she/it **was allegedly just verbed** (recently beforehand)
- he/she/it **was reportedly just verbed** (recently beforehand)

For **examples** and much more, <u>scan</u> or <u>click</u> the **code** below ▾
- **Or** follow the links at **verbexpress.net** > French Verb Tense Atlas > Passé récent au Conditionnel présent > Passé récent au Conditionnel présent – Pronominal > **Pronominal impersonnel (passif)**

▶22D   Passé récent au Conditionnel présent
– with <u>aller</u>

>> See *How to Do* this verb form after the **Univerb© Tag**(s) below …

▼ **Meaning**(s) of this verb form shown in **Univerb© Tag**(s) (3ʳᵈ person) ▼

<u>Usual</u> **Meaning**(s):

- he/she **would have just gone to verb** (recently beforehand)
- he/she **would have just gone verbing** (recently beforehand) (Appendix O at end of book)

<u>Special</u> **Meaning**(s) often used in <u>law</u> or <u>journalism</u>:

- he/she **allegedly just went to verb**
- he/she **allegedly just went verbing** (Appendix O at end of book)
- he/she **has allegedly just gone to verb**
- he/she **has allegedly just gone verbing** (Appendix O at end of book)
- he/she **has reportedly just gone to verb**
- he/she **has reportedly just gone verbing** (Appendix O at end of book)
- he/she **is alleged to have just gone to verb**
- he/she **is alleged to have just gone verbing** (Appendix O at end of book)
- he/she **is reported to have just gone to verb**
- he/she **is reported to have just gone verbing** (Appendix O at end of book)
- he/she **is said to have just gone to verb**
- he/she **is said to have just gone verbing** (Appendix O at end of book)
- he/she **reportedly just went to verb**
- he/she **reportedly just went verbing** (Appendix O at end of book)

Passé récent au Conditionnel présent

▼ **Formula**

Sujet + (**viendrais, viendrais, viendrait, viendrions, viendriez, viendraient**) + **d'aller** + verbe principal (**Infinitif**)

For **examples** and much more, **scan** or **click** the **code** below ▼
- **Or** follow the links at **verbexpress.net** > French Verb Tense Atlas > Passé récent au Conditionnel présent > **Passé récent au Conditionnel présent − with Aller**

Passé récent au Futur proche

Type of Verb Tense (According to structure)
   Temps combiné – General term in this volume for any **combination** of a temps simple, temps composé, or Infinitif – with or without special added word(s)

Frequency of Use in Everyday Communication – (**Low**, Medium, High)
Level of Difficulty in **Formulation** – (Low, **Medium**, High)

Skill level for **Usage Mastery** – (Beginner, Intermediate, **Advanced**)

| ▼ This chapter covers ▼ |

23A	Passé récent au Futur proche – actif (Basic format)
23B	Passé récent au Futur proche – passif
	1 Passif **direct** – Option 1
	2 Passif **direct** – Option 2
	3 Passif **indirect**
	4 Passif **pronominal**
23C	Passé récent au Futur proche – pronominal
	1 Pronominal **essentiel**
	2 Pronominal **à sens idiomatique**
	3 Pronominal **réfléchi direct**
	4 Pronominal **réfléchi indirect**
	5 Pronominal **réciproque direct**
	6 Pronominal **réciproque indirect**
	7 Pronominal **passif**
	8 Pronominal **impersonnel** (passif)
23D	Passé récent au Futur proche – with aller
23E	Passé récent au Futur proche – with devoir
23F	Passé récent au Futur proche – with pouvoir

▶23A Passé récent au Futur proche – <u>actif</u> (Basic format)

\>> See *How to Do* this verb form after the **Univerb© Tag**(s) below …

▼ **Meaning**(s) of this verb form shown in **Univerb© Tag**(s) (3rd person) ▼

<u>Usual</u> **Meaning**(s):

- he/she/it **is going to have** <u>just</u> **verbed** (recently beforehand)
- he/she/it **is** <u>just</u> **going to have verbed** (recently beforehand)

<u>Special</u> **Meaning**(s) when used with words like **quand** (when), **aussitôt que** / **dès que** (as soon as), etc. describing a <u>future</u> event:

- he/she/it **has** <u>just</u> **verbed** (Future event)

23A   Passé récent au Futur proche – <u>actif</u> (Basic format)

▼ **Formula**

Sujet + (**vais, vas, va, allons, allez, vont**) + **venir** + **de/d'** + verbe principal (**Infinitif**)

For **examples** and much more, **scan** or **click** the **code** below ▼
- **Or** follow the links at **verbexpress.net** > French Verb Tense Atlas > Passé récent au Futur proche > **Passé récent au Futur proche – Actif (Basic Format)**

▶23B Passé récent au Futur proche – <u>passif</u>

\>> See *How to Do* this verb form after the **Univerb© Tag**(s) below …

▼ **Meaning**(s) of this verb form shown in **Univerb© Tag**(s) (3rd person) ▼

<u>Usual</u> **Meaning**(s):

- he/she/it **is going to have** <u>just</u> **been verbed** (recently beforehand)
- he/she/it **is** <u>just</u> **going to have been verbed** (recently beforehand)
- he/she/it **is going to have** <u>just</u> **gotten verbed** (recently beforehand)

- he/she/it **is just** going to have gotten verbed (recently beforehand)

Special Meaning(s) when used with words like **quand** (when), **aussitôt que / dès que** (as soon as), etc. describing a <u>future</u> event:

- he/she/it **has just** been verbed (Future event)
- he/she/it **has just** gotten verbed (Future event)

To see the <u>above</u> meaning(s) in action using the <u>formula</u>(s) <u>below</u> with translations, **tips**, and helpful <u>resources</u>, <u>scan</u> or <u>click</u> the <u>code</u> below ▼ - **Or** follow the links at <u>verbexpress.net</u> > French Verb Tense Atlas > Passé récent au Futur proche > **Passé récent au Futur proche – Passif**

23B.1   Passif **direct** – Option 1 – (**Passé récent au Futur proche**)

- Passif **direct** – Option 1 – (**See Appendix C** at end of book)

▼ **Formula**

Sujet (nom ou pronom, **objet direct** du verbe principal) + (**vais venir, vas venir, va venir, allons venir, allez venir, vont venir**) + **d'être** + verbe principal (**p.p.**)(e.s.es)

(**Note**: When using the "Passif **direct** – Option 1" format, the **subject** of the verb "être" must also be the **direct object** of the participe passé (**p.p.**) of the main verb, and because it also <u>precedes</u> the p.p., the **p.p.** *agrees in gender and in number* with that subject/direct object.)

▼ **Meaning**(s) of this verb form shown in **Univerb© Tag**(s) (3rd person) ▼

<u>Usual</u> **Meaning**(s):

- he/she/it **is going to have just** been verbed (recently beforehand)
- he/she/it **is just** going to have been verbed (recently beforehand)
- he/she/it **is going to have just** gotten verbed (recently beforehand)
- he/she/it **is just** going to have gotten verbed (recently beforehand)

Special Meaning(s) when used with words like **quand** (when), **aussitôt que / dès que** (as soon as), etc. describing a <u>future</u> event:

- he/she/it **has just** been verbed (Future event)

♦ he/she/it **has just gotten verbed** (Future event)

For **examples** and much more, <u>scan</u> or <u>click</u> the **code** below ▼
- **Or** follow the links at **verbexpress.net** > French Verb Tense Atlas > Passé récent au Futur proche > Passé récent au Futur proche – Passif > **Passif direct – Option 1**

23B.2   Passif **direct** – Option 2 – (**Passé récent au Futur proche**)

- Passif **direct** – Option 2 – (**See Appendix C** at end of book)

▼ **Formula**

When the **direct object** appears as a <u>noun</u>:

<u>On</u> (sujet indéfini) + **va venir** + **de/d'** + verbe principal (**Infinitif**) + **objet direct**.

When the **direct object** appears as a <u>pronoun</u>:

<u>On</u> (sujet indéfini) + **va venir** + **de** + **pronom objet direct** + verbe principal (**Infinitif**).

▼ **Meaning**(s) of this verb form shown in **Univerb© Tag**(s) (3rd person) ▼

<u>Usual</u> **Meaning**(s):

♦ he/she/it **is going to have** <u>just</u> **been verbed** (recently beforehand)
♦ he/she/it **is** <u>just</u> **going to have been verbed** (recently beforehand)
♦ he/she/it **is going to have** <u>just</u> **gotten verbed** (recently beforehand)
♦ he/she/it **is** <u>just</u> **going to have gotten verbed** (recently beforehand)

<u>Special</u> **Meaning**(s) when used with words like **quand** (when), **aussitôt que / dès que** (as soon as), etc. describing a <u>future</u> event:

♦ he/she/it **has** <u>just</u> **been verbed** (Future event)
♦ he/she/it **has** <u>just</u> **gotten verbed** (Future event)

For **examples** and much more, <u>scan</u> or <u>click</u> the **code** below ▼
- **Or** follow the links at **verbexpress.net** > French Verb Tense Atlas > Passé récent au Futur proche > Passé récent au Futur proche – Passif > **Passif direct – Option 2**

| 23B.3 | Passif <u>indirect</u> – (**Passé récent au Futur proche**) |

- Passif <u>indirect</u> – (**See Appendix C** at end of book)

▼ **Formula**

When the **indirect object** appears as a <u>noun</u>:

<u>On</u> (sujet indéfini) + **va venir** + **de/d'** + verbe principal (**Infinitif**)] + objet <u>indirect</u>.

When the **indirect object** appears as a <u>pronoun</u>:

<u>On</u> (sujet indéfini) + **va venir** + **de/d'** + pronom objet <u>indirect</u> + verbe principal (**Infinitif**).

▼ **Meaning**(s) of this verb form shown in **Univerb© Tag**(s) (3rd person) ▼

<u>Usual</u> **Meaning**(s):

- he/she/it **is going to have** <u>just</u> **been verbed** (recently beforehand)
- he/she/it **is** <u>just</u> **going to have been verbed** (recently beforehand)
- he/she/it **is going to have** <u>just</u> **gotten verbed** (recently beforehand)
- he/she/it **is** <u>just</u> **going to have gotten verbed** (recently beforehand)

<u>Special</u> **Meaning**(s) when used with words like **quand** (when), **aussitôt que** / **dès que** (as soon as), etc. describing a <u>future</u> event:

- he/she/it **has** <u>just</u> **been verbed** (Future event)
- he/she/it **has** <u>just</u> **gotten verbed** (Future event)

For **examples** and much more, <u>scan</u> or <u>click</u> the **code** below ▼
- **Or** follow the links at **verbexpress.net** > French Verb Tense Atlas > Passé récent au Futur proche > Passé récent au Futur proche – Passif > **Passif indirect**

23B.4 Passif **pronominal** – (**Passé récent au Futur proche**)

- Passif **pronominal**

  The **'Passive Pronominal'** structure is a way to create a **passive** meaning by using the <u>pronominal</u> format with an <u>in</u>animate subject (a <u>non</u>-personal doer – singular or plural).
  (**See** <u>Appendix</u> H at end of book)

▼ Formula

Sujet (nom ou pronom, <u>inanimé</u>, – **objet direct** du verbe principal) + (**va venir**, **vont venir**) + **de** + <u>se-s</u>' + verbe principal (**Infinitif**)

▼ **Meaning**(s) of this verb form shown in **Univerb© Tag**(s) (3rd person) ▼

<u>Usual</u> **Meaning**(s):

- it **is going to have** <u>just</u> **been verbed** (recently beforehand)
- it **is** <u>just</u> **going to have been verbed** (recently beforehand)
- it **is going to have** <u>just</u> **gotten verbed** (recently beforehand)
- it **is** <u>just</u> **going to have gotten verbed** (recently beforehand)

<u>Special</u> **Meaning**(s) when used with words like **quand** (when), **aussitôt que / dès que** (as soon as), etc. describing a <u>future</u> event:

- it **has** <u>just</u> **been verbed** (Future event)
- it **has** <u>just</u> **gotten verbed** (Future event)

For **examples** and much more, **scan** or **click** the **code** below ▼
- **Or** follow the links at **verbexpress.net** > French Verb Tense Atlas > Passé récent au Futur proche > Passé récent au Futur proche – Passif > **Passif pronominal**

▶23C Passé récent au Futur proche – pronominal

>> See *How to Do* this verb form after the **Univerb©** Tag(s) below ...

▼ **Meaning**(s) of this verb form shown in **Univerb©** Tag(s) (3rd person) ▼

Usual **Meaning**(s):

- he/she **is going to have just verbed** (recently beforehand)
- he/she/it **is going to have just verbed** himself / herself / itself (recently beforehand)
- he/she **is just going to have verbed** (recently beforehand)
- he/she/it **is just going to have verbed** himself / herself / itself (recently beforehand)

Special **Meaning**(s) when used with words like **quand** (when), **aussitôt que** / **dès que** (as soon as), etc. describing a **future** event:

- he/she **has just verbed** (Future event)
- he/she/it/ **has just verbed** himself / herself / itself (Future event)

▼ Pronominal **Passive** Meanings ▼

Usual **Meaning**(s) when in a Pronominal Passive form: (See 23C.7, 23C.8 below)

- he/she/it **is going to have just been verbed** (recently beforehand)
- he/she/it **is just going to have been verbed** (recently beforehand)
- he/she/it **is going to have just gotten verbed** (recently beforehand)
- he/she/it **is just going to have gotten verbed** (recently beforehand)

Special **Meaning**(s) when in a Pronominal Passive form and used with words like **quand** (when), **aussitôt que** / **dès que** (as soon as), etc. describing a **future** event: (See 23C.7, 23C.8 below)

- he/she/it **has just been verbed** (Future event)
- he/she/it **has just gotten verbed** (Future event)

To see the **above** meaning(s) in action using the **formula**(s) **below** with **translations**, **tips**, and helpful **resources**, **scan** or **click** the **code** below ▼
- **Or** follow the links at **verbexpress.net** > French Verb Tense Atlas > Passé récent au Futur proche > **Passé récent au Futur proche – Pronominal**

23C.1   Pronominal essentiel – (Passé récent au Futur proche)

- Pronominal **essentiel** (exclusivement)
  (Verbes <u>exclusivement</u> pronominaux)

  '<u>Essential</u>' Pronominal Verbs are a special collection of verbs that are used <u>only</u> in the <u>pronominal</u> format, but have no '*reflexive*' meaning. (See <u>Appendix</u> E at end of book)

▼ Formula

Sujet + (**vais venir, vas venir, va venir, allons venir, allez venir, vont venir**) + de + (<u>me-m', te-t', se-s', nous, vous, se-s'</u>) + verbe principal (**Infinitif**)

▼ **Meaning**(s) of this verb form shown in **Univerb© Tag**(s) (3rd person) ▼

<u>Usual</u> **Meaning**(s):

♦ he/she **is going to have** <u>just</u> verbed (recently beforehand)
♦ he/she **is** <u>just</u> **going to have** verbed (recently beforehand)

<u>Special</u> **Meaning**(s) when used with words like **quand** (when), **aussitôt que / dès que** (as soon as), etc. describing a <u>future</u> event:

♦ he/she **has** <u>just</u> verbed (Future event)

For **examples** and much more, **scan** or **click** the **code** below ▼
- **Or** follow the links at **verbexpress.net** > French Verb Tense Atlas > Passé récent au Futur proche > Passé récent au Futur proche – Pronominal > **Pronominal essentiel**

23C.2   Pronominal à sens idiomatique – (Passé récent au Futur proche)

- Pronominal **à sens idiomatique**

  '**Idiomatic**' Pronominal Verbs are a set of verbs which take on a different meaning than their normal meaning when they are used in the pronominal format.
  (See Appendix F at end of book)

▼ **Formula**

Sujet + (**vais venir, vas venir, va venir, allons venir, allez venir, vont venir**) + **de** + (me-m', te-t', se-s', nous, vous, se-s') + verbe principal (Infinitif)

▼ **Meaning**(s) of this verb form shown in **Univerb© Tag**(s) (3rd person) ▼

Usual Meaning(s):

- he/she **is going to have just** verbed (recently beforehand)
- he/she **is just going to have** verbed (recently beforehand)

Special Meaning(s) when used with words like **quand** (when), **aussitôt que / dès que** (as soon as), etc. describing a **future** event:

- he/she **has just** verbed (Future event)

For **examples** and much more, **scan** or **click** the **code** below ▼
- **Or** follow the links at **verbexpress.net** > French Verb Tense Atlas > Passé récent au Futur proche > Passé récent au Futur proche – Pronominal > **Pronominal à sens idiomatique**

23C.3 Pronominal **réfléchi direct** – (**Passé récent au Futur proche**)

- Pronominal **réfléchi direct**

  The '**Reflexive Direct**' Pronominal structure is when the Pronominal format is used AND the subject (the doer – singular or plural) of a **direct** action is **also** the **receiver** of that **direct** action.
  (See Appendix G at end of book)

▼ **Formula**

Sujet + (**vais venir, vas venir, va venir, allons venir, allez venir, vont venir**) + **de** + (me-m', te-t', se-s', nous, vous, se-s', – **objet direct** du verbe principal) + verbe principal (**Infinitif**)

▼ **Meaning**(s) of this verb form shown in **Univerb© Tag**(s) (3rd person) ▼

Usual **Meaning**(s):

- he/she/it **is going to have** just verbed himself / herself / itself (recently beforehand)
- he/she/it **is** just **going to have** verbed himself / herself / itself (recently beforehand)

Special **Meaning**(s) when used with words like **quand** (when), **aussitôt que / dès que** (as soon as), etc. describing a future event:

- he/she/it **has** just verbed himself / herself / itself (Future event)

For **examples** and much more, **scan** or **click** the **code** below ▼
- **Or** follow the links at **verbexpress.net** > French Verb Tense Atlas > Passé récent au Futur proche > Passé récent au Futur proche – Pronominal > **Pronominal réfléchi direct**

| 23C.4 | Pronominal **réfléchi** indirect – (**Passé récent au Futur proche**) |

- Pronominal **réfléchi** indirect

    The '**Reflexive Indirect**' Pronominal structure is when the Pronominal format is used AND the subject (the doer - singular or plural) of an indirect action is also the receiver of that indirect action.
    (See **Appendix G** at end of book)

▼ **Formula**

Sujet + (**vais venir, vas venir, va venir, allons venir, allez venir, vont venir**) + **de** + (me-m', te-t', se-s', nous, vous, se-s', – **objet indirect** du verbe principal) + verbe principal (**Infinitif**)

▼ **Meaning**(s) of this verb form shown in **Univerb© Tag**(s) (3rd person) ▼

Usual **Meaning**(s):

- he/she/it **is going to have just** verbed himself / herself / itself (recently beforehand)
- he/she/it **is just going to have** verbed himself / herself / itself (recently beforehand)

Special Meaning(s) when used with words like **quand** (when), **aussitôt que / dès que** (as soon as), etc. describing a **future** event:

- he/she/it **has just** verbed himself / herself / itself (Future event)

For **examples** and much more, **scan** or **click** the **code** below ▼
- **Or** follow the links at **verbexpress.net** > French Verb Tense Atlas > Passé récent au Futur proche > Passé récent au Futur proche – Pronominal > **Pronominal réfléchi indirect**

| 23C.5 | Pronominal **réciproque direct** – (**Passé récent au Futur proche**) |

- Pronominal **réciproque direct**

  The '**Reciprocal Direct**' Pronominal structure is when the Pronominal format is used AND a group of two or more (subjects) do the same **direct** action to one another.
  (**See Appendix G** at end of book)

▼ **Formula**

Sujet (pluriel) + (**allons venir, allez venir, vont venir**) + **de** + (**nous, vous, se-s'**, – **objet direct** du verbe principal) + verbe principal (**Infinitif**)

▼ **Meaning**(s) of this verb form shown in **Univerb© Tag**(s) (3rd person) ▼

Usual **Meaning**(s):

- they **are going to have just** verbed each other (recently beforehand)
- they **are just** going to have verbed each other (recently beforehand)

Special Meaning(s) when used with words like **quand** (when), **aussitôt que / dès que** (as soon as), etc. describing a <u>future</u> event:

- they **have just** verbed <u>each other</u> (Future event)

For **examples** and much more, **scan** or **click** the **code** below ▾
- **Or** follow the links at **verbexpress.net** > French Verb Tense Atlas > Passé récent au Futur proche > Passé récent au Futur proche – Pronominal > **Pronominal réciproque direct**

23C.6 Pronominal **réciproque** <u>in</u>direct – (**Passé récent au Futur proche**)

- Pronominal **réciproque** <u>in</u>direct

    The '**Reciprocal Indirect**' Pronominal structure is when the <u>Pronominal format</u> is used AND a group of two or more (subjects) do the same **in**direct action <u>to one another</u>.
    (**See** <u>Appendix</u> G at end of book)

▼ Formula

Sujet (<u>pluriel</u>) + (**allons venir, allez venir, vont venir**) + **de** + (<u>nous, vous, se-s'</u>, – **objet** <u>in</u>direct du verbe principal) + verbe principal (**Infinitif**)

▼ **Meaning**(s) of this verb form shown in **Univerb©** **Tag**(s) (3rd person) ▼

Usual **Meaning**(s):

- they **are going to have just** verbed <u>each other</u> (recently beforehand)
- they **are just going to have** verbed <u>each other</u> (recently beforehand)

Special **Meaning**(s) when used with words like **quand** (when), **aussitôt que / dès que** (as soon as), etc. describing a <u>future</u> event:

- they **have just** verbed <u>each other</u> (Future event)

For **examples** and much more, **scan** or **click** the **code** below ▾

- **Or** follow the links at **verbexpress.net** > French Verb Tense Atlas > Passé récent au Futur proche > Passé récent au Futur proche – Pronominal > **Pronominal réciproque indirect**

23C.7   Pronominal **passif** – (**Passé récent au Futur proche**)

- Pronominal **passif**

    The **'Passive Pronominal'** structure is a way to create a **passive** meaning by using the pronominal format with an **in**animate subject (a **non**-personal doer – singular or plural).
    (**See Appendix** H at end of book)

▼ **Formula**

Sujet (nom ou pronom, inanimé, – **objet direct** du verbe principal) + (**va venir, vont venir**) + de + se-s' + verbe principal (**Infinitif**)

▼ **Meaning**(s) of this verb form shown in **Univerb© Tag**(s) (3rd person) ▼

Usual **Meaning**(s):

- it **is** going to have just been verbed (recently beforehand)
- it **is** going to have just gotten verbed (recently beforehand)
- it **is** just going to have been verbed (recently beforehand)
- it **is** just going to have gotten verbed (recently beforehand)

Special **Meaning**(s) when used with words like **quand** (when), **aussitôt que / dès que** (as soon as), etc. describing a future event:

- it has just been verbed (Future event)
- it has just gotten verbed (Future event)

For **examples** and much more, **scan** or **click** the **code** below ▼
- **Or** follow the links at **verbexpress.net** > French Verb Tense Atlas > Passé récent au Futur proche > Passé récent au Futur proche – Pronominal > **Pronominal passif**

23C.8   Pronominal **impersonnel** (passif) – (**Passé récent au Futur proche**)

- Pronominal **impersonnel** (passif)

  The '<u>Impersonal Passive</u>' structure is a way to create a **passive** meaning by using the <u>im</u>personal version of the subject " <u>il</u> " in the <u>pronominal</u> format.
  (See <u>Appendix</u> H at end of book)

▼ Formula

... <u>il</u> (sens impersonnel) + **va venir** + **de** + <u>se-s'</u> + verbe principal (**Infinitif**) + **objet direct du verbe principal**

▼ **Meaning**(s) of this verb form shown in **Univerb© Tag**(s) (3rd person) ▼

<u>Usual</u> Meaning(s):

- he/she/it **is going to have** <u>just</u> **been verbed** (recently beforehand)
- he/she/it **is going to have** <u>just</u> **gotten verbed** (recently beforehand)
- he/she/it **is** <u>just</u> **going to have been verbed** (recently beforehand)
- he/she/it **is** <u>just</u> **going to have gotten verbed** (recently beforehand)

<u>Special</u> Meaning(s) when used with words like **quand** (when), **aussitôt que / dès que** (as soon as), etc. describing a <u>future</u> event:

- he/she/it **has** <u>just</u> **been verbed** (Future event)
- he/she/it **has** <u>just</u> **gotten verbed** (Future event)

For **examples** and much more, **scan** or **click** the **code** below ▼
- **Or** follow the links at **verbexpress.net** > French Verb Tense Atlas > Passé récent au Futur proche > Passé récent au Futur proche – Pronominal > **Pronominal impersonnel (passif)**

▶23D Passé récent au Futur proche – with <u>aller</u>

>> See *How to Do* this verb form after the **Univerb© Tag**(s) below ...

▼ **Meaning**(s) of this verb form shown in **Univerb© Tag**(s) (3rd person) ▼

<u>Usual</u> **Meaning**(s):

- he/she **is going to have** <u>just</u> **gone to** verb (recently beforehand)
- he/she **is going to have** <u>just</u> **gone** verbing (recently beforehand) (Appendix O at end of book)
- he/she **is** <u>just</u> **going to have gone to** verb (recently beforehand)
- he/she **is** <u>just</u> **going to have gone** verbing (recently beforehand) (Appendix O at end of book)

<u>Special</u> **Meaning**(s) when used with words like **quand** (when), **aussitôt que** / **dès que** (as soon as), etc. describing a <u>future</u> event:

- he/she **has** <u>just</u> **gone to** verb (Future event)
- he/she **has** <u>just</u> **gone** verbing (Appendix O at end of book) (Future event)

23D Passé récent au Futur proche – with <u>aller</u>

▼ Formula

Sujet + (**vais, vas, va, allons, allez, vont**) + **venir d'aller** + verbe principal (**Infinitif**)

For **examples** and much more, **scan** or **click** the **code** below ▼
- **Or** follow the links at **verbexpress.net** > French Verb Tense Atlas > Passé récent au Futur proche > **Passé récent au Futur proche – with Aller**

▶23E Passé récent au Futur proche – with <u>devoir</u>

\>\> See *How to Do* this verb form after the **Univerb© Tag**(s) below ...

▼ **Meaning**(s) of this verb form shown in **Univerb© Tag**(s) (3rd person) ▼

<u>Usual</u> **Meaning**(s):

- he/she/it **is going to have** <u>just</u> **had to verb** (recently beforehand)
- he/she/it **is** <u>just</u> **going to have had to verb** (recently beforehand)

Special Meaning(s) when used with words like **quand** (when), **aussitôt que / dès que** (as soon as), etc. describing a <u>future</u> event:

- he/she/it **has** <u>just</u> **had to verb** (Future event)

23E   Passé récent au Futur proche – with <u>devoir</u>

▼ **Formula**

Sujet + (**vais, vas, va, allons, allez, vont**) + **venir de devoir** + verbe principal (**Infinitif**)

For **examples** and much more, **scan** or **click** the **code** below ▼
- **Or** follow the links at **verbexpress.net** > French Verb Tense Atlas > Passé récent au Futur proche > **Passé récent au Futur proche – with Devoir**

▶23F Passé récent au Futur proche – with <u>pouvoir</u>

\>\> See *How to Do* this verb form after the **Univerb© Tag**(s) below ...

▼ **Meaning**(s) of this verb form shown in **Univerb© Tag**(s) (3rd person) ▼

<u>Usual</u> **Meaning**(s):

- he/she/it **is going to have** <u>just</u> **been able to verb** (recently beforehand)

- he/she/it **is just** going to have been able to verb (recently beforehand)

Special **Meaning**(s) when used with words like **quand** (when), **aussitôt que** / **dès que** (as soon as), etc. describing a **future** event:

- he/she/it **has just** been able to verb (Future event)

23F   **Passé récent au Futur proche – with pouvoir**

▼ Formula

Sujet + (**vais, vas, va, allons, allez, vont**) + **venir de pouvoir** + verbe principal (**Infinitif**)

For **examples** and much more, **scan** or **click** the code below ▼
- **Or** follow the links at **verbexpress.net** > French Verb Tense Atlas > Passé récent au Futur proche > **Passé récent au Futur proche – with Pouvoir**

Passé récent au Futur simple

Type of Verb Tense (According to structure)
    Temps combiné – General term in this volume for any **combination** of a temps simple, temps composé, or Infinitif – with or without special added word(s)

Frequency of Use in Everyday Communication – (**Low**, Medium, High)
Level of **Difficulty** in **Formulation** – (**Low**, Medium, High)

Skill level for **Usage Mastery** – (Beginner, Intermediate, **Advanced**)

▼ This chapter covers ▼

24A	Passé récent au Futur simple – actif (Basic format)
24B	Passé récent au Futur simple – passif
1	Passif **direct** – Option 1
2	Passif **direct** – Option 2
3	Passif **indirect**
4	Passif **pronominal**
24C	Passé récent au Futur simple – pronominal
1	Pronominal **essentiel**
2	Pronominal **à sens idiomatique**
3	Pronominal **réfléchi direct**
4	Pronominal **réfléchi indirect**
5	Pronominal **réciproque direct**
6	Pronominal **réciproque indirect**
7	Pronominal **passif**
8	Pronominal **impersonnel** (passif)
24D	Passé récent au Futur simple – with aller
24E	Passé récent au Futur simple – with devoir
24F	Passé récent au Futur simple – with pouvoir

▶24A Passé récent au Futur simple – <u>actif</u> (Basic format)

>> See *How to Do* this verb form after the Univerb© Tag(s) below ...

▼ **Meaning**(s) of this verb form shown in Univerb© **Tag**(s) (3rd person) ▼

<u>Usual</u> **Meaning**(s):

♦ he/she/it **will have** <u>just</u> verbed (recently beforehand)

<u>Special</u> **Meaning**(s) when used with words like **quand** (when), **aussitôt que / dès que** (as soon as), etc. describing a <u>future</u> event:

♦ he/she/it **has** <u>just</u> verbed (Future event)

24A   Passé récent au Futur simple – <u>actif</u> (Basic format)

▼ **Formula**

Sujet + (**viendrai, viendras, viendra, viendrons, viendrez, viendront**) + **de/d'** + verbe principal (**Infinitif**)

For **examples** and much more, <u>scan</u> or <u>click</u> the **code** below ▼
- **Or** follow the links at verbexpress.net > French Verb Tense Atlas > Passé récent au Futur simple > **Passé récent au Futur simple – Actif (Basic Format)**

▶24B Passé récent au Futur simple – <u>passif</u>

>> See *How to Do* this verb form after the Univerb© Tag(s) below ...

▼ **Meaning**(s) of this verb form shown in Univerb© **Tag**(s) (3rd person) ▼

<u>Usual</u> **Meaning**(s):

♦ he/she/it **will have** <u>just</u> been verbed (recently beforehand)
♦ he/she/it **will have** <u>just</u> gotten verbed (recently beforehand)

Special Meaning(s) when used with words like quand (when), aussitôt que / dès que (as soon as), etc. describing a future event:

♦ he/she/it has just been verbed (Future event)
♦ he/she/it has just gotten verbed (Future event)

To see the above meaning(s) in action using the formula(s) below with translations, tips, and helpful resources, scan or click the code below ▼
- Or follow the links at verbexpress.net > French Verb Tense Atlas > Passé récent au Futur simple > **Passé récent au Futur simple – Passif**

24B.1   Passif **direct** – Option 1 – (**Passé récent au Futur simple**)

• Passif **direct** – Option 1 – (**See Appendix C** at end of book)

▼ **Formula**

Sujet (nom ou pronom, **objet direct** du verbe principal) + (**viendrai, viendras, viendra, viendrons, viendrez, viendront**) + **d'être** + verbe principal (**p.p.**)(e.s.es)

(**Note**: When using the "Passif **direct** – Option 1" format, the **subject** of the verb "être" must also be the **direct object** of the participe passé (**p.p.**) of the main verb, and because it also precedes the p.p., the **p.p.** *agrees in gender and in number* with that subject/direct object.)

▼ **Meaning**(s) of this verb form shown in **Univerb© Tag**(s) (3rd person) ▼

Usual Meaning(s):

♦ he/she/it **will have just** been verbed (recently beforehand)
♦ he/she/it **will have just** gotten verbed (recently beforehand)

Special Meaning(s) when used with words like quand (when), aussitôt que / dès que (as soon as), etc. describing a future event:

♦ he/she/it has just been verbed (Future event)
♦ he/she/it has just gotten verbed (Future event)

376 | Passé récent au Futur simple

For **examples** and much more, **scan** or **click** the **code** below ▼
- **Or** follow the links at **verbexpress.net** > French Verb Tense Atlas >
Passé récent au Futur simple > Passé récent au Futur simple – Passif >
Passif direct – Option 1

24B.2   Passif **direct** – Option 2 – (**Passé récent au Futur simple**)

- Passif **direct** – Option 2 – (**See Appendix C** at end of book)

▼ **Formula**

When the **direct object** appears as a <u>noun</u>:

<u>On</u> (sujet indéfini) + **viendra** + **de/d'** + verbe principal (**Infinitif**) + **objet direct**.

When the **direct object** appears as a <u>pronoun</u>:

<u>On</u> (sujet indéfini) + **viendra** + **de** + **pronom objet direct** + verbe principal (**Infinitif**).

▼ **Meaning**(s) of this verb form shown in **Univerb© Tag**(s) (3rd person) ▼

<u>Usual</u> **Meaning**(s):

- he/she/it **will have <u>just</u> been verbed** (recently beforehand)
- he/she/it **will have <u>just</u> gotten verbed** (recently beforehand)

<u>Special</u> **Meaning**(s) when used with words like **quand** (when), **aussitôt que** / **dès que** (as soon as), etc. describing a <u>future</u> event:

- he/she/it **has <u>just</u> been verbed** (Future event)
- he/she/it **has <u>just</u> gotten verbed** (Future event)

For **examples** and much more, **scan** or **click** the **code** below ▼
- **Or** follow the links at **verbexpress.net** > French Verb Tense Atlas >
Passé récent au Futur simple > Passé récent au Futur simple – Passif >
Passif direct – Option 2

24B.3 Passif <u>indirect</u> – (**Passé récent au Futur simple**)

- Passif <u>indirect</u> – (**See Appendix C** at end of book)

▼ **Formula**

When the **indirect object** appears as a **noun**:

On (sujet indéfini) + **viendra** + **de/d'** + verbe principal (**Infinitif**) + objet <u>indirect</u>.

When the **indirect object** appears as a **pronoun**:

On (sujet indéfini) + **viendra** + **de/d'** + pronom objet <u>indirect</u> + verbe principal (**Infinitif**).

▼ **Meaning**(s) of this verb form shown in **Univerb© Tag**(s) (3rd person) ▼

<u>Usual</u> **Meaning**(s):

- he/she/it **will have** <u>just</u> **been verbed** (recently beforehand)
- he/she/it **will have** <u>just</u> **gotten verbed** (recently beforehand)

<u>Special</u> **Meaning**(s) when used with words like **quand** (when), **aussitôt que / dès que** (as soon as), etc. describing a **future** event:

- he/she/it **has** <u>just</u> **been verbed** (Future event)
- he/she/it **has** <u>just</u> **gotten verbed** (Future event)

For **examples** and much more, **scan** or **click** the **code** below ▼
- **Or** follow the links at **verbexpress.net** > French Verb Tense Atlas > Passé récent au Futur simple > Passé récent au Futur simple – Passif > **Passif indirect**

24B.4 Passif **pronominal** – (**Passé récent au Futur simple**)

- Passif **pronominal**

  The '**Passive Pronominal**' structure is a way to create a **passive** meaning by using the pronominal format with an **in**animate subject (a **non**-personal doer – singular or plural).
  (See Appendix H at end of book)

▼ Formula

Sujet (nom ou pronom, inanimé, - **objet direct** du verbe principal) + (**viendra**, **viendront**) + **de** + se-s' + verbe principal (**Infinitif**)

▼ **Meaning**(s) of this verb form shown in **Univerb© Tag**(s) (3ʳᵈ person) ▼

Usual **Meaning**(s):

- it will have just been verbed (recently beforehand)
- it will have just gotten verbed (recently beforehand)

Special **Meaning**(s) when used with words like **quand** (when), **aussitôt que** / **dès que** (as soon as), etc. describing a future event:

- it has just been verbed (Future event)
- it has just gotten verbed (Future event)

For **examples** and much more, **scan** or **click** the **code** below ▼
- **Or** follow the links at **verbexpress.net** > French Verb Tense Atlas > Passé récent au Futur simple > Passé récent au Futur simple – Passif > **Passif pronominal**

▶24C Passé récent au Futur simple – pronominal

>> See *How to Do* this verb form after the **Univerb© Tag**(s) below ...

▼ **Meaning**(s) of this verb form shown in **Univerb© Tag**(s) (3ʳᵈ person) ▼

Usual **Meaning**(s):

- he/she **will have just** verbed (recently beforehand)
- he/she/it **will have just** verbed himself / herself / itself (recently beforehand)

Special Meaning(s) when used with words like **quand** (when), **aussitôt que / dès que** (as soon as), etc. describing a future **event**:

- he/she **has just** verbed (Future event)
- he/she/it/ **has just** verbed himself / herself / itself (Future event)

▼ Pronominal **Passive** Meanings ▼

Usual **Meaning**(s) when in a Pronominal **Passive** form: (See 24C.7, 24C.8 below)

- he/she/it **will have just** been verbed (recently beforehand)
- he/she/it **will have just** gotten verbed (recently beforehand)

Special Meaning(s) when in a Pronominal **Passive** form and used with words like **quand** (when), **aussitôt que / dès que** (as soon as), etc. describing a future **event**: (See 24C.7, 24C.8 below)

- he/she/it **has just** been verbed (Future event)
- he/she/it **has just** gotten verbed (Future event)

To see the **above** meaning(s) in action using the **formula**(s) **below** with **translations**, **tips**, and helpful **resources**, **scan** or **click** the **code** below ▼ - **Or** follow the links at **verbexpress.net** > French Verb Tense Atlas > Passé récent au Futur simple > **Passé récent au Futur simple – Pronominal**

24C.1   Pronominal **essentiel** – (**Passé récent au Futur simple**)

- Pronominal **essentiel** (exclusivement)
  (Verbes exclusivement pronominaux)

    '**Essential**' Pronominal Verbs are a special collection of verbs that are used **only** in the pronominal format, but have no '*reflexive*' meaning.
    (**See Appendix E** at end of book)

▼ **Formula**

Sujet + (**viendrai, viendras, viendra, viendrons, viendrez, viendront**)
+ **de** + (me-m', te-t', se-s', nous, vous, se-s') + verbe principal (**Infinitif**)

▼ **Meaning**(s) of this verb form shown in **Univerb© Tag**(s) (3rd person) ▼

<u>Usual</u> **Meaning**(s):

- he/she **will have** <u>just</u> **verbed** (recently beforehand)

<u>Special</u> **Meaning**(s) when used with words like **quand** (when), **aussitôt que** / **dès que** (as soon as), etc. describing a <u>future</u> event:

- he/she **has** <u>just</u> **verbed** (Future event)

For **examples** and much more, <u>scan</u> or <u>click</u> the **code** below ▼
- **Or** follow the links at **verbexpress.net** > French Verb Tense Atlas > Passé récent au Futur simple > Passé récent au Futur simple – Pronominal > **Pronominal essentiel**

| 24C.2 | Pronominal **à sens idiomatique** – (**Passé récent au Futur simple**) |

- Pronominal **à sens idiomatique**

  '<u>Idiomatic</u>' Pronominal Verbs are a set of verbs which take on a <u>different meaning</u> than their normal meaning when they are used in the <u>pronominal</u> format.
  (See **Appendix** F at end of book)

▼ **Formula**

Sujet + (**viendrai, viendras, viendra, viendrons, viendrez, viendront**)
+ **de** + (me-m', te-t', se-s', nous, vous, se-s') + verbe principal (**Infinitif**)

▼ **Meaning**(s) of this verb form shown in **Univerb© Tag**(s) (3rd person) ▼

<u>Usual</u> **Meaning**(s):

- he/she **will have just** verbed (recently beforehand)

Special Meaning(s) when used with words like **quand** (when), **aussitôt que / dès que** (as soon as), etc. describing a **future** event:

- he/she **has just** verbed (Future event)

For **examples** and much more, **scan** or **click** the **code** below ▼
- **Or** follow the links at **verbexpress.net** > French Verb Tense Atlas > Passé récent au Futur simple > Passé récent au Futur simple – Pronominal > **Pronominal à sens idiomatique**

24C.3   Pronominal **réfléchi direct** – (**Passé récent au Futur simple**)

- Pronominal **réfléchi direct**

    The '**Reflexive Direct**' Pronominal structure is when the Pronominal format is used AND the subject (the doer – singular or plural) of a direct action is also the receiver of that direct action.
    (**See Appendix G** at end of book)

▼ **Formula**

Sujet + (**viendrai, viendras, viendra, viendrons, viendrez, viendront**) + **de** + (me-m', te-t', se-s', nous, vous, se-s', – **objet direct** du verbe principal) + verbe principal (**Infinitif**)

▼ **Meaning**(s) of this verb form shown in **Univerb© Tag**(s) (3rd person) ▼

Usual Meaning(s):

- he/she/it **will have just** verbed himself / herself / itself (recently beforehand)

Special Meaning(s) when used with words like **quand** (when), **aussitôt que / dès que** (as soon as), etc. describing a **future** event:

- he/she/it/ **has just** verbed himself / herself / itself (Future event)

For **examples** and much more, **scan** or **click** the **code** below ▼
- **Or** follow the links at **verbexpress.net** > French Verb Tense Atlas > Passé récent au Futur simple > Passé récent au Futur simple – Pronominal > **Pronominal réfléchi direct**

| 24C.4 | Pronominal **réfléchi** indirect – (**Passé récent au Futur simple**) |

- Pronominal **réfléchi indirect**

    The **'Reflexive Indirect'** Pronominal structure is when the Pronominal format is used AND the subject (the doer - singular or plural) of an indirect action is also the receiver of that indirect action.
    (**See** Appendix G at end of book)

▼ **Formula**

Sujet + (**viendrai, viendras, viendra, viendrons, viendrez, viendront**) + **de** + (me-m', te-t', se-s', nous, vous, se-s', – **objet indirect** du verbe principal) + verbe principal (**Infinitif**)

▼ **Meaning**(s) of this verb form shown in **Univerb© Tag**(s) (3rd person) ▼

Usual **Meaning**(s):

♦ he/she/it **will have just** verbed himself / herself / itself (recently beforehand)

Special **Meaning**(s) when used with words like **quand** (when), **aussitôt que** / **dès que** (as soon as), etc. describing a future event:

♦ he/she/it/ **has just** verbed himself / herself / itself (Future event)

For **examples** and much more, **scan** or **click** the **code** below ▼
- **Or** follow the links at **verbexpress.net** > French Verb Tense Atlas > Passé récent au Futur simple > Passé récent au Futur simple – Pronominal > **Pronominal réfléchi indirect**

Passé récent au Futur simple | 383

24C.5 Pronominal **réciproque direct** – (Passé récent au Futur simple)

- Pronominal **réciproque direct**

    The '**Reciprocal Direct**' Pronominal structure is when the Pronominal format is used AND a group of two or more (subjects) do the same **direct** action to one another.
    (**See Appendix G** at end of book)

▼ **Formula**

Sujet (pluriel) + (**viendrons, viendrez, viendront**) + **de** + (nous, vous, se-s', – **objet direct** du verbe principal) + verbe principal (**Infinitif**)

▼ **Meaning**(s) of this verb form shown in **Univerb© Tag**(s) (3rd person) ▼

Usual **Meaning**(s):

- they **will have just** verbed each other (recently beforehand)

Special Meaning(s) when used with words like **quand** (when), **aussitôt que / dès que** (as soon as), etc. describing a **future** event:

- they **have just** verbed each other (Future event)

For **examples** and much more, **scan** or **click** the **code** below ▼
- **Or** follow the links at **verbexpress.net** > French Verb Tense Atlas > Passé récent au Futur simple > Passé récent au Futur simple – Pronominal > **Pronominal réciproque direct**

24C.6 Pronominal **réciproque indirect** – (Passé récent au Futur simple)

- Pronominal **réciproque indirect**

    The **'Reciprocal Indirect'** Pronominal structure is when the Pronominal format is used AND a group of two or more (subjects) do the same **in**direct action to one another.
    (**See** Appendix G at end of book)

▼ **Formula**

Sujet (pluriel) + (**viendrons, viendrez, viendront**) + **de** + (nous, vous, se-s', – **objet in**direct du verbe principal) + verbe principal (**Infinitif**)

▼ **Meaning**(s) of this verb form shown in **Univerb© Tag**(s) (3rd person) ▼

Usual **Meaning**(s):

♦ they **will have just verbed** each other (recently beforehand)

Special **Meaning**(s) when used with words like **quand** (when), **aussitôt que / dès que** (as soon as), etc. describing a future event:

♦ they **have just verbed** each other (Future event)

For **examples** and much more, **scan** or **click** the **code** below ▾
- **Or** follow the links at verbexpress.net > French Verb Tense Atlas > Passé récent au Futur simple > Passé récent au Futur simple – Pronominal > **Pronominal réciproque indirect**

24C.7   Pronominal **passif** – (**Passé récent au Futur simple**)

- Pronominal **passif**

    The **'Passive Pronominal'** structure is a way to create a **passive** meaning by using the pronominal format with an **in**animate subject (a **non**-personal doer – singular or plural).
    (**See** Appendix H at end of book)

▼ **Formula**

Sujet (nom ou pronom, <u>inanimé</u>, – **objet direct** du verbe principal) + (**viendra, viendront**) + **de** + <u>se-s'</u> + verbe principal (**Infinitif**)

▼ **Meaning**(s) of this verb form shown in **Univerb© Tag**(s) (3rd person) ▼

<u>Usual</u> **Meaning**(s):

♦ it **will have** <u>just</u> **been verbed** (recently beforehand)
♦ it **will have** <u>just</u> **gotten verbed** (recently beforehand)

<u>Special</u> **Meaning**(s) when used with words like **quand** (when), **aussitôt que** / **dès que** (as soon as), etc. describing a **future** event:

♦ it **has** <u>just</u> **been verbed** (Future event)
♦ it **has** <u>just</u> **gotten verbed** (Future event)

For **examples** and much more, **scan** or **click** the **code** below ▼
- **Or** follow the links at **verbexpress.net** > French Verb Tense Atlas > Passé récent au Futur simple > Passé récent au Futur simple – Pronominal > **Pronominal passif**

| 24C.8 | Pronominal **impersonnel** (passif) – (**Passé récent au Futur simple**) |

● Pronominal **impersonnel** (passif)

The '<u>Impersonal Passive</u>' structure is a way to create a <u>passive</u> meaning by using the <u>im</u>personal version of the subject " <u>il</u> " in the <u>pronominal</u> format.
(See **Appendix** H at end of book)

▼ **Formula**

... <u>il</u> (sens impersonnel) + **viendra** + **de** + <u>se-s'</u> + verbe principal (**Infinitif**) + **objet direct du verbe principal**

▼ **Meaning**(s) of this verb form shown in **Univerb© Tag**(s) (3rd person) ▼

Usual Meaning(s):

- he/she/it **will have just been** verbed (recently beforehand)
- he/she/it **will have just gotten** verbed (recently beforehand)

Special Meaning(s) when used with words like **quand** (when), **aussitôt que** / **dès que** (as soon as), etc. describing a *future* event:

- he/she/it **has just been** verbed (Future event)
- he/she/it **has just gotten** verbed (Future event)

For **examples** and much more, **scan** or **click** the **code** below ▼
- **Or** follow the links at **verbexpress.net** > French Verb Tense Atlas > Passé récent au Futur simple > Passé récent au Futur simple – Pronominal > **Pronominal impersonnel (passif)**

▶24D   Passé récent au Futur simple – with aller

\>\> See *How to Do* this verb form after the **Univerb©** **Tag**(s) below …

▼ **Meaning**(s) of this verb form shown in **Univerb©** **Tag**(s) (3rd person) ▼

Usual Meaning(s):

- he/she **will have just gone to** verb (recently beforehand)
- he/she **will have just gone** verbing (recently beforehand) (Appendix O at end of book)

Special Meaning(s) when used with words like **quand** (when), **aussitôt que** / **dès que** (as soon as), etc. describing a *future* event:

- he/she **has just gone to** verb (Future event)
- he/she **has just gone** verbing (Appendix O at end of book) (Future event)

24D   Passé récent au Futur simple – with aller

▼ **Formula**

Sujet + (**viendrai, viendras, viendra, viendrons, viendrez, viendront**) + **d'aller** + verbe principal (**Infinitif**)

For **examples** and much more, **scan** or **click** the **code** below ▼
- **Or** follow the links at **verbexpress.net** > French Verb Tense Atlas > Passé récent au Futur simple > **Passé récent au Futur simple – with Aller**

▶24E Passé récent au Futur simple – with devoir

>> See *How to Do* this verb form after the **Univerb©** **Tag**(s) below ...

▼ **Meaning**(s) of this verb form shown in **Univerb©** **Tag**(s) (3ʳᵈ person) ▼

Usual Meaning(s):

♦ he/she/it **will have just had to verb** (recently beforehand)

Special Meaning(s) when used with words like **quand** (when), **aussitôt que / dès que** (as soon as), etc. describing a **future** event:

♦ he/she/it **has just had to verb** (Future event)

24E   Passé récent au Futur simple – with devoir

▼ **Formula**

Sujet + (**viendrai, viendras, viendra, viendrons, viendrez, viendront**) + **de devoir** + verbe principal (**Infinitif**)

For **examples** and much more, **scan** or **click** the **code** below ▼
- **Or** follow the links at **verbexpress.net** > French Verb Tense Atlas > Passé récent au Futur simple > **Passé récent au Futur simple – with Devoir**

▶24F   Passé récent au Futur simple – with pouvoir

>> See *How to Do* this verb form after the **Univerb©** **Tag**(s) below …

▼ **Meaning**(s) of this verb form shown in **Univerb©** **Tag**(s) (3rd person) ▼

Usual **Meaning**(s):

♦   he/she/it **will have** just **been able to verb** (recently beforehand)

Special **Meaning**(s) when used with words like **quand** (when), **aussitôt que** / **dès que** (as soon as), etc. describing a future event:

♦   he/she/it **has** just **been able to verb** (Future event)

24F   Passé récent au Futur simple – with pouvoir

▼ **Formula**

Sujet + (**viendrai, viendras, viendra, viendrons, viendrez, viendront**) + **de pouvoir** + verbe principal (**Infinitif**)

For **examples** and much more, **scan** or **click** the **code** below ▾
- Or follow the links at verbexpress.net > French Verb Tense Atlas > Passé récent au Futur simple > **Passé récent au Futur simple – with Pouvoir**

Passé récent à l'Imparfait

Type of Verb Tense (According to <u>structure</u>)
  Temps combiné – General term in this volume for any **combination** of a <u>temps simple</u>, <u>temps composé</u>, or <u>Infinitif</u> – with or without special added word(s)

Frequency of Use in Everyday Communication – (Low, **Medium**, High)
Level of **Difficulty** in **Formulation** – (**Low**, Medium, High)

Skill level for **Usage Mastery** – (Beginner, Intermediate, **Advanced**)

▼ This chapter covers ▼

25A	Passé récent à l'Imparfait – actif (Basic format)
25B	Passé récent à l'Imparfait – passif
1	Passif **direct** – Option 1
2	Passif **direct** – Option 2
3	Passif **indirect**
4	Passif **pronominal**
25C	Passé récent à l'Imparfait – pronominal
1	Pronominal **essentiel**
2	Pronominal **à sens idiomatique**
3	Pronominal **réfléchi direct**
4	Pronominal **réfléchi indirect**
5	Pronominal **réciproque direct**
6	Pronominal **réciproque indirect**
7	Pronominal **passif**
8	Pronominal **impersonnel** (passif)
25D	Passé récent à l'Imparfait – with aller
25E	Passé récent à l'Imparfait – with devoir
25F	Passé récent à l'Imparfait – with pouvoir

▶25A Passé récent à l'Imparfait – <u>actif</u> (Basic format)

>> See *How to Do* this verb form after the **Univerb© Tag**(s) below ...

▼ **Meaning**(s) of this verb form shown in **Univerb© Tag**(s) (3rd person) ▼

<u>Usual</u> **Meaning**(s):

♦ he/she/it **had** <u>just</u> **verbed**

| 25A | Passé récent à l'Imparfait – <u>actif</u> (Basic format) |

▼ **Formula**

Sujet + (**venais, venais, venait, venions, veniez, venaient**) + **de/d'** + verbe principal (**Infinitif**)

For **examples** and much more, <u>scan</u> or <u>click</u> the **code** below ▼
- <u>Or</u> follow the links at **verbexpress.net** > French Verb Tense Atlas > Passé récent à l'Imparfait > **Passé récent à l'Imparfait – Actif (Basic Format)**

▶25B Passé récent à l'Imparfait – <u>passif</u>

>> See *How to Do* this verb form after the **Univerb© Tag**(s) below ...

▼ **Meaning**(s) of this verb form shown in **Univerb© Tag**(s) (3rd person) ▼

<u>Usual</u> **Meaning**(s):

♦ he/she/it **had** <u>just</u> **been verbed**
♦ he/she/it **had** <u>just</u> **gotten verbed**

To see the <u>above</u> **meaning**(s) in action using the **formula**(s) **below** with **translations**, **tips**, and helpful **resources**, <u>scan</u> or <u>click</u> the **code** below ▼
- <u>Or</u> follow the links at **verbexpress.net** > French Verb Tense Atlas >

Passé récent à l'Imparfait > **Passé récent à l'Imparfait – Passif**

25B.1   Passif **direct** – Option 1 – (**Passé récent à l'Imparfait**)

- Passif **direct** – Option 1 – (**See Appendix C** at end of book)

▼ **Formula**

Sujet (nom ou pronom, **objet direct** du verbe principal) + (**venais, venais, venait, venions, veniez, venaient**) + **d'être** + verbe principal (**p.p.**)(e.s.es)

(**Note**: When using the "Passif **direct** – Option 1" format, the **subject** of the verb "être" must also be the **direct object** of the participe passé (**p.p.**) of the main verb, and because it also precedes the p.p., the **p.p.** *agrees in gender and in number* with that subject/direct object.)

▼ **Meaning**(s) of this verb form shown in **Univerb© Tag**(s) (3rd person) ▼

<u>Usual</u> **Meaning**(s):

- he/she/it **had** <u>just</u> **been verbed**
- he/she/it **had** <u>just</u> **gotten verbed**

For **examples** and much more, **scan** or **click** the **code** below ▼
- **Or** follow the links at **verbexpress.net** > French Verb Tense Atlas > Passé récent à l'Imparfait > Passé récent à l'Imparfait – Passif > **Passif direct – Option 1**

25B.2   Passif **direct** – Option 2 – (**Passé récent à l'Imparfait**)

- Passif **direct** – Option 2 – (**See Appendix C** at end of book)

▼ **Formula**

When the **direct** object appears as a noun:

On (sujet indéfini) + **venait** + **de/d'** + verbe principal (**Infinitif**) + objet direct.

When the **direct** object appears as a pronoun:

On (sujet indéfini) + **venait** + **de** + **pronom objet direct** + verbe principal (**Infinitif**).

▼ **Meaning**(s) of this verb form shown in **Univerb© Tag**(s) (3rd person) ▼

Usual **Meaning**(s):

- he/she/it **had just** been verbed
- he/she/it **had just** gotten verbed

For **examples** and much more, **scan** or **click** the **code** below ▼
- **Or** follow the links at **verbexpress.net** > French Verb Tense Atlas > Passé récent à l'Imparfait > Passé récent à l'Imparfait – Passif > **Passif direct – Option 2**

25B.3   Passif indirect – (**Passé récent à l'Imparfait**)

- Passif **indirect** – (**See Appendix C** at end of book)

▼ **Formula**

When the **indirect** object appears as a noun:

On (sujet indéfini) + **venait** + **de/d'** + verbe principal (**Infinitif**) + objet indirect.

When the **indirect** object appears as a pronoun:

On (sujet indéfini) + **venait** + **de/d'** + **pronom objet indirect** + verbe principal (**Infinitif**).

▼ **Meaning**(s) of this verb form shown in **Univerb© Tag**(s) (3rd person) ▼

Usual **Meaning**(s):

- he/she/it **had** just **been verbed**
- he/she/it **had** just **gotten verbed**

For **examples** and much more, **scan** or **click** the **code** below ▼
- **Or** follow the links at **verbexpress.net** > French Verb Tense Atlas > Passé récent à l'Imparfait > Passé récent à l'Imparfait – Passif > **Passif indirect**

25B.4   Passif **pronominal** – (**Passé récent à l'Imparfait**)

- Passif **pronominal**

  The **'Passive Pronominal'** structure is a way to create a **passive** meaning by using the **pronominal** format with an **in**animate subject (a **non**-personal doer – singular or plural).
  (**See Appendix H** at end of book)

▼ **Formula**

Sujet (nom ou pronom, inanimé, - **objet direct** du verbe principal) + (**venait**, **venaient**) + **de** + se-s' + verbe principal (**Infinitif**).

▼ **Meaning**(s) of this verb form shown in **Univerb© Tag**(s) (3rd person) ▼

Usual **Meaning**(s):

- it **had** just **been verbed**
- it **had** just **gotten verbed**

For **examples** and much more, **scan** or **click** the **code** below ▼
- **Or** follow the links at **verbexpress.net** > French Verb Tense Atlas > Passé récent à l'Imparfait > Passé récent à l'Imparfait – Passif > **Passif pronominal**

▶**25C** Passé récent à l'Imparfait – <u>pronominal</u>

>> See *How to Do* this verb form after the **Univerb© Tag**(s) below ...

▼ **Meaning**(s) of this verb form shown in **Univerb© Tag**(s) (3<u>rd</u> person) ▼

<u>Usual</u> **Meaning**(s):

- he/she **had** <u>just</u> **verbed**
- he/she/it **had** <u>just</u> **verbed** <u>himself</u> / <u>herself</u> / <u>itself</u>

▼ Pronominal **Passive** Meanings ▼

<u>Usual</u> **Meaning**(s) when in a <u>Pronominal</u> **Passive** form: (See <u>25C.7</u>, <u>25C.8</u> below)

- he/she/it **had** <u>just</u> **been verbed**
- he/she/it **had** <u>just</u> **gotten verbed**

To see the <u>above</u> **meaning**(s) in action using the **formula**(s) **below** with **translations**, **tips**, and helpful **resources**, **scan** or **click** the **code** below ▼
- **Or** follow the links at **verbexpress.net** > French Verb Tense Atlas > Passé récent à l'Imparfait > **Passé récent à l'Imparfait – Pronominal**

25C.1   Pronominal **essentiel** – (**Passé récent à l'Imparfait**)

- Pronominal **essentiel** (exclusivement)

Passé récent à l'Imparfait

(Verbes exclusivement pronominaux)

'**Essential**' Pronominal Verbs are a special collection of verbs that are used **only** in the pronominal format, but have no '*reflexive*' meaning.
(**See** Appendix E at end of book)

▼ **Formula**

Sujet + (**venais, venais, venait, venions, veniez, venaient**) + **de** + (me-m', te-t', se-s', nous, vous, se-s') + verbe principal (**Infinitif**)

▼ **Meaning**(s) of this verb form shown in **Univerb© Tag**(s) (3rd person) ▼

Usual Meaning(s):

♦ he/she **had just** verbed

For **examples** and much more, **scan** or **click** the **code** below ▼
- **Or** follow the links at verbexpress.net > French Verb Tense Atlas > Passé récent à l'Imparfait > Passé récent à l'Imparfait – Pronominal > **Pronominal essentiel**

25C.2   Pronominal à **sens idiomatique** – (**Passé récent à l'Imparfait**)

● Pronominal à **sens idiomatique**

'**Idiomatic**' Pronominal Verbs are a set of verbs which take on a different meaning than their normal meaning when they are used in the pronominal format.
(**See** Appendix F at end of book)

▼ **Formula**

Sujet + (**venais, venais, venait, venions, veniez, venaient**) + **de** + (me-m', te-t', se-s', nous, vous, se-s') + verbe principal (**Infinitif**)

▼ **Meaning**(s) of this verb form shown in **Univerb© Tag**(s) (3rd person) ▼

Usual Meaning(s):

♦ he/she had just verbed

For **examples** and much more, <u>scan</u> or <u>click</u> the **code** below ▾
- **Or** follow the links at **verbexpress.net** > French Verb Tense Atlas >
Passé récent à l'Imparfait > Passé récent à l'Imparfait – Pronominal >
Pronominal à sens idiomatique

25C.3   Pronominal **réfléchi direct** – (**Passé récent à l'Imparfait**)

• Pronominal **réfléchi direct**

> The '**Reflexive Direct**' Pronominal structure is when the <u>Pronominal format</u> is used AND the subject (the doer – singular or plural) of a <u>direct</u> action is <u>also</u> the <u>receiver</u> of that <u>direct</u> action.
> (See <u>Appendix</u> G at end of book)

▼ **Formula**

Sujet + (**venais, venais, venait, venions, veniez, venaient**) + **de** + (<u>me-m', te-t', se-s', nous, vous, se-s',</u> – **objet direct** du verbe principal) + verbe principal (**Infinitif**)

▼ **Meaning**(s) of this verb form shown in **Univerb©** **Tag**(s) (3ʳᵈ person) ▼

Usual Meaning(s):

♦ he/she/it **had just** verbed himself / herself / itself

For **examples** and much more, <u>scan</u> or <u>click</u> the **code** below ▾
- **Or** follow the links at **verbexpress.net** > French Verb Tense Atlas >
Passé récent à l'Imparfait > Passé récent à l'Imparfait – Pronominal >
Pronominal réfléchi direct

25C.4 Pronominal **réfléchi indirect** – (Passé récent à l'Imparfait)

- Pronominal **réfléchi indirect**

    The **'Reflexive Indirect'** Pronominal structure is when the Pronominal format is used AND the subject (the doer - singular or plural) of an indirect action is also the receiver of that indirect action.
    (See Appendix G at end of book)

▼ **Formula**

Sujet + (**venais, venais, venait, venions, veniez, venaient**) + de + (me-m', te-t', se-s', nous, vous, se-s', – objet indirect du verbe principal) + verbe principal (**Infinitif**)

▼ **Meaning**(s) of this verb form shown in **Univerb© Tag**(s) (3rd person) ▼

Usual Meaning(s):

♦ he/she/it **had just** verbed himself / herself / itself

For **examples** and much more, **scan** or **click** the **code** below ▼
- **Or** follow the links at verbexpress.net > French Verb Tense Atlas > Passé récent à l'Imparfait > Passé récent à l'Imparfait – Pronominal > **Pronominal réfléchi indirect**

25C.5 Pronominal **réciproque direct** – (Passé récent à l'Imparfait)

- Pronominal **réciproque direct**

    The **'Reciprocal Direct'** Pronominal structure is when the Pronominal

398 | Passé récent à l'Imparfait

format is used AND a group of two or more (subjects) do the same <u>direct</u> action <u>to one another</u>.
(See **Appendix** G at end of book)

▼ **Formula**

Sujet (<u>pluriel</u>) + (**venions, veniez, venaient**) + **de** + (<u>nous, vous, se-s'</u>, – **objet direct** du verbe principal) + verbe principal (**Infinitif**)

▼ **Meaning**(s) of this verb form shown in **Univerb© Tag**(s) (3rd person) ▼

<u>Usual</u> **Meaning**(s):

♦ they **had** <u>just</u> verbed <u>each other</u>

For **examples** and much more, **scan** or **click** the **code** below ▼
- **Or** follow the links at **verbexpress.net** > French Verb Tense Atlas > Passé récent à l'Imparfait > Passé récent à l'Imparfait – Pronominal > **Pronominal réciproque direct**

25C.6   Pronominal **réciproque** <u>in</u>direct – (**Passé récent à l'Imparfait**)

• Pronominal **réciproque** <u>in</u>direct

The '**Reciprocal Indirect**' Pronominal structure is when the <u>Pronominal format</u> is used AND a group of two or more (subjects) do the same <u>in</u>direct action <u>to one another</u>.
(See **Appendix** G at end of book)

▼ **Formula**

Sujet (<u>pluriel</u>) + (**venions, veniez, venaient**) + **de** + (<u>nous, vous, se-s'</u>, – **objet** <u>in</u>direct du verbe principal) + verbe principal (**Infinitif**)

▼ **Meaning**(s) of this verb form shown in **Univerb© Tag**(s) (3rd person) ▼

<u>Usual</u> **Meaning**(s):

♦ they had just verbed each other

For **examples** and much more, scan or click the **code** below ▼
- **Or** follow the links at **verbexpress.net** > French Verb Tense Atlas > Passé récent à l'Imparfait > Passé récent à l'Imparfait – Pronominal > **Pronominal réciproque indirect**

25C.7   Pronominal **passif** – (**Passé récent à l'Imparfait**)

● Pronominal **passif**

The **'Passive Pronominal'** structure is a way to create a **passive** meaning by using the pronominal format with an inanimate subject (a non-personal doer – singular or plural).
(See Appendix H at end of book)

▼ Formula

Sujet (nom ou pronom, inanimé, – **objet direct** du verbe principal) + (**venait, venaient**) + de + se-s' + verbe principal (**Infinitif**)

▼ **Meaning**(s) of this verb form shown in **Univerb© Tag**(s) (3rd person) ▼

Usual **Meaning**(s):

♦ it had just been verbed
♦ it had just gotten verbed

For **examples** and much more, scan or click the **code** below ▼
- **Or** follow the links at **verbexpress.net** > French Verb Tense Atlas > Passé récent à l'Imparfait > Passé récent à l'Imparfait – Pronominal > **Pronominal passif**

25C.8　Pronominal **impersonnel** (passif) – (**Passé récent à l'Imparfait**)

- Pronominal **impersonnel** (passif)

    The '**Impersonal Passive**' structure is a way to create a **passive** meaning by using the **im**personal version of the subject " **il** " in the **pronominal** format.
    (See **Appendix** H at end of book)

▼ Formula

... **il** (sens impersonnel) + **venait** + **de** + **se-s'** + verbe principal (Infinitif) + objet direct du verbe principal

▼ **Meaning**(s) of this verb form shown in **Univerb©** **Tag**(s) (3rd person) ▼

Usual **Meaning**(s):

- he/she/it **had just** been verbed
- he/she/it **had just** gotten verbed

For **examples** and much more, **scan** or **click** the **code** below ▼
- **Or** follow the links at **verbexpress.net** > French Verb Tense Atlas > Passé récent à l'Imparfait > Passé récent à l'Imparfait – Pronominal > **Pronominal impersonnel (passif)**

▶25D Passé récent à l'Imparfait – with aller

\>> See *How to Do* this verb form after the **Univerb©** **Tag**(s) below ...

▼ **Meaning**(s) of this verb form shown in **Univerb©** **Tag**(s) (3rd person) ▼

Usual **Meaning**(s):

- he/she **had just** gone to verb
- he/she **had just** gone verbing (Appendix O at end of book)

25D   Passé récent à l'Imparfait – with aller

▼ Formula

Sujet + (**venais, venais, venait, venions, veniez, venaient**) + **d'aller** + verbe principal (**Infinitif**)

For **examples** and much more, **scan** or **click** the **code** below ▾
- **Or** follow the links at **verbexpress.net** > French Verb Tense Atlas > Passé récent à l'Imparfait > **Passé récent à l'Imparfait – with Aller**

▶25E   Passé récent à l'Imparfait – with devoir

>> See *How to Do* this verb form after the **Univerb© Tag**(s) below …

▼ **Meaning**(s) of this verb form shown in **Univerb© Tag**(s) (3ʳᵈ person) ▼

Usual Meaning(s):

♦   he/she/it **had** just **had to verb**

25E   Passé récent à l'Imparfait – with devoir

▼ Formula

Sujet + (**venais, venais, venait, venions, veniez, venaient**) + **de devoir** + verbe principal (**Infinitif**)

For **examples** and much more, **scan** or **click** the **code** below ▾
- **Or** follow the links at **verbexpress.net** > French Verb Tense Atlas > Passé récent à l'Imparfait > **Passé récent à l'Imparfait – with Devoir**

▶25F Passé récent à l'Imparfait – with pouvoir

\>> See *How to Do* this verb form after the **Univerb© Tag**(s) below …

▼ **Meaning**(s) of this verb form shown in **Univerb© Tag**(s) (3ʳᵈ person) ▼

<u>Usual</u> **Meaning**(s):

♦   he/she/it **had** <u>just</u> **been able to verb**

| 25F | Passé récent à l'Imparfait – with <u>pouvoir</u> |

▼ **Formula**

Sujet + (**venais, venais, venait, venions, veniez, venaient**) + de **pouvoir** + verbe principal (**Infinitif**)

For **examples** and much more, **scan** or **click** the **code** below ▼
- **Or** follow the links at verbexpress.net > French Verb Tense Atlas > Passé récent à l'Imparfait > **Passé récent à l'Imparfait – with Pouvoir**

Passé simple

Type of Verb Tense (According to structure)
  Temps simple – ("**Simple**" Tense: a single-word tense.)

Frequency of Use in Everyday Communication – (**Low**, Medium, High)
Level of **Difficulty** in **Formulation** – (Low, Medium, **High**)

Skill level for **Usage Mastery** – (Beginner, Intermediate, **Advanced**)

▼ This chapter covers ▼

26A	Passé simple – actif (Basic format)
26B	Passé simple – passif
1	Passif **direct** – Option 1
2	Passif **direct** – Option 2
3	Passif **indirect**
4	Passif **pronominal**
26C	Passé simple – pronominal
1	Pronominal **essentiel**
2	Pronominal **à sens idiomatique**
3	Pronominal **réfléchi direct**
4	Pronominal **réfléchi indirect**
5	Pronominal **réciproque direct**
6	Pronominal **réciproque indirect**
7	Pronominal **passif**
8	Pronominal **impersonnel** (passif)
26D	Passé simple – with aller
26E	Passé simple – with devoir
26F	Passé simple – with pouvoir
26G	Passé simple – with vouloir

▶26A   Passé simple – actif (Basic format)

>> See *How to Do* this verb form after the **Univerb© Tag**(s) below …

▼ **Meaning**(s) of this verb form shown in **Univerb© Tag**(s) (3rd person) ▼

Usual **Meaning**(s):

- he/she **did verb** (for *emphasis*, *negative*, or *asking a question*)
    (This French form is a literary tense, rarely used in speaking)
- he/she **verbed**
    (This French form is a literary tense, rarely used in speaking)

| 26A | Passé simple – actif (Basic format) (Literary tense, rarely used in speaking) |

- The "**Passé simple**" is a **literary** verb tense, rarely used in speaking, but still often found in older texts. It is also used when speaking of "past events in an imaginary land somewhere out there" (as in fairytales).
- The "**Passé simple**" has two of the three English meanings of the "**Passé composé**", but is constructed with a **single word**, while the "**Passé composé**" is constructed with **two words**: the "**auxiliary verb**" " **avoir**" or "**être**", and the "**Participe passé**" of the principal verb.

Complete Instructions are given **below**…

For **examples** and much more, **scan** or **click** the **code** below ▼
- **Or** follow the links at **verbexpress.net** > French Verb Tense Atlas > Passé simple > **Passé simple – Actif (Basic Format)**

▼ Formula

Unfortunately, the instructions for this verb tense are more complex than most, but the good news is that the Passé simple itself is not used in everyday speaking or writing.

1. The "**Passé simple**" endings are added to the verb stem, which is itself often modified.

2. There are four sets of endings, all of which have the same meaning in English, that is "he (she) verb**ed**, he (she) **did** verb"

---

a. The <u>first</u> set is:

   -ai, -as, -a, -âmes, -âtes, -èrent

This set of endings is used with all "**-er**" verbs

Examples:

   "**aimer**":

   aim**ai**, aim**as**, aim**a**, aim**âmes**, aim**âtes**, aim**èrent**

   "**parler**":

   parl**ai**, parl**as**, parl**a**, parl**âmes**, parl**âtes**, parl**èrent**

All verbs whose "**Infinitif**" ends in "**-er**" work as above.

---

b. The <u>second</u> set of endings is:

   -is, -is, -it, îmes, -îtes, irent

Example:

   "**finir**":

   fin**is**, fin**is**, fin**it**, fin**îmes**, fin**îtes**, fin**irent**

---

c. The <u>third</u> set of endings is:

   -us, -us, -ut, -ûmes, ûtes, urent

Example:

   "**avoir**":

   e**us**, e**us**, e**ut**, e**ûmes**, e**ûtes**, e**urent**

Example:

   "**être**":

   f**us**, f**us**, f**ut**, f**ûmes**, f**ûtes**, f**urent**

---

d. The <u>fourth</u> and final set of Passé simple endings is:

   -ins, -ins, -int, -înmes, -întes, -inrent

Examples:

   "**venir**":

   v**ins**, v**ins**, v**int**, v**înmes**, v**întes**, v**inrent**

   "**tenir**":

   t**ins**, t**ins**, t**int**, t**înmes**, t**întes**, t**inrent**

- Once again, verbs in "-**er**" create their "**Passé simple**" form by replacing the "-**er**" by the following endings:

  (-**ai**, -**as**, -**a**, -**âmes**, -**âtes**, -**èrent**)

Consider the following examples:

acheter	achetai, -as, -a, -âmes, -âtes, -èrent
aimer	aimai, -as, -a, -âmes, -âtes, -èrent
aller	allai, -as, -a, -âmes, -âtes, -èrent
annoncer	annonçai, -as, -a, -âmes, -âtes, -èrent
arrêter	arrêtai, -as, -a, -âmes, -âtes, -èrent
chanter	chantai, -as, -a, -âmes, -âtes, -èrent
discuter	discutai, -as, -a, -âmes, -âtes, -èrent
enregistrer	enregistrai, -as, -a, -âmes, -âtes, -èrent
enseigner	enseignai, -as, -a, -âmes, -âtes, -èrent
étudier	étudiai, -as, -a, -âmes, -âtes, -èrent
examiner	examinai, -as, -a, -âmes, -âtes, -èrent
laver	lavai, -as, -a, -âmes, -âtes, -èrent
lever	levai, -as, -a, -âmes, -âtes, -èrent
marcher	marchai, -as, -a, -âmes, -âtes, -èrent
peinturer	peinturai, -as, -a, -âmes, -âtes, -èrent
penser	pensai, -as, -a, -âmes, -âtes, -èrent
raconter	racontai, -as, -a, -âmes, -âtes, -èrent
retourner	retournai, -as, -a, -âmes, -âtes, -èrent
téléphoner	téléphonai, -as, -a, -âmes, -âtes, -èrent
travailler	travaillai, -as, -a, -âmes, -âtes, -èrent

Passé simple

- A large number of non - "-er" verbs create their "**Passé simple**" endings from the "**participe passé**"(p.p.) form of the verb.

- The formula for the Passé simple of non –er verbs is:
    (-_s, -_s, -_t, -^mes, -^tes, -_rent)

    (The final letter of the participe passé (p.p.) takes the place of the "underline" above.)

- Essentially, when forming the **Passé simple** from the participe passé (p.p.), the final letter of the p.p. is followed by an "-s" for *je* and *tu*, and by a "-t" for *il*, *elle*, and *on*. (Many examples below…)
- The *nous* and *vous* versions will have the accent circonflexe placed above the final vowel of the p.p. followed by "-mes" for nous, and "-tes" for vous, respectively.
- Finally, the *ils* and *elles* version of the Passé simple will have "-rent" placed after the final vowel of the p.p.
- The formula, summarized, is: (-_s, -_s, -_t, -^mes, -^tes, -_rent)
  (The final letter of the p.p. takes the place of the "underline".)

Examples:

Infinitif	p.p.	Passé simple – (je, tu, il, nous, vous, ils)
avoir	eu	eus, eus, eut, eûmes, eûtes, eurent
boire	bu	bus, bus, but, bûmes, bûtes, burent
connaître	connu	connus, -us, -ut, -ûmes, -ûtes, -urent
courir	couru	courus, -us, -ut, -ûmes, -ûtes, -urent
croire	cru	crus, -us, -ut, -ûmes, -ûtes, -urent
devoir	dû	dus, -us, -ut, -ûmes, -ûtes, -urent
dormir	dormi	dormis, -is, -it, -îmes, -îtes, -irent
lire	lu	lus, -us, -ut, -ûmes, -ûtes, -urent
mentir	menti	mentis, -is, -it, -îmes, -îtes, -irent

partir	parti	partis, -is, -it, -îmes, -îtes, -irent
pouvoir	pu	pus, -us, -ut, -ûmes, -ûtes, -urent
recevoir	reçu	reçus, -us, -ut, -ûmes, -ûtes, -urent

Examples:

Infinitif	p.p.	**Passé simple** – *(je, tu, il, nous, vous, ils)*
avoir	eu	eus, eus, eut, eûmes, eûtes, eurent
boire	bu	bus, bus, but, bûmes, bûtes, burent
connaître	connu	connus, -us, -ut, -ûmes, -ûtes, -urent
courir	couru	courus, -us, -ut, -ûmes, -ûtes, -urent
croire	cru	crus, -us, -ut, -ûmes, -ûtes, -urent
devoir	dû	dus, -us, -ut, -ûmes, -ûtes, -urent
dormir	dormi	dormis, -is, -it, -îmes, -îtes, -irent
lire	lu	lus, -us, -ut, -ûmes, -ûtes, -urent
mentir	menti	mentis, -is, -it, -îmes, -îtes, -irent
partir	parti	partis, -is, -it, -îmes, -îtes, -irent
pouvoir	pu	pus, -us, -ut, -ûmes, -ûtes, -urent
recevoir	reçu	reçus, -us, -ut, -ûmes, -ûtes, -urent

Infinitif	p.p.	**Passé simple** – *(je, tu, il, nous, vous, ils)*
rire	ri	ris, -is, -it, -îmes, -îtes, -irent
savoir	su	sus, -us, -ut, -ûmes, -ûtes, -urent

sentir	senti	sent**is**, -**is**, -**it**, -**îmes**, -**îtes**, -**irent**
servir	servi	serv**is**, -**is**, -**it**, -**îmes**, -**îtes**, -**irent**
sortir	sorti	sort**is**, -**is**, -**it**, -**îmes**, -**îtes**, -**irent**
sourire	souri	sour**is**, -**is**, -**it**, -**îmes**, -**îtes**, -**irent**
suivre	suivi	suiv**is**, -**is**, -**it**, -**îmes**, -**îtes**, -**irent**
vivre	vécu	véc**us**, -**us**, -**ut**, -**ûmes**, -**ûtes**, -**urent**

▶26B   Passé simple – <u>passif</u>

>> See *How to Do* this verb form after the **Univerb©** **Tag**(s) below ...

▼ **Meaning**(s) of this verb form shown in **Univerb©** **Tag**(s) (3rd person) ▼

<u>Usual</u> **Meaning**(s):

♦   he/she/it **did get verbed** (for *emphasis*, *negative*, or *asking a question*)
        (This French form is a literary tense, rarely used in speaking)
♦   he/she/it **got verbed**
        (This French form is a literary tense, rarely used in speaking)
♦   he/she/it **was verbed**
        (This French form is a literary tense, rarely used in speaking)

To see the <u>above</u> **meaning**(s) in action using the **formula**(s) **below** with **translations**, **tips**, and helpful **resources**, **scan** or **click** the **code** below ▼
- **Or** follow the links at **verbexpress.net** > French Verb Tense Atlas > Passé simple > **Passé simple – Passif**

| 26B.1 | Passif **direct** – Option 1 – (**Passé simple**)
(Literary tense, rarely used in speaking) |

• Passif **direct** – Option 1 – (**See Appendix C** at end of book)

▼ Formula

Sujet (nom ou pronom, **objet direct** du verbe principal) + (**fus, fus, fut, fûmes, fûtes, furent**) + verbe principal (**p.p.**)(e.s.es)(but cannot be a member of the *Secret Travel Club* verbs – listed in **Appendix B** at end of book)

(**Note**: When using the "Passif **direct** – Option 1" format, the **subject** of the verb "être" must also be the **direct object** of the participe passé (**p.p.**) of the main verb, and because it also precedes the p.p., the **p.p.** agrees in gender and in number with that subject/direct object.)

▼ Meaning(s) of this verb form shown in Univerb© Tag(s) (3rd person) ▼

Usual Meaning(s):

- he/she/it **did get verbed** (for *emphasis*, *negative*, or *asking a question*)
    (This French form is a literary tense, rarely used in speaking)
- he/she/it **got verbed**
    (This French form is a literary tense, rarely used in speaking)
- he/she/it **was verbed**
    (This French form is a literary tense, rarely used in speaking)

For **examples** and much more, **scan** or **click** the **code** below ▼
- **Or** follow the links at **verbexpress.net** > French Verb Tense Atlas > Passé simple > Passé simple – Passif > **Passif direct – Option 1**

26B.2 Passif **direct** – Option 2 – (**Passé simple**)
(Literary tense, rarely used in speaking)

- Passif **direct** – Option 2 – (**See Appendix C** at end of book)

▼ Formula

When the **direct object** appears as a **noun**:

On (sujet indéfini) + verbe principal (**Passé simple** - *Details in 26A above*) + **objet direct**.

When the **direct object** appears as a **pronoun**:

On (sujet indéfini) + **pronom objet direct** + verbe principal (**Passé simple** - *Details in 26A above*)

▼ **Meaning**(s) of this verb form shown in **Univerb© Tag**(s) (3rd person) ▼

Usual **Meaning**(s):

- he/she/it **did get verbed** (for *emphasis*, *negative*, or *asking a question*)
       (This French form is a literary tense, rarely used in speaking)
- he/she/it **got verbed**
       (This French form is a literary tense, rarely used in speaking)
- he/she/it **was verbed**
       (This French form is a literary tense, rarely used in speaking)

For **examples** and much more, **scan** or **click** the **code** below ▼
- **Or** follow the links at **verbexpress.net** > French Verb Tense Atlas > Passé simple > Passé simple – Passif > **Passif direct – Option 2**

| 26B.3 | Passif <u>indirect</u> – (**Passé simple**) |
| | (Literary tense, rarely used in speaking) |

- Passif <u>indirect</u> – (**See Appendix C** at end of book)

▼ **Formula**

When the **indirect object** appears as a **noun**:

On (sujet indéfini) + verbe principal (**Passé simple** - *Details in 26A above*) + objet <u>indirect</u>.

When the **indirect object** appears as a **pronoun**:

On (sujet indéfini) + **pronom objet indirect** + verbe principal (**Passé simple** - *Details in 26A above*)

▼ **Meaning**(s) of this verb form shown in **Univerb© Tag**(s) (3rd person) ▼

Usual Meaning(s):

- he/she/it **did get verbed** (for *emphasis*, *negative*, or *asking a question*)
    (This French form is a literary tense, rarely used in speaking)
- he/she/it **got verbed**
    (This French form is a literary tense, rarely used in speaking)
- he/she/it **was verbed**
    (This French form is a literary tense, rarely used in speaking)

For **examples** and much more, **scan** or **click** the code below ▼
- **Or** follow the links at **verbexpress.net** > French Verb Tense Atlas > Passé simple > Passé simple – Passif > **Passif indirect**

26B.4 Passif **pronominal** – (**Passé simple**)
            (Literary tense, rarely used in speaking)

- Passif **pronominal**

    The '**Passive Pronominal**' structure is a way to create a **passive** meaning by using the pronominal format with an **in**animate subject (a **non**-personal doer – singular or plural).
    (See **Appendix** H at end of book)

▼ Formula

Sujet (nom ou pronom, inanimé, – **objet direct** du verbe principal) + se-s'
+ verbe principal (**Passé simple** - *Details in 26A above*)

▼ **Meaning**(s) of this verb form shown in **Univerb© Tag**(s) (3rd person) ▼

Usual Meaning(s):

- it **did get verbed** (for *emphasis*, *negative*, or *asking a question*)
    (This French form is a literary tense, rarely used in speaking)
- it **got verbed**
    (This French form is a literary tense, rarely used in speaking)
- it **was verbed**
    (This French form is a literary tense, rarely used in speaking)

For **examples** and much more, <u>scan</u> or <u>click</u> the **code** below ▼
- **Or** follow the links at <u>verbexpress.net</u> > French Verb Tense Atlas > Passé simple > Passé simple – Passif > **Passif pronominal**

▶26C   Passé simple – <u>pronominal</u>

>> See *How to Do* this verb form after the **Univerb©** **Tag**(s) below …

▼ **Meaning**(s) of this verb form shown in **Univerb© Tag**(s) (3rd person) ▼

<u>Usual</u> **Meaning**(s):

♦ he/she **did verb** (for *emphasis*, *negative*, or *asking a question*)
   (This French form is a literary tense, rarely used in speaking)
♦ he/she/it **did verb** <u>himself</u> / <u>herself</u> / <u>itself</u> (for *emphasis*, *negative*, or *asking a question*)
   (This French form is a literary tense, rarely used in speaking)

♦ he/she **verbed**
   (This French form is a literary tense, rarely used in speaking)
♦ he/she/it **verbed** <u>himself</u> / <u>herself</u> / <u>itself</u>
   (This French form is a literary tense, rarely used in speaking)

▼ Pronominal **Passive** Meanings ▼

<u>Usual</u> **Meaning**(s) when in a <u>Pronominal</u> **Passive** form: (See <u>26C.7</u>, <u>26C.8</u> below)

♦ he/she/it **did get verbed** (for *emphasis*, *negative*, or *asking a question*)
   (This French form is a literary tense, rarely used in speaking)
♦ he/she/it **got verbed**
   (This French form is a literary tense, rarely used in speaking)
♦ he/she/it **was verbed**
   (This French form is a literary tense, rarely used in speaking)

To see the <u>above</u> meaning(s) in action using the **formula**(s) **below** with **translations**, **tips**, and helpful **resources**, <u>scan</u> or <u>click</u> the **code** below ▼
- **Or** follow the links at <u>verbexpress.net</u> > French Verb Tense Atlas > Passé simple > **Passé simple – Pronominal**

26C.1   Pronominal **essentiel** – (**Passé simple**)
(Literary tense, rarely used in speaking)

- Pronominal **essentiel** (exclusivement)
  (Verbes exclusivement pronominaux)

  '**Essential**' Pronominal Verbs are a special collection of verbs that are used **only** in the pronominal format, but have no '*reflexive*' meaning. (**See Appendix E** at end of book)

▼ **Formula**

Sujet + (me-m', te-t', se-s', nous, vous, se-s'.) + verbe principal (**Passé simple** - *Details in 26A above*)

▼ **Meaning**(s) of this verb form shown in **Univerb© Tag**(s) (3rd person) ▼

Usual **Meaning**(s):

♦ he/she **did verb** (for *emphasis*, *negative*, or *asking a question*)
  (This French form is a literary tense, rarely used in speaking)
♦ he/she **verbed**
  (This French form is a literary tense, rarely used in speaking)

For **examples** and much more, **scan** or **click** the **code** below ▼
- **Or** follow the links at **verbexpress.net** > French Verb Tense Atlas > Passé simple > Passé simple – Pronominal > **Pronominal essentiel**

26C.2   Pronominal **à sens idiomatique** – (**Passé simple**)
(Literary tense, rarely used in speaking)

- Pronominal **à sens idiomatique**

'**Idiomatic**' Pronominal Verbs are a set of verbs which take on a different meaning than their normal meaning when they are used in the pronominal format.
(**See** Appendix F at end of book)

▼ Formula

Sujet + (me-m', te-t', se-s', nous, vous, se-s'.) + verbe principal (**Passé simple** - *Details in 26A above*)

▼ Meaning(s) of this verb form shown in **Univerb©** **Tag**(s) (3rd person) ▼

Usual **Meaning**(s):

- he/she **did verb** (for *emphasis*, *negative*, or *asking a question*)
  (This French form is a literary tense, rarely used in speaking)
- he/she **verbed**
  (This French form is a literary tense, rarely used in speaking)

For **examples** and much more, **scan** or **click** the **code** below ▼
- **Or** follow the links at **verbexpress.net** > French Verb Tense Atlas > Passé simple > Passé simple – Pronominal > **Pronominal à sens idiomatique**

26C.3 Pronominal **réfléchi direct** – (**Passé simple**)
(Literary tense, rarely used in speaking)

- Pronominal **réfléchi direct**

    The '**Reflexive Direct**' Pronominal structure is when the Pronominal format is used AND the subject (the doer – singular or plural) of a direct action is also the receiver of that direct action.
    (**See** Appendix G at end of book)

▼ Formula

Sujet + (me-m', te-t', se-s', nous, vous, se-s'. – **objet direct** du verbe principal) + verbe principal (**Passé simple** - *Details in 26A above*)

▼ **Meaning**(s) of this verb form shown in **Univerb© Tag**(s) (3rd person) ▼

Usual **Meaning**(s):

- he/she/it **did verb** himself / herself / itself (for **emphasis**, **negative**, or **asking a question**)
  (This French form is a literary tense, rarely used in speaking)
- he/she/it **verbed** himself / herself / itself
  (This French form is a literary tense, rarely used in speaking)

For **examples** and much more, **scan** or **click** the **code** below ▼
- **Or** follow the links at **verbexpress.net** > French Verb Tense Atlas > Passé simple > Passé simple – Pronominal > **Pronominal réfléchi direct**

26C.4   Pronominal **réfléchi indirect** – (**Passé simple**)
(Literary tense, rarely used in speaking)

- Pronominal **réfléchi indirect**

  The '**Reflexive Indirect**' Pronominal structure is when the Pronominal format is used AND the subject (the doer - singular or plural) of an **in**direct action is **also** the receiver of that **in**direct action.
  (See Appendix G at end of book)

▼ **Formula**

Sujet + (me-m', te-t', se-s', nous, vous, se-s', – **objet indirect** du verbe principal) + verbe principal (**Passé simple** - Details in 26A above)

▼ **Meaning**(s) of this verb form shown in **Univerb© Tag**(s) (3rd person) ▼

Usual **Meaning**(s):

- he/she/it **did verb** himself / herself / itself (for **emphasis**, **negative**, or **asking a question**)
  (This French form is a literary tense, rarely used in speaking)
- he/she/it **verbed** himself / herself / itself
  (This French form is a literary tense, rarely used in speaking)

Passé simple | 417

For **examples** and much more, scan or click the **code** below ▼
- **Or** follow the links at verbexpress.net > French Verb Tense Atlas > Passé simple > Passé simple – Pronominal > **Pronominal réfléchi indirect**

| 26C.5 | Pronominal **réciproque direct** – (**Passé simple**)
(Literary tense, rarely used in speaking) |

- Pronominal **réciproque direct**

  The '**Reciprocal Direct**' Pronominal structure is when the Pronominal format is used AND a group of two or more (subjects) do the same **direct** action to one another.
  (See **Appendix** G at end of book)

▼ **Formula**

Sujet (pluriel) + (nous, vous, se-s', – **objet direct** du verbe principal) + verbe principal (**Passé simple** - Details in 26A above)

▼ **Meaning**(s) of this verb form shown in **Univerb© Tag**(s) (3rd person) ▼

Usual **Meaning**(s):

♦ they **did verb** each other (for *emphasis*, *negative*, or *asking a question*)
  (This French form is a literary tense, rarely used in speaking)
♦ they **verbed** each other
  (This French form is a literary tense, rarely used in speaking)

For **examples** and much more, scan or click the **code** below ▼
- **Or** follow the links at verbexpress.net > French Verb Tense Atlas > Passé simple > Passé simple – Pronominal > **Pronominal réciproque direct**

26C.6 Pronominal **réciproque** indirect – (**Passé simple**)
(Literary tense, rarely used in speaking)

- Pronominal **réciproque** indirect

    The '**Reciprocal Indirect**' Pronominal structure is when the Pronominal format is used AND a group of two or more (subjects) do the same **in**direct action to one another.
    (See Appendix G at end of book)

▼ **Formula**

Sujet (pluriel) + (nous, vous, se-s', – **objet** **in**direct du verbe principal) + verbe principal (**Passé simple** - *Details in 26A above*)

▼ **Meaning**(s) of this verb form shown in **Univerb© Tag**(s) (3rd person) ▼

Usual **Meaning**(s):

♦ they **did verb** each other (for *emphasis*, *negative*, or *asking a question*)
    (This French form is a literary tense, rarely used in speaking)
♦ they **verbed** each other
    (This French form is a literary tense, rarely used in speaking)

For **examples** and much more, **scan** or **click** the **code** below ▼
- **Or** follow the links at **verbexpress.net** > French Verb Tense Atlas > Passé simple > Passé simple – Pronominal > **Pronominal réciproque indirect**

26C.7 Pronominal **passif** – (**Passé simple**)
(Literary tense, rarely used in speaking)

- Pronominal **passif**

    The '**Passive Pronominal**' structure is a way to create a **passive** meaning by using the pronominal format with an **in**animate subject (a **non**-personal doer – singular or plural).
    (See Appendix H at end of book)

Passé simple

▼ **Formula**

Sujet (nom ou pronom, <u>inanimé</u>, – **objet direct** du verbe principal) + <u>se-s'</u> + verbe principal (**Passé simple** - *Details in 26A above*)

▼ **Meaning**(s) of this verb form shown in **Univerb© Tag**(s) (3ʳᵈ person) ▼

<u>Usual</u> **Meaning**(s):

- it **did get** verbed (for *emphasis, negative,* or *asking a question*)
  (This French form is a literary tense, rarely used in speaking)
- it **got** verbed
  (This French form is a literary tense, rarely used in speaking)
- it **was** verbed
  (This French form is a literary tense, rarely used in speaking)

For **examples** and much more, **scan** or **click** the **code** below ▼
- **Or** follow the links at **verbexpress.net** > French Verb Tense Atlas > Passé simple > Passé simple – Pronominal > **Pronominal passif**

26C.8   Pronominal **impersonnel** (passif) – (**Passé simple**)
(Literary tense, rarely used in speaking)

- Pronominal **impersonnel** (passif)

  The '<u>**Impersonal Passive**</u>' structure is a way to create a <u>**passive**</u> meaning by using the <u>im</u>personal version of the subject " <u>**il**</u> " in the <u>pronominal</u> format.
  (See <u>Appendix</u> H at end of book)

▼ **Formula**

... <u>il</u> (sens impersonnel) + <u>se-s'</u> + verbe principal (**Passé simple** - *Details in 26A above*) + **objet direct du verbe principal**

▼ **Meaning**(s) of this verb form shown in **Univerb© Tag**(s) (3ʳᵈ person) ▼

Usual Meaning(s):

- he/she/it **did get verbed** (for *emphasis*, *negative*, or *asking a question*)
    (This French form is a literary tense, rarely used in speaking)
- he/she/it **got verbed**
    (This French form is a literary tense, rarely used in speaking)
- he/she/it **was verbed**
    (This French form is a literary tense, rarely used in speaking)

For **examples** and much more, <u>scan</u> or <u>click</u> the **code** below ▼
- <u>Or</u> follow the links at <u>verbexpress.net</u> > French Verb Tense Atlas > Passé simple > Passé simple – Pronominal > **Pronominal impersonnel (passif)**

▶26D   Passé simple – with <u>aller</u>

>> See *How to Do* this verb form after the **Univerb©** **Tag**(s) below …

▼ **Meaning**(s) of this verb form shown in **Univerb©** **Tag**(s) (3rd person) ▼

Usual Meaning(s):

- he/she **did go to verb** (for *emphasis*, *negative*, or *asking a question*)
    (This verb tense is a literary form, rarely used in speaking)
- he/she **did go verb** (for *emphasis*, *negative*, or *asking a question*)
    (This verb tense is a literary form, rarely used in speaking)
- he/she **did go verbing** (for *emphasis*, *negative*, or *asking a question*)
    (This French form is a literary tense, rarely used in speaking)
    (Appendix O at end of book)
- he/she **went to verb**
    (This French form is a literary tense, rarely used in speaking)
- he/she **went verbing**
    (This French form is a literary tense, rarely used in speaking)
    (Appendix O at end of book)

26D	Passé simple – with <u>aller</u>
	(Literary tense, rarely used in speaking)

Passé simple | 421

▼ **Formula**

Sujet + (**allai, allas, alla, allâmes, allâtes, allèrent**) + verbe principal (**Infinitif**)

For **examples** and much more, <u>scan</u> or <u>click</u> the **code** below ▼
- <u>Or</u> follow the links at **verbexpress.net** > French Verb Tense Atlas > Passé simple > **Passé simple – with Aller**

▶26E   Passé simple – with <u>devoir</u>

>> See *How to Do* this verb form after the **Univerb© Tag**(s) below ...

▼ **Meaning**(s) of this verb form shown in **Univerb© Tag**(s) (3rd person) ▼

<u>Usual</u> **Meaning**(s):

- he/she/it **did have to verb** (for *emphasis*, *negative*, or *asking a question*) (and fulfilled that obligation)
    (This French form is a literary tense, rarely used in speaking)
- he/she/it **had to verb** (and fulfilled that obligation)
    (This French form is a literary tense, rarely used in speaking)

26E	Passé simple – with <u>devoir</u>
	(Literary tense, rarely used in speaking)

▼ **Formula**

Sujet + (**dus, dus, dut, dûmes, dûtes, durent**) + verbe principal (**Infinitif**)

For **examples** and much more, <u>scan</u> or <u>click</u> the **code** below ▼
- <u>Or</u> follow the links at **verbexpress.net** > French Verb Tense Atlas > Passé simple > **Passé simple – with Devoir**

▶26F Passé simple – with <u>pouvoir</u>

\>\> See *How to Do* this verb form after the Univerb© Tag(s) below …

▼ **Meaning**(s) of this verb form shown in **Univerb© Tag**(s) (3rd person) ▼

<u>Usual</u> **Meaning**(s):

- he/she/it **was able to verb**
  (This French form is a literary tense, rarely used in speaking)

| 26F | Passé simple – with <u>pouvoir</u> (Literary tense, rarely used in speaking) |

▼ **Formula**

Sujet + (**pus, pus, put, pûmes, pûtes, purent**) + verbe principal (**Infinitif**)

For **examples** and much more, **scan** or **click** the code below ▼
- **Or** follow the links at <u>verbexpress.net</u> > French Verb Tense Atlas > Passé simple > **Passé simple – with Pouvoir**

▶26G Passé simple – with <u>vouloir</u>

\>\> See *How to Do* this verb form after the Univerb© Tag(s) below …

▼ **Meaning**(s) of this verb form shown in **Univerb© Tag**(s) (3rd person) ▼

<u>Usual</u> **Meaning**(s):

- he/she **did want to verb** (for *emphasis*, *negative*, or *asking a question*)
  (This French form is a literary tense, rarely used in speaking)
- he/she **wanted to verb**
  (This French form is a literary tense, rarely used in speaking)

26G	**Passé simple – with <u>vouloir</u>**
	(Literary tense, rarely used in speaking)

▼ **Formula**

Sujet + (**voulus, voulus, voulut, voulûmes, voulûtes, voulûrent**) + verbe principal (**Infinitif**)

For **examples** and much more, <u>scan</u> or <u>click</u> the **code** below ▼
- <u>Or</u> follow the links at <u>verbexpress.net</u> > French Verb Tense Atlas > Passé simple > **Passé simple – with Vouloir**

Passé surcomposé

Type of Verb Tense (According to structure)
  Temps composé – ("**Compound**" Tense: an auxiliary verb – "**avoir**" or "**être**" – followed by the **participe passé** (**p.p.**) of the main verb.)

Frequency of Use in Everyday Communication – (**Low**, Medium, High)
Level of **Difficulty** in **Formulation** – (Low, Medium, **High**)

Skill level for **Usage Mastery** – (Beginner, Intermediate, **Advanced**)

| ▼ This chapter covers ▼ |

27A	Passé surcomposé – actif (Basic format)
27B	Passé surcomposé – passif
	1 Passif **direct** – Option 1
	2 Passif **direct** – Option 2
	3 Passif **indirect**

▶27A Passé surcomposé – <u>actif</u> (Basic format)

\>> See *How to Do* this verb form after the **Univerb© Tag**(s) below ...

▼ **Meaning**(s) of this verb form shown in **Univerb© Tag**(s) (3rd person) ▼

<u>Usual</u> **Meaning**(s):

♦ he/she/it **had verbed** (when preceded by <u>Recent-past</u> word or expression)

<u>Recent-past</u> **words and expressions:**
à peine que ... (barely / right after ...), après que ... (after ...),
aussitôt que ... (as soon as ...), dès que ... (as soon as ...),
lorsque ... (when ...), une fois que ... (once ...)

27A   Passé surcomposé – <u>actif</u> (Basic format)

• [with "<u>avoir</u>"]

▼ **Formula**

[Indicateur d'antériorité <u>récente</u>*] + Sujet + [(**ai, as, a, avons, avez, ont**) + **eu**] + verbe principal (**p.p.**)

* <u>Recent-past</u> **words and expressions:**
à peine que ... (barely / right after ...), après que ... (after ...),
aussitôt que ... (as soon as ...), dès que ... (as soon as ...),
lorsque ... (when ...), une fois que ... (once ...)

• [with "<u>être</u>"]

▼ **Formula**

[Indicateur d'antériorité <u>récente</u>*] + Sujet + [(**ai, as, a, avons, avez, ont**) + **été**] + verbe principal (**p.p.**)(e.s.es) (from the *Secret Travel Club* – **Appendix B** at end of book)

* <u>Recent-past</u> **words and expressions:**
à peine que ... (barely / right after ...), après que ... (after ...),
aussitôt que ... (as soon as ...), dès que ... (as soon as ...),
lorsque ... (when ...), une fois que ... (once ...)

For **examples** and much more, **scan** or **click** the **code** below ▼
- **Or** follow the links at **verbexpress.net** > French Verb Tense Atlas > Passé surcomposé > **Passé surcomposé – Actif (Basic Format)**

Passé surcomposé | 427

▶27B Passé surcomposé – passif

>> See *How to Do* this verb form after the **Univerb©** **Tag**(s) below ...

▼ **Meaning**(s) of this verb form shown in **Univerb© Tag**(s) (3ʳᵈ person) ▼

<u>Usual</u> **Meaning**(s):

- he/she/it **had been verbed** (when preceded by <u>Recent-past</u> word or expression)
- he/she/it **had gotten verbed** (when preceded by <u>Recent-past</u> word or expression)

<u>Recent-past</u> words and expressions:
à peine que ... (barely / right after ...), après que ... (after ...), aussitôt que ... (as soon as ...), dès que ... (as soon as ...), lorsque ... (when ...), une fois que ... (once ...)

To see the <u>above</u> **meaning**(s) in action using the **formula**(s) **below** with **translations**, **tips**, and helpful **resources**, <u>scan</u> or <u>click</u> the **code** below ▼
- **Or** follow the links at <u>verbexpress.net</u> > French Verb Tense Atlas > Passé surcomposé > **Passé surcomposé – Passif**

27B.1   Passif **direct** – Option 1 – (**Passé surcomposé**)

- Passif **direct** – Option 1 – (**See Appendix C** at end of book)

▼ **Formula**

[Indicateur d'antériorité <u>récente</u>*] + sujet (nom ou pronom, **objet direct** du verbe principal) + (**ai eu, as eu, a eu, avons eu, avez eu, ont eu**) + **été** + verbe principal (**p.p.**)(e.s.es)

  * <u>Recent-past</u> words and expressions:
  à peine que ... (barely / right after ...), après que ... (after ...),

aussitôt que ... (as soon as ...), dès que ... (as soon as ...), lorsque ... (when ...), une fois que ... (once ...)

(**Note**: When using the "Passif **direct** – Option 1" format, the **subject** of the verb "être" must also be the **direct object** of the participe passé (**p.p**) of the main verb, and because it also precedes the p.p., the **p.p.** *agrees in gender and in number* with that subject/direct object.)

▼ **Meaning**(s) of this verb form shown in **Univerb© Tag**(s) (3rd person) ▼

Usual **Meaning**(s):

♦ he/she/it **had been verbed** (when preceded by Recent-past word or expression)
♦ he/she/it **had gotten verbed** (when preceded by Recent-past word or expression)

Recent-past words and expressions:
à peine que ... (barely / right after ...), après que ... (after ...), aussitôt que ... (as soon as ...), dès que ... (as soon as ...), lorsque ... (when ...), une fois que ... (once ...)

For **examples** and much more, **scan** or **click** the **code** below ▼
- **Or** follow the links at verbexpress.net > French Verb Tense Atlas > Passé surcomposé > Passé surcomposé – Passif > **Passif direct – Option 1**

27B.2   Passif **direct** – Option 2 – (**Passé surcomposé**)

• Passif **direct** – Option 2 – (**See Appendix C** at end of book)

▼ **Formula**

When the **direct object** appears as a noun:

[Indicateur d'antériorité récente*] + **on** (sujet indéfini) + **a eu** + verbe principal (**p.p.**) + **objet direct**.

When the **direct object** appears as a <u>pronoun</u>:

[Indicateur d'antériorité <u>récente</u>*] + <u>on</u> (sujet indéfini) + **pronom objet direct** + **a eu** + verbe principal (**p.p.**)(e.s.es)

* <u>Recent-past</u> **words and expressions:**
à peine que ... (barely / right after ...), après que ... (after ...),
aussitôt que ... (as soon as ...), dès que ... (as soon as ...),
lorsque ... (when ...), une fois que ... (once ...)

(<u>Note</u>: When there is a **direct object**, <u>and</u> it <u>precedes</u> the participe passé (**p.p.**), the p.p. *agrees in gender and in number* with that direct object.)

▼ **Meaning**(s) of this verb form shown in **Univerb© Tag**(s) (3rd person) ▼

<u>Usual</u> **Meaning**(s):

♦ he/she/it **had been verbed** (when preceded by <u>Recent-past</u> word or expression)
♦ he/she/it **had gotten verbed** (when preceded by <u>Recent-past</u> word or expression)

<u>Recent-past</u> **words and expressions:**
à peine que ... (barely / right after ...), après que ... (after ...),
aussitôt que ... (as soon as ...), dès que ... (as soon as ...),
lorsque ... (when ...), une fois que ... (once ...)

For **examples** and much more, <u>scan</u> or <u>click</u> the **code** below ▼
- **Or** follow the links at **verbexpress.net** > French Verb Tense Atlas > Passé surcomposé > Passé surcomposé – Passif > **Passif direct – Option 2**

27B.3   Passif <u>indirect</u> – (**Passé surcomposé**)

• Passif **indirect** – (**See Appendix C** at end of book)

▼ Formula

When the **indirect object** appears as a **noun**:

[Indicateur d'antériorité récente*] + **on** (sujet indéfini) + **a eu** + verbe principal (**p.p.**) + **objet indirect**.

When the **indirect object** appears as a **pronoun**:

[Indicateur d'antériorité récente*] + **on** (sujet indéfini) + **pronom objet indirect** + **a eu** + verbe principal (**p.p.**)

> * **Recent-past words and expressions:**
> à peine que ... (barely / right after ...), après que ... (after ...),
> aussitôt que ... (as soon as ...), dès que ... (as soon as ...),
> lorsque ... (when ...), une fois que ... (once ...)

(**Note**: The participe passé (**p.p.**) never agrees with an **indirect** object.)

▼ **Meaning**(s) of this verb form shown in **Univerb© Tag**(s) (3rd person) ▼

Usual **Meaning**(s):

- he/she/it **had been verbed** (when preceded by Recent-past word or expression)
- he/she/it **had gotten verbed** (when preceded by Recent-past word or expression)

> "**Recent-past words and expressions**":
> à peine que ... (barely / right after ...), après que ... (after ...),
> aussitôt que ... (as soon as ...), dès que ... (as soon as ...),
> lorsque ... (when ...), une fois que ... (once ...)

For **examples** and much more, **scan** or **click** the **code** below ▼
- **Or** follow the links at verbexpress.net > French Verb Tense Atlas > Passé surcomposé > Passé surcomposé – Passif > **Passif indirect**

Plus-que-parfait

Type of Verb Tense (According to structure)
  Temps composé – ("**Compound**" Tense: an auxiliary verb – "**avoir**" or "**être**" – followed by the **participe passé** (**p.p.**) of the main verb.)

Frequency of Use in Everyday Communication – (Low, Medium, <u>High</u>)
Level of **Difficulty** in **Formulation** – (Low, <u>Medium</u>, High)

Skill level for **Usage Mastery** – (Beginner, <u>Intermediate</u>, Advanced)

▼ This chapter covers ▼

28A	Plus-que-parfait – actif (Basic format)
28B	Plus-que-parfait – passif
1	Passif **direct** – Option 1
2	Passif **direct** – Option 2
3	Passif **indirect**
4	Passif **pronominal**
28C	Plus-que-parfait – pronominal
1	Pronominal **essentiel**
2	Pronominal **à sens idiomatique**
3	Pronominal **réfléchi direct**
4	Pronominal **réfléchi indirect**
5	Pronominal **réciproque direct**
6	Pronominal **réciproque indirect**
7	Pronominal **passif**
8	Pronominal **impersonnel** (passif)
28D	Plus-que-parfait – with aller
28E	Plus-que-parfait – with devoir
28F	Plus-que-parfait – with pouvoir
28G	Plus-que-parfait – with vouloir

▶28A Plus-que-parfait – actif (Basic format)

>> See *How to Do* this verb form after the **Univerb© Tag**(s) below ...

▼ **Meaning**(s) of this verb form shown in **Univerb© Tag**(s) (3rd person) ▼

Usual **Meaning**(s):

- he/she/it **had verbed**

28A   Plus-que-parfait – actif (Basic format)

- [with "avoir"]

▼ Formula

Sujet + (**avais, avais, avait, avions, aviez, avaient**) + verbe principal (**p.p.**)

- [with "être"]

▼ Formula

Sujet + (**étais, étais, était, étions, étiez, étaient**) + verbe principal (**p.p.**)(e.s.es) (from the *Secret Travel Club* – **Appendix B** at end of book)

For **examples** and much more, **scan** or **click** the **code** below ▼
- **Or** follow the links at **verbexpress.net** > French Verb Tense Atlas > Plus-que-parfait > **Plus-que-parfait – Actif (Basic Format)**

▶28B Plus-que-parfait – passif

>> See *How to Do* this verb form after the **Univerb© Tag**(s) below ...

▼ **Meaning**(s) of this verb form shown in **Univerb© Tag**(s) (3rd person) ▼

Usual **Meaning**(s):

Plus-que-parfait | 433

- he/she/it **had been verbed**
- he/she/it **had gotten verbed**

To see the <u>above</u> meaning(s) in action using the **formula**(s) **below** with **translations**, **tips**, and helpful **resources**, <u>scan</u> or <u>click</u> the code below ▼
- **Or** follow the links at <u>verbexpress.net</u> > French Verb Tense Atlas > Plus-que-parfait > **Plus-que-parfait – Passif**

28B.1   Passif **direct** – Option 1 – (**Plus-que-parfait**)

- Passif **direct** – Option 1 – (**See Appendix C** at end of book)

▼ **Formula**

Sujet (nom ou pronom, **objet direct** du verbe principal) + (**avais**, **avais**, **avait**, **avions**, **aviez**, **avaient**) + **été** + verbe principal (**p.p.**)(e.s.es).

(**Note**: When using the "Passif **direct** – Option 1" format, the **subject** of the verb "être" must also be the **direct object** of the participe passé (**p.p.**) of the main verb, and because it also <u>precedes</u> the p.p., the **p.p.** *agrees in gender and in number* with that subject/direct object.)

▼ **Meaning**(s) of this verb form shown in **Univerb© Tag**(s) (3rd person) ▼

<u>Usual</u> **Meaning**(s):

- he/she/it **had been verbed**
- he/she/it **had gotten verbed**

For **examples** and much more, <u>scan</u> or <u>click</u> the code below ▼
- **Or** follow the links at <u>verbexpress.net</u> > French Verb Tense Atlas > Plus-que-parfait > Plus-que-parfait – Passif > **Passif direct – Option 1**

28B.2   Passif **direct** – Option 2 – (**Plus-que-parfait**)

- Passif **direct**– Option 2 – (**See Appendix C** at end of book)

▼ **Formula**

When the **direct object** appears as a <u>noun</u>:

<u>On</u> (sujet indéfini) + **avait** + verbe principal (**p.p.**) + **objet direct**.

When the **direct object** appears as a <u>pronoun</u>:

<u>On</u> (sujet indéfini) + **pronom objet direct** + **avait** + verbe principal (**p.p.**)(e.s.es).

(**Note**: When there is a **direct object**, and it <u>precedes</u> the participe passé (**p.p.**), the p.p. *agrees in gender and in number* with that direct object.)

▼ **Meaning**(s) of this verb form shown in **Univerb© Tag**(s) (3rd person) ▼

<u>Usual</u> **Meaning**(s):

- he/she/it **had been verbed**
- he/she/it **had gotten verbed**

For **examples** and much more, <u>scan</u> or <u>click</u> the **code** below ▼
- **Or** follow the links at **verbexpress.net** > French Verb Tense Atlas > Plus-que-parfait > Plus-que-parfait – Passif > **Passif direct – Option 2**

28B.3   Passif <u>indirect</u> – (**Plus-que-parfait**)

- Passif <u>indirect</u> – (**See Appendix C** at end of book)

▼ **Formula**

Plus-que-parfait | 435

When the <u>in</u>direct object appears as a <u>noun</u>:

<u>On</u> (sujet indéfini) + **avait** + verbe principal (**p.p.**) + **objet <u>in</u>direct**.

When the <u>in</u>direct object appears as a <u>pronoun</u>:

<u>On</u> (sujet indéfini) + **pronom objet <u>in</u>direct** + **avait** + verbe principal (**p.p.**)

(<u>Note</u>: The participe passé (**p.p.**) never agrees with an **<u>in</u>direct** object.)

▼ **Meaning**(s) of this verb form shown in **Univerb© Tag**(s) (3rd person) ▼

<u>Usual</u> **Meaning**(s):

♦ he/she/it **had been verbed**
♦ he/she/it **had gotten verbed**

For **examples** and much more, **scan** or **click** the **code** below ▼
- **Or** follow the links at **verbexpress.net** > French Verb Tense Atlas > Plus-que-parfait > Plus-que-parfait – Passif > **Passif indirect**

28B.4   Passif **pronominal** – (**Plus-que-parfait**)

• Passif **pronominal**

> The '**Passive Pronominal**' structure is a way to create a **passive** meaning by using the <u>pronominal</u> format with an <u>in</u>animate subject (a **non**-personal doer – singular or plural).
> (**See** <u>Appendix</u> H at end of book)

▼ **Formula**

Sujet (nom ou pronom, <u>inanimé</u>, – **objet direct** du verbe principal) + <u>s</u>' + (**était, étaient**) + verbe principal (**p.p.**)(e.s.es)

(<u>Note</u>: When using the "Passif **pronominal** (direct)" format, the <u>reflexive pronoun</u> is also the **direct object** (of the participe passé (**p.p.**) of the main verb) and it also precedes the p.p., so the **p.p.** *agrees in gender and in number* with that direct-object reflexive pronoun – ie. with the subject.)

▼ **Meaning**(s) of this verb form shown in **Univerb© Tag**(s) (3ʳᵈ person) ▼

<u>Usual</u> **Meaning**(s):

- it **had been verbed**
- it **had gotten verbed**

For **examples** and much more, **scan** or **click** the **code** below ▼
- **Or** follow the links at **verbexpress.net** > French Verb Tense Atlas > Plus-que-parfait > Plus-que-parfait – Passif > **Passif pronominal**

▶28C Plus-que-parfait – <u>pronominal</u>

>> See *How to Do* this verb form after the **Univerb© Tag**(s) below …

▼ **Meaning**(s) of this verb form shown in **Univerb© Tag**(s) (3ʳᵈ person) ▼

<u>Usual</u> **Meaning**(s):

- he/she **had verbed**
- he/she/it **had verbed** <u>himself</u> / <u>herself</u> / <u>itself</u>

▼ Pronominal **Passive** Meanings ▼

<u>Usual</u> **Meaning**(s) when in a <u>Pronominal</u> **Passive** form: (See <u>28C.7</u>, <u>28C.8</u> below)

- he/she/it **had been verbed**
- he/she/it **had gotten verbed**

To see the <u>above</u> **meaning**(s) in action using the **formula**(s) **below** with **translations**, **tips**, and helpful **resources**, **scan** or **click** the **code** below ▼
- **Or** follow the links at **verbexpress.net** > French Verb Tense Atlas > Plus-que-parfait > **Plus-que-parfait – Pronominal**

Plus-que-parfait | 437

28C.1 Pronominal **essentiel** – (Plus-que-parfait)

- Pronominal **essentiel** (exclusivement)
  (Verbes <u>exclusivement</u> pronominaux)

  'Essential' Pronominal Verbs are a special collection of verbs that are used **only** in the <u>pronominal</u> format, but have no '*reflexive*' meaning.
  (See <u>Appendix</u> E at end of book)

▼ **Formula**

Sujet + (<u>m', t', s', nous, vous, s'</u>) + (**étais, étais, était, étions, étiez, étaient**) + verbe principal (**p.p.**)(e.s.es)

(<u>Note</u>: With "**essential**" pronominal verbs – when done in compound tenses, as in this case – the participe passé (**p.p.**) *agrees in gender and in number* with the **subject**.)

▼ **Meaning**(s) of this verb form shown in **Univerb©** **Tag**(s) (3rd person) ▼

<u>Usual</u> **Meaning**(s):

♦ he/she **had verbed**

For **examples** and much more, **scan** or **click** the **code** below ▼
- **Or** follow the links at **verbexpress.net** > French Verb Tense Atlas > Plus-que-parfait > Plus-que-parfait – Pronominal > **Pronominal essentiel**

28C.2 Pronominal **à sens idiomatique** – (Plus-que-parfait)

- Pronominal **à sens idiomatique**

'Idiomatic' Pronominal Verbs are a set of verbs which take on a different meaning than their normal meaning when they are used in the pronominal format.
(See Appendix F at end of book)

▼ **Formula**

Sujet + (**m', t', s', nous, vous, s'**) + (**étais, étais, était, étions, étiez, étaient**) + verbe principal (**p.p.**)(e.s.es)

(**Note**: With "**idiomatic**" pronominal verbs in compound tenses, as in this case, the participe passé (**p.p.**) _agrees in gender and in number_ with the **subject**.)

(**Exception**(s) – the participe passé (**p.p.**) of _s'imaginer, se plaire, se rendre compte,_ and _se rire_ do **not** agree with anything else. They keep their basic spelling.)

▼ **Meaning**(s) of this verb form shown in **Univerb© Tag**(s) (3rd person) ▼

Usual Meaning(s):

♦   he/she **had verbed**

For **examples** and much more, **scan** or **click** the **code** below ▼
- **Or** follow the links at **verbexpress.net** > French Verb Tense Atlas > Plus-que-parfait > Plus-que-parfait – Pronominal > **Pronominal à sens idiomatique**

28C.3   Pronominal **réfléchi direct** – (Plus-que-parfait)

● Pronominal **réfléchi direct**

The **'Reflexive Direct'** Pronominal structure is when the Pronominal format is used AND the subject (the doer – singular or plural) of a direct action is also the receiver of that direct action.
(See Appendix G at end of book)

Plus-que-parfait | 439

▼ Formula

Sujet + (m', t', s', nous, vous, s', – **objet direct** du verbe principal) + (**étais, étais, était, étions, étiez, étaient**) + verbe principal (**p.p.**)(e.s.es)

(**Note**: When the reflexive pronoun is also the **direct object** (of the participe passé (**p.p.**) of the main verb, as in this case) and it precedes the p.p., the **p.p.** *agrees in gender and in number* with that reflexive pronoun.)

▼ Meaning(s) of this verb form shown in **Univerb© Tag**(s) (3rd person) ▼

<u>Usual</u> **Meaning**(s):

♦ he/she/it **had verbed** himself / herself / itself

For **examples** and much more, **scan** or **click** the **code** below ▾
- **Or** follow the links at **verbexpress.net** > French Verb Tense Atlas > Plus-que-parfait > Plus-que-parfait – Pronominal > **Pronominal réfléchi direct**

28C.4   Pronominal **réfléchi** <u>in</u>direct – (Plus-que-parfait)

• Pronominal **réfléchi** <u>in</u>direct

The '**Reflexive Indirect**' Pronominal structure is when the Pronominal format is used AND the subject (the doer - singular or plural) of an <u>in</u>direct action is <u>also</u> the receiver of that <u>in</u>direct action.
(**See** <u>Appendix</u> G at end of book)

▼ Formula

Sujet + (m', t', s', nous, vous, s', – **objet** <u>indirect</u> du verbe principal) + (**étais, étais, était, étions, étiez, étaient**) + verbe principal (**p.p.**)

(**Note**: The participe passé (**p.p.**) never agrees with an <u>indirect</u> object.)

▼ Meaning(s) of this verb form shown in **Univerb© Tag**(s) (3rd person) ▼

Usual Meaning(s):

- he/she/it **had verbed** himself / herself / itself

For **examples** and much more, **scan** or **click** the **code** below ▼
- **Or** follow the links at **verbexpress.net** > French Verb Tense Atlas > Plus-que-parfait > Plus-que-parfait – Pronominal > **Pronominal réfléchi indirect**

28C.5   Pronominal **réciproque direct** – (**Plus-que-parfait**)

- Pronominal **réciproque direct**

  The **'Reciprocal Direct'** Pronominal structure is when the Pronominal format is used AND a group of two or more (subjects) do the same direct action to one another.
  (See **Appendix** G at end of book)

▼ **Formula**

Sujet (pluriel) + (nous, vous, s', – **objet direct** du verbe principal) + (**étions**, **étiez**, **étaient**) + verbe principal (**p.p.**)(e.s.es)

(**Note**: When the reflexive pronoun is also the **direct object** (of the participe passé (**p.p.**) of the main verb, as in this case) and it precedes the p.p., the p.p. agrees in gender and in number with that reflexive pronoun.)

▼ **Meaning**(s) of this verb form shown in **Univerb© Tag**(s) (3rd person) ▼

Usual Meaning(s):

- they **had verbed** each other

For **examples** and much more, **scan** or **click** the **code** below ▼
- **Or** follow the links at **verbexpress.net** > French Verb Tense Atlas > Plus-que-parfait > Plus-que-parfait – Pronominal > **Pronominal réciproque direct**

Plus-que-parfait | 441

28C.6   Pronominal **réciproque indirect** – (Plus-que-parfait)

- Pronominal **réciproque indirect**

    The **'Reciprocal Indirect'** Pronominal structure is when the Pronominal format is used AND a group of two or more (subjects) do the same **in**direct action to one another.
    (**See** Appendix **G** at end of book)

▼ **Formula**

Sujet (pluriel) + (nous, vous, s', – **objet indirect** du verbe principal) + (étions, étiez, étaient) + verbe principal (**p.p.**)

(**Note**: The participe passé (**p.p.**) never agrees with an **in**direct object.)

▼ **Meaning**(s) of this verb form shown in **Univerb© Tag**(s) (3rd person) ▼

Usual **Meaning**(s):

- they **had verbed** each other

For **examples** and much more, **scan** or **click** the **code** below ▼
- **Or** follow the links at **verbexpress.net** > French Verb Tense Atlas > Plus-que-parfait > Plus-que-parfait – Pronominal > **Pronominal réciproque indirect**

28C.7   Pronominal **passif** – (Plus-que-parfait)

- Pronominal **passif**

The **'Passive Pronominal'** structure is a way to create a **passive** meaning by using the pronominal format with an **in**animate subject (a **non**-personal doer – singular or plural).
(See Appendix H at end of book)

▼ **Formula**

Sujet (nom ou pronom, inanimé, **objet direct** du verbe principal) + **s'** + (**était, étaient**) + verbe principal (**p.p.**)(e.s.es)

(**Note**: When using the "Pronominal **passif** (direct)" format, the reflexive pronoun is also the **direct object** (of the participe passé (**p.p.**) of the main verb) and it also precedes the p.p., so the **p.p.** agrees in gender and in number with that direct-object reflexive pronoun – ie. with the subject.)

▼ **Meaning**(s) of this verb form shown in Univerb© **Tag**(s) (3ʳᵈ person) ▼

Usual **Meaning**(s):

- it **had been verbed**
- it **had gotten verbed**

For **examples** and much more, scan or click the **code** below ▼
- **Or** follow the links at **verbexpress.net** > French Verb Tense Atlas > Plus-que-parfait > Plus-que-parfait – Pronominal > **Pronominal passif**

28C.8   Pronominal **impersonnel** (passif) – (**Plus-que-parfait**)

- Pronominal **impersonnel** (passif)

  The **'Impersonal Passive'** structure is a way to create a **passive** meaning by using the **im**personal version of the subject " **il** " in the pronominal format.
  (See Appendix H at end of book)

▼ **Formula**

... **il** (sens impersonnel) + **s** + **était** + verbe principal (**p.p.**) + **objet direct du verbe principal**

(**Note**: When using the "Pronominal **impersonnel**" format, the participe passé (**p.p.**) *agrees in gender and in number* with the subject, which is always " **il** " – masculine singular.)

▼ **Meaning**(s) of this verb form shown in Univerb© Tag(s) (3ʳᵈ person) ▼

Usual **Meaning**(s):

♦ he/she/it **had been verbed**
♦ he/she/it **had gotten verbed**

For **examples** and much more, **scan** or **click** the **code** below ▼
- **Or** follow the links at **verbexpress.net** > French Verb Tense Atlas > Plus-que-parfait > Plus-que-parfait – Pronominal > **Pronominal impersonnel (passif)**

▶28D Plus-que-parfait – with aller

>> See *How to Do* this verb form after the Univerb© Tag(s) below ...

▼ **Meaning**(s) of this verb form shown in Univerb© Tag(s) (3ʳᵈ person) ▼

Usual **Meaning**(s):

♦ he/she **had gone to verb**
♦ he/she **had gone verbing** (Appendix O at end of book)

28D   Plus-que-parfait – with aller

▼ Formula

Sujet + (**étais, étais, était, étions, étiez, étaient**) + **allé** (e.s.es) + verbe principal (**Infinitif**)

For **examples** and much more, **scan** or **click** the **code** below ▼
- **Or** follow the links at **verbexpress.net** > French Verb Tense Atlas > Plus-que-parfait > **Plus-que-parfait – with Aller**

▶28E   Plus-que-parfait – with devoir

>> See *How to Do* this verb form after the Univerb© Tag(s) below …

▼ **Meaning**(s) of this verb form shown in Univerb© **Tag**(s) (3rd person) ▼

<u>Usual</u> **Meaning**(s):

♦   he/she/it **had had to verb**

28E   Plus-que-parfait – with devoir

▼ Formula

Sujet + (**avais, avais, avait, avions, aviez, avaient**) + **dû** + verbe principal (**Infinitif**)

For **examples** and much more, **scan** or **click** the **code** below ▼
- **Or** follow the links at **verbexpress.net** > French Verb Tense Atlas > Plus-que-parfait > **Plus-que-parfait – with Devoir**

▶28F   Plus-que-parfait – with pouvoir

>> See *How to Do* this verb form after the Univerb© Tag(s) below …

▼ **Meaning**(s) of this verb form shown in Univerb© **Tag**(s) (3rd person) ▼

<u>Usual</u> **Meaning**(s):

* he/she/it **had been able to verb**

28F   Plus-que-parfait – with <u>pouvoir</u>

▼ Formula

Sujet + (**avais, avais, avait, avions, aviez, avaient**) + **pu** + verbe principal (**Infinitif**)

For **examples** and much more, **scan** or **click** the **code** below ▼
- **Or** follow the links at **verbexpress.net** > French Verb Tense Atlas > Plus-que-parfait > **Plus-que-parfait – with Pouvoir**

▶28G   Plus-que-parfait – with <u>vouloir</u>

>> See *How to Do* this verb form after the **Univerb© Tag**(s) below ...

▼ **Meaning**(s) of this verb form shown in **Univerb© Tag**(s) (3ʳᵈ person) ▼

<u>Usual</u> **Meaning**(s):

* he/she **had wanted to verb**

28G   Plus-que-parfait – with <u>vouloir</u>

▼ Formula

Sujet + (**avais, avais, avait, avions, aviez, avaient**) + **voulu** + verbe principal (**Infinitif**)

For **examples** and much more, **scan** or **click** the **code** below ▼
- **Or** follow the links at **verbexpress.net** > French Verb Tense Atlas > Plus-que-parfait > **Plus-que-parfait – with Vouloir**

446 | Plus-que-parfait

Présent continu

Type of Verb Tense (According to structure)
  Temps combiné – General term in this volume for any **combination** of a temps simple, temps composé, or Infinitif – with or without special added word(s)

Frequency of Use in Everyday Communication – (Low, **Medium**, High)
Level of Difficulty in Formulation – (**Low**, Medium, High)

Skill level for Usage Mastery – (**Beginner**, Intermediate, Advanced)

▼ This chapter covers ▼

29A	Présent continu – actif (Basic format)
29B	Présent continu – passif
	1 Passif **direct** – Option 1
	2 Passif **direct** – Option 2
	3 Passif **indirect**
	4 Passif **pronominal**
29C	Présent continu – pronominal
	1 Pronominal **essentiel**
	2 Pronominal **à sens idiomatique**
	3 Pronominal **réfléchi direct**
	4 Pronominal **réfléchi indirect**
	5 Pronominal **réciproque direct**
	6 Pronominal **réciproque indirect**
	7 Pronominal **passif**
	8 Pronominal **impersonnel** (passif)
29D	Présent continu – with aller

▶29A Présent continu – actif (Basic format)

\>\> See *How to Do* this verb form after the Univerb© Tag(s) below …

▼ **Meaning**(s) of this verb form shown in Univerb© **Tag**(s) (3rd person) ▼

Usual **Meaning**(s):

- ♦ he/she/it **is** (in the middle of) **verbing**
- ♦ he/she/it **is** (in the process of) **verbing**

29A   Présent continu – actif (Basic format)

▼ Formula

Sujet + (**suis, es, est, sommes, êtes, sont**) + **en train de/d'** + verbe principal (**Infinitif**)

For **examples** and much more, **scan** or **click** the **code** below ▼
- **Or** follow the links at **verbexpress.net** > French Verb Tense Atlas > Présent continu > Présent continu – Actif (Basic Format)

▶29B Présent continu – passif

\>\> See *How to Do* this verb form after the Univerb© Tag(s) below …

▼ **Meaning**(s) of this verb form shown in Univerb© **Tag**(s) (3rd person) ▼

Usual **Meaning**(s):

- ♦ he/she/it **is** (in the middle of) **being verbed**
- ♦ he/she/it **is** (in the middle of) **getting verbed**
- ♦ he/she/it **is** (in the process of) **being verbed**
- ♦ he/she/it **is** (in the process of) **getting verbed**

To see the **above meaning**(s) in action using the **formula**(s) **below** with **translations**, **tips**, and helpful **resources**, **scan** or **click** the **code** below ▼
- **Or** follow the links at **verbexpress.net** > French Verb Tense Atlas >

Présent continu > **Présent continu – Passif**

29B.1 Passif **direct** – Option 1 – (**Présent continu**)

- Passif **direct** – Option 1 – (**See Appendix C** at end of book)

▼ **Formula**

Sujet + (**suis, es, est, sommes, êtes, sont**) + <u>en train d'être</u> + verbe principal (**p.p.**)(e.s.es)

(**Note**: When using the "Passif **direct** – Option 1" format, the **subject** of the verb "être" must also be the **direct object** of the participe passé (**p.p.**) of the main verb, and because it also <u>precedes</u> the p.p., the **p.p.** <u>agrees in gender and in number</u> with that subject/direct object.)

▼ **Meaning**(s) of this verb form shown in **Univerb© Tag**(s) (3rd person) ▼

<u>Usual</u> **Meaning**(s):

- he/she/it **is** (in the middle of) **being verbed**
- he/she/it **is** (in the middle of) **getting verbed**
- he/she/it **is** (in the process of) **being verbed**
- he/she/it **is** (in the process of) **getting verbed**

For **examples** and much more, <u>scan</u> or <u>click</u> the **code** below ▼
- **Or** follow the links at <u>verbexpress.net</u> > French Verb Tense Atlas > Présent continu > Présent continu – Passif > **Passif direct – Option 1**

29B.2 Passif **direct** – Option 2 – (**Présent continu**)

- Passif **direct** – Option 2 – (**See Appendix C** at end of book)

▼ **Formula**

When the **direct object** appears as a <u>noun</u>:

<u>On</u> (sujet indéfini) + **est** + <u>en train de/d'</u> + verbe principal (**Infinitif**) + **objet** <u>direct</u>.

When the **direct object** appears as a <u>pronoun</u>:

<u>On</u> (sujet indéfini) + **est** + <u>en train de</u> + pronom objet direct + verbe principal (**Infinitif**).

▼ **Meaning**(s) of this verb form shown in **Univerb© Tag**(s) (3rd person) ▼

<u>Usual</u> **Meaning**(s):

♦ he/she/it **is** (in the middle of) **being verbed**
♦ he/she/it **is** (in the middle of) **getting verbed**
♦ he/she/it **is** (in the process of) **being verbed**
♦ he/she/it **is** (in the process of) **getting verbed**

For **examples** and much more, <u>scan</u> or <u>click</u> the **code** below ▼
- **Or** follow the links at **verbexpress.net** > French Verb Tense Atlas > Présent continu > Présent continu – Passif > **Passif direct – Option 2**

29B.3   Passif <u>indirect</u> – (**Présent continu**)

- Passif <u>indirect</u> – (**See Appendix C** at end of book)

▼ **Formula**

When the <u>indirect object</u> appears as a <u>noun</u>:

<u>On</u> (sujet indéfini) + **est** + <u>en train de/d'</u> + verbe principal (**Infinitif**) + **objet** <u>indirect</u>.

When the <u>ind</u>irect object appears as a <u>pronoun</u>:

<u>On</u> (sujet indéfini) + **est** + <u>en train de/d'</u> + pronom objet <u>ind</u>irect + verbe principal (**Infinitif**).

▼ **Meaning**(s) of this verb form shown in Univerb© **Tag**(s) (3ʳᵈ person) ▼

<u>Usual</u> **Meaning**(s):

- he/she/it **is** (in the middle of) **being verbed**
- he/she/it **is** (in the middle of) **getting verbed**
- he/she/it **is** (in the process of) **being verbed**
- he/she/it **is** (in the process of) **getting verbed**

For **examples** and much more, **scan** or **click** the **code** below ▾
- **Or** follow the links at **verbexpress.net** > French Verb Tense Atlas > Présent continu > Présent continu – Passif > **Passif indirect**

29B.4   Passif **pronominal** – (**Présent continu**)

- Passif **pronominal**

    The '**Passive Pronominal**' structure is a way to create a **passive** meaning by using the <u>pronominal</u> format with an <u>in</u>animate subject (a <u>non</u>-personal doer – singular or plural).
    (See <u>Appendix</u> H at end of book)

▼ **Formula**

Sujet (nom ou pronom, <u>inanimé</u>, – **objet direct** du verbe principal) + (**est, sont**) + <u>en train de</u> + <u>se-s'</u> + verbe principal (**Infinitif**).

▼ **Meaning**(s) of this verb form shown in Univerb© **Tag**(s) (3ʳᵈ person) ▼

<u>Usual</u> **Meaning**(s):

- it **is** (in the middle of) **being verbed**
- it **is** (in the middle of) **getting verbed**

- it **is** (in the process of) **being verbed**
- it **is** (in the process of) **getting verbed**

For **examples** and much more, **scan** or **click** the **code** below ▼
- **Or** follow the links at **verbexpress.net** > French Verb Tense Atlas > Présent continu > Présent continu – Passif > **Passif pronominal**

▶29C   Présent continu – pronominal

>> See *How to Do* this verb form after the **Univerb©** **Tag**(s) below …

▼ **Meaning**(s) of this verb form shown in **Univerb© Tag**(s) (3rd person) ▼

Usual Meaning(s):

- he/she **is** (in the middle of) **verbing**
- he/she/it **is** (in the middle of) **verbing** himself / herself / itself
- he/she **is** (in the process of) **verbing**
- he/she/it **is** (in the process of) **verbing** himself / herself / itself

▼ Pronominal **Passive** Meanings ▼

Usual Meaning(s) when in a Pronominal **Passive** form: (See 29C.7, 29C.8 below)

- he/she/it **is** (in the middle of) **being verbed**
- he/she/it **is** (in the middle of) **getting verbed**
- he/she/it **is** (in the process of) **being verbed**
- he/she/it **is** (in the process of) **getting verbed**

To see the **above** meaning(s) in action using the **formula**(s) **below** with **translations, tips,** and helpful **resources, scan** or **click** the **code** below ▼
- **Or** follow the links at **verbexpress.net** > French Verb Tense Atlas > Présent continu > **Présent continu – Pronominal**

29C.1 Pronominal **essentiel** – (**Présent continu**)

- Pronominal **essentiel** (exclusivement)
  (Verbes <u>exclusivement</u> pronominaux)

  '<u>**Essential**</u>' Pronominal Verbs are a special collection of verbs that are used <u>**only**</u> in the <u>pronominal</u> format, but have no '*reflexive*' meaning.
  (See <u>Appendix</u> E at end of book)

▼ **Formula**

Sujet + (**suis, es, est, sommes, êtes, sont**) + <u>en train de</u> + (<u>me-m'</u>, <u>te-t'</u>, <u>se-s'</u>, <u>nous</u>, <u>vous</u>, <u>se-s'</u>) + verbe principal (**Infinitif**)

▼ **Meaning**(s) of this verb form shown in **Univerb© Tag**(s) (3rd person) ▼

<u>Usual</u> **Meaning**(s):

♦ he/she **is** (in the middle of) **verbing**
♦ he/she **is** (in the process of) **verbing**

For **examples** and much more, <u>scan</u> or <u>click</u> the **code** below ▼
- <u>**Or**</u> follow the links at <u>verbexpress.net</u> > French Verb Tense Atlas > Présent continu > Présent continu – Pronominal > **Pronominal essentiel**

29C.2 Pronominal **à sens idiomatique** – (**Présent continu**)

- Pronominal **à sens idiomatique**

  '<u>**Idiomatic**</u>' Pronominal Verbs are a set of verbs which take on a <u>different meaning</u> than their normal meaning when they are used in the <u>pronominal</u> format.
  (See <u>Appendix</u> F at end of book)

▼ **Formula**

Sujet + (**suis, es, est, sommes, êtes, sont**) + <u>en train de</u> + (<u>me-m'</u>, te-t', se-s', nous, vous, se-s') + verbe principal (**Infinitif**)

▼ **Meaning**(s) of this verb form shown in **Univerb© Tag**(s) (3ʳᵈ person) ▼

Usual **Meaning**(s):

- he/she **is** (in the middle of) **verbing**
- he/she **is** (in the process of) **verbing**

For **examples** and much more, **scan** or **click** the **code** below ▼
- **Or** follow the links at **verbexpress.net** > French Verb Tense Atlas > Présent continu > Présent continu – Pronominal > **Pronominal à sens idiomatique**

29C.3   Pronominal **réfléchi direct** – (**Présent continu**)

- Pronominal **réfléchi direct**

  The '**Reflexive Direct**' Pronominal structure is when the Pronominal format is used AND the subject (the doer – singular or plural) of a **direct** action is also the **receiver** of that **direct** action.
  (See Appendix G at end of book)

▼ **Formula**

Sujet + (**suis, es, est, sommes, êtes, sont**) + **en train de** + (**me-m', te-t', se-s', nous, vous, se-s', – objet direct** du verbe principal) + verbe principal (**Infinitif**)

▼ **Meaning**(s) of this verb form shown in **Univerb© Tag**(s) (3ʳᵈ person) ▼

Usual **Meaning**(s):

- he/she/it **is** (in the middle of) **verbing** himself / herself / itself
- he/she/it **is** (in the process of) **verbing** himself / herself / itself

For **examples** and much more, <u>scan</u> or <u>click</u> the **code** below ▼
- **Or** follow the links at <u>verbexpress.net</u> > French Verb Tense Atlas > Présent continu > Présent continu – Pronominal > **Pronominal réfléchi direct**

| 29C.4 | Pronominal **réfléchi** <u>in</u>direct – (Présent continu) |

- Pronominal **réfléchi** <u>in</u>direct

    The **'Reflexive Indirect'** Pronominal structure is when the <u>Pronominal format</u> is used AND the subject (the doer - singular or plural) of an <u>in</u>direct action is <u>also</u> the receiver of that <u>in</u>direct action.
    (See <u>Appendix</u> G at end of book)

▼ **Formula**

Sujet + (**suis, es, est, sommes, êtes, sont**) + <u>**en train de**</u> + (<u>me-m'</u>, <u>te-t', se-s', nous, vous, se-s'</u>, – **objet <u>in</u>direct** du verbe principal) + verbe principal (**Infinitif**)

▼ **Meaning**(s) of this verb form shown in **Univerb© Tag**(s) (3rd person) ▼

<u>Usual</u> **Meaning**(s):

♦ he/she/it **is** (in the middle of) **verbing** <u>himself</u> / <u>herself</u> / <u>itself</u>
♦ he/she/it **is** (in the process of) **verbing** <u>himself</u> / <u>herself</u> / <u>itself</u>

For **examples** and much more, <u>scan</u> or <u>click</u> the **code** below ▼
- **Or** follow the links at <u>verbexpress.net</u> > French Verb Tense Atlas > Présent continu > Présent continu – Pronominal > **Pronominal réfléchi indirect**

29C.5 Pronominal **réciproque direct** – (**Présent continu**)

- Pronominal **réciproque direct**

    The '**Reciprocal Direct**' Pronominal structure is when the Pronominal format is used AND a group of two or more (subjects) do the same direct action to one another.
    (See Appendix G at end of book)

▼ **Formula**

Sujet (pluriel) + (**sommes, êtes, sont**) + **en train de** + (nous, vous, se-s', – **objet direct** du verbe principal) + verbe principal (**Infinitif**)

▼ **Meaning**(s) of this verb form shown in Univerb© Tag(s) (3rd person) ▼

Usual **Meaning**(s):

- they **are** (in the middle of) **verbing** each other
- they **are** (in the process of) **verbing** each other

For **examples** and much more, **scan** or **click** the **code** below ▾
- **Or** follow the links at verbexpress.net > French Verb Tense Atlas > Présent continu > Présent continu – Pronominal > **Pronominal réciproque direct**

29C.6 Pronominal **réciproque indirect** – (**Présent continu**)

- Pronominal **réciproque indirect**

    The '**Reciprocal Indirect**' Pronominal structure is when the Pronominal format is used AND a group of two or more (subjects) do the same indirect action to one another.
    (See Appendix G at end of book)

▼ **Formula**

Sujet (pluriel) + (**sommes, êtes, sont**) + **en train de** + (nous, vous, se-s', – **obj**et **in**direct du verbe principal) + verbe principal (**Infinitif**)

▼ **Meaning**(s) of this verb form shown in **Univerb© Tag**(s) (3rd person) ▼

Usual **Meaning**(s):

- they **are** (in the middle of) **verbing** each other
- they **are** (in the process of) **verbing** each other

For **examples** and much more, **scan** or **click** the **code** below ▼
- **Or** follow the links at **verbexpress.net** > French Verb Tense Atlas > Présent continu > Présent continu – Pronominal > **Pronominal réciproque indirect**

29C.7   Pronominal **passif** – (**Présent continu**)

- Pronominal **passif**

  The '**Passive Pronominal**' structure is a way to create a **passive** meaning by using the pronominal format with an **in**animate subject (a **non**-personal doer – singular or plural).
  (See **Appendix** H at end of book)

▼ **Formula**

Sujet (nom ou pronom, inanimé, - **obj**et **direct** du verbe principal) + (**est, sont**) + **en train de** + se-s' + verbe principal (**Infinitif**)

▼ **Meaning**(s) of this verb form shown in **Univerb© Tag**(s) (3rd person) ▼

Usual **Meaning**(s):

- it **is** (in the middle of) **being verbed**
- it **is** (in the middle of) **getting verbed**
- it **is** (in the process of) **being verbed**
- it **is** (in the process of) **getting verbed**

For **examples** and much more, **scan** or **click** the **code** below ▼
- **Or** follow the links at **verbexpress.net** > French Verb Tense Atlas > Présent continu > Présent continu – Pronominal > **Pronominal passif**

29C.8   Pronominal **impersonnel** (passif) – (**Présent continu**)

- Pronominal **impersonnel** (passif)

    The '**Impersonal Passive**' structure is a way to create a **passive** meaning by using the **im**personal version of the subject " **il** " in the pronominal format.
    (See **Appendix** H at end of book)

▼ Formula

... **il** (sens impersonnel) + **est** + **en train de** + **se-s'** + verbe principal (**Infinitif**) + **objet direct du verbe principal**

▼ **Meaning**(s) of this verb form shown in **Univerb© Tag**(s) (3rd person) ▼

Usual **Meaning**(s):

- he/she/it **is** (in the middle of) **being verbed**
- he/she/it **is** (in the middle of) **getting verbed**
- he/she/it **is** (in the process of) **being verbed**
- he/she/it **is** (in the process of) **getting verbed**

For **examples** and much more, **scan** or **click** the **code** below ▼
- **Or** follow the links at **verbexpress.net** > French Verb Tense Atlas > Présent continu > Présent continu – Pronominal > **Pronominal impersonnel (passif)**

▶29D Présent continu – with <u>aller</u>

>> See *How to Do* this verb form after the **Univerb© Tag**(s) below ...

▼ **Meaning**(s) of this verb form shown in **Univerb© Tag**(s) (3rd person) ▼

<u>Usual</u> **Meaning**(s):

- he/she **is** (in the middle of) **going to verb**
- he/she **is** (in the middle of) **going verbing** (Appendix O at end of book)
- he/she **is** (in the process of) **going to verb**
- he/she **is** (in the process of) **going verbing** (Appendix O at end of book)

29D   Présent continu – with <u>aller</u>

▼ Formula

Sujet + (**suis, es, est, sommes, êtes, sont**) + <u>en train d'aller</u> + verbe principal (**Infinitif**)

For **examples** and much more, <u>scan</u> or <u>click</u> the **code** below ▼
- **Or** follow the links at **verbexpress.net** > French Verb Tense Atlas > Présent continu > **Présent continu – with Aller**

Présent continu

Présent continu au Conditionnel passé

Type of Verb Tense (According to structure)
　　Temps combiné – General term in this volume for any **combination** of a temps simple, temps composé, or Infinitif – with or without special added word(s)

Frequency of Use in Everyday Communication – (**Low**, Medium, High)
Level of Difficulty in **Formulation** – (Low, Medium, **High**)

Skill level for **Usage Mastery** – (Beginner, Intermediate, **Advanced**)

▼ This chapter covers ▼

30A	Présent continu au Conditionnel passé – actif (Basic format)
30B	Présent continu au Conditionnel passé – passif
1	Passif **direct** – Option 1
2	Passif **direct** – Option 2
3	Passif **indirect**
4	Passif **pronominal**
30C	Présent continu au Conditionnel passé – pronominal
1	Pronominal **essentiel**
2	Pronominal **à sens idiomatique**
3	Pronominal **réfléchi direct**
4	Pronominal **réfléchi indirect**
5	Pronominal **réciproque direct**
6	Pronominal **réciproque indirect**
7	Pronominal **passif**
8	Pronominal **impersonnel** (passif)
30D	Présent continu au Conditionnel passé – with aller

▶30A   Présent continu au Conditionnel passé – <u>actif</u> (Basic format)

\>\> See *How to Do* this verb form after the **Univerb© Tag**(s) below ...

▼ **Meaning**(s) of this verb form shown in **Univerb© Tag**(s) (3rd person) ▼

<u>Usual</u> **Meaning**(s): (Used for <u>hypothetical</u> **statements** or **questions** regarding the **past**)

- he/she/it **would have been** (in the middle of) **verbing**
- he/she/it **would have been** (in the process of) **verbing**

<u>Special</u> **Meaning**(s) often used in <u>law</u> or <u>journalism</u>:

- he/she/it **is alleged to have been** (in the middle of) **verbing**
- he/she/it **is alleged to have been** (in the process of) **verbing**
- he/she/it **is reported to have been** (in the middle of) **verbing**
- he/she/it **is reported to have been** (in the process of) **verbing**
- he/she/it **is said to have been** (in the middle of) **verbing**
- he/she/it **is said to have been** (in the process of) **verbing**
- he/she/it **was allegedly** (in the middle of) **verbing**
- he/she/it **was allegedly** (in the process of) **verbing**
- he/she/it **was reportedly** (in the middle of) **verbing**
- he/she/it **was reportedly** (in the process of) **verbing**

30A   Présent continu au Conditionnel passé – <u>actif</u> (Basic format)

▼ Formula

Sujet + [(**aurais, aurais, aurait, aurions, auriez, auraient**) + (**été**)] + **en train de/d'** + verbe principal (**Infinitif**)

For **examples** and much more, <u>scan</u> or <u>click</u> the **code** below ▼
- **Or** follow the links at <u>verbexpress.net</u> > French Verb Tense Atlas > Présent continu au Conditionnel passé > **Présent continu au Conditionnel passé – Actif (Basic Format)**

▶30B Présent continu au Conditionnel passé – passif

>> See *How to Do* this verb form after the **Univerb© Tag**(s) below ...

▼ **Meaning**(s) of this verb form shown in **Univerb© Tag**(s) (3rd person) ▼

<u>Usual</u> **Meaning**(s): (Used for <u>hypothetical</u> **statements** or **questions** regarding the **past**)

- he/she/it **would have been** (in the middle of) **being verbed**
- he/she/it **would have been** (in the middle of) **getting verbed**
- he/she/it **would have been** (in the process of) **being verbed**
- he/she/it **would have been** (in the process of) **getting verbed**

<u>Special</u> **Meaning**(s) often used in <u>law</u> or <u>journalism</u>:

- he/she/it **is alleged to have been** (in the middle of) **being verbed**
- he/she/it **is alleged to have been** (in the middle of) **getting verbed**
- he/she/it **is alleged to have been** (in the process of) **being verbed**
- he/she/it **is alleged to have been** (in the process of) **getting verbed**

- he/she/it **is reported to have been** (in the middle of) **being verbed**
- he/she/it **is reported to have been** (in the middle of) **getting verbed**
- he/she/it **is reported to have been** (in the process of) **being verbed**
- he/she/it **is reported to have been** (in the process of) **getting verbed**

- he/she/it **is said to have been** (in the middle of) **being verbed**
- he/she/it **is said to have been** (in the middle of) **getting verbed**
- he/she/it **is said to have been** (in the process of) **being verbed**
- he/she/it **is said to have been** (in the process of) **getting verbed**

- he/she/it **was allegedly** (in the middle of) **being verbed**
- he/she/it **was allegedly** (in the middle of) **getting verbed**
- he/she/it **was allegedly** (in the process of) **being verbed**
- he/she/it **was allegedly** (in the process of) **getting verbed**

- he/she/it **was reportedly** (in the middle of) **being verbed**
- he/she/it **was reportedly** (in the middle of) **getting verbed**
- he/she/it **was reportedly** (in the process of) **being verbed**
- he/she/it **was reportedly** (in the process of) **getting verbed**

To see the <u>above</u> **meaning**(s) in action using the **formula**(s) **below** with **translations**, **tips**, and helpful **resources**, <u>scan</u> or <u>click</u> the **code** below ▼
- **Or** follow the links at **verbexpress.net** > French Verb Tense Atlas > Présent continu au Conditionnel passé > **Présent continu au Conditionnel passé – Passif**

| 30B.1 | Passif **direct** – Option 1 – (**Présent continu au Conditionnel passé**) |

- Passif **direct** – Option 1 – (**See Appendix C** at end of book)

▼ Formula

Sujet (nom ou pronom, **objet direct** du verbe principal) + (**aurais, aurais, aurait, aurions, auriez, auraient**) + été + <u>en train d'être</u> + verbe principal (**p.p.**)(e.s.es)

(<u>Note</u>: When using the "Passif **direct** – Option 1" format, the **subject** of the verb "être" must also be the **direct object** of the participe passé (**p.p.**) of the main verb, and because it also <u>precedes</u> the p.p., the **p.p.** <u>agrees in gender and in number</u> with that subject/direct object.)

▼ **Meaning**(s) of this verb form shown in **Univerb© Tag**(s) (3rd person) ▼

<u>Usual</u> **Meaning**(s): (Used for <u>hypothetical</u> statements or questions regarding the **past**)

- he/she/it **would have been** (in the middle of) **being verbed**
- he/she/it **would have been** (in the middle of) **getting verbed**
- he/she/it **would have been** (in the process of) **being verbed**
- he/she/it **would have been** (in the process of) **getting verbed**

<u>Special</u> **Meaning**(s) often used in <u>law</u> or <u>journalism</u>:

- he/she/it **is alleged to have been** (in the middle of) **being verbed**
- he/she/it **is alleged to have been** (in the middle of) **getting verbed**
- he/she/it **is alleged to have been** (in the process of) **being verbed**
- he/she/it **is alleged to have been** (in the process of) **getting verbed**

- he/she/it **is reported to have been** (in the middle of) **being verbed**
- he/she/it **is reported to have been** (in the middle of) **getting verbed**
- he/she/it **is reported to have been** (in the process of) **being verbed**
- he/she/it **is reported to have been** (in the process of) **getting verbed**

- he/she/it **is said to have been** (in the middle of) **being verbed**
- he/she/it **is said to have been** (in the middle of) **getting verbed**
- he/she/it **is said to have been** (in the process of) **being verbed**
- he/she/it **is said to have been** (in the process of) **getting verbed**

- he/she/it **was allegedly** (in the middle of) **being verbed**
- he/she/it **was allegedly** (in the middle of) **getting verbed**
- he/she/it **was allegedly** (in the process of) **being verbed**
- he/she/it **was allegedly** (in the process of) **getting verbed**

- he/she/it **was reportedly** (in the middle of) **being verbed**
- he/she/it **was reportedly** (in the middle of) **getting verbed**
- he/she/it **was reportedly** (in the process of) **being verbed**
- he/she/it **was reportedly** (in the process of) **getting verbed**

For **examples** and much more, <u>scan</u> or <u>click</u> the **code** below ▼
- **Or** follow the links at <u>verbexpress.net</u> > French Verb Tense Atlas > Présent continu au Conditionnel passé > Présent continu au Conditionnel passé – Passif > **Passif direct – Option 1**

| 30B.2 | Passif **direct** – Option 2 – (**Présent continu au Conditionnel passé**) |

- Passif **direct** – Option 2 – (**See Appendix C** at end of book)

▼ **Formula**

When the **direct object** appears as a <u>noun</u>:

<u>On</u> (sujet indéfini) + **aurait été** + <u>en train de/d'</u> + verbe principal (**Infinitif**) + objet direct.

When the **direct object** appears as a <u>pronoun</u>:

<u>On</u> (sujet indéfini) + **aurait été** + <u>en train de</u> + pronom objet direct + verbe principal (**Infinitif**).

▼ **Meaning**(s) of this verb form shown in **Univerb© Tag**(s) (3rd person) ▼

<u>Usual</u> **Meaning**(s): (Used for <u>hypothetical</u> **statements** or **questions** regarding the **past**)

- he/she/it **would have been** (in the middle of) **being verbed**
- he/she/it **would have been** (in the middle of) **getting verbed**
- he/she/it **would have been** (in the process of) **being verbed**

- he/she/it **would have been** (in the process of) **getting verbed**

Special Meaning(s) often used in <u>law</u> or <u>journalism</u>:

- he/she/it **is alleged to have been** (in the middle of) **being verbed**
- he/she/it **is alleged to have been** (in the middle of) **getting verbed**
- he/she/it **is alleged to have been** (in the process of) **being verbed**
- he/she/it **is alleged to have been** (in the process of) **getting verbed**

- he/she/it **is reported to have been** (in the middle of) **being verbed**
- he/she/it **is reported to have been** (in the middle of) **getting verbed**
- he/she/it **is reported to have been** (in the process of) **being verbed**
- he/she/it **is reported to have been** (in the process of) **getting verbed**

- he/she/it **is said to have been** (in the middle of) **being verbed**
- he/she/it **is said to have been** (in the middle of) **getting verbed**
- he/she/it **is said to have been** (in the process of) **being verbed**
- he/she/it **is said to have been** (in the process of) **getting verbed**

- he/she/it **was allegedly** (in the middle of) **being verbed**
- he/she/it **was allegedly** (in the middle of) **getting verbed**
- he/she/it **was allegedly** (in the process of) **being verbed**
- he/she/it **was allegedly** (in the process of) **getting verbed**

- he/she/it **was reportedly** (in the middle of) **being verbed**
- he/she/it **was reportedly** (in the middle of) **getting verbed**
- he/she/it **was reportedly** (in the process of) **being verbed**
- he/she/it **was reportedly** (in the process of) **getting verbed**

For **examples** and much more, **scan** or **click** the **code** below ▼
- **Or** follow the links at **verbexpress.net** > French Verb Tense Atlas > Présent continu au Conditionnel passé > Présent continu au Conditionnel passé – Passif > **Passif direct – Option 2**

30B.3   Passif <u>indirect</u> – (Présent continu au Conditionnel passé)

- Passif <u>indirect</u> – (**See Appendix C** at end of book)

▼ Formula

Présent continu au Conditionnel passé

When the **indirect object** appears as a **noun**:
On (sujet indéfini) + **aurait été** + **en train de/d'** + verbe principal (**Infinitif**) + objet **indirect**.

When the **indirect object** appears as a **pronoun**:

On (sujet indéfini) + **aurait été** + **en train de/d'** + pronom objet **indirect** + verbe principal (**Infinitif**).

▼ **Meaning**(s) of this verb form shown in **Univerb© Tag**(s) (3rd person) ▼

Usual Meaning(s): (Used for **hypothetical** statements or questions regarding the **past**)

- he/she/it **would have been** (in the middle of) **being verbed**
- he/she/it **would have been** (in the middle of) **getting verbed**
- he/she/it **would have been** (in the process of) **being verbed**
- he/she/it **would have been** (in the process of) **getting verbed**

Special Meaning(s) often used in **law** or **journalism**:

- he/she/it **is alleged to have been** (in the middle of) **being verbed**
- he/she/it **is alleged to have been** (in the middle of) **getting verbed**
- he/she/it **is alleged to have been** (in the process of) **being verbed**
- he/she/it **is alleged to have been** (in the process of) **getting verbed**

- he/she/it **is reported to have been** (in the middle of) **being verbed**
- he/she/it **is reported to have been** (in the middle of) **getting verbed**
- he/she/it **is reported to have been** (in the process of) **being verbed**
- he/she/it **is reported to have been** (in the process of) **getting verbed**

- he/she/it **is said to have been** (in the middle of) **being verbed**
- he/she/it **is said to have been** (in the middle of) **getting verbed**
- he/she/it **is said to have been** (in the process of) **being verbed**
- he/she/it **is said to have been** (in the process of) **getting verbed**

- he/she/it **was allegedly** (in the middle of) **being verbed**
- he/she/it **was allegedly** (in the middle of) **getting verbed**
- he/she/it **was allegedly** (in the process of) **being verbed**
- he/she/it **was allegedly** (in the process of) **getting verbed**

- he/she/it **was reportedly** (in the middle of) **being verbed**
- he/she/it **was reportedly** (in the middle of) **getting verbed**
- he/she/it **was reportedly** (in the process of) **being verbed**
- he/she/it **was reportedly** (in the process of) **getting verbed**

For **examples** and much more, **scan** or **click** the **code** below ▼
- **Or** follow the links at **verbexpress.net** > French Verb Tense Atlas >

468 | Présent continu au Conditionnel passé

Présent continu au Conditionnel passé > Présent continu au Conditionnel passé – Passif > **Passif indirect**

30B.4   Passif **pronominal** – (**Présent continu au Conditionnel passé**)

- Passif **pronominal**

  The **'Passive Pronominal'** structure is a way to create a **passive** meaning by using the pronominal format with an **in**animate subject (a **non**-personal doer – singular or plural).
  (See Appendix H at end of book)

▼ Formula

Sujet (nom ou pronom, inanimé, – **objet direct** du verbe principal) + (**aurait, auraient**) + été + **en train de** + se-s' + verbe principal (**Infinitif**)

▼ **Meaning**(s) of this verb form shown in **Univerb© Tag**(s) (3rd person) ▼

Usual **Meaning**(s): (Used for hypothetical statements or questions regarding the **past**)

- it **would have been** (in the middle of) **being verbed**
- it **would have been** (in the middle of) **getting verbed**
- it **would have been** (in the process of) **being verbed**
- it **would have been** (in the process of) **getting verbed**

Special **Meaning**(s) often used in law or journalism:

- it **is alleged to have been** (in the middle of) **being verbed**
- it **is alleged to have been** (in the middle of) **getting verbed**
- it **is alleged to have been** (in the process of) **being verbed**
- it **is alleged to have been** (in the process of) **getting verbed**

- it **is reported to have been** (in the middle of) **being verbed**
- it **is reported to have been** (in the middle of) **getting verbed**
- it **is reported to have been** (in the process of) **being verbed**
- it **is reported to have been** (in the process of) **getting verbed**

- it **is said to have been** (in the middle of) **being verbed**
- it **is said to have been** (in the middle of) **getting verbed**

Présent continu au Conditionnel passé

- ♦ it **is said to have been** (in the process of) **being verbed**
- ♦ it **is said to have been** (in the process of) **getting verbed**

- ♦ it **was allegedly** (in the middle of) **being verbed**
- ♦ it **was allegedly** (in the middle of) **getting verbed**
- ♦ it **was allegedly** (in the process of) **being verbed**
- ♦ it **was allegedly** (in the process of) **getting verbed**

- ♦ it **was reportedly** (in the middle of) **being verbed**
- ♦ it **was reportedly** (in the middle of) **getting verbed**
- ♦ it **was reportedly** (in the process of) **being verbed**
- ♦ it **was reportedly** (in the process of) **getting verbed**

For **examples** and much more, <u>scan</u> or <u>click</u> the **code** below ▼
- **Or** follow the links at <u>verbexpress.net</u> > French Verb Tense Atlas > Présent continu au Conditionnel passé > Présent continu au Conditionnel passé – Passif > **Passif pronominal**

▶30C Présent continu au Conditionnel passé – <u>pronominal</u>

>> See *How to Do* this verb form after the **Univerb© Tag**(s) below …

▼ **Meaning**(s) of this verb form shown in **Univerb© Tag**(s) (3rd person) ▼

<u>Usual</u> **Meaning**(s): (Used for <u>hypothetical</u> **statements** or **questions** regarding the **past**)

- ♦ he/she **would have been** (in the middle of) **verbing**
- ♦ he/she/it **would have been** (in the middle of) **verbing** <u>himself</u> / <u>herself</u> / <u>itself</u>
- ♦ he/she **would have been** (in the process of) **verbing**
- ♦ he/she/it **would have been** (in the process of) **verbing** <u>himself</u> / <u>herself</u> / <u>itself</u>

<u>Special</u> **Meaning**(s) often used in <u>law</u> or <u>journalism</u>:

- ♦ he/she **is alleged to have been** (in the middle of) **verbing**
- ♦ he/she/it **is alleged to have been** (in the middle of) **verbing** <u>himself</u> / <u>herself</u> / <u>itself</u>
- ♦ he/she **is alleged to have been** (in the process of) **verbing**

- he/she/it **is alleged to have been** (in the process of) **verbing** himself / herself / itself

- he/she **is reported to have been** (in the middle of) **verbing**
- he/she/it **is reported to have been** (in the middle of) **verbing** himself / herself / itself
- he/she **is reported to have been** (in the process of) **verbing**
- he/she/it **is reported to have been** (in the process of) **verbing** himself / herself / itself

- he/she **is said to have been** (in the middle of) **verbing**
- he/she/it **is said to have been** (in the middle of) **verbing** himself / herself / itself
- he/she **is said to have been** (in the process of) **verbing**
- he/she/it **is said to have been** (in the process of) **verbing** himself / herself / itself

- he/she **was allegedly** (in the middle of) **verbing**
- he/she/it **was allegedly** (in the middle of) **verbing** himself / herself / itself
- he/she **was allegedly** (in the process of) **verbing**
- he/she/it **was allegedly** (in the process of) **verbing** himself / herself / itself

- he/she **was reportedly** (in the middle of) **verbing**
- he/she/it **was reportedly** (in the middle of) **verbing** himself / herself / itself
- he/she **was reportedly** (in the process of) **verbing**
- he/she/it **was reportedly** (in the process of) **verbing** himself / herself / itself

▼ Pronominal **Passive** Meanings ▼

Usual Meaning(s) when in a Pronominal **Passive** form: (Used for **hypothetical** statements or questions regarding the **past**) (See 30C.7, 30C.8 below)

- he/she/it **would have been** (in the middle of) **being verbed**
- he/she/it **would have been** (in the middle of) **getting verbed**
- he/she/it **would have been** (in the process of) **being verbed**
- he/she/it **would have been** (in the process of) **getting verbed**

Special Meaning(s) of the Pronominal **Passive** form often used in law or journalism: (See 30C.7, 30C.8 below)

- he/she/it **is alleged to have been** (in the middle of) **being verbed**
- he/she/it **is alleged to have been** (in the middle of) **getting verbed**
- he/she/it **is alleged to have been** (in the process of) **being verbed**
- he/she/it **is alleged to have been** (in the process of) **getting verbed**

- he/she/it **is reported to have been** (in the middle of) **being verbed**

- he/she/it **is reported to have been** (in the middle of) **getting verbed**
- he/she/it **is reported to have been** (in the process of) **being verbed**
- he/she/it **is reported to have been** (in the process of) **getting verbed**

- he/she/it **is said to have been** (in the middle of) **being verbed**
- he/she/it **is said to have been** (in the middle of) **getting verbed**
- he/she/it **is said to have been** (in the process of) **being verbed**
- he/she/it **is said to have been** (in the process of) **getting verbed**

- he/she/it **was allegedly** (in the middle of) **being verbed**
- he/she/it **was allegedly** (in the middle of) **getting verbed**
- he/she/it **was allegedly** (in the process of) **being verbed**
- he/she/it **was allegedly** (in the process of) **getting verbed**

- he/she/it **was reportedly** (in the middle of) **being verbed**
- he/she/it **was reportedly** (in the middle of) **getting verbed**
- he/she/it **was reportedly** (in the process of) **being verbed**
- he/she/it **was reportedly** (in the process of) **getting verbed**

To see the <u>above</u> meaning(s) in action using the **formula**(s) **below** with **translations**, **tips**, and helpful **resources**, <u>scan</u> or <u>click</u> the code below ▼ - **Or** follow the links at **verbexpress.net** > French Verb Tense Atlas > Présent continu au Conditionnel passé > **Présent continu au Conditionnel passé – Pronominal**

30C.1   Pronominal **essentiel** – (**Présent continu au Conditionnel passé**)

- Pronominal **essentiel** (exclusivement)
  (Verbes <u>exclusivement</u> pronominaux)

    '<u>Essential</u>' Pronominal Verbs are a special collection of verbs that are used <u>only</u> in the <u>pronominal</u> format, but have no '*reflexive*' meaning. (See <u>Appendix</u> E at end of book)

| ▼ Formula

Sujet + (**aurais, aurais, aurait, aurions, auriez, auraient**) + **été** + **en train de** + (<u>me-m', te-t', se-s', nous, vous, se-s'</u>) + verbe principal (**Infinitif**)

| ▼ **Meaning**(s) of this verb form shown in **Univerb© Tag**(s) (3rd person) ▼

Usual Meaning(s): (Used for **hypothetical** statements or **questions** regarding the **past**)

- he/she **would have been** (in the middle of) **verbing**
- he/she **would have been** (in the process of) **verbing**

Special Meaning(s) often used in **law** or **journalism**:

- he/she **is alleged to have been** (in the middle of) **verbing**
- he/she **is alleged to have been** (in the process of) **verbing**

- he/she **is reported to have been** (in the middle of) **verbing**
- he/she **is reported to have been** (in the process of) **verbing**

- he/she **is said to have been** (in the middle of) **verbing**
- he/she **is said to have been** (in the process of) **verbing**

- he/she **was allegedly** (in the middle of) **verbing**
- he/she **was allegedly** (in the process of) **verbing**

- he/she **was reportedly** (in the middle of) **verbing**
- he/she **was reportedly** (in the process of) **verbing**

For **examples** and much more, **scan** or **click** the **code** below ▼
- **Or** follow the links at verbexpress.net > French Verb Tense Atlas > Présent continu au Conditionnel passé > Présent continu au Conditionnel passé – Pronominal > **Pronominal esentiel**

30C.2 Pronominal à sens idiomatique – (Présent continu au Conditionnel passé)

- Pronominal **à sens idiomatique**

  'Idiomatic' Pronominal Verbs are a set of verbs which take on a different meaning than their normal meaning when they are used in the pronominal format.
  (See **Appendix** F at end of book)

▼ Formula

Sujet + (**aurais, aurais, aurait, aurions, auriez, auraient**) + **été** +

en train de + (me-m', te-t', se-s', nous, vous, se-s') + verbe principal (Infinitif)

▼ **Meaning**(s) of this verb form shown in **Univerb© Tag**(s) (3rd person) ▼

Usual Meaning(s): (Used for **hypothetical** statements or **questions** regarding the **past**)

- he/she **would have been** (in the middle of) **verbing**
- he/she **would have been** (in the process of) **verbing**

Special Meaning(s) often used in **law** or **journalism**:

- he/she **is alleged to have been** (in the middle of) **verbing**
- he/she **is alleged to have been** (in the process of) **verbing**

- he/she **is reported to have been** (in the middle of) **verbing**
- he/she **is reported to have been** (in the process of) **verbing**

- he/she **is said to have been** (in the middle of) **verbing**
- he/she **is said to have been** (in the process of) **verbing**

- he/she **was allegedly** (in the middle of) **verbing**
- he/she **was allegedly** (in the process of) **verbing**

- he/she **was reportedly** (in the middle of) **verbing**
- he/she **was reportedly** (in the process of) **verbing**

For **examples** and much more, **scan** or **click** the **code** below ▼
- Or follow the links at **verbexpress.net** > French Verb Tense Atlas > Présent continu au Conditionnel passé > Présent continu au Conditionnel passé – Pronominal > **Pronominal à sens idiomatique**

30C.3   Pronominal **réfléchi direct** – (**Présent continu au Conditionnel passé**)

- Pronominal **réfléchi direct**

    The **'Reflexive Direct'** Pronominal structure is when the Pronominal format is used AND the subject (the doer – singular or plural) of a direct action is also the receiver of that direct action. (**Appendix G**)

Présent continu au Conditionnel passé

▼ **Formula**

Sujet + (**aurais, aurais, aurait, aurions, auriez, auraient**) + été + **en train de** + (me-m', te-t', se-s', nous, vous, se-s', – **objet direct** du verbe principal) + verbe principal (**Infinitif**)

▼ **Meaning**(s) of this verb form shown in **Univerb© Tag**(s) (3rd person) ▼

<u>Usual</u> **Meaning**(s): (Used for <u>hypothetical</u> **statements** or **questions** regarding the **past**)

- he/she/it **would have been** (in the middle of) **verbing** himself / herself / itself
- he/she/it **would have been** (in the process of) **verbing** himself / herself / itself

<u>Special</u> **Meaning**(s) often used in <u>law</u> or <u>journalism</u>:

- he/she/it **is alleged to have been** (in the middle of) **verbing** himself / herself / itself
- he/she/it **is alleged to have been** (in the process of) **verbing** himself / herself / itself
- he/she/it **is reported to have been** (in the middle of) **verbing** himself / herself / itself
- he/she/it **is reported to have been** (in the process of) **verbing** himself / herself / itself
- he/she/it **is said to have been** (in the middle of) **verbing** himself / herself / itself
- he/she/it **is said to have been** (in the process of) **verbing** himself / herself / itself
- he/she/it **was allegedly** (in the middle of) **verbing** himself / herself / itself
- he/she/it **was allegedly** (in the process of) **verbing** himself / herself / itself
- he/she/it **was reportedly** (in the middle of) **verbing** himself / herself / itself
- he/she/it **was reportedly** (in the process of) **verbing** himself / herself / itself

For **examples** and much more, **scan** or **click** the **code** below ▼
- **Or** follow the links at **verbexpress.net** > French Verb Tense Atlas > Présent continu au Conditionnel passé > Présent continu au Conditionnel passé – Pronominal > **Pronominal réfléchi direct**

30C.4 Pronominal **réfléchi indirect** – (**Présent continu au Conditionnel passé**)

- Pronominal **réfléchi indirect**

  The **'Reflexive Indirect'** Pronominal structure is when the Pronominal format is used AND the subject (the doer - singular or plural) of an indirect action is also the receiver of that indirect action.
  (**See Appendix G** at end of book)

▼ Formula

Sujet + (**aurais, aurais, aurait, aurions, auriez, auraient**) + été + **en train de** + (me-m', te-t', se-s', nous, vous, se-s', – objet **in**direct du verbe principal) + verbe principal (**Infinitif**)

▼ Meaning(s) of this verb form shown in Univerb© Tag(s) (3rd person) ▼

Usual Meaning(s): (Used for hypothetical statements or questions regarding the past)

- he/she/it **would have been** (in the middle of) **verbing** himself / herself / itself
- he/she/it **would have been** (in the process of) **verbing** himself / herself / itself

Special Meaning(s) often used in law or journalism:

- he/she/it **is alleged to have been** (in the middle of) **verbing** himself / herself / itself
- he/she/it **is alleged to have been** (in the process of) **verbing** himself / herself / itself
- he/she/it **is reported to have been** (in the middle of) **verbing** himself / herself / itself
- he/she/it **is reported to have been** (in the process of) **verbing** himself / herself / itself
- he/she/it **is said to have been** (in the middle of) **verbing** himself / herself / itself
- he/she/it **is said to have been** (in the process of) **verbing** himself / herself / itself

476 | Présent continu au Conditionnel passé

- he/she/it **was allegedly** (in the middle of) **verbing** himself / herself / itself
- he/she/it **was allegedly** (in the process of) **verbing** himself / herself / itself
- he/she/it **was reportedly** (in the middle of) **verbing** himself / herself / itself
- he/she/it **was reportedly** (in the process of) **verbing** himself / herself / itself

For **examples** and much more, **scan** or **click** the **code** below ▼
- **Or** follow the links at **verbexpress.net** > French Verb Tense Atlas > Présent continu au Conditionnel passé > Présent continu au Conditionnel passé – Pronominal > **Pronominal réfléchi indirect**

30C.5   Pronominal **réciproque direct** – (**Présent continu au Conditionnel passé**)

- Pronominal **réciproque direct**

  The '**Reciprocal Direct**' Pronominal structure is when the Pronominal format is used AND a group of two or more (subjects) do the same direct action to one another.
  (See **Appendix** G at end of book)

▼ **Formula**

Sujet (pluriel) + (**aurions, auriez, auraient**) + été + **en train de** + (nous, vous, se-s', – **objet direct** du verbe principal) + verbe principal (**Infinitif**)

▼ **Meaning**(s) of this verb form shown in **Univerb© Tag**(s) (3rd person) ▼

Usual Meaning(s): (Used for hypothetical statements or questions regarding the past)

- they **would have been** (in the middle of) **verbing** each other
- they **would have been** (in the process of) **verbing** each other

Special Meaning(s) often used in law or journalism:

Présent continu au Conditionnel passé

- they **are alleged to have been** (in the middle of) **verbing** each other
- they **are alleged to have been** (in the process of) **verbing** each other

- they **are reported to have been** (in the middle of) **verbing** each other
- they **are reported to have been** (in the process of) **verbing** each other

- they **are said to have been** (in the middle of) **verbing** each other
- they **are said to have been** (in the process of) **verbing** each other

- they **were allegedly** (in the middle of) **verbing** each other
- they **were allegedly** (in the process of) **verbing** each other

- they **were reportedly** (in the middle of) **verbing** each other
- they **were reportedly** (in the process of) **verbing** each other

For **examples** and much more, **scan** or **click** the **code** below ▼
- **Or** follow the links at **verbexpress.net** > French Verb Tense Atlas > Présent continu au Conditionnel passé > Présent continu au Conditionnel passé – Pronominal > **Pronominal réciproque direct**

30C.6 Pronominal **réciproque** indirect – (**Présent continu au Conditionnel passé**)

- Pronominal **réciproque** indirect

    The **'Reciprocal Indirect'** Pronominal structure is when the Pronominal format is used AND a group of two or more (subjects) do the same indirect action to one another.
    (See **Appendix** G at end of book)

▼ Formula

Sujet (pluriel) + (**aurions, auriez, auraient**) + **été** + **en train de** + (nous, vous, se-s', – **objet indirect** du verbe principal) + verbe principal (**Infinitif**)

▼ **Meaning**(s) of this verb form shown in **Univerb©** **Tag**(s) (3rd person) ▼

Usual Meaning(s): (Used for **hypothetical** statements or questions regarding the **past**)

- they **would have been** (in the middle of) **verbing** each other
- they **would have been** (in the process of) **verbing** each other

Special Meaning(s) often used in law or journalism:

- they **are alleged to have been** (in the middle of) **verbing** each other
- they **are alleged to have been** (in the process of) **verbing** each other

- they **are reported to have been** (in the middle of) **verbing** each other
- they **are reported to have been** (in the process of) **verbing** each other

- they **are said to have been** (in the middle of) **verbing** each other
- they **are said to have been** (in the process of) **verbing** each other

- they **were allegedly** (in the middle of) **verbing** each other
- they **were allegedly** (in the process of) **verbing** each other

- they **were reportedly** (in the middle of) **verbing** each other
- they **were reportedly** (in the process of) **verbing** each other

For **examples** and much more, **scan** or **click** the **code** below ▼
- **Or** follow the links at verbexpress.net > French Verb Tense Atlas > Présent continu au Conditionnel passé > Présent continu au Conditionnel passé – Pronominal > **Pronominal réciproque indirect**

30C.7 Pronominal **passif** – (**Présent continu au Conditionnel passé**)

- Pronominal **passif**

    The '**Passive Pronominal**' structure is a way to create a **passive** meaning by using the pronominal format with an **in**animate subject (a **non**-personal doer – singular or plural).
    (See **Appendix** H at end of book)

▼ Formula

Sujet (nom ou pronom, inanimé, - **objet direct** du verbe principal) + (**aurait, auraient**) + été + **en train de** + se-s' + verbe principal

Présent continu au Conditionnel passé | 479

(Infinitif)

▼ **Meaning**(s) of this verb form shown in **Univerb© Tag**(s) (3rd person) ▼

Usual Meaning(s): (Used for **hypothetical** statements or **questions** regarding the **past**)

- it **would have been** (in the middle of) **being verbed**
- it **would have been** (in the middle of) **getting verbed**
- it **would have been** (in the process of) **being verbed**
- it **would have been** (in the process of) **getting verbed**

Special Meaning(s) often used in **law** or **journalism**:

- it **is alleged to have been** (in the middle of) **being verbed**
- it **is alleged to have been** (in the middle of) **getting verbed**
- it **is alleged to have been** (in the process of) **being verbed**
- it **is alleged to have been** (in the process of) **getting verbed**

- it **is reported to have been** (in the middle of) **being verbed**
- it **is reported to have been** (in the middle of) **getting verbed**
- it **is reported to have been** (in the process of) **being verbed**
- it **is reported to have been** (in the process of) **getting verbed**

- it **is said to have been** (in the middle of) **being verbed**
- it **is said to have been** (in the middle of) **getting verbed**
- it **is said to have been** (in the process of) **being verbed**
- it **is said to have been** (in the process of) **getting verbed**

- it **was allegedly** (in the middle of) **being verbed**
- it **was allegedly** (in the middle of) **getting verbed**
- it **was allegedly** (in the process of) **being verbed**
- it **was allegedly** (in the process of) **getting verbed**

- it **was reportedly** (in the middle of) **being verbed**
- it **was reportedly** (in the middle of) **getting verbed**
- it **was reportedly** (in the process of) **being verbed**
- it **was reportedly** (in the process of) **getting verbed**

For **examples** and much more, **scan** or **click** the **code** below ▼
- **Or** follow the links at **verbexpress.net** > French Verb Tense Atlas > Présent continu au Conditionnel passé > Présent continu au Conditionnel passé – Pronominal > **Pronominal passif**

30C.8 Pronominal **impersonnel** (passif) – (**Présent continu au Conditionnel passé**)

- Pronominal **impersonnel** (passif)

  The '**Impersonal Passive**' structure is a way to create a **passive** meaning by using the **im**personal version of the subject " **il** " in the **pronominal** format.
  (See **Appendix** H at end of book)

▼ Formula

… **il** (sens impersonnel) + **aurait été** + **en train de** + **se-s'** + verbe principal (**Infinitif**) + objet direct du verbe principal

▼ Meaning(s) of this verb form shown in Univerb© Tag(s) (3rd person) ▼

Usual Meaning(s): (Used for **hypothetical** statements or questions regarding the **past**)

- he/she/it **would have been** (in the middle of) **being verbed**
- he/she/it **would have been** (in the middle of) **getting verbed**
- he/she/it **would have been** (in the process of) **being verbed**
- he/she/it **would have been** (in the process of) **getting verbed**

Special Meaning(s) often used in law or journalism:

- he/she/it **is alleged to have been** (in the middle of) **being verbed**
- he/she/it **is alleged to have been** (in the middle of) **getting verbed**
- he/she/it **is alleged to have been** (in the process of) **being verbed**
- he/she/it **is alleged to have been** (in the process of) **getting verbed**

- he/she/it **is reported to have been** (in the middle of) **being verbed**
- he/she/it **is reported to have been** (in the middle of) **getting verbed**
- he/she/it **is reported to have been** (in the process of) **being verbed**
- he/she/it **is reported to have been** (in the process of) **getting verbed**

- he/she/it **is said to have been** (in the middle of) **being verbed**
- he/she/it **is said to have been** (in the middle of) **getting verbed**
- he/she/it **is said to have been** (in the process of) **being verbed**
- he/she/it **is said to have been** (in the process of) **getting verbed**

- he/she/it **was allegedly** (in the middle of) **being verbed**
- he/she/it **was allegedly** (in the middle of) **getting verbed**
- he/she/it **was allegedly** (in the process of) **being verbed**
- he/she/it **was allegedly** (in the process of) **getting verbed**

- he/she/it **was reportedly** (in the middle of) **being verbed**
- he/she/it **was reportedly** (in the middle of) **getting verbed**

- he/she/it **was reportedly** (in the process of) **being verbed**
- he/she/it **was reportedly** (in the process of) **getting verbed**

For **examples** and much more, <u>scan</u> or <u>click</u> the **code** below ▼
- **Or** follow the links at <u>verbexpress.net</u> > French Verb Tense Atlas > Présent continu au Conditionnel passé > Présent continu au Conditionnel passé – Pronominal > **Pronominal impersonnel (passif)**

▶30D Présent continu au Conditionnel passé – with <u>aller</u>

>> See *How to Do* this verb form after the **Univerb©** **Tag**(s) below ...

▼ **Meaning**(s) of this verb form shown in **Univerb©** **Tag**(s) (3rd person) ▼

<u>Usual</u> **Meaning**(s): (Used for <u>hypothetical</u> **statements** or **questions** regarding the **past**)

- he/she **would have been** (in the middle of) **going to verb**
- he/she **would have been** (in the middle of) **going verbing** (Appendix O at end of book)
- he/she **would have been** (in the process of) **going to verb**
- he/she **would have been** (in the process of) **going verbing** (Appendix O at end of book)

<u>Special</u> **Meaning**(s) often used in <u>law</u> or <u>journalism</u>:

- he/she **is alleged to have been** (in the middle of) **going to verb**
- he/she **is alleged to have been** (in the middle of) **going verbing** (Appendix O at end of book)
- he/she **is alleged to have been** (in the process of) **going to verb**
- he/she **is alleged to have been** (in the process of) **of going verbing** (Appendix O at end of book)

- he/she **is reported to have been** (in the middle of) **going to verb**
- he/she **is reported to have been** (in the middle of) **going verbing** (Appendix O at end of book)
- he/she **is reported to have been** (in the process of) **going to verb**
- he/she **is reported to have been** (in the process of) **of going verbing** (Appendix O at end of book)

- he/she **is said to have been** (in the middle of) **going to verb**

482 | Présent continu au Conditionnel passé

- he/she **is said to have been** (in the middle of) **going verbing** (Appendix O at end of book)
- he/she **is said to have been** (in the process of) **going to verb**
- he/she **is said to have been** (in the process of) **of going verbing** (Appendix O at end of book)

- he/she **was allegedly** (in the middle of) **going to verb**
- he/she **was allegedly** (in the middle of) **going verbing** (Appendix O at end of book)
- he/she **was allegedly** (in the process of) **going to verb**
- he/she **was allegedly** (in the process of) **going verbing** (Appendix O at end of book)

- he/she **was reportedly** (in the middle of) **going to verb**
- he/she **was reportedly** (in the middle of) **going verbing** (Appendix O at end of book)
- he/she **was reportedly** (in the process of) **going to verb**
- he/she **was reportedly** (in the process of) **going verbing** (Appendix O at end of book)

30D   Présent continu au Conditionnel passé – with <u>aller</u>

▼ Formula

Sujet + (**aurais, aurais, aurait, aurions, auriez, auraient**) + **été** + <u>**en train d'aller**</u> + verbe principal (**Infinitif**)

For **examples** and much more, <u>scan</u> or <u>click</u> the **code** below ▼
- <u>Or</u> follow the links at <u>verbexpress.net</u> > French Verb Tense Atlas > Présent continu au Conditionnel passé > **Présent continu au Conditionnel passé – with Aller**

Présent continu au Conditionnel présent

Type of Verb Tense (According to structure)
    Temps combiné – General term in this volume for any **combination** of a temps **simple**, temps **composé**, or **Infinitif** – with or without special added word(s)

Frequency of Use in Everyday Communication – (**Low**, Medium, High)
Level of **Difficulty** in **Formulation** – (Low, **Medium**, High)

Skill level for **Usage Mastery** – (Beginner, Intermediate, **Advanced**)

▼ This chapter covers ▼

31A	Présent continu au Conditionnel présent – actif (Basic format)
31B	Présent continu au Conditionnel présent – passif
1	Passif **direct** – Option 1
2	Passif **direct** – Option 2
3	Passif **indirect**
4	Passif **pronominal**
31C	Présent continu au Conditionnel présent – pronominal
1	Pronominal **essentiel**
2	Pronominal **à sens idiomatique**
3	Pronominal **réfléchi direct**
4	Pronominal **réfléchi indirect**
5	Pronominal **réciproque direct**
6	Pronominal **réciproque indirect**
7	Pronominal **passif**
8	Pronominal **impersonnel** (passif)
31D	Présent continu au Conditionnel présent – with aller

▶31A Présent continu au Conditionnel présent – actif (Basic format)

\>> See *How to Do* this verb form after the **Univerb© Tag**(s) below ...

▼ **Meaning**(s) of this verb form shown in **Univerb© Tag**(s) (3rd person) ▼

Usual Meaning(s): (Used for **hypothetical** statements or **questions** regarding the **present** or the **future**)

- he/she/it **would be** (in the middle of) **verbing**
- he/she/it **would be** (in the process of) **verbing**

Special Meaning(s) often used in **law** or **journalism**:

- he/she/it **is allegedly** (in the middle of) **verbing**
- he/she/it **is allegedly** (in the process of) **verbing**

- he/she/it **is alleged to be** (in the middle of) **verbing**
- he/she/it **is alleged to be** (in the process of) **verbing**

- he/she/it **is reportedly** (in the middle of) **verbing**
- he/she/it **is reportedly** (in the process of) **verbing**

- he/she/it **is reported to be** (in the middle of) **verbing**
- he/she/it **is reported to be** (in the process of) **verbing**

- he/she/it **is said to be** (in the middle of) **verbing**
- he/she/it **is said to be** (in the process of) **verbing**

31A   Présent continu au Conditionnel présent – actif (Basic format)

▼ **Formula**

Sujet + (**serais, serais, serait, serions, seriez, seraient**) + **en train de/d'** + verbe principal (**Infinitif**)

For **examples** and much more, **scan** or **click** the **code** below ▼
- **Or** follow the links at verbexpress.net > French Verb Tense Atlas > Présent continu au Conditionnel présent > **Présent continu au Conditionnel présent – Actif (Basic Format)**

▶31B Présent continu au Conditionnel présent – passif

>> See *How to Do* this verb form after the **Univerb© Tag**(s) below ...

▼ **Meaning**(s) of this verb form shown in **Univerb© Tag**(s) (3rd person) ▼

<u>Usual</u> **Meaning**(s): (Used for <u>hypothetical</u> **statements** or **questions** regarding the **present** or the **future**)

- he/she/it **would be** (in the middle of) **being verbed**
- he/she/it **would be** (in the middle of) **getting verbed**
- he/she/it **would be** (in the process of) **being verbed**
- he/she/it **would be** (in the process of) **getting verbed**

<u>Special</u> **Meaning**(s) often used in <u>law</u> or <u>journalism</u>:

- he/she/it **is allegedly** (in the middle of) **being verbed**
- he/she/it **is allegedly** (in the middle of) **getting verbed**
- he/she/it **is allegedly** (in the process of) **being verbed**
- he/she/it **is allegedly** (in the process of) **getting verbed**

- he/she/it **is alleged to be** (in the middle of) **being verbed**
- he/she/it **is alleged to be** (in the middle of) **getting verbed**
- he/she/it **is alleged to be** (in the process of) **being verbed**
- he/she/it **is alleged to be** (in the process of) **getting verbed**

- he/she/it **is reportedly** (in the middle of) **being verbed**
- he/she/it **is reportedly** (in the middle of) **getting verbed**
- he/she/it **is reportedly** (in the process of) **being verbed**
- he/she/it **is reportedly** (in the process of) **getting verbed**

- he/she/it **is reported to be** (in the middle of) **being verbed**
- he/she/it **is reported to be** (in the middle of) **getting verbed**
- he/she/it **is reported to be** (in the process of) **being verbed**
- he/she/it **is reported to be** (in the process of) **getting verbed**

- he/she/it **is said to be** (in the middle of) **being verbed**
- he/she/it **is said to be** (in the middle of) **getting verbed**
- he/she/it **is said to be** (in the process of) **being verbed**
- he/she/it **is said to be** (in the process of) **getting verbed**

To see the <u>above</u> **meaning**(s) in action using the **formula**(s) **below** with **translations**, **tips**, and helpful **resources**, <u>scan</u> or <u>click</u> the **code** below ▼
- <u>Or</u> follow the links at <u>verbexpress.net</u> > French Verb Tense Atlas > Présent continu au Conditionnel présent > **Présent continu au Conditionnel présent – Passif**

31B.1 Passif **direct** – Option 1 – (**Présent continu au Conditionnel présent**)

- Passif **direct** – Option 1 – (**See Appendix C** at end of book)

▼ **Formula**

Sujet (nom ou pronom, **objet direct** du verbe principal) + (**serais, serais, serait, serions, seriez, seraient**) + <u>en train d'être</u> + verbe principal (**p.p.**)(e.s.es)

(**Note**: When using the "Passif **direct** – Option 1" format, the **subject** of the verb "être" must also be the **direct object** of the participe passé (**p.p.**) of the main verb, and because it also <u>precedes</u> the p.p., the **p.p.** <u>agrees in gender and in number</u> with that subject/direct object.)

▼ **Meaning**(s) of this verb form shown in **Univerb© Tag**(s) (3rd person) ▼

<u>Usual</u> **Meaning**(s): (Used for <u>hypothetical</u> **statements** or **questions** regarding the **present** or the **future**)

- he/she/it **would be** (in the middle of) **being verbed**
- he/she/it **would be** (in the middle of) **getting verbed**
- he/she/it **would be** (in the process of) **being verbed**
- he/she/it **would be** (in the process of) **getting verbed**

<u>Special</u> **Meaning**(s) often used in <u>law</u> or <u>journalism</u>:

- he/she/it **is allegedly** (in the middle of) **being verbed**
- he/she/it **is allegedly** (in the middle of) **getting verbed**
- he/she/it **is allegedly** (in the process of) **being verbed**
- he/she/it **is allegedly** (in the process of) **getting verbed**

- he/she/it **is alleged to be** (in the middle of) **being verbed**
- he/she/it **is alleged to be** (in the middle of) **getting verbed**
- he/she/it **is alleged to be** (in the process of) **being verbed**
- he/she/it **is alleged to be** (in the process of) **getting verbed**

- he/she/it **is reportedly** (in the middle of) **being verbed**
- he/she/it **is reportedly** (in the middle of) **getting verbed**
- he/she/it **is reportedly** (in the process of) **being verbed**
- he/she/it **is reportedly** (in the process of) **getting verbed**

- he/she/it **is reported to be** (in the middle of) **being verbed**

Présent continu au Conditionnel présent | 487

- he/she/it **is reported to be** (in the middle of) **getting verbed**
- he/she/it **is reported to be** (in the process of) **being verbed**
- he/she/it **is reported to be** (in the process of) **getting verbed**

- he/she/it **is said to be** (in the middle of) **being verbed**
- he/she/it **is said to be** (in the middle of) **getting verbed**
- he/she/it **is said to be** (in the process of) **being verbed**
- he/she/it **is said to be** (in the process of) **getting verbed**

For **examples** and much more, <u>scan</u> or <u>click</u> the **code** below ▼
- **Or** follow the links at <u>verbexpress.net</u> > French Verb Tense Atlas > Présent continu au Conditionnel présent > Présent continu au Conditionnel présent – Passif > **Passif direct – Option 1**

31B.2   Passif **direct** – Option 2 – (**Présent continu au Conditionnel présent**)

- Passif **direct** – Option 2 – (**See Appendix C** at end of book)

▼ **Formula**

When the **direct object** appears as a <u>noun</u>:

<u>On</u> (sujet indéfini) + **serait** + <u>**en train de/d'**</u> + verbe principal (**Infinitif**) + **objet direct**.

When the **direct object** appears as a <u>pronoun</u>:

<u>On</u> (sujet indéfini) + **serait** + <u>**en train de**</u> + pronom objet direct + verbe principal (**Infinitif**).

▼ **Meaning**(s) of this verb form shown in **Univerb© Tag**(s) (3rd person) ▼

<u>Usual</u> **Meaning**(s): (Used for <u>hypothetical</u> statements or questions regarding the **present** or the **future**)

- he/she/it **would be** (in the middle of) **being verbed**
- he/she/it **would be** (in the middle of) **getting verbed**
- he/she/it **would be** (in the process of) **being verbed**
- he/she/it **would be** (in the process of) **getting verbed**

488 | Présent continu au Conditionnel présent

Special Meaning(s) often used in <u>law</u> or <u>journalism</u>:

- he/she/it **is allegedly** (in the middle of) **being verbed**
- he/she/it **is allegedly** (in the middle of) **getting verbed**
- he/she/it **is allegedly** (in the process of) **being verbed**
- he/she/it **is allegedly** (in the process of) **getting verbed**

- he/she/it **is alleged to be** (in the middle of) **being verbed**
- he/she/it **is alleged to be** (in the middle of) **getting verbed**
- he/she/it **is alleged to be** (in the process of) **being verbed**
- he/she/it **is alleged to be** (in the process of) **getting verbed**

- he/she/it **is reportedly** (in the middle of) **being verbed**
- he/she/it **is reportedly** (in the middle of) **getting verbed**
- he/she/it **is reportedly** (in the process of) **being verbed**
- he/she/it **is reportedly** (in the process of) **getting verbed**

- he/she/it **is reported to be** (in the middle of) **being verbed**
- he/she/it **is reported to be** (in the middle of) **getting verbed**
- he/she/it **is reported to be** (in the process of) **being verbed**
- he/she/it **is reported to be** (in the process of) **getting verbed**

- he/she/it **is said to be** (in the middle of) **being verbed**
- he/she/it **is said to be** (in the middle of) **getting verbed**
- he/she/it **is said to be** (in the process of) **being verbed**
- he/she/it **is said to be** (in the process of) **getting verbed**

For **examples** and much more, <u>scan</u> or <u>click</u> the **code** below ▼
- <u>Or</u> follow the links at **verbexpress.net** > French Verb Tense Atlas > Présent continu au Conditionnel présent > Présent continu au Conditionnel présent – Passif > **Passif direct – Option 2**

31B.3   Passif <u>indirect</u> – (**Présent continu au Conditionnel présent**)

- Passif <u>indirect</u> – (**See Appendix C** at end of book)

▼ **Formula**

When the <u>indirect object</u> appears as a <u>noun</u>:

<u>On</u> (sujet indéfini) + **serait** + <u>**en train de/d'**</u> + verbe principal (**Infinitif**) +

Présent continu au Conditionnel présent

objet indirect.

When the **indirect object** appears as a **pronoun**:

On (sujet indéfini) + **serait** + **en train de/d'** + pronom objet indirect + verbe principal (**Infinitif**).

▼ **Meaning**(s) of this verb form shown in **Univerb© Tag**(s) (3ʳᵈ person) ▼

Usual Meaning(s): (Used for **hypothetical** statements or **questions** regarding the **present** or the **future**)

- he/she/it **would be** (in the middle of) **being verbed**
- he/she/it **would be** (in the middle of) **getting verbed**
- he/she/it **would be** (in the process of) **being verbed**
- he/she/it **would be** (in the process of) **getting verbed**

Special Meaning(s) often used in **law** or **journalism**:

- he/she/it **is allegedly** (in the middle of) **being verbed**
- he/she/it **is allegedly** (in the middle of) **getting verbed**
- he/she/it **is allegedly** (in the process of) **being verbed**
- he/she/it **is allegedly** (in the process of) **getting verbed**

- he/she/it **is alleged to be** (in the middle of) **being verbed**
- he/she/it **is alleged to be** (in the middle of) **getting verbed**
- he/she/it **is alleged to be** (in the process of) **being verbed**
- he/she/it **is alleged to be** (in the process of) **getting verbed**

- he/she/it **is reportedly** (in the middle of) **being verbed**
- he/she/it **is reportedly** (in the middle of) **getting verbed**
- he/she/it **is reportedly** (in the process of) **being verbed**
- he/she/it **is reportedly** (in the process of) **getting verbed**

- he/she/it **is reported to be** (in the middle of) **being verbed**
- he/she/it **is reported to be** (in the middle of) **getting verbed**
- he/she/it **is reported to be** (in the process of) **being verbed**
- he/she/it **is reported to be** (in the process of) **getting verbed**

- he/she/it **is said to be** (in the middle of) **being verbed**
- he/she/it **is said to be** (in the middle of) **getting verbed**
- he/she/it **is said to be** (in the process of) **being verbed**
- he/she/it **is said to be** (in the process of) **getting verbed**

For **examples** and much more, **scan** or **click** the **code** below ▾
- **Or** follow the links at **verbexpress.net** > French Verb Tense Atlas > Présent continu au Conditionnel présent > Présent continu au Conditionnel présent – Passif > **Passif indirect**

31B.4   Passif **pronominal** – (**Présent continu au Conditionnel présent**)

- Passif **pronominal**

  The '**Passive Pronominal**' structure is a way to create a **passive** meaning by using the pronominal format with an **in**animate subject (a **non**-personal doer – singular or plural).
  (See Appendix H at end of book)

▼ Formula

Sujet (nom ou pronom, inanimé, – **objet direct** du verbe principal) + (**serait**, **seraient**) + en train de + se-s' + verbe principal (**Infinitif**)

▼ Meaning(s) of this verb form shown in **Univerb© Tag**(s) (3rd person) ▼

Usual Meaning(s): (Used for hypothetical statements or questions regarding the **present** or the **future**)

- it **would be** (in the middle of) **being verbed**
- it **would be** (in the middle of) **getting verbed**
- it **would be** (in the process of) **being verbed**
- it **would be** (in the process of) **getting verbed**

Special Meaning(s) often used in law or journalism:

- it **is allegedly** (in the middle of) **being verbed**
- it **is allegedly** (in the middle of) **getting verbed**
- it **is allegedly** (in the process of) **being verbed**
- it **is allegedly** (in the process of) **getting verbed**

- it **is alleged to be** (in the middle of) **being verbed**
- it **is alleged to be** (in the middle of) **getting verbed**
- it **is alleged to be** (in the process of) **being verbed**
- it **is alleged to be** (in the process of) **getting verbed**

- it **is reportedly** (in the middle of) **being verbed**
- it **is reportedly** (in the middle of) **getting verbed**
- it **is reportedly** (in the process of) **being verbed**
- it **is reportedly** (in the process of) **getting verbed**

- it **is reported to be** (in the middle of) **being verbed**
- it **is reported to be** (in the middle of) **getting verbed**
- it **is reported to be** (in the process of) **being verbed**
- it **is reported to be** (in the process of) **getting verbed**

- it **is said to be** (in the middle of) **being verbed**
- it **is said to be** (in the middle of) **getting verbed**
- it **is said to be** (in the process of) **being verbed**
- it **is said to be** (in the process of) **getting verbed**

For **examples** and much more, **scan** or **click** the code below ▼
- **Or** follow the links at **verbexpress.net** > French Verb Tense Atlas > Présent continu au Conditionnel présent > Présent continu au Conditionnel présent – Passif > **Passif pronominal**

▶31C Présent continu au Conditionnel présent – pronominal

\>\> See *How to Do* this verb form after the **Univerb©** Tag(s) below …

▼ **Meaning**(s) of this verb form shown in **Univerb©** Tag(s) (3rd person) ▼

Usual **Meaning**(s): (Used for **hypothetical** statements or **questions** regarding the **present** or the **future**)

- he/she **would be** (in the middle of) **verbing**
- he/she/it **would be** (in the middle of) **verbing** himself / herself / itself
- he/she **would be** (in the process of) **verbing**
- he/she/it **would be** (in the process of) **verbing** himself / herself / itself

Special **Meaning**(s) often used in law or journalism:

- he/she **is allegedly** (in the middle of) **verbing**
- he/she/it **is allegedly** (in the middle of) **verbing** himself / herself / itself
- he/she **is allegedly** (in the process of) **verbing**
- he/she/it **is allegedly** (in the process of) **verbing** himself / herself / itself

- he/she **is alleged to be** (in the middle of) **verbing**
- he/she/it **is alleged to be** (in the middle of) **verbing** himself / herself / itself
- he/she **is alleged to be** (in the process of) **verbing**

- he/she/it **is alleged to be** (in the process of) **verbing** himself / herself / itself

- he/she **is reportedly** (in the middle of) **verbing**
- he/she/it **is reportedly** (in the middle of) **verbing** himself / herself / itself
- he/she/it **is reportedly** (in the process of) **verbing**
- he/she/it **is reportedly** (in the process of) **verbing** himself / herself / itself

- he/she **is reported to be** (in the middle of) **verbing**
- he/she/it **is reported to be** (in the middle of) **verbing** himself / herself / itself
- he/she **is reported to be** (in the process of) **verbing**
- he/she/it **is reported to be** (in the process of) **verbing** himself / herself / itself

- he/she **is said to be** (in the middle of) **verbing**
- he/she/it **is said to be** (in the middle of) **verbing** himself / herself / itself
- he/she **is said to be** (in the process of) **verbing**
- he/she/it **is said to be** (in the process of) **verbing** himself / herself / itself

▼ Pronominal **Passive** Meanings ▼

Usual Meaning(s) used for **hypothetical** statements or questions regarding the **present** or the **future** when in Pronominal **Passive** forms (See 31C.7, 31C.8 below)

- he/she/it **would be** (in the middle of) **being verbed**
- he/she/it **would be** (in the middle of) **getting verbed**
- he/she/it **would be** (in the process of) **being verbed**
- he/she/it **would be** (in the process of) **getting verbed**

Special Meaning(s) often used in law or journalism when in Pronominal **Passive** forms: (See 31C.7, 31C.8 below)

- he/she/it **is allegedly** (in the middle of) **being verbed**
- he/she/it **is allegedly** (in the middle of) **getting verbed**
- he/she/it **is allegedly** (in the process of) **being verbed**
- he/she/it **is allegedly** (in the process of) **getting verbed**

- he/she/it **is alleged to be** (in the middle of) **being verbed**
- he/she/it **is alleged to be** (in the middle of) **getting verbed**
- he/she/it **is alleged to be** (in the process of) **being verbed**
- he/she/it **is alleged to be** (in the process of) **getting verbed**

- he/she/it **is reportedly** (in the middle of) **being verbed**
- he/she/it **is reportedly** (in the middle of) **getting verbed**
- he/she/it **is reportedly** (in the process of) **being verbed**

Présent continu au Conditionnel présent | 493

- he/she/it **is reportedly** (in the process of) **getting verbed**

- he/she/it **is reported to be** (in the middle of) **being verbed**
- he/she/it **is reported to be** (in the middle of) **getting verbed**
- he/she/it **is reported to be** (in the process of) **being verbed**
- he/she/it **is reported to be** (in the process of) **getting verbed**

- he/she/it **is said to be** (in the middle of) **being verbed**
- he/she/it **is said to be** (in the middle of) **getting verbed**
- he/she/it **is said to be** (in the process of) **being verbed**
- he/she/it **is said to be** (in the process of) **getting verbed**

To see the **above** meaning(s) in action using the **formula**(s) **below** with **translations**, **tips**, and helpful **resources**, **scan** or **click** the **code** below ▼
- **Or** follow the links at **verbexpress.net** > French Verb Tense Atlas > Présent continu au Conditionnel présent > **Présent continu au Conditionnel présent – Pronominal**

31C.1   Pronominal **essentiel** – (**Présent continu au Conditionnel présent**)

- Pronominal **essentiel** (exclusivement)
  (Verbes exclusivement pronominaux)

    '**Essential**' Pronominal Verbs are a special collection of verbs that are used **only** in the pronominal format, but have no '*reflexive*' meaning. (See **Appendix** E at end of book)

▼ **Formula**

Sujet + (**serais, serais, serait, serions, seriez, seraient**) + en train de + (me-m', te-t', se-s', nous, vous, se-s') + verbe principal (**Infinitif**)

▼ **Meaning**(s) of this verb form shown in **Univerb© Tag**(s) (3rd person) ▼

Usual Meaning(s): (Used for **hypothetical** statements or questions regarding the **present** or the **future**)

- he/she **would be** (in the middle of) **verbing**
- he/she **would be** (in the process of) **verbing**

Special Meaning(s) often used in law or journalism:

- he/she **is allegedly** (in the middle of) **verbing**
- he/she **is allegedly** (in the process of) **verbing**

- he/she **is alleged to be** (in the middle of) **verbing**
- he/she **is alleged to be** (in the process of) **verbing**

- he/she **is reportedly** (in the middle of) **verbing**
- he/she **is reportedly** (in the process of) **verbing**

- he/she **is reported to be** (in the middle of) **verbing**
- he/she **is reported to be** (in the process of) **verbing**

- he/she **is said to be** (in the middle of) **verbing**
- he/she **is said to be** (in the process of) **verbing**

For **examples** and much more, **scan** or **click** the **code** below ▼
- **Or** follow the links at **verbexpress.net** > French Verb Tense Atlas > Présent continu au Conditionnel présent > Présent continu au Conditionnel présent – Pronominal > **Pronominal essentiel**

31C.2   Pronominal **à sens idiomatique** – (**Présent continu au Conditionnel présent**)

- Pronominal **à sens idiomatique**

    '**Idiomatic**' Pronominal Verbs are a set of verbs which take on a different meaning than their normal meaning when they are used in the pronominal format.
    (**See Appendix F** at end of book)

▼ **Formula**

Sujet + (**serais, serais, serait, serions, seriez, seraient**) + **en train de** + (**me-m', te-t', se-s', nous, vous, se-s'**) + verbe principal (**Infinitif**)

▼ **Meaning**(s) of this verb form shown in **Univerb© Tag**(s) (3rd person) ▼

Usual Meaning(s): (Used for **hypothetical** statements or questions regarding the **present** or the **future**)

- he/she **would be** (in the middle of) **verbing**
- he/she **would be** (in the process of) **verbing**

Special Meaning(s) often used in law or journalism:

- he/she **is allegedly** (in the middle of) **verbing**
- he/she **is allegedly** (in the process of) **verbing**

- he/she **is alleged to be** (in the middle of) **verbing**
- he/she **is alleged to be** (in the process of) **verbing**

- he/she **is reportedly** (in the middle of) **verbing**
- he/she **is reportedly** (in the process of) **verbing**

- he/she **is reported to be** (in the middle of) **verbing**
- he/she **is reported to be** (in the process of) **verbing**

- he/she **is said to be** (in the middle of) **verbing**
- he/she **is said to be** (in the process of) **verbing**

For **examples** and much more, **scan** or **click** the **code** below ▼
- **Or** follow the links at **verbexpress.net** > French Verb Tense Atlas > Présent continu au Conditionnel présent > Présent continu au Conditionnel présent – Pronominal > **Pronominal à sens idiomatique**

31C.3 Pronominal **réfléchi direct** – (Présent continu au Conditionnel présent)

- Pronominal **réfléchi direct**

  The '**Reflexive Direct**' Pronominal structure is when the Pronominal format is used AND the subject (the doer – singular or plural) of a direct action is also the receiver of that direct action.
  (See Appendix G at end of book)

▼ Formula

Sujet + (**serais, serais, serait, serions, seriez, seraient**) + **en train de** + (me-m', te-t', se-s', nous, vous, se-s', – **objet direct** du verbe principal) + verbe principal (**Infinitif**)

496 | Présent continu au Conditionnel présent

▼ **Meaning**(s) of this verb form shown in **Univerb© Tag**(s) (3rd person) ▼

Usual **Meaning**(s): (Used for **hypothetical** statements or **questions** regarding the **present** or the **future**)

- he/she/it **would be** (in the middle of) **verbing** himself / herself / itself
- he/she/it **would be** (in the process of) **verbing** himself / herself / itself

Special **Meaning**(s) often used in law or journalism:

- he/she/it **is allegedly** (in the middle of) **verbing** himself / herself / itself
- he/she/it **is allegedly** (in the process of) **verbing** himself / herself / itself
- he/she/it **is alleged to be** (in the middle of) **verbing** himself / herself / itself
- he/she/it **is alleged to be** (in the process of) **verbing** himself / herself / itself
- he/she/it **is reportedly** (in the middle of) **verbing** himself / herself / itself
- he/she/it **is reportedly** (in the process of) **verbing** himself / herself / itself
- he/she/it **is reported to be** (in the middle of) **verbing** himself / herself / itself
- he/she/it **is reported to be** (in the process of) **verbing** himself / herself / itself
- he/she/it **is said to be** (in the middle of) **verbing** himself / herself / itself
- he/she/it **is said to be** (in the process of) **verbing** himself / herself / itself

For **examples** and much more, **scan** or **click** the **code** below ▼
- **Or** follow the links at verbexpress.net > French Verb Tense Atlas > Présent continu au Conditionnel présent > Présent continu au Conditionnel présent – Pronominal > **Pronominal réfléchi direct**

| 31C.4 | Pronominal **réfléchi** indirect – (**Présent continu au Conditionnel présent**) |

Présent continu au Conditionnel présent | 497

- Pronominal **réfléchi** indirect

    The **'Reflexive Indirect'** Pronominal structure is when the Pronominal format is used AND the subject (the doer - singular or plural) of an indirect action is also the receiver of that indirect action.
    (See **Appendix** G at end of book)

▼ Formula

Sujet + (**serais, serais, serait, serions, seriez, seraient**) + en train de + (me-m', te-t', se-s', nous, vous, se-s', – **objet** indirect du verbe principal) + verbe principal (**Infinitif**)

▼ Meaning(s) of this verb form shown in Univerb© Tag(s) (3rd person) ▼

Usual Meaning(s): (Used for hypothetical statements or questions regarding the **present** or the **future**)

- he/she/it **would be** (in the middle of) **verbing** himself / herself / itself
- he/she/it **would be** (in the process of) **verbing** himself / herself / itself

Special Meaning(s) often used in law or journalism:

- he/she/it **is allegedly** (in the middle of) **verbing** himself / herself / itself
- he/she/it **is allegedly** (in the process of) **verbing** himself / herself / itself

- he/she/it **is alleged to be** (in the middle of) **verbing** himself / herself / itself
- he/she/it **is alleged to be** (in the process of) **verbing** himself / herself / itself

- he/she/it **is reportedly** (in the middle of) **verbing** himself / herself / itself
- he/she/it **is reportedly** (in the process of) **verbing** himself / herself / itself

- he/she/it **is reported to be** (in the middle of) **verbing** himself / herself / itself
- he/she/it **is reported to be** (in the process of) **verbing** himself / herself / itself

- he/she/it **is said to be** (in the middle of) **verbing** himself / herself / itself
- he/she/it **is said to be** (in the process of) **verbing** himself / herself / itself

For **examples** and much more, **scan** or **click** the **code** below ▼
- **Or** follow the links at **verbexpress.net** > French Verb Tense Atlas > Présent continu au Conditionnel présent > Présent continu au Conditionnel présent – Pronominal > **Pronominal réfléchi indirect**

31C.5   Pronominal **réciproque direct** – (**Présent continu au Conditionnel présent**)

- Pronominal **réciproque direct**

  The '**Reciprocal Direct**' Pronominal structure is when the Pronominal format is used AND a group of two or more (subjects) do the same direct action to one another.
  (See **Appendix** G at end of book)

▼ **Formula**

Sujet (pluriel) + (**serions, seriez, seraient**) + en train de + (nous, vous, se-s', – **objet direct** du verbe principal) + verbe principal (**Infinitif**)

▼ **Meaning**(s) of this verb form shown in **Univerb© Tag**(s) (3rd person) ▼

Usual Meaning(s): (Used for **hypothetical** statements or **questions** regarding the **present** or the **future**)

- they **would be** (in the middle of) **verbing** each other
- they **would be** (in the process of) **verbing** each other

Special Meaning(s) often used in law or journalism:

- they **are allegedly** (in the middle of) **verbing** each other
- they **are allegedly** (in the process of) **verbing** each other

- they **are alleged to be** (in the middle of) **verbing** each other
- they **are alleged to be** (in the process of) **verbing** each other

- they **are reportedly** (in the middle of) **verbing** each other
- they **are reportedly** (in the process of) **verbing** each other

- they **are reported to be** (in the middle of) **verbing** each other
- they **are reported to be** (in the process of) **verbing** each other

- they **are said to be** (in the middle of) **verbing** each other
- they **are said to be** (in the process of) **verbing** each other

For **examples** and much more, **scan** or **click** the **code** below ▼
- **Or** follow the links at **verbexpress.net** > French Verb Tense Atlas > Présent continu au Conditionnel présent > Présent continu au Conditionnel présent – Pronominal > **Pronominal réciproque direct**

31C.6   Pronominal **réciproque** indirect – (Présent continu au Conditionnel présent)

- Pronominal **réciproque** indirect

  The **'Reciprocal Indirect'** Pronominal structure is when the Pronominal format is used AND a group of two or more (subjects) do the same **in**direct action to one another.
  (See Appendix G at end of book)

▼ **Formula**

Sujet (pluriel) + (**serions, seriez, seraient**) + **en train de** + (nous, vous, se-s', – objet **in**direct du verbe principal) + verbe principal (**Infinitif**)

▼ **Meaning**(s) of this verb form shown in **Univerb© Tag**(s) (3rd person) ▼

Usual Meaning(s): (Used for **hypothetical** statements or questions regarding the **present** or the **future**)

- they **would be** (in the middle of) **verbing** each other
- they **would be** (in the process of) **verbing** each other

Special Meaning(s) often used in **law** or **journalism**:

- they **are allegedly** (in the middle of) **verbing** each other
- they **are allegedly** (in the process of) **verbing** each other

- they **are alleged to be** (in the middle of) **verbing** each other
- they **are alleged to be** (in the process of) **verbing** each other

- they **are reportedly** (in the middle of) **verbing** each other
- they **are reportedly** (in the process of) **verbing** each other

- ♦ they **are reported to be** (in the middle of) **verbing** each other
- ♦ they **are reported to be** (in the process of) **verbing** each other

- ♦ they **are said to be** (in the middle of) **verbing** each other
- ♦ they **are said to be** (in the process of) **verbing** each other

For **examples** and much more, **scan** or **click** the **code** below ▼
- **Or** follow the links at **verbexpress.net** > French Verb Tense Atlas > Présent continu au Conditionnel présent > Présent continu au Conditionnel présent – Pronominal > **Pronominal réciproque indirect**

31C.7 Pronominal **passif** – (Présent continu au Conditionnel présent)

- Pronominal **passif**

    The **'Passive Pronominal'** structure is a way to create a **passive** meaning by using the pronominal format with an **in**animate subject (a **non**-personal doer – singular or plural).
    (See Appendix H at end of book)

▼ **Formula**

Sujet (nom ou pronom, inanimé, - **objet direct** du verbe principal) + (**serait, seraient**) + **en train de** + **se-s'** + verbe principal (**Infinitif**)

▼ **Meaning**(s) of this verb form shown in **Univerb© Tag**(s) (3rd person) ▼

Usual Meaning(s): (Used for hypothetical statements or questions regarding the **present** or the **future**)

- ♦ it **would be** (in the middle of) **being verbed**
- ♦ it **would be** (in the middle of) **getting verbed**
- ♦ it **would be** (in the process of) **being verbed**
- ♦ it **would be** (in the process of) **getting verbed**

Special Meaning(s) often used in law or journalism:

- ♦ it **is allegedly** (in the middle of) **being verbed**
- ♦ it **is allegedly** (in the middle of) **getting verbed**

- it **is allegedly** (in the process of) **being verbed**
- it **is allegedly** (in the process of) **getting verbed**

- it **is alleged to be** (in the middle of) **being verbed**
- it **is alleged to be** (in the middle of) **getting verbed**
- it **is alleged to be** (in the process of) **being verbed**
- it **is alleged to be** (in the process of) **getting verbed**

- it **is reportedly** (in the middle of) **being verbed**
- it **is reportedly** (in the middle of) **getting verbed**
- it **is reportedly** (in the process of) **being verbed**
- it **is reportedly** (in the process of) **getting verbed**

- it **is reported to be** (in the middle of) **being verbed**
- it **is reported to be** (in the middle of) **getting verbed**
- it **is reported to be** (in the process of) **being verbed**
- it **is reported to be** (in the process of) **getting verbed**

- it **is said to be** (in the middle of) **being verbed**
- it **is said to be** (in the middle of) **getting verbed**
- it **is said to be** (in the process of) **being verbed**
- it **is said to be** (in the process of) **getting verbed**

For **examples** and much more, **scan** or **click** the code below ▼
- **Or** follow the links at **verbexpress.net** > French Verb Tense Atlas > Présent continu au Conditionnel présent > Présent continu au Conditionnel présent – Pronominal > **Pronominal passif**

31C.8   Pronominal **impersonnel** (passif) – (**Présent continu au Conditionnel présent**)

- Pronominal **impersonnel** (passif)

    The '**Impersonal Passive**' structure is a way to create a **passive** meaning by using the **im**personal version of the subject " **il** " in the **pronominal** format.
    (See **Appendix H** at end of book)

▼ Formula

... **il** (sens impersonnel) + **serait** + **en train de** + **se-s'** + verbe principal

502 | Présent continu au Conditionnel présent

(Infinitif) + objet direct du verbe principal

▼ **Meaning**(s) of this verb form shown in **Univerb© Tag**(s) (3rd person) ▼

Usual Meaning(s): (Used for **hypothetical** statements or questions regarding the **present** or the **future**)

- he/she/it **would be** (in the middle of) **being verbed**
- he/she/it **would be** (in the middle of) **getting verbed**
- he/she/it **would be** (in the process of) **being verbed**
- he/she/it **would be** (in the process of) **getting verbed**

Special Meaning(s) often used in **law** or **journalism**:

- he/she/it **is allegedly** (in the middle of) **being verbed**
- he/she/it **is allegedly** (in the middle of) **getting verbed**
- he/she/it **is allegedly** (in the process of) **being verbed**
- he/she/it **is allegedly** (in the process of) **getting verbed**

- he/she/it **is alleged to be** (in the middle of) **being verbed**
- he/she/it **is alleged to be** (in the middle of) **getting verbed**
- he/she/it **is alleged to be** (in the process of) **being verbed**
- he/she/it **is alleged to be** (in the process of) **getting verbed**

- he/she/it **is reportedly** (in the middle of) **being verbed**
- he/she/it **is reportedly** (in the middle of) **getting verbed**
- he/she/it **is reportedly** (in the process of) **being verbed**
- he/she/it **is reportedly** (in the process of) **getting verbed**

- he/she/it **is reported to be** (in the middle of) **being verbed**
- he/she/it **is reported to be** (in the middle of) **getting verbed**
- he/she/it **is reported to be** (in the process of) **being verbed**
- he/she/it **is reported to be** (in the process of) **getting verbed**

- he/she/it **is said to be** (in the middle of) **being verbed**
- he/she/it **is said to be** (in the middle of) **getting verbed**
- he/she/it **is said to be** (in the process of) **being verbed**
- he/she/it **is said to be** (in the process of) **getting verbed**

For **examples** and much more, **scan** or **click** the **code** below ▼
- **Or** follow the links at **verbexpress.net** > French Verb Tense Atlas > Présent continu au Conditionnel présent > Présent continu au Conditionnel présent – Pronominal > **Pronominal impersonnel (passif)**

▶31D Présent continu au Conditionnel présent – with aller

>> See *How to Do* this verb form after the **Univerb© Tag**(s) below ...

▼ **Meaning**(s) of this verb form shown in **Univerb© Tag**(s) (3rd person) ▼

Usual **Meaning**(s): (Used for <u>hypothetical</u> **statements** or **questions** regarding the **present** or the **future**)

- he/she **would be** (in the middle of) **going to verb**
- he/she **would be** (in the middle of) **going verbing** (Appendix O at end of book)
- he/she **would be** (in the process of) **going to verb**
- he/she **would be** (in the process of) **going verbing** (Appendix O at end of book)

Special **Meaning**(s) often used in <u>law</u> or <u>journalism</u>:

- he/she **is allegedly** (in the middle of) **going to verb**
- he/she **is allegedly** (in the middle of) **going verbing** (Appendix O at end of book)
- he/she **is allegedly** (in the process of) **going to verb**
- he/she **is allegedly** (in the process of) **going verbing** (Appendix O at end of book)

- he/she **is alleged to be** (in the middle of) **going to verb**
- he/she **is alleged to be** (in the middle of) **going verbing** (Appendix O at end of book)
- he/she **is alleged to be** (in the process of) **going to verb**
- he/she **is alleged to be** (in the process of) **going verbing** (Appendix O at end of book)

- he/she **is reportedly** (in the middle of) **going to verb**
- he/she **is reportedly** (in the middle of) **going verbing** (Appendix O at end of book)
- he/she **is reportedly** (in the process of) **going to verb**
- he/she **is reportedly** (in the process of) **going verbing** (Appendix O at end of book)

- he/she **is reported to be** (in the middle of) **going to verb**
- he/she **is reported to be** (in the middle of) **going verbing** (Appendix O at end of book)
- he/she **is reported to be** (in the process of) **going to verb**
- he/she **is reported to be** (in the process of) **going verbing** (Appendix O at end of book)

- he/she **is said to be** (in the middle of) **going to verb**

- he/she **is said to be** (in the middle of) **going verbing** (Appendix O at end of book)
- he/she **is said to be** (in the process of) **going to verb**
- he/she **is said to be** (in the process of) **going verbing** (Appendix O at end of book)

31D   Présent continu au Conditionnel présent – with aller

▼ Formula

Sujet + (**serais, serais, serait, serions, seriez, seraient**) + en train d'aller + verbe principal (**Infinitif**)

For **examples** and much more, scan or click the code below ▼
- Or follow the links at verbexpress.net > French Verb Tense Atlas > Présent continu au Conditionnel présent > **Présent continu au Conditionnel présent – with Aller**

Présent continu au Futur proche

Type of Verb Tense (According to structure)
   Temps combiné – General term in this volume for any **combination** of a temps **simple**, temps **composé**, or **Infinitif** – with or without special added word(s)

Frequency of Use in Everyday Communication – (**Low**, Medium, High)
Level of **Difficulty** in **Formulation** – (**Low**, Medium, High)

Skill level for **Usage Mastery** – (Beginner, **Intermediate**, Advanced)

| ▼ This chapter covers ▼ |

32A	Présent continu au Futur proche – actif (Basic format)	
32B	Présent continu au Futur proche – passif	
	1	Passif **direct** – Option 1
	2	Passif **direct** – Option 2
	3	Passif **indirect**
	4	Passif **pronominal**
32C	Présent continu au Futur proche – pronominal	
	1	Pronominal **essentiel**
	2	Pronominal **à sens idiomatique**
	3	Pronominal **réfléchi direct**
	4	Pronominal **réfléchi indirect**
	5	Pronominal **réciproque direct**
	6	Pronominal **réciproque indirect**
	7	Pronominal **passif**
	8	Pronominal **impersonnel** (passif)
32D	Présent continu au Futur proche – with aller	

▶32A Présent continu au Futur proche – <u>actif</u> (Basic format)

\>\> See *How to Do* this verb form after the Univerb© Tag(s) below ...

▼ **Meaning**(s) of this verb form shown in **Univerb© Tag**(s) (3rd person) ▼

<u>Usual</u> **Meaning**(s):

- he/she/it **is going to be** (in the middle of) **verbing**
- he/she/it **is going to be** (in the process of) **verbing**

<u>Special</u> **Meaning**(s) when used with words like **quand** (when), **aussitôt que / dès que** (as soon as), etc. describing a <u>future</u> event:

- he/she/it **is** (in the middle of) **verbing** (Future event)
- he/she/it **is** (in the process of) **verbing** (Future event)

32A   Présent continu au Futur proche – <u>actif</u> (Basic format)

▼ **Formula**

Sujet + (**vais, vas, va, allons, allez, vont**) + être + <u>en train de/d'</u> + verbe principal (**Infinitif**)

For **examples** and much more, **scan** or **click** the **code** below ▼
- **Or** follow the links at **verbexpress.net** > French Verb Tense Atlas > Présent continu au Futur proche > **Présent continu au Futur proche – Actif (Basic Format)**

▶32B Présent continu au Futur proche – <u>passif</u>

\>\> See *How to Do* this verb form after the Univerb© Tag(s) below ...

▼ **Meaning**(s) of this verb form shown in **Univerb© Tag**(s) (3rd person) ▼

<u>Usual</u> **Meaning**(s):

- he/she/it **is going to be** (in the middle of) **being verbed**
- he/she/it **is going to be** (in the middle of) **getting verbed**
- he/she/it **is going to be** (in the process of) **being verbed**
- he/she/it **is going to be** (in the process of) **getting verbed**

Special Meaning(s) when used with words like **quand** (when), **aussitôt que / dès que** (as soon as), etc. describing a <u>future</u> event:

- he/she/it **is** (in the middle of) **being verbed** (Future event)
- he/she/it **is** (in the middle of) **getting verbed** (Future event)
- he/she/it **is** (in the process of) **being verbed** (Future event)
- he/she/it **is** (in the process of) **getting verbed** (Future event)

To see the <u>above</u> meaning(s) in action using the **formula**(s) **below** with **translations**, **tips**, and helpful **resources**, <u>scan</u> or <u>click</u> the **code** below ▼ - **Or** follow the links at **verbexpress.net** > French Verb Tense Atlas > Présent continu au Futur proche > **Présent continu au Futur proche – Passif**

32B.1   Passif **direct** – Option 1 – (**Présent continu au Futur proche**)

- Passif **direct** – Option 1 – (**See Appendix C** at end of book)

▼ **Formula**

Sujet + (**vais, vas, va, allons, allez, vont**) + être + <u>en train d'être</u> + verbe principal (**p.p.**)(e.s.es)

(**Note**: When using the "Passif **direct** – Option 1" format, the **subject** of the verb "être" must also be the **direct object** of the participe passé (**p.p.**) of the main verb, and because it also <u>precedes</u> the p.p., the **p.p.** *agrees in gender and in number* with that subject/direct object.)

▼ **Meaning**(s) of this verb form shown in **Univerb© Tag**(s) (3rd person) ▼

<u>Usual</u> **Meaning**(s):

- he/she/it **is going to be** (in the middle of) **being verbed**
- he/she/it **is going to be** (in the middle of) **getting verbed**
- he/she/it **is going to be** (in the process of) **being verbed**
- he/she/it **is going to be** (in the process of) **getting verbed**

Special Meaning(s) when used with words like **quand** (when), **aussitôt que / dès que** (as soon as), etc. describing a future event:

- he/she/it **is** (in the middle of) **being verbed** (Future event)
- he/she/it **is** (in the middle of) **getting verbed** (Future event)
- he/she/it **is** (in the process of) **being verbed** (Future event)
- he/she/it **is** (in the process of) **getting verbed** (Future event)

For **examples** and much more, **scan** or **click** the **code** below ▼
- **Or** follow the links at **verbexpress.net** > French Verb Tense Atlas > Présent continu au Futur proche > Présent continu au Futur proche – Passif > **Passif direct – Option 1**

32B.2   Passif **direct** – Option 2 – (**Présent continu au Futur proche**)

- Passif **direct** – Option 2 – (**See Appendix C** at end of book)

▼ **Formula**

When the **direct object** appears as a noun:

On (sujet indéfini) + **va être** + **en train de/d'** + verbe principal (**Infinitif**) + **objet direct**.

When the **direct object** appears as a pronoun:

On (sujet indéfini) + **va être** + **en train de** + **pronom objet direct** + verbe principal (**Infinitif**).

▼ **Meaning**(s) of this verb form shown in **Univerb© Tag**(s) (3rd person) ▼

Usual **Meaning**(s):

- he/she/it **is going to be** (in the middle of) **being verbed**
- he/she/it **is going to be** (in the middle of) **getting verbed**
- he/she/it **is going to be** (in the process of) **being verbed**
- he/she/it **is going to be** (in the process of) **getting verbed**

Special **Meaning**(s) when used with words like **quand** (when), **aussitôt que / dès que** (as soon as), etc. describing a future event:

- he/she/it **is** (in the middle of) **being verbed** (Future event)
- he/she/it **is** (in the middle of) **getting verbed** (Future event)
- he/she/it **is** (in the process of) **being verbed** (Future event)
- he/she/it **is** (in the process of) **getting verbed** (Future event)

For **examples** and much more, **scan** or **click** the **code** below ▼
- **Or** follow the links at **verbexpress.net** > French Verb Tense Atlas > Présent continu au Futur proche > Présent continu au Futur proche – Passif > **Passif direct – Option 2**

32B.3   Passif indirect – (**Présent continu au Futur proche**)

- Passif indirect – (**See Appendix C** at end of book)

▼ **Formula**

When the indirect object appears as a noun:

On (sujet indéfini) + **va être** + **en train de/d'** + verbe principal (**Infinitif**) + **objet indirect**.

When the indirect object appears as a pronoun:

On (sujet indéfini) + **va être** + **en train de/d'** + pronom objet indirect + verbe principal (**Infinitif**).

▼ **Meaning**(s) of this verb form shown in **Univerb© Tag**(s) (3rd person) ▼

Usual **Meaning**(s):

- he/she/it **is going to be** (in the middle of) **being verbed**
- he/she/it **is going to be** (in the middle of) **getting verbed**
- he/she/it **is going to be** (in the process of) **being verbed**
- he/she/it **is going to be** (in the process of) **getting verbed**

Special **Meaning**(s) when used with words like **quand** (when), **aussitôt que / dès que** (as soon as), etc. describing a future event:

- he/she/it **is** (in the middle of) **being verbed** (Future event)
- he/she/it **is** (in the middle of) **getting verbed** (Future event)
- he/she/it **is** (in the process of) **being verbed** (Future event)
- he/she/it **is** (in the process of) **getting verbed** (Future event)

For **examples** and much more, <u>scan</u> or <u>click</u> the **code** below ▼
- <u>Or</u> follow the links at <u>verbexpress.net</u> > French Verb Tense Atlas > Présent continu au Futur proche > Présent continu au Futur proche – Passif > **Passif indirect**

32B.4   Passif **pronominal** – (Présent continu au Futur proche)

- Passif **pronominal**

The '**Passive Pronominal**' structure is a way to create a **passive** meaning by using the <u>pronominal</u> format with an **in**animate subject (a **non**-personal doer – singular or plural).
(See <u>Appendix</u> H at end of book)

▼ **Formula**

Sujet (nom ou pronom, <u>inanimé</u>, – **objet direct** du verbe principal) + (**va être**, **vont être**) + <u>en train de</u> + <u>se-s</u> + verbe principal (**Infinitif**)

▼ **Meaning**(s) of this verb form shown in **Univerb**© **Tag**(s) (3rd person) ▼

<u>Usual</u> **Meaning**(s):

- it **is going to be** (in the middle of) **being verbed**
- it **is going to be** (in the middle of) **getting verbed**
- it **is going to be** (in the process of) **being verbed**
- it **is going to be** (in the process of) **getting verbed**

<u>Special</u> **Meaning**(s) when used with words like **quand** (when), **aussitôt que** / **dès que** (as soon as), etc. describing a <u>future</u> **event**:

- it **is** (in the middle of) **being verbed** (Future event)
- it **is** (in the middle of) **getting verbed** (Future event)
- it **is** (in the process of) **being verbed** (Future event)

- ♦ it **is** (in the process of) **getting verbed** (Future event)

For **examples** and much more, scan or click the **code** below ▼
- Or follow the links at verbexpress.net > French Verb Tense Atlas > Présent continu au Futur proche > Présent continu au Futur proche – Passif > **Passif pronominal**

▶**32C** Présent continu au Futur proche – **pronominal**

>> See *How to Do* this verb form after the **Univerb©** Tag(s) below ...

▼ **Meaning**(s) of this verb form shown in **Univerb© Tag**(s) (3rd person) ▼

Usual **Meaning**(s):

- ♦ he/she **is going to be** (in the middle of) **verbing**
- ♦ he/she/it **is going to be** (in the middle of) **verbing** himself / herself / itself
- ♦ he/she **is going to be** (in the process of) **verbing**
- ♦ he/she/it **is going to be** (in the process of) **verbing** himself / herself / itself

Special **Meaning**(s) when used with words like **quand** (when), **aussitôt que** / **dès que** (as soon as), etc. describing a future event:

- ♦ he/she **is** (in the middle of) **verbing** (Future event)
- ♦ he/she/it **is** (in the middle of) **verbing** himself / herself / itself (Future event)
- ♦ he/she **is** (in the process of) **verbing** (Future event)
- ♦ he/she/it **is** (in the process of) **verbing** himself / herself / itself (Future event)

▼ Pronominal **Passive** Meanings ▼

Usual **Meaning**(s) when in a Pronominal **Passive** form: (See 32C.7, 32C.8 below)

- ♦ he/she/it **is going to be** (in the middle of) **being verbed**
- ♦ he/she/it **is going to be** (in the middle of) **getting verbed**
- ♦ he/she/it **is going to be** (in the process of) **being verbed**

512 | Présent continu au Futur proche

- he/she/it **is going to be** (in the process of) **getting verbed**

Special Meaning(s) when in a Pronominal **Passive** form and used with words like **quand** (when), **aussitôt que / dès que** (as soon as), etc., describing a future event:: (See 32C.7, 32C.8 below)

- he/she/it **is** (in the middle of) **being verbed** (Future event)
- he/she/it **is** (in the middle of) **getting verbed** (Future event)
- he/she/it **is** (in the process of) **being verbed** (Future event)
- he/she/it **is** (in the process of) **getting verbed** (Future event)

To see the above meaning(s) in action using the formula(s) below with translations, tips, and helpful resources, scan or click the code below ▼ - Or follow the links at verbexpress.net > French Verb Tense Atlas > Présent continu au Futur proche > **Présent continu au Futur proche – Pronominal**

32C.1   Pronominal **essentiel** – (Présent continu au Futur proche)

- Pronominal **essentiel** (exclusivement)
  (Verbes exclusivement pronominaux)

  '**Essential**' Pronominal Verbs are a special collection of verbs that are used **only** in the pronominal format, but have no '*reflexive*' meaning. (See Appendix E at end of book)

▼ Formula

Sujet + (**vais, vas, va, allons, allez, vont**) + être + **en train de** + (me-m', te-t', se-s', nous, vous, se-s') + verbe principal (**Infinitif**)

▼ **Meaning**(s) of this verb form shown in Univerb© **Tag**(s) (3rd person) ▼

Usual **Meaning**(s):

- he/she **is going to be** (in the middle of) **verbing**
- he/she **is going to be** (in the process of) **verbing**

Special Meaning(s) when used with words like **quand** (when), **aussitôt que / dès que** (as soon as), etc. describing a future event:

- ♦ he/she **is** (in the middle of) **verbing** (Future event)
- ♦ he/she **is** (in the process of) **verbing** (Future event)

For **examples** and much more, **scan** or **click** the **code** below ▼
- **Or** follow the links at **verbexpress.net** > French Verb Tense Atlas > Présent continu au Futur proche > Présent continu au Futur proche – Pronominal > **Pronominal essentiel**

32C.2   Pronominal **à sens idiomatique** – (Présent continu au Futur proche)

- Pronominal **à sens idiomatique**

    '**Idiomatic**' Pronominal Verbs are a set of verbs which take on a different meaning than their normal meaning when they are used in the pronominal format.
    (See Appendix F at end of book)

▼ **Formula**

Sujet + (**vais, vas, va, allons, allez, vont**) + être + en train de + (me-m', te-t', se-s', nous, vous, se-s') + verbe principal (**Infinitif**)

▼ **Meaning**(s) of this verb form shown in **Univerb© Tag**(s) (3rd person) ▼

Usual **Meaning**(s):

- ♦ he/she **is going to be** (in the middle of) **verbing**
- ♦ he/she **is going to be** (in the process of) **verbing**

Special Meaning(s) when used with words like **quand** (when), **aussitôt que / dès que** (as soon as), etc. describing a future event:

- ♦ he/she **is** (in the middle of) **verbing** (Future event)
- ♦ he/she **is** (in the process of) **verbing** (Future event)

For **examples** and much more, **scan** or **click** the **code** below ▼
- **Or** follow the links at **verbexpress.net** > French Verb Tense Atlas > Présent continu au Futur proche > Présent continu au Futur proche –

Pronominal > **Pronominal à sens idiomatique**

| 32C.3 | Pronominal **réfléchi direct** – (Présent continu au Futur proche) |

- Pronominal **réfléchi direct**

   The '**Reflexive Direct**' Pronominal structure is when the Pronominal format is used AND the subject (the doer – singular or plural) of a direct action is also the receiver of that direct action.
   (See Appendix G at end of book)

▼ **Formula**

Sujet + (**vais, vas, va, allons, allez, vont**) + être + en train de + (me-m', te-t', se-s', nous, vous, se-s', – **objet direct** du verbe principal) + verbe principal (**Infinitif**)

▼ **Meaning**(s) of this verb form shown in **Univerb© Tag**(s) (3rd person) ▼

Usual Meaning(s):

- he/she/it **is going to be** (in the middle of) **verbing** himself / herself / itself
- he/she/it **is going to be** (in the process of) **verbing** himself / herself / itself

Special Meaning(s) when used with words like **quand** (when), **aussitôt que** / **dès que** (as soon as), etc. describing a future event:

- he/she/it **is** (in the middle of) **verbing** himself / herself / itself (Future event)
- he/she/it **is** (in the process of) **verbing** himself / herself / itself (Future event)

For **examples** and much more, **scan** or **click** the **code** below ▾
- **Or** follow the links at **verbexpress.net** > French Verb Tense Atlas > Présent continu au Futur proche > Présent continu au Futur proche – Pronominal > **Pronominal réfléchi direct**

32C.4 Pronominal réfléchi indirect – (Présent continu au Futur proche)

- **Pronominal réfléchi indirect**

    The **'Reflexive Indirect'** Pronominal structure is when the Pronominal format is used AND the subject (the doer - singular or plural) of an indirect action is also the receiver of that indirect action.
    (See **Appendix** G at end of book)

▼ **Formula**

Sujet + (**vais, vas, va, allons, allez, vont**) + être + **en train de** + (me-m', te-t', se-s', nous, vous, se-s', – **objet indirect** du verbe principal) + verbe principal (**Infinitif**)

▼ **Meaning**(s) of this verb form shown in Univerb© **Tag**(s) (3rd person) ▼

Usual Meaning(s):

- he/she/it **is going to be** (in the middle of) **verbing** himself / herself / itself
- he/she/it **is going to be** (in the process of) **verbing** himself / herself / itself

Special Meaning(s) when used with words like **quand** (when), **aussitôt que / dès que** (as soon as), etc. describing a future event:

- he/she/it **is** (in the middle of) **verbing** himself / herself / itself (Future event)
- he/she/it **is** (in the process of) **verbing** himself / herself / itself (Future event)

For **examples** and much more, **scan** or **click** the **code** below ▼
- **Or** follow the links at **verbexpress.net** > French Verb Tense Atlas > Présent continu au Futur proche > Présent continu au Futur proche – Pronominal > **Pronominal réfléchi indirect**

32C.5   Pronominal **réciproque direct** – (**Présent continu au Futur proche**)

- Pronominal **réciproque direct**

    The '**Reciprocal Direct**' Pronominal structure is when the Pronominal format is used AND a group of two or more (subjects) do the same **direct** action to one another.
    (See Appendix G at end of book)

▼ Formula

Sujet (pluriel) + (**allons, allez, vont**) + être + **en train de** + (nous, vous, se-s') + verbe principal (**Infinitif**)

▼ **Meaning**(s) of this verb form shown in **Univerb© Tag**(s) (3rd person) ▼

Usual **Meaning**(s):

- they **are going to be** (in the middle of) **verbing** each other
- they **are going to be** (in the process of) **verbing** each other

Special Meaning(s) when used with words like **quand** (when), **aussitôt que** / **dès que** (as soon as), etc. describing a **future** event:

- they **are** (in the middle of) **verbing** each other (Future event)
- they **are** (in the process of) **verbing** each other (Future event)

For **examples** and much more, **scan** or **click** the **code** below ▼
- **Or** follow the links at **verbexpress.net** > French Verb Tense Atlas > Présent continu au Futur proche > Présent continu au Futur proche – Pronominal > **Pronominal réciproque direct**

Présent continu au Futur proche | 517

32C.6   Pronominal **réciproque** in**direct** – (Présent continu au Futur proche)

- Pronominal **réciproque** in**direct**

   The **'Reciprocal Indirect'** Pronominal structure is when the Pronominal format is used AND a group of two or more (subjects) do the same **in**direct action to one another.
   (See **Appendix** G at end of book)

▼ Formula

Sujet (pluriel) + (**allons, allez, vont**) + **être** + **en train de** + (nous, vous, se-s') + verbe principal (**Infinitif**)

▼ **Meaning**(s) of this verb form shown in **Univerb© Tag**(s) (3rd person) ▼

Usual **Meaning**(s):

♦ they **are going to be** (in the middle of) **verbing** each other
♦ they **are going to be** (in the process of) **verbing** each other

Special Meaning(s) when used with words like **quand** (when), **aussitôt que** / **dès que** (as soon as), etc. describing a **future** event:

♦ they **are** (in the middle of) **verbing** each other (Future event)
♦ they **are** (in the process of) **verbing** each other (Future event)

For **examples** and much more, **scan** or **click** the **code** below ▼
- **Or** follow the links at **verbexpress.net** > French Verb Tense Atlas > Présent continu au Futur proche > Présent continu au Futur proche – Pronominal > **Pronominal réciproque indirect**

32C.7   Pronominal **passif** – (Présent continu au Futur proche)

- Pronominal **passif**

   The **'Passive Pronominal'** structure is a way to create a **passive**

meaning by using the pronominal format with an inanimate subject (a non-personal doer – singular or plural).
(See Appendix H at end of book)

▼ **Formula**

Sujet (nom ou pronom, inanimé, – **objet direct** du verbe principal) + (**va être, vont être**) + **en train de** + **se-s'** + verbe principal (**Infinitif**)

▼ **Meaning**(s) of this verb form shown in Univerb© **Tag**(s) (3rd person) ▼

Usual **Meaning**(s):

- it **is going to be** (in the middle of) **being verbed**
- it **is going to be** (in the middle of) **getting verbed**
- it **is going to be** (in the process of) **being verbed**
- it **is going to be** (in the process of) **getting verbed**

Special **Meaning**(s) when used with words like **quand** (when), **aussitôt que / dès que** (as soon as), etc. describing a future event:

- it **is** (in the middle of) **being verbed** (Future event)
- it **is** (in the middle of) **getting verbed** (Future event)
- it **is** (in the process of) **being verbed** (Future event)
- it **is** (in the process of) **getting verbed** (Future event)

For **examples** and much more, **scan** or **click** the **code** below ▼
- **Or** follow the links at **verbexpress.net** > French Verb Tense Atlas > Présent continu au Futur proche > Présent continu au Futur proche – Pronominal > **Pronominal passif**

32C.8   Pronominal **impersonnel** (passif) – (**Présent continu au Futur proche**)

- Pronominal **impersonnel** (passif)

    The '**Impersonal Passive**' structure is a way to create a **passive** meaning by using the **im**personal version of the subject " **il** " in the pronominal format.
    (See **Appendix** H at end of book)

Présent continu au Futur proche | 519

▼ **Formula**

... **il** (sens impersonnel) + **va être** + **en train de** + **se-s'** + verbe principal (**Infinitif**) + **objet direct du verbe principal**

▼ **Meaning**(s) of this verb form shown in **Univerb© Tag**(s) (3rd person) ▼

Usual **Meaning**(s):

- he/she/it **is going to be** (in the middle of) **being verbed**
- he/she/it **is going to be** (in the middle of) **getting verbed**
- he/she/it **is going to be** (in the process of) **being verbed**
- he/she/it **is going to be** (in the process of) **getting verbed**

Special **Meaning**(s) when used with words like **quand** (when), **aussitôt que / dès que** (as soon as), etc. describing a **future** event:

- he/she/it **is** (in the middle of) **being verbed** (Future event)
- he/she/it **is** (in the middle of) **getting verbed** (Future event)
- he/she/it **is** (in the process of) **being verbed** (Future event)
- he/she/it **is** (in the process of) **getting verbed** (Future event)

For **examples** and much more, **scan** or **click** the **code** below ▼
- **Or** follow the links at **verbexpress.net** > French Verb Tense Atlas > Présent continu au Futur proche > Présent continu au Futur proche – Pronominal > **Pronominal impersonnel (passif)**

▶**32D** Présent continu au Futur proche – with aller

>> See *How to Do* this verb form after the **Univerb© Tag**(s) below ...

▼ **Meaning**(s) of this verb form shown in **Univerb© Tag**(s) (3rd person) ▼

Usual **Meaning**(s):

- he/she **is going to be** (in the middle of) **going to verb**
- he/she **is going to be** (in the middle of) **going verbing** (Appendix O at end of book)
- he/she **is going to be** (in the process of) **going to verb**

- ♦ he/she **is going to be** (in the process of) **going verbing** (Appendix O at end of book)

Special **Meaning**(s) when used with words like **quand** (when), **aussitôt que** / **dès que** (as soon as), etc. describing a <u>future</u> **event**:

- ♦ he/she **is** (in the middle of) **going to verb** (Future event)
- ♦ he/she **is** (in the middle of) **going verbing** (Future event) (Appendix O at end of book)
- ♦ he/she **is** (in the process of) **going to verb** (Future event)
- ♦ he/she **is** (in the process of) **going verbing** (Future event) (Appendix O at end of book)

32D   Présent continu au Futur proche – with <u>aller</u>

▼ **Formula**

Sujet + (**vais, vas, va, allons, allez, vont**) + être + <u>en train d'aller</u> + verbe principal (**Infinitif**)

For **examples** and much more, <u>scan</u> or <u>click</u> the **code** below ▼
- <u>Or</u> follow the links at <u>verbexpress.net</u> > French Verb Tense Atlas > Présent continu au Futur proche > **Présent continu au Futur proche – with Aller**

Présent continu au Futur simple

Type of Verb Tense (According to structure)
    Temps combiné – General term in this volume for any
    <u>combination</u> of a <u>temps</u> **simple**, <u>temps composé</u>, or <u>Infinitif</u> –
    with or without special added word(s)

Frequency of Use in Everyday Communication – (Low, **Medium**, High)
Level of **Difficulty** in Formulation – (Low, **Medium**, High)

Skill level for **Usage Mastery** – (Beginner, **Intermediate**, Advanced)

▼ This chapter covers ▼

33A	Présent continu au Futur simple – actif (Basic format)
33B	Présent continu au Futur simple – passif
1	Passif **direct** – Option 1
2	Passif **direct** – Option 2
3	Passif **indirect**
4	Passif **pronominal**
33C	Présent continu au Futur simple – pronominal
1	Pronominal **essentiel**
2	Pronominal **à sens idiomatique**
3	Pronominal **réfléchi direct**
4	Pronominal **réfléchi indirect**
5	Pronominal **réciproque direct**
6	Pronominal **réciproque indirect**
7	Pronominal **passif**
8	Pronominal **impersonnel** (passif)
33D	Présent continu au Futur simple – with aller

▶33A Présent continu au Futur simple – actif (Basic format)

>> See *How to Do* this verb form after the Univerb© Tag(s) below …

▼ **Meaning**(s) of this verb form shown in **Univerb© Tag**(s) (3rd person) ▼

Usual Meaning(s):

- he/she/it **will be** (in the middle of) **verbing**
- he/she/it **will be** (in the process of) **verbing**

Special Meaning(s) when used with words like **quand** (when), **aussitôt que / dès que** (as soon as), etc. describing a <u>future</u> event:

- he/she/it **is** (in the middle of) **verbing** (Future event)
- he/she/it **is** (in the process of) **verbing** (Future event)

33A   Présent continu au Futur simple – <u>actif</u> (Basic format)

▼ Formula

Sujet + (**serai, seras, sera, serons, serez, seront**) + <u>en train de/d'</u> + verbe principal (**Infinitif**)

For **examples** and much more, **scan** or **click** the **code** below ▼
- **Or** follow the links at **verbexpress.net** > French Verb Tense Atlas > Présent continu au Futur simple > **Présent continu au Futur simple – Actif (Basic Format)**

▶33B Présent continu au Futur simple – passif

>> See *How to Do* this verb form after the Univerb© Tag(s) below …

▼ **Meaning**(s) of this verb form shown in **Univerb© Tag**(s) (3rd person) ▼

Usual Meaning(s):

- he/she/it **will be** (in the middle of) **being verbed**
- he/she/it **will be** (in the middle of) **getting verbed**
- he/she/it **will be** (in the process of) **being verbed**
- he/she/it **will be** (in the process of) **getting verbed**

Special Meaning(s) when used with words like **quand** (when), **aussitôt que / dès que** (as soon as), etc. describing a <u>future</u> event:

- he/she/it **is** (in the middle of) **being verbed** (Future event)
- he/she/it **is** (in the middle of) **getting verbed** (Future event)
- he/she/it **is** (in the process of) **being verbed** (Future event)
- he/she/it **is** (in the process of) **getting verbed** (Future event)

To see the <u>above</u> meaning(s) in action using the formula(s) **below** with translations, tips, and helpful resources, <u>scan</u> or <u>click</u> the code below ▼ - **Or** follow the links at **verbexpress.net** > French Verb Tense Atlas > Présent continu au Futur simple > **Présent continu au Futur simple – Passif**

33B.1   Passif **direct** – Option 1 – (**Présent continu au Futur simple**)

- Passif **direct** – Option 1 – (**See Appendix C** at end of book)

▼ **Formula**

Sujet + (**serai, seras, sera, serons, serez, seront**) + <u>en train d'être</u> + verbe principal (**p.p.**)(e.s.es)

(**Note**: When using the "Passif **direct** – Option 1" format, the **subject** of the verb "être" must also be the **direct object** of the participe passé (**p.p.**) of the main verb, and because it also <u>precedes</u> the p.p., the **p.p.** <u>agrees in gender and in number</u> with that subject/direct object.)

▼ **Meaning**(s) of this verb form shown in **Univerb© Tag**(s) (3rd person) ▼

<u>Usual</u> **Meaning**(s):

- he/she/it **will be** (in the middle of) **being verbed**
- he/she/it **will be** (in the middle of) **getting verbed**
- he/she/it **will be** (in the process of) **being verbed**
- he/she/it **will be** (in the process of) **getting verbed**

Special Meaning(s) when used with words like **quand** (when), **aussitôt que / dès que** (as soon as), etc. describing a future event:

- he/she/it **is** (in the middle of) **being verbed** (Future event)
- he/she/it **is** (in the middle of) **getting verbed** (Future event)
- he/she/it **is** (in the process of) **being verbed** (Future event)
- he/she/it **is** (in the process of) **getting verbed** (Future event)

For **examples** and much more, scan or click the **code** below ▼
- Or follow the links at verbexpress.net > French Verb Tense Atlas > Présent continu au Futur simple > Présent continu au Futur simple – Passif > **Passif direct – Option 1**

33B.2   Passif **direct** – Option 2 – (**Présent continu au Futur simple**)

- Passif **direct** – Option 2 – (**See Appendix C** at end of book)

▼ **Formula**

When the **direct object** appears as a noun:

On (sujet indéfini) + **sera** + **en train de/d'** + verbe principal (**Infinitif**) + **objet direct**.

When the **direct object** appears as a pronoun:

On (sujet indéfini) + **sera** + **en train de** + **pronom objet direct** + verbe principal (**Infinitif**).

▼ **Meaning**(s) of this verb form shown in **Univerb© Tag**(s) (3rd person) ▼

Usual **Meaning**(s):

- he/she/it **will be** (in the middle of) **being verbed**
- he/she/it **will be** (in the middle of) **getting verbed**
- he/she/it **will be** (in the process of) **being verbed**
- he/she/it **will be** (in the process of) **getting verbed**

Special Meaning(s) when used with words like **quand** (when), **aussitôt que / dès que** (as soon as), etc. describing a <u>future</u> **event**:

- he/she/it **is** (in the middle of) **being verbed** (Future event)
- he/she/it **is** (in the middle of) **getting verbed** (Future event)
- he/she/it **is** (in the process of) **being verbed** (Future event)
- he/she/it **is** (in the process of) **getting verbed** (Future event)

For **examples** and much more, **scan** or **click** the **code** below ▼
- **Or** follow the links at **verbexpress.net** > French Verb Tense Atlas > Présent continu au Futur simple > Présent continu au Futur simple – Passif > **Passif direct – Option 2**

33B.3   Passif <u>in</u>direct – (**Présent continu au Futur simple**)

- Passif <u>in</u>direct – (**See Appendix C** at end of book)

▼ **Formula**

When the **indirect object** appears as a <u>noun</u>:

<u>On</u> (sujet indéfini) + **sera** + <u>en train de/d'</u> + verbe principal (**Infinitif**) + **objet <u>in</u>direct**.

When the **indirect object** appears as a <u>pronoun</u>:

<u>On</u> (sujet indéfini) + **sera** + <u>en train de/d'</u> + pronom objet <u>in</u>direct + verbe principal (**Infinitif**).

▼ **Meaning**(s) of this verb form shown in **Univerb© Tag**(s) (3rd person) ▼

Usual Meaning(s):

- he/she/it **will be** (in the middle of) **being verbed**
- he/she/it **will be** (in the middle of) **getting verbed**
- he/she/it **will be** (in the process of) **being verbed**
- he/she/it **will be** (in the process of) **getting verbed**

Special Meaning(s) when used with words like **quand** (when), **aussitôt que / dès que** (as soon as), etc. describing a <u>future</u> **event**:

- ♦ he/she/it **is** (in the middle of) **being verbed** (Future event)
- ♦ he/she/it **is** (in the middle of) **getting verbed** (Future event)
- ♦ he/she/it **is** (in the process of) **being verbed** (Future event)
- ♦ he/she/it **is** (in the process of) **getting verbed** (Future event)

For **examples** and much more, <u>scan</u> or <u>click</u> the **code** below ▼
- **Or** follow the links at <u>verbexpress.net</u> > French Verb Tense Atlas > Présent continu au Futur simple > Présent continu au Futur simple – Passif > **Passif indirect**

33B.4   Passif **pronominal** – (**Présent continu au Futur simple**)

- Passif **pronominal**

  The '**Passive Pronominal**' structure is a way to create a **passive** meaning by using the <u>pronominal</u> format with an <u>in</u>animate subject (a <u>non</u>-personal doer – singular or plural).
  (See <u>Appendix</u> H at end of book)

▼ **Formula**

Sujet (nom ou pronom, <u>inanimé</u>, – **objet direct** du verbe principal) + (**sera**, **seront**) + **en train de** + <u>se-s'</u> + verbe principal (**Infinitif**)

▼ **Meaning**(s) of this verb form shown in Univerb© **Tag**(s) (3rd person) ▼

<u>Usual</u> **Meaning**(s):

- ♦ it **will be** (in the middle of) **being verbed**
- ♦ it **will be** (in the middle of) **getting verbed**
- ♦ it **will be** (in the process of) **being verbed**
- ♦ it **will be** (in the process of) **getting verbed**

<u>Special</u> **Meaning**(s) when used with words like **quand** (when), **aussitôt que** / **dès que** (as soon as), etc. describing a <u>future</u> **event**:

- ♦ it **is** (in the middle of) **being verbed** (Future event)
- ♦ it **is** (in the middle of) **getting verbed** (Future event)
- ♦ it **is** (in the process of) **being verbed** (Future event)
- ♦ it **is** (in the process of) **getting verbed** (Future event)

Présent continu au Futur simple | 527

For **examples** and much more, scan or click the **code** below ▼
- **Or** follow the links at verbexpress.net > French Verb Tense Atlas > Présent continu au Futur simple > Présent continu au Futur simple – Passif > **Passif pronominal**

▶33C Présent continu au Futur simple – pronominal

>> See *How to Do* this verb form after the **Univerb©** **Tag**(s) below …

▼ **Meaning**(s) of this verb form shown in Univerb© Tag(s) (3rd person) ▼

Usual **Meaning**(s):

- he/she **will be** (in the middle of) **verbing**
- he/she/it **will be** (in the middle of) **verbing** himself / herself / itself
- he/she **will be** (in the process of) **verbing**
- he/she/it **will be** (in the process of) **verbing** himself / herself / itself

Special **Meaning**(s) when used with words like **quand** (when), **aussitôt que** / **dès que** (as soon as), etc. describing a future event:

- he/she **is** (in the middle of) **verbing** (Future event)
- he/she/it **is** (in the middle of) **verbing** himself / herself / itself (Future event)
- he/she **is** (in the process of) **verbing** (Future event)
- he/she/it **is** (in the process of) **verbing** himself / herself / itself (Future event)

▼ Pronominal **Passive** Meanings ▼

Usual **Meaning**(s) when in a Pronominal **Passive** form: (See 33C.7, 33C.8 below)

- he/she/it **will be** (in the middle of) **being verbed**
- he/she/it **will be** (in the middle of) **getting verbed**
- he/she/it **will be** (in the process of) **being verbed**
- he/she/it **will be** (in the process of) **getting verbed**

Special **Meaning**(s) when in a Pronominal **Passive** form and used with words like **quand** (when), **aussitôt que** / **dès que** (as soon as), etc., describing a future event:: (See 33C.7, 33C.8 below)

- he/she/it **is** (in the middle of) **being verbed** (Future event)
- he/she/it **is** (in the middle of) **getting verbed** (Future event)
- he/she/it **is** (in the process of) **being verbed** (Future event)
- he/she/it **is** (in the process of) **getting verbed** (Future event)

To see the above meaning(s) in action using the formula(s) below with translations, tips, and helpful resources, scan or click the code below ▼
- Or follow the links at verbexpress.net > French Verb Tense Atlas > Présent continu au Futur simple > Présent continu au Futur simple – Pronominal

33C.1   Pronominal **essentiel** – (Présent continu au Futur simple)

- Pronominal **essentiel** (exclusivement)
  (Verbes exclusivement pronominaux)

   '**Essential**' Pronominal Verbs are a special collection of verbs that are used **only** in the pronominal format, but have no '*reflexive*' meaning. (See Appendix E at end of book)

▼ **Formula**

Sujet + (**serai, seras, sera, serons, serez, seront**) + **en train de** + (me-m', te-t', se-s', nous, vous, se-s') + verbe principal (**Infinitif**)

▼ **Meaning**(s) of this verb form shown in Univerb© **Tag**(s) (3rd person) ▼

Usual **Meaning**(s):

- he/she **will be** (in the middle of) **verbing**
- he/she **will be** (in the process of) **verbing**

Special **Meaning**(s) when used with words like **quand** (when), **aussitôt que / dès que** (as soon as), etc. describing a future event:

- he/she **is** (in the middle of) **verbing** (Future event)
- he/she **is** (in the process of) **verbing** (Future event)

For **examples** and much more, <u>scan</u> or <u>click</u> the **code** below ▼
- <u>Or</u> follow the links at <u>verbexpress.net</u> > French Verb Tense Atlas > Présent continu au Futur simple > Présent continu au Futur simple – Pronominal > **Pronominal essentiel**

33C.2 Pronominal **à sens idiomatique** – (**Présent continu au Futur simple**)

- Pronominal **à sens idiomatique**

    '**Idiomatic**' Pronominal Verbs are a set of verbs which take on a <u>different meaning</u> than their normal meaning when they are used in the <u>pronominal</u> format.
    (See <u>Appendix</u> F at end of book)

▼ **Formula**

Sujet + (**serai, seras, sera, serons, serez, seront**) + <u>en train de</u> + (<u>me-m', te-t', se-s', nous, vous, se-s'</u>) + verbe principal (**Infinitif**)

▼ **Meaning**(s) of this verb form shown in **Univerb© Tag**(s) (3rd person) ▼

<u>Usual</u> **Meaning**(s):

♦ he/she **will be** (in the middle of) **verbing**
♦ he/she **will be** (in the process of) **verbing**

Special Meaning(s) when used with words like **quand** (when), **aussitôt que / dès que** (as soon as), etc. describing a <u>future</u> event:

♦ he/she **is** (in the middle of) **verbing** (Future event)
♦ he/she **is** (in the process of) **verbing** (Future event)

For **examples** and much more, <u>scan</u> or <u>click</u> the **code** below ▼
- <u>Or</u> follow the links at <u>verbexpress.net</u> > French Verb Tense Atlas > Présent continu au Futur simple > Présent continu au Futur simple – Pronominal > **Pronominal à sens idiomatique**

33C.3 Pronominal **réfléchi direct** – (Présent continu au Futur simple)

- Pronominal **réfléchi direct**

    The '**Reflexive Direct**' Pronominal structure is when the Pronominal format is used AND the subject (the doer – singular or plural) of a direct action is also the receiver of that direct action.
    (See Appendix G at end of book)

▼ Formula

Sujet + (**serai, seras, sera, serons, serez, seront**) + **en train de** + (me-m', te-t', se-s', nous, vous, se-s', – **objet direct** du verbe principal) + verbe principal (**Infinitif**)

▼ **Meaning**(s) of this verb form shown in **Univerb© Tag**(s) (3rd person) ▼

Usual Meaning(s):

- he/she/it **will be** (in the middle of) **verbing** himself / herself / itself
- he/she/it **will be** (in the process of) **verbing** himself / herself / itself

Special Meaning(s) when used with words like **quand** (when), **aussitôt que** / **dès que** (as soon as), etc. describing a future event:

- he/she/it **is** (in the middle of) **verbing** himself / herself / itself (Future event)
- he/she/it **is** (in the process of) **verbing** himself / herself / itself (Future event)

For **examples** and much more, **scan** or **click** the **code** below ▼
- **Or** follow the links at **verbexpress.net** > French Verb Tense Atlas > Présent continu au Futur simple > Présent continu au Futur simple – Pronominal > **Pronominal réfléchi direct**

33C.4 Pronominal **réfléchi indirect** – (**Présent continu au Futur simple**)

- Pronominal **réfléchi indirect**

  The **'Reflexive Indirect'** Pronominal structure is when the Pronominal format is used AND the subject (the doer - singular or plural) of an indirect action is also the receiver of that indirect action.
  (See Appendix G at end of book)

▼ **Formula**

Sujet + (**serai, seras, sera, serons, serez, seront**) + **en train de** + (me-m', te-t', se-s', nous, vous, se-s', – **objet indirect** du verbe principal) + verbe principal (**Infinitif**)

▼ **Meaning**(s) of this verb form shown in **Univerb© Tag**(s) (3rd person) ▼

Usual Meaning(s):

- he/she/it **will be** (in the middle of) **verbing** himself / herself / itself
- he/she/it **will be** (in the process of) **verbing** himself / herself / itself

Special Meaning(s) when used with words like **quand** (when), **aussitôt que / dès que** (as soon as), etc. describing a **future** event:

- he/she/it **is** (in the middle of) **verbing** himself / herself / itself (Future event)
- he/she/it **is** (in the process of) **verbing** himself / herself / itself (Future event)

For **examples** and much more, **scan** or **click** the **code** below ▼
- **Or** follow the links at **verbexpress.net** > French Verb Tense Atlas > Présent continu au Futur simple > Présent continu au Futur simple – Pronominal > **Pronominal réfléchi indirect**

33C.5 Pronominal **réciproque direct** – (**Présent continu au Futur simple**)

- Pronominal **réciproque direct**

    The **'Reciprocal Direct'** Pronominal structure is when the Pronominal format is used AND a group of two or more (subjects) do the same direct action to one another.
    (**See** Appendix G at end of book)

▼ **Formula**

Sujet (pluriel) + (**serons, serez, seront**) + **en train de** + (nous, vous, se-s', – **objet direct** du verbe principal) + verbe principal (**Infinitif**)

▼ **Meaning**(s) of this verb form shown in **Univerb© Tag**(s) (3ʳᵈ person) ▼

Usual **Meaning**(s):

♦ they **will be** (in the middle of) **verbing** each other
♦ they **will be** (in the process of) **verbing** each other

Special **Meaning**(s) when used with words like **quand** (when), **aussitôt que / dès que** (as soon as), etc. describing a future event:

♦ they **are** (in the middle of) **verbing** each other (Future event)
♦ they **are** (in the process of) **verbing** each other (Future event)

For **examples** and much more, **scan** or **click** the **code** below ▾
- **Or** follow the links at **verbexpress.net** > French Verb Tense Atlas > Présent continu au Futur simple > Présent continu au Futur simple – Pronominal > **Pronominal réciproque direct**

33C.6   Pronominal **réciproque indirect** – (**Présent continu au Futur simple**)

- Pronominal **réciproque indirect**

    The **'Reciprocal Indirect'** Pronominal structure is when the Pronominal format is used AND a group of two or more (subjects) do the same indirect action to one another.
    (**See** Appendix G at end of book)

Présent continu au Futur simple | 533

▼ **Formula**

Sujet (<u>pluriel</u>) + (**serons, serez, seront**) + <u>en train de</u> + (<u>nous, vous, se-s'</u>, – **objet** <u>indirect</u> du verbe principal) + verbe principal (**Infinitif**)

▼ **Meaning**(s) of this verb form shown in **Univerb© Tag**(s) (3rd person) ▼

<u>Usual</u> **Meaning**(s):

♦ they **will be** (in the middle of) **verbing** <u>each other</u>
♦ they **will be** (in the process of) **verbing** <u>each other</u>

<u>Special</u> **Meaning**(s) when used with words like **quand** (when), **aussitôt que / dès que** (as soon as), etc. describing a <u>future</u> **event**:

♦ they **are** (in the middle of) **verbing** <u>each other</u> (Future event)
♦ they **are** (in the process of) **verbing** <u>each other</u> (Future event)

For **examples** and much more, <u>scan</u> or <u>click</u> the **code** below ▾
- **Or** follow the links at **verbexpress.net** > French Verb Tense Atlas > Présent continu au Futur simple > Présent continu au Futur simple – Pronominal > **Pronominal réciproque indirect**

33C.7   Pronominal **passif** – (**Présent continu au Futur simple**)

● Pronominal **passif**

The '**Passive Pronominal**' structure is a way to create a **passive** meaning by using the <u>pronominal</u> format with an <u>in</u>anustate subject (a **non**-personal doer – singular or plural).
(See <u>Appendix</u> H at end of book)

▼ **Formula**

Sujet (nom ou pronom, <u>inanimé</u>, – **objet direct** du verbe principal) + (**sera, seront**) + <u>en train de</u> + <u>se-s'</u> + verbe principal (**Infinitif**)

▼ **Meaning**(s) of this verb form shown in **Univerb© Tag**(s) (3rd person) ▼

Usual **Meaning**(s):

- it **will be** (in the middle of) **being verbed**
- it **will be** (in the middle of) **getting verbed**
- it **will be** (in the process of) **being verbed**
- it **will be** (in the process of) **getting verbed**

Special Meaning(s) when used with words like **quand** (when), **aussitôt que / dès que** (as soon as), etc. describing a <u>future</u> event:

- it **is** (in the middle of) **being verbed** (Future event)
- it **is** (in the middle of) **getting verbed** (Future event)
- it **is** (in the process of) **being verbed** (Future event)
- it **is** (in the process of) **getting verbed** (Future event)

For **examples** and much more, **scan** or **click** the **code** below ▼
- **Or** follow the links at verbexpress.net > French Verb Tense Atlas > Présent continu au Futur simple > Présent continu au Futur simple – Pronominal > **Pronominal passif**

33C.8 Pronominal **impersonnel** (passif) – (**Présent continu au Futur simple**)

- Pronominal **impersonnel** (passif)

    The '<u>Impersonal Passive</u>' structure is a way to create a <u>passive</u> meaning by using the <u>im</u>personal version of the subject " <u>il</u> " in the <u>pronominal</u> format.
    (See <u>Appendix</u> H at end of book)

▼ Formula

… **il** (sens impersonnel) + **sera** + <u>en train de</u> + <u>se-s'</u> + verbe principal (**Infinitif**) + **objet direct du verbe principal**

▼ **Meaning**(s) of this verb form shown in Univerb© **Tag**(s) (3rd person) ▼

Usual **Meaning**(s):

- he/she/it **will be** (in the middle of) **being verbed**

- he/she/it **will be** (in the middle of) **getting verbed**
- he/she/it **will be** (in the process of) **being verbed**
- he/she/it **will be** (in the process of) **getting verbed**

<u>Special</u> **Meaning**(s) when used with words like **quand** (when), **aussitôt que / dès que** (as soon as), etc. describing a <u>future</u> event:

- he/she/it **is** (in the middle of) **being verbed** (Future event)
- he/she/it **is** (in the middle of) **getting verbed** (Future event)
- he/she/it **is** (in the process of) **being verbed** (Future event)
- he/she/it **is** (in the process of) **getting verbed** (Future event)

For **examples** and much more, <u>scan</u> or <u>click</u> the **code** below ▼
- <u>Or</u> follow the links at <u>verbexpress.net</u> > French Verb Tense Atlas > Présent continu au Futur simple > Présent continu au Futur simple – Pronominal > **Pronominal impersonnel (passif)**

▶33D Présent continu au Futur simple – with <u>aller</u>

>> See *How to Do* this verb form after the **Univerb©** **Tag**(s) below ...

▼ **Meaning**(s) of this verb form shown in **Univerb© Tag**(s) (3rd person) ▼

<u>Usual</u> **Meaning**(s):

- he/she **will be** (in the middle of) **going to verb**
- he/she **will be** (in the middle of) **going verbing** (Appendix O at end of book)
- he/she **will be** (in the process of) **going to verb**
- he/she **will be** (in the process of) **going verbing** (Appendix O at end of book)

<u>Special</u> **Meaning**(s) when used with words like **quand** (when), **aussitôt que / dès que** (as soon as), etc. describing a <u>future</u> event:

- he/she **is** (in the middle of) **going to verb** (Future event)
- he/she **is** (in the middle of) **going verbing** (Future event) (Appendix O at end of book)
- he/she **is** (in the process of) **going to verb** (Future event)
- he/she **is** (in the process of) **going verbing** (Future event) (Appendix O at end of book)

536 | Présent continu au Futur simple

33D   Présent continu au Futur simple – with aller

▼ Formula

Sujet + (**serai, seras, sera, serons, serez, seront**) + en train d'aller + verbe principal (**Infinitif**)

For **examples** and much more, scan or click the code below ▼
- Or follow the links at **verbexpress.net** > French Verb Tense Atlas > Présent continu au Futur simple > **Présent continu au Futur simple – with Aller**

Présent continu à l'Imparfait

Type of Verb Tense (According to structure)
  Temps combiné – General term in this volume for any **combination** of a temps simple, temps composé, or Infinitif – with or without special added word(s)

Frequency of Use in Everyday Communication – (Low, **Medium**, High)
Level of **Difficulty** in **Formulation** – (Low, **Medium**, High)

Skill level for **Usage Mastery** – (Beginner, **Intermediate**, Advanced)

▼ This chapter covers ▼

34A	Présent continu à l'Imparfait – actif (Basic format)
34B	Présent continu à l'Imparfait – passif
1	Passif **direct** – Option 1
2	Passif **direct** – Option 2
3	Passif **indirect**
4	Passif **pronominal**
34C	Présent continu à l'Imparfait – pronominal
1	Pronominal **essentiel**
2	Pronominal **à sens idiomatique**
3	Pronominal **réfléchi direct**
4	Pronominal **réfléchi indirect**
5	Pronominal **réciproque direct**
6	Pronominal **réciproque indirect**
7	Pronominal **passif**
8	Pronominal **impersonnel** (passif)
34D	Présent continu à l'Imparfait – with aller

▶34A Présent continu à l'Imparfait – <u>actif</u> (Basic format)

\>\> See *How to Do* this verb form after the **Univerb© Tag**(s) below …

▼ **Meaning**(s) of this verb form shown in **Univerb© Tag**(s) (3rd person) ▼

<u>Usual</u> **Meaning**(s):

- he/she/it **was** (in the middle of) **verbing**
- he/she/it **was** (in the process of) **verbing**

| 34A | Présent continu à l'Imparfait – <u>actif</u> (Basic format) |

▼ Formula

Sujet
Sujet + (**étais, étais, était, étions, étiez, étaient**) + <u>en train de/d'</u> + verbe principal (**Infinitif**)

For **examples** and much more, <u>scan</u> or <u>click</u> the **code** below ▼
- **Or** follow the links at **verbexpress.net** > French Verb Tense Atlas > Présent continu à l'Imparfait > **Présent continu à l'Imparfait – Actif (Basic Format)**

▶34B Présent continu à l'Imparfait – <u>passif</u>

\>\> See *How to Do* this verb form after the **Univerb© Tag**(s) below …

▼ **Meaning**(s) of this verb form shown in **Univerb© Tag**(s) (3rd person) ▼

<u>Usual</u> **Meaning**(s):

- he/she/it **was** (in the middle of) **being verbed**
- he/she/it **was** (in the middle of) **getting verbed**
- he/she/it **was** (in the process of) **being verbed**
- he/she/it **was** (in the process of) **getting verbed**

Présent continu à l'Imparfait | 539

To see the <u>above</u> meaning(s) in action using the **formula**(s) **below** with **translations**, **tips**, and helpful **resources**, <u>scan</u> or <u>click</u> the **code** below ▼
- <u>Or</u> follow the links at **verbexpress.net** > French Verb Tense Atlas > Présent continu à l'Imparfait > **Présent continu à l'Imparfait – Passif**

34B.1   Passif **direct** – Option 1 – (**Présent continu à l'Imparfait**)

- Passif **direct** – Option 1 – (**See Appendix C** at end of book)

▼ **Formula**

Sujet + (**étais, étais, était, étions, étiez, étaient**) + **en train d'être** + verbe principal (**p.p.**)(e.s.es)

(**Note**: When using the "Passif **direct** – Option 1" format, the **subject** of the verb "être" must also be the **direct object** of the participe passé (**p.p.**) of the main verb, and because it also <u>precedes</u> the p.p., the **p.p.** <u>agrees in gender and in number</u> with that subject/direct object.)

▼ **Meaning**(s) of this verb form shown in **Univerb© Tag**(s) (3rd person) ▼

<u>Usual</u> **Meaning**(s):

- he/she/it **was** (in the middle of) **being verbed**
- he/she/it **was** (in the middle of) **getting verbed**
- he/she/it **was** (in the process of) **being verbed**
- he/she/it **was** (in the process of) **getting verbed**

For **examples** and much more, <u>scan</u> or <u>click</u> the **code** below ▼
- <u>Or</u> follow the links at **verbexpress.net** > French Verb Tense Atlas > Présent continu à l'Imparfait > Présent continu à l'Imparfait – Passif > **Passif direct – Option 1**

34B.2 Passif **direct** – Option 2 – (**Présent continu à l'Imparfait**)

- Passif **direct** – Option 2 – (**See Appendix C** at end of book)

▼ **Formula**

When the **direct object** appears as a **noun**:

On (sujet indéfini) + **était** + **en train de/d'** + verbe principal (**Infinitif**) + **objet direct**.

When the **direct object** appears as a **pronoun**:

On (sujet indéfini) + **était** + **en train de** + pronom objet direct + verbe principal (**Infinitif**).

▼ **Meaning**(s) of this verb form shown in **Univerb© Tag**(s) (3rd person) ▼

Usual Meaning(s):

- he/she/it **was** (in the middle of) **being verbed**
- he/she/it **was** (in the middle of) **getting verbed**
- he/she/it **was** (in the process of) **being verbed**
- he/she/it **was** (in the process of) **getting verbed**

For **examples** and much more, **scan** or **click** the **code** below ▼
- **Or** follow the links at **verbexpress.net** > French Verb Tense Atlas > Présent continu à l'Imparfait > Présent continu à l'Imparfait – Passif > **Passif direct – Option 2**

34B.3 Passif **indirect** – (**Présent continu à l'Imparfait**)

- Passif **indirect** – (**See Appendix C** at end of book)

▼ **Formula**

When the **indirect object** appears as a **noun**:

On (sujet indéfini) + **était** + **en train de/d'** + verbe principal (**Infinitif**) + objet in̲direct.

When the in̲direct object appears as a pronoun:

On (sujet indéfini) + **était** + **en train de/d'** + pronom objet in̲direct + verbe principal (**Infinitif**).

▼ **Meaning**(s) of this verb form shown in **Univerb© Tag**(s) (3rd person) ▼

Usual **Meaning**(s):

- he/she/it **was** (in the middle of) **being verbed**
- he/she/it **was** (in the middle of) **getting verbed**
- he/she/it **was** (in the process of) **being verbed**
- he/she/it **was** (in the process of) **getting verbed**

For **examples** and much more, scan or click the **code** below ▾
- **Or** follow the links at verbexpress.net > French Verb Tense Atlas > Présent continu à l'Imparfait > Présent continu à l'Imparfait – Passif > **Passif indirect**

34B.4   Passif **pronominal** – (**Présent continu à l'Imparfait**)

● Passif **pronominal**

The '**Passive Pronominal**' structure is a way to create a **passive** meaning by using the pronominal format with an in̲animate subject (a non-personal doer – singular or plural).
(**See** Appendix H at end of book)

▼ Formula

Sujet (nom ou pronom, inanimé, – **objet direct** du verbe principal) + (**était**, **étaient**) + **en train de** + se̲-s' + verbe principal (**Infinitif**)

▼ **Meaning**(s) of this verb form shown in **Univerb© Tag**(s) (3rd person) ▼

Usual Meaning(s):

- it was (in the middle of) being verbed
- it was (in the middle of) getting verbed
- it was (in the process of) being verbed
- it was (in the process of) getting verbed

For **examples** and much more, **scan** or **click** the **code** below ▼
- **Or** follow the links at **verbexpress.net** > French Verb Tense Atlas > Présent continu à l'Imparfait > Présent continu à l'Imparfait – Passif > **Passif pronominal**

▶34C Présent continu à l'Imparfait – pronominal

>> See *How to Do* this verb form after the Univerb© Tag(s) below ...

▼ **Meaning**(s) of this verb form shown in Univerb© Tag(s) (3rd person) ▼

Usual Meaning(s):

- he/she was (in the middle of) verbing
- he/she/it was (in the middle of) verbing himself / herself / itself
- he/she was (in the process of) verbing
- he/she/it was (in the process of) verbing himself / herself / itself

▼ Pronominal Passive Meanings ▼

Usual Meaning(s) when in a Pronominal Passive form: (See 34C.7, 34C.8 below)

- he/she/it was (in the middle of) being verbed
- he/she/it was (in the middle of) getting verbed
- he/she/it was (in the process of) being verbed
- he/she/it was (in the process of) getting verbed

To see the **above** meaning(s) in action using the **formula**(s) **below** with **translations**, **tips**, and helpful **resources**, **scan** or **click** the **code** below ▼
- **Or** follow the links at **verbexpress.net** > French Verb Tense Atlas >

Présent continu à l'Imparfait > **Présent continu à l'Imparfait – Pronominal**

| 34C.1 | Pronominal **essentiel** – (Présent continu à l'Imparfait) |

- Pronominal **essentiel** (exclusivement)
  (Verbes <u>exclusivement</u> pronominaux)

  <u>'Essential'</u> Pronominal Verbs are a special collection of verbs that are used **only** in the <u>pronominal</u> format, but have no '*reflexive*' meaning. (See <u>Appendix</u> E at end of book)

▼ **Formula**

Sujet + (**étais, étais, était, étions, étiez, étaient**) + <u>en train de</u> + (<u>me-m', te-t', se-s', nous, vous, se-s'</u>) + verbe principal (**Infinitif**)

▼ **Meaning**(s) of this verb form shown in **Univerb© Tag**(s) (3rd person) ▼

<u>Usual</u> **Meaning**(s):

♦ he/she **was** (in the middle of) **verb**ing
♦ he/she **was** (in the process of) **verb**ing

For **examples** and much more, **scan** or **click** the **code** below ▼
- **Or** follow the links at **verbexpress.net** > French Verb Tense Atlas > Présent continu à l'Imparfait > Présent continu à l'Imparfait – Pronominal > **Pronominal essentiel**

| 34C.2 | Pronominal **à sens idiomatique** – (Présent continu à l'Imparfait) |

- Pronominal **à sens idiomatique**

544 | Présent continu à l'Imparfait

'**Idiomatic**' Pronominal Verbs are a set of verbs which take on a different meaning than their normal meaning when they are used in the pronominal format.
(See **Appendix** F at end of book)

▼ Formula

Sujet + (**étais, étais, était, étions, étiez, étaient**) + **en train de** + (me-m', te-t', se-s', nous, vous, se-s') + verbe principal (**Infinitif**)

▼ Meaning(s) of this verb form shown in Univerb© Tag(s) (3ʳᵈ person) ▼

Usual Meaning(s):

- he/she **was** (in the middle of) **verbing**
- he/she **was** (in the process of) **verbing**

For **examples** and much more, **scan** or **click** the code below ▼
- **Or** follow the links at verbexpress.net > French Verb Tense Atlas > Présent continu à l'Imparfait > Présent continu à l'Imparfait – Pronominal > **Pronominal à sens idiomatique**

34C.3   Pronominal réfléchi direct – (Présent continu à l'Imparfait)

- Pronominal **réfléchi direct**

    The '**Reflexive Direct**' Pronominal structure is when the Pronominal format is used AND the subject (the doer – singular or plural) of a direct action is also the receiver of that direct action.
    (See **Appendix** G at end of book)

▼ Formula

Sujet + (**étais, étais, était, étions, étiez, étaient**) + **en train de** + (me-m', te-t', se-s', nous, vous, se-s', – **objet direct** du verbe principal) + verbe principal (**Infinitif**)

▼ Meaning(s) of this verb form shown in Univerb© Tag(s) (3ʳᵈ person) ▼

Usual **Meaning**(s):

♦ he/she/it **was** (in the middle of) **verbing** himself / herself / itself
♦ he/she/it **was** (in the process of) **verbing** himself / herself / itself

For **examples** and much more, scan or click the **code** below ▾
- **Or** follow the links at **verbexpress.net** > French Verb Tense Atlas >
Présent continu à l'Imparfait > Présent continu à l'Imparfait – Pronominal >
Pronominal réfléchi direct

34C.4   Pronominal **réfléchi** indirect – (**Présent continu à l'Imparfait**)

● Pronominal **réfléchi** indirect

> The **'Reflexive Indirect'** Pronominal structure is when the Pronominal format is used AND the subject (the doer - singular or plural) of an indirect action is also the receiver of that indirect action.
> (**See Appendix G** at end of book)

▼ **Formula**

Sujet + (**étais, étais, était, étions, étiez, étaient**) + en train de + (me-m', te-t', se-s', nous, vous, se-s', – objet indirect du verbe principal) + verbe principal (**Infinitif**)

▼ **Meaning**(s) of this verb form shown in **Univerb© Tag**(s) (3rd person) ▼

Usual **Meaning**(s):

♦ he/she/it **was** (in the middle of) **verbing** himself / herself / itself
♦ he/she/it **was** (in the process of) **verbing** himself / herself / itself

For **examples** and much more, scan or click the **code** below ▾
- **Or** follow the links at **verbexpress.net** > French Verb Tense Atlas >
Présent continu à l'Imparfait > Présent continu à l'Imparfait – Pronominal >
Pronominal réfléchi indirect

34C.5 Pronominal **réciproque direct** – (**Présent continu à l'Imparfait**)

- Pronominal **réciproque direct**

  The '**Reciprocal Direct**' Pronominal structure is when the Pronominal format is used AND a group of two or more (subjects) do the same direct action to one another.
  (See Appendix G at end of book)

▼ Formula

Sujet (pluriel) + (étions, étiez, étaient) + en train de + (nous, vous, se-s', – objet direct du verbe principal) + verbe principal (Infinitif)

▼ Meaning(s) of this verb form shown in Univerb© Tag(s) (3rd person) ▼

Usual Meaning(s):

- they were (in the middle of) verbing each other
- they were (in the process of) verbing each other

For examples and much more, scan or click the code below ▼
- Or follow the links at verbexpress.net > French Verb Tense Atlas > Présent continu à l'Imparfait > Présent continu à l'Imparfait – Pronominal > Pronominal réciproque direct

34C.6 Pronominal **réciproque indirect** – (**Présent continu à l'Imparfait**)

- Pronominal **réciproque indirect**

The **'Reciprocal Indirect'** Pronominal structure is when the Pronominal format is used AND a group of two or more (subjects) do the same indirect action to one another.
(**See Appendix** G at end of book)

| ▼ Formula

Sujet (pluriel) + (**serions, seriez, seraient**) + **en train de** + (nous, vous, se-s', – **objet indirect** du verbe principal) + verbe principal (**Infinitif**)

▼ **Meaning**(s) of this verb form shown in Univerb© Tag(s) (3rd person) ▼

Usual Meaning(s):

♦ they **were** (in the middle of) **verbing** each other
♦ they **were** (in the process of) **verbing** each other

For **examples** and much more, **scan** or **click** the **code** below ▼
- **Or** follow the links at **verbexpress.net** > French Verb Tense Atlas > Présent continu à l'Imparfait > Présent continu à l'Imparfait – Pronominal > **Pronominal réciproque indirect**

34C.7   Pronominal **passif** – (**Présent continu à l'Imparfait**)

● Pronominal **passif**

The **'Passive Pronominal'** structure is a way to create a **passive** meaning by using the pronominal format with an inanimate subject (a **non**-personal doer – singular or plural).
(**See Appendix** H at end of book)

| ▼ Formula

Sujet (nom ou pronom, inanimé, – **objet direct** du verbe principal) + (**était, étaient**) + **en train de** + se-s' + verbe principal (**Infinitif**)

▼ **Meaning**(s) of this verb form shown in Univerb© Tag(s) (3rd person) ▼

Usual Meaning(s):

- it **was** (in the middle of) **being verbed**
- it **was** (in the middle of) **getting verbed**
- it **was** (in the process of) **being verbed**
- it **was** (in the process of) **getting verbed**

For **examples** and much more, **scan** or **click** the **code** below ▼
- **Or** follow the links at **verbexpress.net** > French Verb Tense Atlas > Présent continu à l'Imparfait > Présent continu à l'Imparfait – Pronominal > **Pronominal passif**

34C.8 Pronominal **impersonnel** (passif) – (**Présent continu à l'Imparfait**)

- Pronominal **impersonnel** (passif)

    The '**Impersonal Passive**' structure is a way to create a **passive** meaning by using the **im**personal version of the subject " **il** " in the pronominal format.
    (See **Appendix** H at end of book)

▼ Formula

... **il** (sens impersonnel) + **était** + **en train de** + **se-s'** + verbe principal (Infinitif) + **objet direct du verbe principal**

▼ **Meaning**(s) of this verb form shown in **Univerb© Tag**(s) (3rd person) ▼

Usual Meaning(s):

- he/she/it **was** (in the middle of) **being verbed**
- he/she/it **was** (in the middle of) **getting verbed**
- he/she/it **was** (in the process of) **being verbed**
- he/she/it **was** (in the process of) **getting verbed**

For **examples** and much more, <u>scan</u> or <u>click</u> the **code** below ▼
- <u>Or</u> follow the links at **verbexpress.net** > French Verb Tense Atlas > Présent continu à l'Imparfait > Présent continu à l'Imparfait – Pronominal > **Pronominal impersonnel (passif)**

▶34D   Présent continu à l'Imparfait – with <u>aller</u>

>> See *How to Do* this verb form after the **Univerb© Tag**(s) below ...

▼ **Meaning**(s) of this verb form shown in **Univerb© Tag**(s) (3rd person) ▼

<u>Usual</u> **Meaning**(s):

- he/she **was** (in the middle of) **going to verb**
- he/she **was** (in the middle of) **going verbing** (Appendix O at end of book)
- he/she **was** (in the process of) **going to verb**
- he/she **was** (in the process of) **going verbing** (Appendix O at end of book)

| 34D   Présent continu à l'Imparfait – with <u>aller</u> |

| ▼ Formula |

Sujet + (**étais, étais, était, étions, étiez, étaient**) + <u>**en train d'aller**</u> + verbe principal (**Infinitif**)

For **examples** and much more, <u>scan</u> or <u>click</u> the **code** below ▼
- <u>Or</u> follow the links at **verbexpress.net** > French Verb Tense Atlas > Présent continu à l'Imparfait > **Présent continu à l'Imparfait – with Aller**

Présent continu à l'Imparfait

Présent-Indicatif

Type of Verb Tense (According to structure)
   Temps simple – ("**Simple**" Tense: a single-word tense.)

Frequency of Use in Everyday Communication – (Low, Medium, **High**)
Level of **Difficulty** in **Formulation** – (Low, **Medium**, High)

Skill level for **Usage Mastery** – (**Beginner** & **Intermediate**, Advanced)

▼ This chapter covers ▼	
35A	Présent-Indicatif – actif (Basic format)
35B	Présent-Indicatif – passif
	1 Passif **direct** – Option 1
	2 Passif **direct** – Option 2
	3 Passif **indirect**
	4 Passif **pronominal**
35C	Présent-Indicatif – pronominal
	1 Pronominal **essentiel**
	2 Pronominal **à sens idiomatique**
	3 Pronominal **réfléchi direct**
	4 Pronominal **réfléchi indirect**
	5 Pronominal **réciproque direct**
	6 Pronominal **réciproque indirect**
	7 Pronominal **passif**
	8 Pronominal **impersonnel** (passif)
35D	Présent-Indicatif – with aller
35E	Présent-Indicatif – with devoir
35F	Présent-Indicatif – with pouvoir
35G	Présent-Indicatif – with vouloir

▶35A Présent - Indicatif – <u>actif</u> (Basic format)

\>\> See *How to Do* this verb form after the **Univerb©** Tag(s) below ...

▼ **Meaning**(s) of this verb form shown in **Univerb©** Tag(s) (3rd person) ▼

<u>Usual</u> **Meaning**(s):

- he/she/it **does verb** (for *emphasis*, *negative*, or *asking a question*)
- he/she/it **is verbing**
- he/she/it **verbs**

| 35A | Présent-Indicatif – <u>actif</u> (Basic format) |

The Présent - Indicatif is usually the <u>first</u> verb tense studied when learning French. Unfortunately for the studnt, it is also <u>the most complex to conjugate</u> and its mastery requires, above all, **practice**. The main rules are given here along with a few examples of each rule in action, and more importantly for the student, a growing number of exercises will be available at verbexpress.net to help you practise and increase your speed and confidence in using this important verb tense.

The **good news** is that this verb tense is used as a springboard to create several other important verb tenses: the *Imparfait* (**Chapter 10**), the *Impératif présent* (**Chapter 13**), the *Participe présent* (**Chapter 18**), and the *Subjonctif présent* (**Chapter 38**).

For **examples** and much more, **scan** or **click** the code below ▼
- **Or** follow the links at **verbexpress.net** > French Verb Tense Atlas > Présent-Indicatif > **Présent-Indicatif – Actif (Basic Format)**

FRIENDLY WARNING!: The next twenty pages or so have been included for the purpose of completeness. But they can seem a little overwhelming at first. Fortunately, they do not need to be read in sequence. A variety of practice exercises for this verb tense will also be made available at verbexpress.net, providing the best way to approach this difficult tense.
Four other verb tenses are easily extracted from the Présent-Indicatif. See **Appendix K** for details.

Présent – Indicatif

- There are essentially three groups of French verbs. *Regular verbs ending in -**er*** are called the **First** Group, and are for the most part easy to conjugate. They also represent the vast majority of French verbs. *Regular verbs ending in -**ir*** are called the **Second** Group, and are also easy to conjugate. The rest, ending in -**ir**, -**oir**, and -**re**, have **ir**regular constructions, and are called the **Third** Group. And it is within this group of verbs that a certain chaos seems to reign!
- Many examples of these three groups of verbs are presented systematically below. An expanding set of comprehensive *webxercises* will also be available for personal study and online practice at verbexpress.net, as well as sample sheets available for download.

1ˢᵗ **First** Group (regular verbs)	2ⁿᵈ **Second** Group (regular verbs)	3ʳᵈ **Third** Group (**ir**regular verbs)
-er	-ir	-ir, -oir, -re
▼ Special Cases ▼ (Regular endings with minor internal modifications)	▼ Special Case ▼	▼ Special Cases ▼
aller	haïr	avoir
-ayer, -oyer, -uyer		être
-ger		-clure
-cer		-oire
e + single consonant + -er		-aire
é + single consonant + -er		-ire
e / é + double consonant + er		-aître
e / é + ch + er		-oître
e / é + gn + er		-ivre
e / é + gu + er		-consonant + re
		-mettre
		-oudre and -soudre
		-nasal syllable + dre
		-ir working like -er verbs
		-illir
		-consonant + ir
		tenir, venir, and derivatives
		-quérir

First Group: These are *regular* verbs ending in -**er**.

The Présent-Indicatif endings for the **First Group** are
-**e**, -**es**, -**e**, -**ons**, -**ez**, and -**ent**.

These endings are simply added to the end of the verb after first removing the -**er**.

Examples:

parl**er** (to speak / to talk)	chant**er** (to sing)	aim**er** (to like / to love)
je parl**e**	je chant**e**	j'aim**e**
tu parl**es**	tu chant**es**	tu aim**es**
il (elle, on) parl**e**	il (elle, on) chant**e**	il (elle, on) aim**e**
nous parl**ons**	nous chant**ons**	nous aim**ons**
vous parl**ez**	vous chant**ez**	vous aim**ez**
ils (elles) parl**ent**	ils (elles) chant**ent**	ils (elles) aim**ent**

Exception: There is one exception: The verb "aller" becomes:
je **vais**, tu **vas**, il (elle, on) **va**, nous **allons**, vous **allez**, ils (elles) **vont**.

Additional rules for the **First** Group (-er) :
(**Regular** endings with minor internal adjustments)

1. *1st-Group verbs in –er* whose Infinitif form ends in
   "-**ayer**, -**oyer**, -**uyer**".
   These verbs change the "**y**" into "**i**" when conjugated with "**je / tu / il, elle, on / ils, elles**", but not with "**nous**" and "**vous**".
   You can keep the "**y**" in the "-**ayer**" verbs if you wish for the **je, tu, il,** and **ils** subjects as shown below.

Examples: (More examples will be available at verbexpress.net)

p**ayer** (to pay)(2 spelling options)		empl**oyer** (to employ)	enn**uyer** (to annoy / to bore)
je pa**i**e	je pa**y**e	j'empl**oi**e	j'ennu**i**e

tu paies	tu payes	tu emploies	tu ennuies
il paie	il paye	il emploie	il ennuie
nous payons	nous payons	nous employons	nous ennuyons
vous payez	vous payez	vous employez	vous ennuyez
ils paient	ils payent	ils emploient	ils ennuient

2. *1st-Group verbs in –er* whose Infinitif form ends in "**-ger**":

   Special treatment: The letter "**e**" is added between the "**g**" and the "**-ons**" with "**nous**" to keep the "**g**" sound **soft** like its **Infinitif** form.

   Examples: (More examples will be available at verbexpress.net)

na**ger** (to swim)	corri**ger** (to correct)	interro**ger** (to interrogate)
je nage	je corrige	j'interroge
tu nages	tu corriges	tu interroges
il (elle, on) nage	il (elle, on) corrige	il (elle, on) interroge
nous na**ge**ons	nous corri**ge**ons	nous interro**ge**ons
vous nagez	vous corrigez	vous interrogez
ils (elles) nagent	ils (elles) corrigent	ils (elles) interrogent

3. *1st-Group verbs in –er* whose Infinitif form ends in "**-cer**":

   Special treatment: The letter "**c**" is changed into "**ç**" before the "**-ons**" with "**nous**" to keep the "**c**" sound **soft** like its **Infinitif** form.

   Examples: (More examples will be available at verbexpress.net)

annon**cer** (to announce)	finan**cer** (to finance)	pronon**cer** (to pronounce)
j'annonce	je finance	je prononce
tu annonces	tu finances	tu prononces
il (elle, on) annonce	il (elle, on) finance	il (elle, on) prononce

nous annonçons	nous finançons	nous prononçons
vous annoncez	vous financez	vous prononcez
ils (elles) annoncent	ils (elles) financent	ils (elles) prononcent

4. *1st-Group verbs ending in –er* - **Phonetic** effects of a *mute final syllable* on internal spellings:

When we conjugate verbs whose Infinitif form ends in

"... e / é + **single** consonant + -er" in the Présent - Indicatif with "**je** / **tu** / **il**, **elle**, **on** / **ils**, **elles**, the endings are **silent** (or mute) – that is, they are not pronounced).

- je   ...   -e
- tu   ...   -es
- il / elle / on ...   -e
- ils / elles   ...   -ent

and one of two things happens.

The details are shown below, in **Rule A** and **Rule B**:

Rule A

Whenever the final syllable of the **conjugated** verb is silent (ending in -**e**, -**es**, or -**ent**), the "e" or "é" in the second-last syllable changes to "è":

Examples of Rule A:

(More examples will be available at verbexpress.net)

peser (to weigh)	lever (to lift)	préférer (to prefer)
je pèse	je lève	je préfère
tu pèses	tu lèves	tu préfères
il (elle, on) pèse	il (elle, on) lève	il (elle, on) préfère
nous pesons	nous levons	nous préférons
vous pesez	vous levez	vous préférez

| ils (elles) p<u>è</u><u>s</u>ent | ils (elles) l<u>è</u><u>v</u>ent | ils (elles) préf<u>è</u><u>r</u>ent |

Rule A also applies to verbs containing the Infinitif ending:
"... e / é + <u>two</u> consonants + er", where the <u>second consonant</u> of the pair is " <u>r</u> " or " <u>l</u> "

Examples of Rule A - *with the <u>two consonants</u> before the ending* :
(More examples will be available at verbexpress.net)

perpé**tr**er (to perpetrate)	célé**br**er (to celebrate)	ré**gl**er (to adjust)
je perp<u>è</u>**tr**e	je cél<u>è</u>**br**e	je r<u>è</u>**gl**e
tu perp<u>è</u>**tr**es	tu cél<u>è</u>**br**es	tu r<u>è</u>**gl**es
il (elle, on) perp<u>è</u>**tr**e	il (elle, on) cél<u>è</u>**br**e	il (elle, on) r<u>è</u>**gl**e
nous perpé**tr**ons	nous célé**br**ons	nous ré**gl**ons
vous perpé**tr**ez	vous célé**br**ez	vous ré**gl**ez
ils (elles) perp<u>è</u>**tr**ent	ils (elles) cél<u>è</u>**br**ent	ils (elles) r<u>è</u>**gl**ent

Rule A also applies to verbs containing the Infinitif endings "... e / é + <u>ch</u> + er", "... e / é + <u>gn</u> + er" and "... e / é + <u>gu</u> + er"

Examples of Rule A - *with "**<u>ch</u>**", "**<u>gn</u>**", and" **<u>gu</u>**" before the ending*:
(More examples will be available at verbexpress.net)

pé**ch**er (to sin)	ré**gn**er (to reign)	relé**gu**er (to relegate)
je p<u>è</u>**ch**e	je r<u>è</u>**gn**e	je rel<u>è</u>**gu**e
tu p<u>è</u>**ch**es	tu r<u>è</u>**gn**es	tu rel<u>è</u>**gu**es
il (elle, on) p<u>è</u>**ch**e	il (elle, on) r<u>è</u>**gn**e	il (elle, on) rel<u>è</u>**gu**e
nous pé**ch**ons	nous ré**gn**ons	nous relé**gu**ons
vous pé**ch**ez	vous ré**gn**ez	vous relé**gu**ez

| ils (elles) pèchent | ils (elles) règnent | ils (elles) relèguent |

Rule B

According to the recent rules of "*La Nouvelle orthographe*" (The New Spelling) from the **Académie française**, when the consonant between an "e" and a **mute syllable** (a syllable ending in a silent -e, -es, -ent) is an "l" or a "t", the "l" or "t" is doubled in a small group of verbs, namely *appeler*, *jeter*, and their derivatives (including *interpeler*).

(All other verbs whose Infinitif ends in "-eler" or "-eter" continue to follow **Rule A** explained above.)

Examples of Rule B:

(More examples will be available at verbexpress.net)

appeler (to call)	jeter (to throw)	rappeler (to call back, to recall)
j'appelle	je jette	je rappelle
tu appelles	tu jettes	tu rappelles
il (elle, on) appelle	il (elle, on) jette	il (elle, on) rappelle
nous appelons	nous jetons	nous rappelons
vous appelez	vous jetez	vous rappelez
ils (elles) appellent	ils (elles) jettent	ils (elles) rappellent

Second Group:

These are *regular* verbs ending in **-ir**.

The Présent-Indicatif endings for the Second Group are:

-is, **-is**, **-it**, **-issons**, **-issez**, **-issent**,

which are added to the end of the verb after first removing the **-ir** ending.

IMPORTANT: Examples vs. Exercises:

You will find *examples* of a cluster of *Second-Group* verbs ending in -**ir** in the table below, but helpful *practice exercises* for these and other verbs that work like them will be available at verbexpress.net.

Examples:

(More examples will be available at verbexpress.net)

fin**ir** (to finish)	atterr**ir** (to land)	invest**ir** (to invest)
je fin**is**	j'atterr**is**	j'invest**is**
tu fin**is**	tu atterr**is**	tu invest**is**
il (elle, on) fin**it**	il (elle, on) atterr**it**	il (elle, on) invest**it**
nous fin**issons**	nous atterr**issons**	nous invest**issons**
vous fin**issez**	vous atterr**issez**	vous invest**issez**
ils (elles) fin**issent**	ils (elles) atterr**issent**	ils (elles) invest**issent**

Third Group:

Finally, we have the **ir**regular verbs whose Infinitif form ends in -**ir**, -**re**, and -**oir**.

This is the group of verbs that cause students the most difficulty at the beginning because of their irregularity.

However, although their interiors can vary considerably from one verb to the next, their endings are stable, respecting the following patterns:

-**s** or -**x**	(*je*)	je prend**s**, je veu**x**
-**s** or -**x**	(*tu*)	tu prend**s**, tu veu**x**
-**d** or -**t**	(*il, elle,* and *on*)	il / elle / on prend, il / elle / on veut,
-**ons**	(*nous*)	nous pren**ons**, nous voul**ons**
-**ez**	(*vous*)	vous pren**ez**, vous voul**ez**
-**ent**	(*ils* or *elles*)	ils/elles prenn**ent**, ils/elles veul**ent**

But there are various changes in the middle of the verbs, as shown in the following examples:

"**Tenir**" becomes "je **tiens**, tu **tiens**, il **tient**, nous **tenons**, vous **tenez**, and ils **tiennent**".

"**Prendre**" becomes "je pren**ds**, tu pren**ds**, il pren**d**, nous pre**n**ons, vous pre**n**ez, ils pre**nn**ent".

"**Vouloir** becomes "je v**eux**, tu v**eux**, il v**eut**, nous v**oul**ons, vous v**oul**ez, and ils v**eulent**", and

"**Pouvoir**" becomes "je p**eux**, tu p**eux**, il p**eut**, nous p**ouv**ons, vous p**ouv**ez, ils **peuvent**

♦ Because of their unpredictability, these and other irregular verbs are usually best learned in **clusters of similar verbs**, as presented in the series of tables below.

♦ Many frequently used irregular verbs will be available for study and practice online at verbexpress.net.

In the following pages, you will find the **main** groupings of **ir**regular verbs and their construction, followed by a few examples for each cluster.

Before looking at the variety of irregular verbs, there are a few *3rd-Group* verbs (and their derivatives) whose endings in the Présent-Indicatif are the same as the endings of the *1st-Group* verbs.
(Recall that the *1st*-Group verbs are those whose Infinitif ends in "-**er**".)

Let's take a quick look at those:

♦ *Irregular verbs ending in* **-ir** whose endings in the Présent-Indicatif are the **same** as those of the *1st-Group* (-er) verbs, that is to say: **-e, -es, -e, -ons, -ez, -ent**

ouvr**ir**	offr**ir**	souffr**ir**
(to open)	(to offer)	(to suffer)

Présent – Indicatif

j'ouvre	j'offre	je souffre
tu ouvres	tu offres	tu souffres
il (elle, on) ouvre	il (elle, on) offre	il (elle, on) souffre
nous ouvrons	nous offrons	nous souffrons
vous ouvrez	vous offrez	vous souffrez
ils (elles) ouvrent	ils (elles) offrent	ils (elles) souffrent

Now let's take a look at all the *3rd-Group* verb types:

♦ *Irregular verbs ending in* **-oir**:

savoir (to know)	**vouloir** (to want)	**devoir** (to have to)	**pouvoir** (to be able, to owe)
je sais	je veux	je dois	je peux
tu sais	tu veux	tu dois	tu peux
il (elle, on) sait	il (elle, on) veut	il (elle, on) doit	il (elle, on) peut
nous savons	nous voulons	nous devons	nous pouvons
vous savez	vous voulez	vous devez	vous pouvez
ils (elles) savent	ils (elles) veulent	ils (elles) doivent	ils (elles) peuvent

voir (to see)	**valoir** (to be worth)	**asseoir** (to sit) (Pronominal form) - There are two options -	
je vois	je vaux	je m'assois	je m'assieds
tu vois	tu vaux	tu t'assois	tu t'assieds
il (elle, on) voit	il (elle, on) vaut	il (elle, on) s'assoit	il (elle, on) s'assied
nous voyons	nous valons	nous nous assoyons	nous nous asseyons

vous voy**ez**	vous val**ez**	vous vous ass**oyez**	vous vous ass**eyez**
ils (elles) vo**ient**	ils (elles) val**ent**	ils (elles) s'ass**oient**	ils (elles) s'ass**eyent**

The irregular, impersonal verb **falloir** (to be necessary) - only done with "il"	*The irregular, impersonal verb* **pleuvoir** (to rain): - only done with "il"
il f**aut**	il pl**eut**

♦ *Irregular verbs ending in* **-clure**:

in**clure** (to include)	ex**clure** (to exclude)	con**clure** (to conclude)
j'inclu**s**	j'exclu**s**	je conclu**s**
tu inclu**s**	tu exclu**s**	tu conclu**s**
il (elle, on) inclu**t**	il (elle, on) exclu**t**	il (elle, on) conclu**t**
nous inclu**ons**	nous exclu**ons**	nous conclu**ons**
vous inclu**ez**	vous exclu**ez**	vous conclu**ez**
ils (elles) inclu**ent**	ils (elles) exclu**ent**	ils (elles) conclu**ent**

♦ *Irregular verbs ending in* **-oire**:

b**oire** (to drink)	cr**oire** (to believe)
je boi**s**	je croi**s**
tu boi**s**	tu croi**s**
il (elle, on) boi**t**	il (elle, on) croi**t**
nous b**uvons**	nous cro**yons**
vous b**uvez**	vous cro**yez**

| ils (elles) boi**v**en**t** | ils (elles) croi**e**n**t** |

- *Irregular verbs ending in -**aire**:*

f**aire** (to do, to make)	pl**aire** (to please)	soustr**aire** (to subtract)
je fai**s**	je plai**s**	je soustrai**s**
tu fai**s**	tu plai**s**	tu soustrai**s**
il (elle, on) fai**t**	il (elle, on) plaî**t**	il (elle, on) soustrai**t**
nous fai**s**on**s**	nous plai**s**on**s**	nous soustra**y**on**s**
vous fai**tes**	vous plai**sez**	vous soustra**yez**
ils (elles) **font**	ils (elles) plai**sent**	ils (elles) soustrai**ent**

- *Irregular verbs ending in -**ire**:*

d**ire** (to say / to tell)	écr**ire** (to write)	r**ire** (to laugh)
je di**s**	j'écri**s**	je ri**s**
tu di**s**	tu écri**s**	tu ri**s**
il (elle, on) di**t**	il (elle, on) écri**t**	il (elle, on) ri**t**
nous di**s**on**s**	nous écri**v**on**s**	nous ri**on**s
vous di**tes**	vous écri**vez**	vous ri**ez**
ils (elles) di**sent**	ils (elles) écri**vent**	ils (elles) ri**ent**

- *Irregular verbs ending in -**aître**:*

conn**aître** (to know /be familiar with)	par**aître** (to appear / to seem)	n**aître** (to be born)
je connai**s**	je parai**s**	je nai**s**
tu connai**s**	tu parai**s**	tu nai**s**

Présent – Indicatif

il (elle, on) conna**ît**	il (elle, on) para**ît**	il (elle, on) na**ît**
nous connai**ssons**	nous parai**ssons**	nous nai**ssons**
vous connai**ssez**	vous parai**ssez**	vous nai**ssez**
ils (elles) connai**ssent**	ils (elles) parai**ssent**	ils (elles) nai**ssent**

♦ *Irregular verbs ending in* **-oître**:

cr**oître**
(to grow / to increase)
je croî**s**
tu croî**s**
il (elle, on) croî**t**
nous croi**ssons**
vous croi**ssez**
ils (elles) croi**ssent**

♦ *Irregular verbs ending in* **-ivre**:

su**ivre**	v**ivre**	surv**ivre**
(to follow)	(to live)	(to survive)
je sui**s**	je vi**s**	je survi**s**
tu sui**s**	tu vi**s**	tu survi**s**
il (elle, on) sui**t**	il (elle, on) vi**t**	il (elle, on) survi**t**
nous suiv**ons**	nous viv**ons**	nous surviv**ons**
vous suiv**ez**	vous viv**ez**	vous surviv**ez**
ils (elles) suiv**ent**	ils (elles) viv**ent**	ils (elles) surviv**ent**

♦ *Irregular verbs ending in* **-consonant + re**:

bat**tre**	fen**dre**	rom**pre**	vain**cre**

(to beat)	(to split)	(to break)	(to defeat)
je bat**s**	je fend**s**	je romp**s**	je vainc**s**
tu bat**s**	tu fend**s**	tu romp**s**	tu vainc**s**
il (elle, on) bat	il (elle, on) fend	il (elle, on) romp**t**	il (elle, on) vainc
nous batt**ons**	nous fend**ons**	nous romp**ons**	nous vain**quons**
vous batt**ez**	vous fend**ez**	vous romp**ez**	vous vain**quez**
ils (elles) batt**ent**	ils (elles) fend**ent**	ils (elles) romp**ent**	ils (elles) vain**quent**

♦ *The irregular verb* **mettre** *and its derivatives*:

mettre (to put)	per**mettre** (to permit)	re**mettre** (to put back)
je met**s**	je permet**s**	je remet**s**
tu met**s**	tu permet**s**	tu remet**s**
il (elle, on) met	il (elle, on) permet	il (elle, on) remet
nous mett**ons**	nous permett**ons**	nous remett**ons**
vous mett**ez**	vous permett**ez**	vousremett**ez**
ils (elles) mett**ent**	ils (elles) permett**ent**	ils (elles) remett**ent**

♦ *Irregular verbs ending in* -**oudre** *and* -**soudre**:

c**oudre** (to sew)	m**oudre** (to grind)	ré**soudre** (to solve)	dis**soudre** (to dissolve)
je coud**s**	je moud**s**	je réou**s**	je dissou**s**
tu coud**s**	tu moud**s**	tu résou**s**	tu dissou**s**
il (elle, on) coud	il (elle, on) moud	il (elle, on) résou**t**	il (elle, on) diss**out**
nous cou**sons**	nous mou**lons**	nous ré**solvons**	nous dis**solvons**

vous cou<u>sez</u>	vous mou<u>lez</u>	vous ré<u>solvez</u>	vous dis<u>solvez</u>
ils (elles) cou<u>sent</u>	ils (elles) mou<u>lent</u>	ils (elles) ré<u>solvent</u>	ils (elles) dis<u>solvent</u>

♦ *Irregular verbs ending in -**nasal syllable + dre***:

(-<u>en</u>dre, -<u>ein</u>dre, -<u>oin</u>dre)

pr**endre** (to take)	p**eindre** (to paint)	j**oindre** (to join)
je prend<u>s</u>	je pein<u>s</u>	je join<u>s</u>
tu prend<u>s</u>	tu pein<u>s</u>	tu join<u>s</u>
il (elle, on) prend	il (elle, on) pein<u>t</u>	il (elle, on) join<u>t</u>
nous pren<u>ons</u>	nous pei<u>gnons</u>	nous joi<u>gnons</u>
vous pren<u>ez</u>	vous pei<u>gnez</u>	vous joi<u>gnez</u>
ils (elles) pren<u>nent</u>	ils (elles) pei<u>gnent</u>	ils (elles) joi<u>gnent</u>

♦ *Irregular verbs ending in -**illir***:

cu**illir** (to gather)	assa**illir** (to assault)	bou**illir** (to boil)
je cueille	j'assaille	je bou<u>s</u>
tu cueill<u>es</u>	tu assaill<u>es</u>	tu bou<u>s</u>
il (elle, on) cueille	il (elle, on) assaille	il (elle, on) bou<u>t</u>
nous cueill<u>ons</u>	nous assaill<u>ons</u>	nous bouill<u>ons</u>
vous cueill<u>ez</u>	vous assaill<u>ez</u>	vous bouill<u>ez</u>
ils (elles) cueill<u>ent</u>	ils (elles) assaill<u>ent</u>	ils (elles) bouill<u>ent</u>

♦ *Irregular verbs ending in -**consonant + ir**, where the **consonant disappears*** with je, tu, and il-elle-on.

dor**mir**	ser**vir**	par**tir**

(to sleep)	(to serve)	(to leave)
je dor<u>s</u>	je ser<u>s</u>	je par<u>s</u>
tu dor<u>s</u>	tu ser<u>s</u>	tu par<u>s</u>
il (elle, on) dor<u>t</u>	il (elle, on) ser<u>t</u>	il (elle, on) par<u>t</u>
nous dorm<u>ons</u>	nous serv<u>ons</u>	nous part<u>ons</u>
vous dorm<u>ez</u>	vous serv<u>ez</u>	vous part<u>ez</u>
ils (elles) dorm<u>ent</u>	ils (elles) serv<u>ent</u>	ils (elles) part<u>ent</u>

♦ *The irregular verbs **tenir**, **venir**:*

<u>tenir</u> (to hold)	<u>venir</u> (to come)
je t<u>iens</u>	je v<u>iens</u>
tu t<u>iens</u>	tu v<u>iens</u>
il (elle, on) t<u>ient</u>	il (elle, on) v<u>ient</u>
nous ten<u>ons</u>	nous ven<u>ons</u>
vous ten<u>ez</u>	vous ven<u>ez</u>
ils (elles) t<u>iennent</u>	ils (elles) v<u>iennent</u>

♦ *Irregular verbs ending in* **-quérir**:

ac**quérir** (to acquire)	re**quérir** (to require)	con**quérir** (to conquer)
j'acqu<u>iers</u>	je requ<u>iers</u>	je conqu<u>iers</u>
tu acqu<u>iers</u>	tu requ<u>iers</u>	tu conqu<u>iers</u>
il (elle, on) acqu<u>iert</u>	il (elle, on) requ<u>iert</u>	il (elle, on) conqu<u>iert</u>
nous acquér<u>ons</u>	nous requér<u>ons</u>	nous conquér<u>ons</u>
vous acquér<u>ez</u>	vous requér<u>ez</u>	vous conquér<u>ez</u>
ils (elles) acqu<u>ièrent</u>	ils (elles) requ<u>ièrent</u>	ils (elles) conqu<u>ièrent</u>

Présent – Indicatif

- *The irregular verbs* **mourir, courir,** *and their derivatives*:

mourir (to die)	courir (to run)	parcourir (to travel a distance)	secourir (to rescue)
je meurs	je cours	je parcours	je secours
tu meurs	tu cours	tu parcours	tu secours
il (elle, on) meurt	il (elle, on) court	il (elle, on) parcourt	il (elle, on) secourt
nous mourons	nous courons	nous parcourons	nous secourons
vous mourez	vous courez	vous parcourez	vous secourez
ils (elles) meurent	ils (elles) courent	ils (elles) parcourent	ils (elles) secourent

- *Irregular verbs ending in* **-cevoir**:

concevoir (to conceive / to design)	décevoir (to dissapoint)	recevoir (to receive)
je conçois	je déçois	je reçois
tu conçois	tu déçois	tu reçois
il (elle, on) conçoit	il (elle, on) déçoit	il (elle, on) reçoit
nous concevons	nous décevons	nous recevons
vous concevez	vous décevez	vous recevez
ils (elles) conçoivent	ils (elles) déçoivent	ils (elles) reçoivent

▶35B Présent - Indicatif – passif

\>\> See *How to Do* this verb form after the **Univerb© Tag(s)** below ...

▼ **Meaning**(s) of this verb form shown in **Univerb© Tag**(s) (3rd person) ▼

<u>Usual</u> **Meaning**(s):

- he/she/it **does get verbed** (for *emphasis*, *negative*, or *asking a question*)
- he/she/it **gets verbed**
- he/she/it **is being verbed**
- he/she/it **is getting verbed**
- he/she/it **is verbed**

To see the **above** meaning(s) in action using the **formula**(s) **below** with **translations**, **tips**, and helpful **resources**, <u>scan</u> or <u>click</u> the **code** below ▼
- **Or** follow the links at **verbexpress.net** > French Verb Tense Atlas > Présent-Indicatif > **Présent-Indicatif – Passif**

35B.1   Passif **direct** – Option 1 – (**Présent-Indicatif**)

- Passif **direct** – Option 1 – (**See Appendix C** at end of book)

▼ **Formula**

Sujet + (**suis, es, est, sommes, êtes, sont**) + verbe principal (**p.p.**)(e.s.es)(but <u>cannot be</u> a member of the ***Secret Travel Club*** verbs – listed in **Appendix B** at end of book)

(**Note**: When using the "Passif **direct** – Option 1" format, the **subject** of the verb "être" must also be the **direct object** of the participe passé (**p.p.**) of the main verb, and because it also <u>precedes</u> the p.p., the **p.p.** *agrees in gender and in number* with that subject/direct object.)

▼ **Meaning**(s) of this verb form shown in **Univerb**© **Tag**(s) (3rd person) ▼

<u>Usual</u> **Meaning**(s):

- he/she/it **does get verbed** (for *emphasis*, *negative*, or *asking a question*)
- he/she/it **gets verbed**
- he/she/it **is verbed**

For **examples** and much more, <u>scan</u> or <u>click</u> the **code** below ▼
- **Or** follow the links at **verbexpress.net** > French Verb Tense Atlas > Présent-Indicatif > Présent-Indicatif – Passif > **Passif direct – Option 1**

570 | Présent – Indicatif

35B.2 Passif **direct** – Option 2 – (**Présent-Indicatif**)

- Passif **direct** – Option 2 – (**See Appendix C** at end of book)

▼ **Formula**

When the **direct object** appears as a <u>noun</u>:

<u>On</u> (sujet indéfini) + verbe principal (**Présent-Indicatif** - *Details in 35A above*) + **objet direct**.

When the **direct object** appears as a <u>pronoun</u>:

<u>On</u> (sujet indéfini) + **pronom objet direct** + verbe principal (**Présent-Indicatif** - *Details in 35A above*)

▼ **Meaning**(s) of this verb form shown in **Univerb© Tag**(s) (3rd person) ▼

<u>Usual</u> **Meaning**(s):

- he/she/it **does get verbed** (for *emphasis*, *negative*, or *asking a question*)
- he/she/it **gets verbed**
- he/she/it **is being verbed**
- he/she/it **is getting verbed**
- he/she/it **is verbed**

For **examples** and much more, <u>scan</u> or <u>click</u> the **code** below ▼
- **Or** follow the links at **verbexpress.net** > French Verb Tense Atlas > Présent-Indicatif > Présent-Indicatif – Passif > **Passif direct – Option 2**

35B.3 Passif <u>indirect</u> – (**Présent-Indicatif**)

- Passif <u>in</u>direct – (**See Appendix C** at end of book)

▼ **Formula**

When the **<u>in</u>direct object** appears as a **<u>noun</u>**:

<u>On</u> (sujet indéfini) + verbe principal (**Présent-Indicatif** - *Details in 35A above*) + **objet <u>in</u>direct**.

When the **<u>in</u>direct object** appears as a **<u>pronoun</u>**:

<u>On</u> (sujet indéfini) + **pronom objet <u>in</u>direct** + verbe principal (**Présent-Indicatif** - *Details in 35A above*)

▼ **Meaning**(s) of this verb form shown in **Univerb© Tag**(s) (3rd person) ▼

<u>Usual</u> **Meaning**(s):

- he/she/it **does get verbed** (for *emphasis*, *negative*, or *asking a question*)
- he/she/it **gets verbed**
- he/she/it **is being verbed**
- he/she/it **is getting verbed**
- he/she/it **is verbed**

For **examples** and much more, **scan** or **click** the **code** below ▼
- **Or** follow the links at **verbexpress.net** > French Verb Tense Atlas > Présent-Indicatif > Présent-Indicatif – Passif > **Passif indirect**

35B.4   Passif **pronominal** – (**Présent-Indicatif**)

- Passif **pronominal**

    The '**Passive Pronominal**' structure is a way to create a **passive** meaning by using the <u>pronominal</u> format with an <u>in</u>animate subject (a <u>non</u>-personal doer – singular or plural).
    (**See <u>Appendix</u> H** at end of book)

▼ **Formula**

Sujet (nom ou pronom, <u>inanimé</u>, – **objet direct** du verbe principal) + <u>se-s'</u> + verbe principal (**Présent-Indicatif** - *Details in* <u>35A</u> *above*)

▼ **Meaning**(s) of this verb form shown in **Univerb© Tag**(s) (3rd person) ▼

<u>Usual</u> **Meaning**(s):

- it **does get verbed** (for *emphasis*, *negative*, or *asking a question*)
- it **gets verbed**
- it **is being verbed**
- it **is getting verbed**
- it **is verbed**

For **examples** and much more, **scan** or **click** the **code** below ▼
- **Or** follow the links at <u>verbexpress.net</u> > French Verb Tense Atlas > Présent-Indicatif > Présent-Indicatif – Passif > **Passif pronominal**

▶35C Présent - Indicatif – <u>pronominal</u>

>> See *How to Do* this verb form after the **Univerb© Tag**(s) below ...

▼ **Meaning**(s) of this verb form shown in **Univerb© Tag**(s) (3rd person) ▼

<u>Usual</u> **Meaning**(s):

- he/she **does verb** (for *emphasis*, *negative*, or *asking a question*)
- he/she/it **does verb** <u>himself</u> / <u>herself</u> / <u>itself</u> (for *emphasis*, *negative*, or *asking a question*)
- he/she **is verbing**
- he/she/it **is verbing** <u>himself</u> / <u>herself</u> / <u>itself</u>
- he/she **verbs**
- he/she/it **verbs** <u>himself</u> / <u>herself</u> / <u>itself</u>

▼ Pronominal **Passive** Meanings ▼

<u>Usual</u> **Meaning**(s) when in a <u>Pronominal</u> **Passive** form: (See <u>35C.7</u>, <u>35C.8</u> below)

- he/she/it **does get verbed** (for *emphasis*, *negative*, or *asking a question*)
- he/she/it **gets verbed**
- he/she/it **is being verbed**
- he/she/it **is getting verbed**
- he/she/it **is verbed**

To see the **above** meaning(s) in action using the **formula**(s) **below** with **translations**, **tips**, and helpful **resources**, **scan** or **click** the **code** below ▼
- **Or** follow the links at **verbexpress.net** > French Verb Tense Atlas > Présent-Indicatif > **Présent-Indicatif – Pronominal**

35C.1   Pronominal **essentiel** – (Présent-Indicatif)

- Pronominal **essentiel** (exclusivement)
  (Verbes exclusivement pronominaux)

    '**Essential**' Pronominal Verbs are a special collection of verbs that are used **only** in the pronominal format, but have no '*reflexive*' meaning. (See **Appendix** E at end of book)

▼ **Formula**

Sujet + (me-m', te-t', se-s', nous, vous, se-s') + verbe principal (**Présent-Indicatif** - *Details in 35A above*)

▼ **Meaning**(s) of this verb form shown in **Univerb© Tag**(s) (3ʳᵈ person) ▼

Usual Meaning(s):

- he/she **does verb** (for *emphasis*, *negative*, or *asking a question*)
- he/she **is verbing**
- he/she **verbs**

For **examples** and much more, **scan** or **click** the **code** below ▼
- **Or** follow the links at **verbexpress.net** > French Verb Tense Atlas > Présent-Indicatif > Présent-Indicatif – Pronominal > **Pronominal essentiel**

35C.2   Pronominal à sens idiomatique – (Présent-Indicatif)

- Pronominal **à sens idiomatique**

    '**Idiomatic**' Pronominal Verbs are a set of verbs which take on a different meaning than their normal meaning when they are used in the pronominal format.
    (See **Appendix** F at end of book)

▼ **Formula**

Sujet + (me-m', te-t', se-s', nous, vous, se-s') + verbe principal (**Présent-Indicatif** - *Details in 35A above*)

▼ **Meaning**(s) of this verb form shown in **Univerb© Tag**(s) (3rd person) ▼

Usual **Meaning**(s):

- he/she **does verb** (for *emphasis*, *negative*, or *asking a question*)
- he/she **is verbing**
- he/she **verbs**

For **examples** and much more, **scan** or **click** the **code** below ▼
- **Or** follow the links at **verbexpress.net** > French Verb Tense Atlas > Présent-Indicatif > Présent-Indicatif – Pronominal > **Pronominal à sens idiomatique**

35C.3   Pronominal réfléchi direct – (Présent-Indicatif)

- Pronominal **réfléchi direct**

The **'Reflexive Direct'** Pronominal structure is when the Pronominal format is used AND the subject (the doer – singular or plural) of a **direct** action is also the **receiver** of that **direct** action.
(See **Appendix** G at end of book)

▼ **Formula**

Sujet + (me-m', te-t', se-s', nous, vous, se-s', – **objet direct** du verbe principal) + verbe principal (**Présent-Indicatif** - Details in 35A above)

▼ **Meaning**(s) of this verb form shown in **Univerb© Tag**(s) (3rd person) ▼

Usual **Meaning**(s):

- he/she/it **does verb** himself / herself / itself (for *emphasis*, *negative*, or *asking a question*)
- he/she/it **is verbing** himself / herself / itself
- he/she/it **verbs** himself / herself / itself

For **examples** and much more, **scan** or **click** the code below ▼
- **Or** follow the links at **verbexpress.net** > French Verb Tense Atlas > Présent-Indicatif > Présent-Indicatif – Pronominal > **Pronominal réfléchi direct**

35C.4   Pronominal **réfléchi indirect** – (Présent-Indicatif)

- Pronominal **réfléchi indirect**

The **'Reflexive Indirect'** Pronominal structure is when the Pronominal format is used AND the subject (the doer - singular or plural) of an indirect action is also the receiver of that indirect action.
(See **Appendix** G at end of book)

▼ **Formula**

Sujet + (me-m', te-t', se-s', nous, vous, se-s', – **objet indirect** du verbe principal) + verbe principal (**Présent-Indicatif** - Details in 35A above)

576 | Présent – Indicatif

▼ **Meaning**(s) of this verb form shown in **Univerb© Tag**(s) (3rd person) ▼

Usual Meaning(s):

- he/she/it **does verb** himself / herself / itself (for *emphasis, negative,* or *asking a question*)
- he/she/it **is verbing** himself / herself / itself
- he/she/it **verbs** himself / herself / itself

For **examples** and much more, **scan** or **click** the **code** below ▼
- **Or** follow the links at **verbexpress.net** > French Verb Tense Atlas > Présent-Indicatif > Présent-Indicatif – Pronominal > **Pronominal réfléchi indirect**

35C.5 Pronominal **réciproque direct** – (Présent-Indicatif)

- Pronominal **réciproque direct**

  The **'Reciprocal Direct'** Pronominal structure is when the Pronominal format is used AND a group of two or more (subjects) do the same **direct** action to one another.
  (**See Appendix** G at end of book)

Sujet (pluriel) + (nous, vous, se-s', – **objet direct** du verbe principal) + verbe principal (**Présent-Indicatif** - *Details in 35A above*)

▼ **Meaning**(s) of this verb form shown in **Univerb© Tag**(s) (3rd person) ▼

Usual Meaning(s):

- they **do verb** each other (for *emphasis, negative,* or *asking a question*)
- they **are verbing** each other
- they **verb** each other

For **examples** and much more, **scan** or **click** the **code** below ▼
- **Or** follow the links at **verbexpress.net** > French Verb Tense Atlas > Présent-Indicatif > Présent-Indicatif – Pronominal > **Pronominal réciproque direct**

Présent – Indicatif | 577

| 35C.6 | Pronominal **réciproque** <u>in</u>**direct** – (**Présent-Indicatif**) |

- Pronominal **réciproque** <u>in</u>**direct**

    The '**Reciprocal Indirect**' Pronominal structure is when the <u>Pronominal format</u> is used AND a group of two or more (subjects) do the same **in**direct action <u>to one another</u>.
    (**See** <u>Appendix</u> **G** at end of book)

▼ **Formula**

Sujet (<u>pluriel</u>) + (<u>nous, vous, se-s'</u>, – **objet** <u>in</u>**direct** du verbe principal) + verbe principal (**Présent-Indicatif** - *Details in 35A above*)

▼ **Meaning**(s) of this verb form shown in **Univerb© Tag**(s) (3rd person) ▼

<u>Usual</u> **Meaning**(s):

- they **do verb** <u>each other</u> (for *emphasis*, *negative*, or *asking a question*)
- they **are verbing** <u>each other</u>
- they **verb** <u>each other</u>

For **examples** and much more, <u>scan</u> or <u>click</u> the **code** below ▼
- **Or** follow the links at <u>verbexpress.net</u> > French Verb Tense Atlas > Présent-Indicatif > Présent-Indicatif – Pronominal > **Pronominal réciproque indirect**

| 35C.7 | Pronominal **passif** – (**Présent-Indicatif**) |

- Pronominal **passif**

578 | Présent – Indicatif

The **'Passive Pronominal'** structure is a way to create a **passive** meaning by using the pronominal format with an **in**animate subject (a **non**-personal doer – singular or plural).
(See **Appendix** H at end of book)

▼ Formula

Sujet (nom ou pronom, inanimé, – **objet direct** du verbe principal) + se-s' + verbe principal (**Présent-Indicatif** - Details in 35A above)

▼ Meaning(s) of this verb form shown in Univerb© Tag(s) (3rd person) ▼

Usual Meaning(s):

- it **does get verbed** (for *emphasis*, *negative*, or *asking a question*)
- it **gets verbed**
- it **is being verbed**
- it **is getting verbed**
- it **is verbed**

For **examples** and much more, **scan** or **click** the code below ▼
- **Or** follow the links at **verbexpress.net** > French Verb Tense Atlas > Présent-Indicatif > Présent-Indicatif – Pronominal > **Pronominal passif**

35C.8   Pronominal **impersonnel** (passif) – (Présent-Indicatif)

• Pronominal **impersonnel** (passif)

The **'Impersonal Passive'** structure is a way to create a **passive** meaning by using the **im**personal version of the subject " **il** " in the pronominal format.
(See **Appendix** H at end of book)

▼ Formula

... **il** (sens impersonnel) + se-s' + verbe principal (**Présent-Indicatif** - Details in 35A above) + **objet direct du verbe principal**

▼ **Meaning**(s) of this verb form shown in **Univerb©** **Tag**(s) (3ʳᵈ person) ▼

Usual **Meaning**(s):

- he/she/it **does get verbed** (for *emphasis*, *negative*, or *asking a question*)
- he/she/it **gets verbed**
- he/she/it **is being verbed**
- he/she/it **is getting verbed**
- he/she/it **is verbed**

For **examples** and much more, **scan** or **click** the **code** below ▼
- **Or** follow the links at **verbexpress.net** > French Verb Tense Atlas > Présent-Indicatif > Présent-Indicatif – Pronominal > **Pronominal impersonnel (passif)**

▶35D   Présent - Indicatif – with aller

>> See *How to Do* this verb form after the **Univerb©** **Tag**(s) below ...

▼ **Meaning**(s) of this verb form shown in **Univerb©** **Tag**(s) (3ʳᵈ person) ▼

Usual **Meaning**(s):

- he/she **does go to verb** (for *emphasis*, *negative*, or *asking a question*)
- he/she **does go verb** (for *emphasis*, *negative*, or *asking a question*)
- he/she **does go verbing** (for *emphasis*, *negative*, or *asking a question*) (Appendix O at end of book)

- he/she **is going** (somewhere) **to verb**
- he/she **is going verbing** (Appendix O at end of book)
- he/she **goes to verb**
- he/she **goes verbing** (Appendix O at end of book)

35D   Présent-Indicatif – with aller

580 | Présent – Indicatif

▼ **Formula**

Sujet + (**vais, vas, va, allons, allez, vont**) + verbe principal (**Infinitif**)

For **examples** and much more, **scan** or **click** the **code** below ▼
- **Or** follow the links at **verbexpress.net** > French Verb Tense Atlas >
Présent-Indicatif > **Présent-Indicatif – with Aller**

▶**35E** Présent - Indicatif – with **devoir**

>> See *How to Do* this verb form after the **Univerb© Tag**(s) below ...

▼ **Meaning**(s) of this verb form shown in **Univerb© Tag**(s) (3rd person) ▼

<u>Usual</u> **Meaning**(s):

- he/she/it **does have to verb** (for *emphasis*, *negative*, or *asking a question*)
- he/she/it **has got to verb** (obligation)
- he/she/it **has to verb** (obligation)
- he/she/it **is having to verb** (less frequently used)
- he/she/it **must verb**

35E   Présent-Indicatif – with <u>devoir</u>

▼ **Formula**

Sujet + (**dois, dois, doit, devons, devez, doivent**) + verbe principal (**Infinitif**)

For **examples** and much more, **scan** or **click** the **code** below ▼
- **Or** follow the links at **verbexpress.net** > French Verb Tense Atlas >
Présent-Indicatif > **Présent-Indicatif – with Devoir**

▶35F Présent - Indicatif – with <u>pouvoir</u>

>> See *How to Do* this verb form after the **Univerb©** **Tag**(s) below ...

▼ **Meaning**(s) of this verb form shown in **Univerb©** **Tag**(s) (3rd person) ▼

<u>Usual</u> **Meaning**(s):

- he/she/it **can verb**
- he/she/it **is able to verb**
- he/she/it **may verb**

| 35F | Présent-Indicatif – with <u>pouvoir</u> |

▼ **Formula**

Sujet + (**peux, peux, peut, pouvons, pouvez, peuvent**) + verbe principal (**Infinitif**)

For **examples** and much more, **scan** or **click** the **code** below ▼
- **Or** follow the links at **verbexpress.net** > French Verb Tense Atlas > Présent-Indicatif > **Présent-Indicatif – with Pouvoir**

▶35G Présent - Indicatif – with <u>vouloir</u>

>> See *How to Do* this verb form after the **Univerb©** **Tag**(s) below ...

▼ **Meaning**(s) of this verb form shown in **Univerb©** **Tag**(s) (3rd person) ▼

<u>Usual</u> **Meaning**(s):

- he/she **does want to verb** (for *emphasis*, *negative*, or *asking a question*)
- he/she **is wanting to verb** (less frequently used)
- he/she **wants to verb**

| 35G | Présent-Indicatif – with <u>vouloir</u> |

Présent – Indicatif

▼ Formula

Sujet + (**veux, veux, veut, voulons, voulez, veulent**) + verbe principal (**Infinitif**)

For **examples** and much more, <u>scan</u> or <u>click</u> the **code** below ▼
- <u>Or</u> follow the links at **verbexpress.net** > French Verb Tense Atlas > Présent-Indicatif > **Présent-Indicatif – with Vouloir**

Présent-Indicatif avec 'depuis'

Type of Verb Tense (According to structure)
  Temps simple – ("**Simple**" Tense: a single-word tense.)

Frequency of Use in Everyday Communication – (Low, Medium, **High**)
Level of **Difficulty** in **Formulation** – (Low, **Medium**, High)

Skill level for **Usage Mastery** – (Beginner, Intermediate, **Advanced**)

▼ This chapter covers ▼

36A	Présent-Indicatif avec "depuis" – actif (Basic format)
36B	Présent-Indicatif avec "depuis" – passif
1	Passif **direct** – Option 1
2	Passif **direct** – Option 2
3	Passif **indirect**
4	Passif **pronominal**
36C	Présent-Indicatif avec "depuis" – pronominal
1	Pronominal **essentiel**
2	Pronominal **à sens idiomatique**
3	Pronominal **réfléchi direct**
4	Pronominal **réfléchi indirect**
5	Pronominal **réciproque direct**
6	Pronominal **réciproque indirect**
7	Pronominal **passif**
8	Pronominal **impersonnel** (passif)
36D	Présent-Indicatif avec "depuis" – with aller
36E	Présent-Indicatif avec "depuis" – with devoir
36F	Présent-Indicatif avec "depuis" – with pouvoir
36G	Présent-Indicatif avec "depuis" – with vouloir

▶36A Présent - Indicatif avec 'depuis' – actif (Basic format)

\>\> See *How to Do* this verb form after the Univerb© Tag(s) below ...

▼ **Meaning**(s) of this verb form shown in Univerb© **Tag**(s) (3ʳᵈ person) ▼

<u>Usual</u> **Meaning**(s):

A) With verbs or expressions of <u>action</u> ▸

- he/she/it **has been verbing** |for| a certain **amount** of time (and *is still* doing so)
- he/she/it **has been verbing** |since| a certain **moment** in time (and *is still* doing so)
- he/she/it **has verbed** |for| a certain **amount** of time (and *is still* doing so)
- he/she/it **has verbed** |since| a certain **moment** in time (and *is still* doing so)

B) With verbs or expressions of <u>state</u> ▸

- he/she/it **has been in a certain** <u>condition or state</u> |for| a certain **amount** of time (and *is still* in that <u>condition or state</u>)
- he/she/it **has been in a certain** <u>condition or state</u> |since| a certain **moment** in time (and *is still* in that <u>condition or state</u>)

36A   Présent-Indicatif avec 'depuis' – <u>actif</u> (Basic format)

▼ Formula

1. Follow the same steps as for the <u>Présent – Indicatif</u> – Actif (Basic format) (**Chapter 35A**).

2. Then add the special word ' |depuis| ' followed by an **amount of** time or a **moment in** time.

For **examples** and much more, **scan** or **click** the **code** below ▾
- **Or** follow the links at **verbexpress.net** > French Verb Tense Atlas > Présent-Indicatif avec 'depuis' > **Présent-Indicatif avec 'depuis' – Actif (Basic Format)**

▶36B   Présent - Indicatif avec 'depuis' – passif

>> See *How to Do* this verb form after the **Univerb© Tag**(s) below ...

▼ **Meaning**(s) of this verb form shown in **Univerb© Tag**(s) (3rd person) ▼

Usual **Meaning**(s):

- he/she/it **has been being verbed** for a certain **amount** of time (and *still is*)
- he/she/it **has been getting verbed** since a certain **moment** in time (and *still is*)

- he/she/it **has been verbed** for a certain **amount** of time (and *still is*)
- he/she/it **has been verbed** since a certain **moment** in time (and *still is*)

To see the **above** meaning(s) in action using the **formula**(s) **below** with **translations**, **tips**, and helpful **resources**, **scan** or **click** the **code** below ▼
- **Or** follow the links at **verbexpress.net** > French Verb Tense Atlas > Présent-Indicatif avec 'depuis' > **Présent-Indicatif avec 'depuis' – Passif**

36B.1   Passif **direct** – Option 1 – (**Présent-Indicatif avec 'depuis'**)

- Passif **direct** – Option 1 – (**See Appendix C** at end of book)

▼ **Formula**

Sujet + (**suis, es, est, sommes, êtes, sont**) + verbe principal (**p.p.**)(e.s.es) (but cannot be a member of the **Secret Travel Club** verbs – listed in **Appendix B** at end of book) + depuis + (an **amount** of time / a **moment** in time)

(**Note**: When using the "Passif **direct**" format, the **subject** of the verb "être" must also be the **direct object** of the participe passé (**p.p.**) of the main verb, and because it also precedes the p.p., the **p.p.** *agrees in gender and in number* with that subject/direct object.)

586 | Présent – Indicatif avec 'depuis'

▼ **Meaning**(s) of this verb form shown in **Univerb© Tag**(s) (3rd person) ▼

Usual Meaning(s):

- he/she/it **has been verbed** for a certain **amount** of time (and *still is*)
- he/she/it **has been verbed** since a certain **moment** in time (and *still is*)

For **examples** and much more, **scan** or **click** the **code** below ▼
- **Or** follow the links at **verbexpress.net** > French Verb Tense Atlas > Présent-Indicatif avec 'depuis' > Présent-Indicatif avec 'depuis' – Passif > **Passif direct – Option 1**

36B.2   Passif **direct** – Option 2 – (**Présent-Indicatif avec 'depuis'**)

- Passif **direct** – Option 2 – (**See Appendix C** at end of book)

▼ **Formula**

When the **direct object** appears as a noun:

On (sujet indéfini) + verbe principal (**Présent-Indicatif** - *Details in 35A above*) + **objet direct** + depuis + (an **amount** of time / a **moment** in time).

When the **direct object** appears as a pronoun:

On (sujet indéfini) + **pronom objet direct** + verbe principal (**Présent-Indicatif** - *Details in 35A above*) + depuis + (an **amount** of time / a **moment** in time)

▼ **Meaning**(s) of this verb form shown in **Univerb© Tag**(s) (3rd person) ▼

Usual Meaning(s):

- he/she/it **has been being verbed** for a certain **amount** of time (and *still is*)

Présent – Indicatif avec 'depuis' | 587

- he/she/it **has been being verbed** since a certain **moment** in time (and *still is*)
- he/she/it **has been getting verbed** for a certain **amount** of time (and *still is*)
- he/she/it **has been getting verbed** since a certain **moment** in time (and *still is*)
- he/she/it **has been verbed** for a certain **amount** of time (and *still is*)
- he/she/it **has been verbed** since a certain **moment** in time (and *still is*)

For **examples** and much more, <u>scan</u> or <u>click</u> the **code** below ▼
- **Or** follow the links at **verbexpress.net** > French Verb Tense Atlas > Présent-Indicatif avec 'depuis' > Présent-Indicatif avec 'depuis' – Passif > **Passif direct – Option 2**

36B.3   Passif <u>indirect</u> – (**Présent-Indicatif avec 'depuis'**)

- Passif <u>indirect</u> – (**See Appendix C** at end of book)

▼ **Formula**

When the **indirect object** appears as a <u>noun</u>:

On (sujet indéfini) + verbe principal (**Présent-Indicatif** - *Details in 35A above*) + **objet** <u>indirect</u> + depuis + (an **amount** of time / a **moment** in time).

When the **indirect object** appears as a <u>pronoun</u>:

On (sujet indéfini) + **pronom objet** <u>indirect</u> + verbe principal (**Présent-Indicatif** - *Details in 35A above*) + depuis + (an **amount** of time / a **moment** in time)

▼ **Meaning**(s) of this verb form shown in **Univerb© Tag**(s) (3ʳᵈ person) ▼

<u>Usual</u> **Meaning**(s):

588 | Présent – Indicatif avec 'depuis'

- he/she/it **has been being verbed** for a certain **amount** of time (and *still is*)
- he/she/it **has been being verbed** since a certain **moment** in time (and *still is*)
- he/she/it **has been getting verbed** for a certain **amount** of time (and *still is*)
- he/she/it **has been getting verbed** since a certain **moment** in time (and *still is*)
- he/she/it **has been verbed** for a certain **amount** of time (and *still is*)
- he/she/it **has been verbed** since a certain **moment** in time (and *still is*)

For **examples** and much more, **scan** or **click** the **code** below ▼
- **Or** follow the links at **verbexpress.net** > French Verb Tense Atlas > Présent-Indicatif avec 'depuis' > Présent-Indicatif avec 'depuis' – Passif > **Passif indirect**

36B.4   Passif **pronominal** – (Présent-Indicatif avec 'depuis')

- Passif **pronominal**

    The '**Passive Pronominal**' structure is a way to create a **passive** meaning by using the pronominal format with an **in**animate subject (a **non**-personal doer – singular or plural).
    (See **Appendix** H at end of book)

▼ **Formula**

Sujet (nom ou pronom, inanimé, – **objet direct** du verbe principal) + se-s' + verbe principal (**Présent-Indicatif** - *Details in 35A above*) + depuis + (an **amount** of time / a **moment** in time)

▼ **Meaning**(s) of this verb form shown in Univerb© **Tag**(s) (3rd person) ▼

<u>Usual</u> **Meaning**(s):

- it **has been being verbed** for a certain **amount** of time (and *still is*)

Présent – Indicatif avec 'depuis' | 589

- it **has been being verbed** since a certain **moment** in time (and *still is*)
- it **has been getting verbed** for a certain **amount** of time (and *still is*)
- it **has been getting verbed** since a certain **moment** in time (and *still is*)

- it **has been verbed** for a certain **amount** of time (and *still is*)
- it **has been verbed** since a certain **moment** in time (and *still is*)

For **examples** and much more, **scan** or **click** the **code** below ▼
- **Or** follow the links at **verbexpress.net** > French Verb Tense Atlas > Présent-Indicatif avec 'depuis' > Présent-Indicatif avec 'depuis' – Passif > **Passif pronominal**

▶36C Présent - Indicatif avec 'depuis' – pronominal

>> See *How to Do* this verb form after the **Univerb©** **Tag**(s) below …

▼ **Meaning**(s) of this verb form shown in **Univerb©** **Tag**(s) (3rd person) ▼

Usual Meaning(s):

- he/she **has been verbing** for a certain **amount** of time (and *is still* doing so)
- he/she/it **has been verbing** himself / herself / itself for a certain **amount** of time (and *is still* doing so)
- he/she **has been verbing** since a certain **moment** in time (and *is still* doing so)
- he/she/it **has been verbing** himself / herself / itself since a certain **moment** in time (and *is still* doing so)

- he/she **has verbed** for a certain **amount** of time (and *is still* doing so)
- he/she/it **has verbed** himself / herself / itself for a certain **amount** of time (and *is still* doing so)

- he/she **has verbed** since a certain **moment** in time (and *is still* doing so)
- he/she/it **has verbed** himself / herself / itself since a certain **moment** in time (and *is still* doing so)

▼ Pronominal **Passive** Meanings ▼

<u>Usual</u> **Meaning**(s) when in a <u>Pronominal</u> **Passive** form: (See <u>36C.7</u>, <u>36C.8</u> below)

- he/she/it **has been being verbed** for a certain **amount** of time (and *still is*)
- he/she/it **has been being verbed** since a certain **moment** in time (and *still is*)
- he/she/it **has been getting verbed** for a certain **amount** of time (and *still is*)
- he/she/it **has been getting verbed** since a certain **moment** in time (and *still is*)
- he/she/it **has been verbed** for a certain **amount** of time (and *still is*)
- he/she/it **has been verbed** since a certain **moment** in time (and *still is*)

To see the **above** meaning(s) in action using the **formula**(s) **below** with **translations**, **tips**, and helpful **resources**, **scan** or **click** the **code** below ▼ - **Or** follow the links at **verbexpress.net** > French Verb Tense Atlas > Présent-Indicatif avec 'depuis' > **Présent-Indicatif avec 'depuis' – Pronominal**

36C.1   Pronominal **essentiel** – (**Présent-Indicatif avec 'depuis'**)

- Pronominal **essentiel** (exclusivement)
  (Verbes <u>exclusivement</u> pronominaux)

  '<u>Essential</u>' Pronominal Verbs are a special collection of verbs that are used <u>only</u> in the <u>pronominal</u> format, but have no '*reflexive*' meaning. (See <u>Appendix</u> **E** at end of book)

▼ Formula

Sujet + (<u>me-m', te-t', se-s', nous, vous, se-s'</u>) + verbe principal (**Présent-Indicatif** - *Details in <u>35A</u> above*) + depuis + (an **amount** of time / a **moment** in time)

Présent – Indicatif avec 'depuis' | 591

▼ **Meaning**(s) of this verb form shown in **Univerb© Tag**(s) (3rd person) ▼

Usual **Meaning**(s):

- he/she **has been verbing** for a certain **amount** of time (and *is still* doing so)
- he/she **has been verbing** since a certain **moment** in time (and *is still* doing so)
- he/she **has verbed** for a certain **amount** of time (and *is still* doing so)
- he/she **has verbed** since a certain **moment** in time (and *is still* doing so)

For **examples** and much more, **scan** or **click** the **code** below ▼
- **Or** follow the links at verbexpress.net > French Verb Tense Atlas > Présent-Indicatif avec 'depuis' > Présent-Indicatif avec 'depuis' – Pronominal > **Pronominal essentiel**

36C.2   Pronominal **à sens idiomatique** – (**Présent-Indicatif avec 'depuis'**)

• Pronominal **à sens idiomatique**

   '**Idiomatic**' Pronominal Verbs are a set of verbs which take on a different meaning than their normal meaning when they are used in the pronominal format.
   (See **Appendix** F at end of book)

▼ **Formula**

Sujet + (me-m', te-t', se-s', nous, vous, se-s') + verbe principal (**Présent-Indicatif** - Details in 35A above) + depuis + (an **amount** of time / a **moment** in time)

▼ **Meaning**(s) of this verb form shown in **Univerb© Tag**(s) (3rd person) ▼

Usual **Meaning**(s):

- he/she **has been verbing** for a certain **amount** of time (and *is still* doing so)

- he/she **has been verbing** `since` a certain **moment** in time (and *is still* doing so)
- he/she **has verbed** `for` a certain **amount** of time (and *is still* doing so)
- he/she **has verbed** `since` a certain **moment** in time (and *is still* doing so)

For **examples** and much more, **scan** or **click** the **code** below ▼
- **Or** follow the links at **verbexpress.net** > French Verb Tense Atlas > Présent-Indicatif avec 'depuis' > Présent-Indicatif avec 'depuis' – Pronominal > **Pronominal à sens idiomatique**

36C.3   Pronominal **réfléchi direct** – (Présent-Indicatif avec 'depuis')

- Pronominal **réfléchi direct**

  The '**Reflexive Direct**' Pronominal structure is when the Pronominal format is used AND the subject (the doer – singular or plural) of a direct action is also the receiver of that direct action.
  (See Appendix G at end of book)

Sujet + (me-m', te-t', se-s', nous, vous, se-s', – **objet direct** du verbe principal) + verbe principal (**Présent-Indicatif** - *Details in 35A above*) + `depuis` + (an **amount** of time / a **moment** in time)

▼ **Meaning**(s) of this verb form shown in **Univerb© Tag**(s) (3rd person) ▼

<u>Usual</u> **Meaning**(s):

- he/she/it **has been verbing** himself / herself / itself `for` a certain **amount** of time (and *is still* doing so)
- he/she/it **has been verbing** himself / herself / itself `since` a certain **moment** in time (and *is still* doing so)
- he/she/it **has verbed** himself / herself / itself `for` a certain **amount** of time (and *is still* doing so)
- he/she/it **has verbed** himself / herself / itself `since` a certain **moment** in time (and *is still* doing so)

For **examples** and much more, **scan** or **click** the **code** below ▼
- **Or** follow the links at **verbexpress.net** > French Verb Tense Atlas > Présent-Indicatif avec 'depuis' > Présent-Indicatif avec 'depuis' – Pronominal > **Pronominal réfléchi direct**

| 36C.4 | Pronominal **réfléchi indirect** – (**Présent-Indicatif avec 'depuis'**) |

- Pronominal **réfléchi indirect**

   The '**Reflexive Indirect**' Pronominal structure is when the Pronominal format is used AND the subject (the doer - singular or plural) of an indirect action is also the receiver of that indirect action.
   (See **Appendix** G at end of book)

▼ **Formula**

Sujet + (me-m', te-t', se-s', nous, vous, se-s', – **objet indirect** du verbe principal) + verbe principal (**Présent-Indicatif** - *Details in 35A above*) + depuis + (an **amount** of time / a **moment** in time)

▼ **Meaning**(s) of this verb form shown in **Univerb© Tag**(s) (3ʳᵈ person) ▼

Usual Meaning(s):

- he/she/it **has been verbing** himself / herself / itself for a certain **amount** of time (and *is still* doing so)
- he/she/it **has been verbing** himself / herself / itself since a certain **moment** in time (and *is still* doing so)
- he/she/it **has verbed** himself / herself / itself for a certain **amount** of time (and *is still* doing so)
- he/she/it **has verbed** himself / herself / itself since a certain **moment** in time (and *is still* doing so)

For **examples** and much more, **scan** or **click** the **code** below ▼
- **Or** follow the links at **verbexpress.net** > French Verb Tense Atlas > Présent-Indicatif avec 'depuis' > Présent-Indicatif avec 'depuis' – Pronominal > **Pronominal réfléchi indirect**

Présent – Indicatif avec 'depuis'

36C.5 Pronominal **réciproque direct** – (**Présent-Indicatif avec 'depuis'**)

- Pronominal **réciproque direct**

   The '**Reciprocal Direct**' Pronominal structure is when the Pronominal format is used AND a group of two or more (subjects) do the same **direct** action to one another.
   (**See** Appendix G at end of book)

▼ Formula

Sujet (pluriel) + (nous, vous, se-s', – **objet direct** du verbe principal) + verbe principal (**Présent-Indicatif** - *Details in 35A above*) + depuis + (an **amount** of time / a **moment** in time)

▼ Meaning(s) of this verb form shown in **Univerb© Tag**(s) (3ʳᵈ person) ▼

Usual Meaning(s):

- they **have been verbing** each other for a certain **amount** of time (and *are still* doing so)
- they **have been verbing** each other since a certain **moment** in time (and *are still* doing so)
- they **have verbed** each other for a certain **amount** of time (and *are still* doing so)
- they **have verbed** each other since a certain **moment** in time (and *are still* doing so)

For **examples** and much more, **scan** or **click** the code below ▼
- **Or** follow the links at **verbexpress.net** > French Verb Tense Atlas > Présent-Indicatif avec 'depuis' > Présent-Indicatif avec 'depuis' – Pronominal > **Pronominal réciproque direct**

| 36C.6 | Pronominal **réciproque indirect** – (**Présent-Indicatif avec 'depuis'**) |

- Pronominal **réciproque indirect**

    The **'Reciprocal Indirect'** Pronominal structure is when the Pronominal format is used AND a group of two or more (subjects) do the same **in**direct action to one another.
    (See Appendix G at end of book)

▼ **Formula**

Sujet (pluriel) + (nous, vous, se-s', – **objet indirect** du verbe principal) + verbe principal (**Présent-Indicatif** - Details in 35A above) + depuis + (an amount of time / a moment in time)

▼ **Meaning**(s) of this verb form shown in **Univerb© Tag**(s) (3rd person) ▼

Usual **Meaning**(s):

♦ they **have been verbing** each other for a certain **amount** of time (and are still doing so)
♦ they **have been verbing** each other since a certain **moment** in time (and are still doing so)
♦ they **have verbed** each other for a certain **amount** of time (and are still doing so)
♦ they **have verbed** each other since a certain **moment** in time (and are still doing so)

For **examples** and much more, **scan** or **click** the **code** below ▼
- **Or** follow the links at **verbexpress.net** > French Verb Tense Atlas > Présent-Indicatif avec 'depuis' > Présent-Indicatif avec 'depuis' – Pronominal > **Pronominal réciproque indirect**

| 36C.7 | Pronominal **passif** – (**Présent-Indicatif avec 'depuis'**) |

- Pronominal **passif**

    The **'Passive Pronominal'** structure is a way to create a **passive**

596 | Présent – Indicatif avec 'depuis'

meaning by using the <u>pronominal</u> format with an <u>in</u>animate subject (a <u>non</u>-personal doer – singular or plural).
(**See Appendix** H at end of book)

▼ Formula

Sujet (nom ou pronom, <u>inanimé</u>, - **objet direct** du verbe principal) + <u>se-s</u>' + verbe principal (**Présent-Indicatif** - Details in <u>35A</u> above) + depuis + (an **amount** of time / a **moment** in time)

▼ Meaning(s) of this verb form shown in Univerb© Tag(s) (3rd person) ▼

<u>Usual</u> **Meaning**(s):

- it **has been being verbed** for a certain **amount** of time (and *still is*)
- it **has been being verbed** since a certain **moment** in time (and *still is*)

- it **has been getting verbed** for a certain **amount** of time (and *still is*)
- it **has been getting verbed** since a certain **moment** in time (and *still is*)

- it **has been verbed** for a certain **amount** of time (and *still is*)
- it **has been verbed** since a certain **moment** in time (and *still is*)

For **examples** and much more, **scan** or **click** the **code** below ▼
- **Or** follow the links at verbexpress.net > French Verb Tense Atlas > Présent-Indicatif avec 'depuis' > Présent-Indicatif avec 'depuis' – Pronominal > **Pronominal passif**

36C.8 Pronominal **impersonnel** (passif) – (**Présent-Indicatif avec 'depuis'**)

- Pronominal **impersonnel** (passif)

  The '<u>Impersonal Passive</u>' structure is a way to create a **passive** meaning by using the <u>im</u>personal version of the subject " <u>il</u> " in the <u>pronominal</u> format.
  (**See Appendix** H at end of book)

▼ **Formula**

... **il** (sens impersonnel) + <u>se-s</u>' + verbe principal (**Présent-Indicatif** - *Details in <u>35A</u> above*) + **objet direct du verbe principal** + depuis + (an <u>amount</u> of time / a <u>moment</u> in time)

▼ **Meaning**(s) of this verb form shown in **Univerb© Tag**(s) (3rd person) ▼

<u>Usual</u> **Meaning**(s):

- he/she/it **has been being verbed** for a certain **amount** of time (and *still is*)
- he/she/it **has been being verbed** since a certain **moment** in time (and *still is*)
- he/she/it **has been getting verbed** for a certain **amount** of time (and *still is*)
- he/she/it **has been getting verbed** since a certain **moment** in time (and *still is*)
- he/she/it **has been verbed** for a certain **amount** of time (and *still is*)
- he/she/it **has been verbed** since a certain **moment** in time (and *still is*)

For **examples** and much more, **scan** or **click** the **code** below ▼
- **Or** follow the links at **verbexpress.net** > French Verb Tense Atlas > Présent-Indicatif avec 'depuis' > Présent-Indicatif avec 'depuis' – Pronominal > **Pronominal impersonnel (passif)**

▶36D Présent - Indicatif avec 'depuis' – with <u>aller</u>

\>\> See *How to Do* this verb form after the **Univerb© Tag**(s) below ...

▼ **Meaning**(s) of this verb form shown in **Univerb© Tag**(s) (3rd person) ▼

Usual Meaning(s):

- he/she **has been going to verb** for a certain **amount** of time (and *is still* doing so)
- he/she **has been going to verb** since a certain **moment** in time (and *is still* doing so)
- he/she **has been going verbing** for a certain **amount** of time (and *is still* doing so) (Appendix O at end of book)
- he/she **has been going verbing** since a certain **moment** in time (and *is still* doing so) (Appendix O at end of book)
- he/she **has gone to verb** for a certain **amount** of time (and *is still* doing so)
- he/she **has gone to verb** since a certain **amount** in time (and *is still* doing so)
- he/she **has gone verbing** for a certain **amount** of time (and *is still* doing so) (Appendix O at end of book)
- he/she **has gone verbing** since a certain **moment** in time (and *is still* doing so) (Appendix O at end of book)

36D Présent-Indicatif avec 'depuis' – with aller

▼ Formula

Sujet + (**vais, vas, va, allons, allez, vont**) + verbe principal (**Infinitif**) + depuis + (an **amount** of time / a **moment** in time)

For **examples** and much more, **scan** or **click** the **code** below ▼
- **Or** follow the links at **verbexpress.net** > French Verb Tense Atlas > Présent-Indicatif avec 'depuis' > **Présent-Indicatif avec 'depuis' – with Aller**

▶36E Présent - Indicatif avec 'depuis' – with devoir

>> See *How to Do* this verb form after the **Univerb© Tag**(s) below ...

▼ **Meaning**(s) of this verb form shown in **Univerb© Tag**(s) (3rd person) ▼

Usual Meaning(s):

- he/she/it **has been having to verb** for a certain **amount** of time (and is still having to)
- he/she/it **has been having to verb** since a certain **moment** in time (and is still having to)
- he/she/it **has had to verb** for a certain **amount** of time (and still has to)
- he/she/it **has had to verb** since a certain **moment** in time (and still has to)

36E   Présent-Indicatif avec 'depuis' – with devoir

▼ Formula

Sujet + (**dois, dois, doit, devons, devez, doivent**) + verbe principal (**Infinitif**) + depuis + (an **amount** of time / a **moment** in time)

For **examples** and much more, **scan** or **click** the **code** below ▼
- **Or** follow the links at **verbexpress.net** > French Verb Tense Atlas > Présent-Indicatif avec 'depuis' > **Présent-Indicatif avec 'depuis' – with Devoir**

▶**36F** Présent - Indicatif avec 'depuis' – with **pouvoir**

>> See *How to Do* this verb form after the **Univerb© Tag**(s) below ...

▼ Meaning(s) of this verb form shown in **Univerb© Tag**(s) (3ʳᵈ person) ▼

Usual Meaning(s):

- he/she/it **has been able to verb** for a certain **amount** of time (and is still able to)
- he/she/it **has been able to verb** since a certain **moment** in time (and is still able to)

36F   Présent-Indicatif avec 'depuis' – with **pouvoir**

600 | Présent – Indicatif avec 'depuis'

▼ **Formula**

Sujet + (**peux, peux, peut, pouvons, pouvez, peuvent**) + verbe principal (**Infinitif**) + depuis + (an **amount** of time / a **moment** in time)

For **examples** and much more, **scan** or **click** the **code** below ▼
- **Or** follow the links at **verbexpress.net** > French Verb Tense Atlas > Présent-Indicatif avec 'depuis' > **Présent-Indicatif avec 'depuis' – with Pouvoir**

▶36G   Présent - Indicatif avec 'depuis' – with vouloir

>> See *How to Do* this verb form after the **Univerb©** **Tag**(s) below ...

▼ **Meaning**(s) of this verb form shown in **Univerb©** **Tag**(s) (3rd person) ▼

Usual Meaning(s):

- he/she **has been wanting to verb** for a certain **amount** of time (and still wants to)
- he/she **has been wanting to verb** since a certain **moment** in time (and still wants to)
- he/she **has wanted to verb** for a certain **amount** of time (and still wants to)
- he/she **has wanted to verb** since a certain **moment** in time (and still wants to)

36G   Présent-Indicatif avec 'depuis' – with **vouloir**

▼ **Formula**

Sujet + (**veux, veux, veut, voulons, voulez, veulent**) + verbe principal (**Infinitif**) + depuis + (an **amount** of time / a **moment** in time)

Présent – Indicatif avec 'depuis' | 601

For **examples** and much more, **scan** or **click** the **code** below ▼
- **Or** follow the links at **verbexpress.net** > French Verb Tense Atlas > Présent-Indicatif avec 'depuis' > **Présent-Indicatif avec 'depuis' – with Vouloir**

_____

Présent – Indicatif avec 'depuis'

Subjonctif passé

Type of Verb Tense (According to structure)
 Temps composé – ("**Compound**" Tense: an auxiliary verb – "**avoir**" or "**être**" – followed by the **participe passé** (**p.p.**) of the main verb.)

Frequency of Use in Everyday Communication – (Low, Medium, **High**)
Level of **Difficulty** in **Formulation** – (Low, **Medium**, High)

Skill level for **Usage Mastery** – (Beginner, Intermediate, **Advanced**)

IMPORTANT NOTE: This verb tense, the *Subjonctif présent*, is a powerful tool of the French language and is used far more frequently in French than its English counterpart.

The rules governing the conjugation of the Subjonctif présent are actually not too complicated. However, knowing *when* to use this verb tense is much more challenging. For this reason, an entire detailed section (**Appendix I**) has been included at the end of the volume to reveal the full scope of this French power tool. Online webxercises (web exercises) will also be available to practise and master the powerful features of this tense at verbexpress.net.

This chapter will therefore be limited to the actual mechanics of the *Subjonctif présent avec 'depuis'*.

▼ This chapter covers ▼

37A	Subjonctif passé – actif (Basic format)	
37B	Subjonctif passé – passif	
	1	Passif **direct** – Option 1
	2	Passif **direct** – Option 2
	3	Passif **indirect**
	4	Passif **pronominal**
37C	Subjonctif passé – pronominal	
	1	Pronominal **essentiel**
	2	Pronominal **à sens idiomatique**
	3	Pronominal **réfléchi direct**
	4	Pronominal **réfléchi indirect**

5	Pronominal **réciproque direct**
6	Pronominal **réciproque indirect**
7	Pronominal **passif**
8	Pronominal **impersonnel** (passif)
37D	**Subjonctif passé – with aller**
37E	**Subjonctif passé – with devoir**
37F	**Subjonctif passé – with pouvoir**
37G	**Subjonctif passé – with vouloir**

▶37A Subjonctif passé – actif (Basic format)

>> See *How to Do* this verb form after the **Univerb© Tag**(s) below ...

▼ **Meaning**(s) of this verb form shown in **Univerb© Tag**(s) (3ʳᵈ person) ▼

<u>Usual</u> **Meaning**(s):

A) When the <u>introduction</u> to the Subjonctif passé is in a <u>present</u> time frame:

- (Subjonctif) ... that (*que*) he/she/it **did verb** (for *emphasis* or *negative*)
- (Subjonctif) ... that (*que*) he/she/it **has verbed**
- (Subjonctif) ... that (*que*) he/she/it **verbed**

B) When the <u>introduction</u> to the Subjonctif passé is in a <u>past</u> time frame:

- (Subjonctif) ... that (*que*) he/she/it **had verbed**

37A Subjonctif passé – <u>actif</u> (Basic format)

A) When the <u>introduction</u> to the Subjonctif passé is in a <u>present</u> time frame:

[with "<u>avoir</u>"]

▼ Formula

[**Present** time-frame introduction] + ... **que** + Sujet + (**aie, aies, ait, ayons, ayez, aient**) + verbe principal (**p.p.**)

A) When the <u>introduction</u> to the Subjonctif passé is in a <u>present</u> time frame:

[with "<u>être</u>"]

▼ Formula

[**Present** time-frame introduction] + ... **que** + Sujet + (**sois, sois, soit, soyons, soyez, soient**) + verbe principal (**p.p.**)(e.s.es) (from the *Secret Travel Club* – **Appendix B** at end of book)

B) When the **introduction** to the Subjonctif passé is in a **past** time frame:

[with "**avoir**"]

▼ Formula

[**Past** time-frame introduction] + **que** + Sujet + (**aie, aies, ait, ayons, ayez, aient**) + verbe principal (**p.p.**)

B) When the **introduction** to the Subjonctif passé is in a **past** time frame:

[with "**être**"]

▼ Formula

[**Past** time-frame introduction] + **que** + Sujet + (**sois, sois, soit, soyons, soyez, soient**) + verbe principal (**p.p.**)(e.s.es) (from the *Secret Travel Club* – **Appendix B** at end of book)

For **examples** and much more, **scan** or **click** the **code** below ▼
- **Or** follow the links at **verbexpress.net** > French Verb Tense Atlas > Subjonctif passé > **Subjonctif passé – Actif (Basic Format)**

▶37B Subjonctif passé – passif

>> See *How to Do* this verb form after the **Univerb© Tag**(s) below ...

▼ **Meaning**(s) of this verb form shown in **Univerb© Tag**(s) (3rd person) ▼

Usual Meaning(s):

A) When the **introduction** to the Subjonctif passé is in a **present** time frame:

- (Subjonctif) ... that (*que*) he/she/it **did get verbed** (for *emphasis* or *negative*)
- (Subjonctif) ... that (*que*) he/she/it **got verbed**
- (Subjonctif) ... that (*que*) he/she/it **ha**s **been verbed**
- (Subjonctif) ... that (*que*) he/she/it **ha**s **gotten verbed**
- (Subjonctif) ... that (*que*) he/she/it **was verbed**

Subjonctif passé | 607

B) When the <u>introduction</u> to the Subjonctif passé is in a **past** time frame:

- (Subjonctif) ... that (*que*) he/she/it **ha<u>d</u> been verbed**
- (Subjonctif) ... that (*que*) he/she/it **ha<u>d</u> gotten verbed**

To see the **<u>above</u>** meaning(s) in action using the **formula**(s) **below** with **translations**, **tips**, and helpful **resources**, <u>scan</u> or <u>click</u> the **code** below ▼
- **Or** follow the links at **verbexpress.net** > French Verb Tense Atlas > Subjonctif passé > **Subjonctif passé – Passif**

37B.1   Passif **direct** – Option 1 – (**Subjonctif passé**)

- Passif **direct** – Option 1 – (**See Appendix C** at end of book)

A) **<u>Present</u>** time-frame introduction (When the <u>introduction</u> to the Subjonctif passé is in a **<u>present</u>** time frame):

▼ Formula

[**<u>Present</u>** time-frame introduction] + **que** + sujet (nom ou pronom, **objet direct** du verbe principal) + (**aie, aies, ait, ayons, ayez, aient**) + **été** + verbe principal (**p.p.**)(e.s.es)

(**Note**: When using the "Passif **direct** – Option 1" format, the **subject** of the verb "être" must also be the **direct object** of the participe passé (**p.p.**) of the main verb, and because it also <u>precedes</u> the p.p., the **p.p.** *agrees in gender and in number* with that subject/direct object.)

B) **<u>Past</u>** time-frame introduction (When the <u>introduction</u> to the Subjonctif passé is in a **<u>past</u>** time frame):

[**<u>Past</u>** time-frame introduction] + **que** + sujet (nom ou pronom, **objet direct** du verbe principal) + (**aie, aies, ait, ayons, ayez, aient**) + **été** + verbe principal (**p.p.**)(e.s.es)

(**Note**: When using the "Passif **direct** – Option 1"format, the **subject** of the verb "être" must also be the **direct object** of the participe passé (**p.p.**) of the main verb, and because it also <u>precedes</u> the p.p., the **p.p.** *agrees in gender and in number* with that subject/direct object.)

▼ **Meaning**(s) of this verb form shown in **Univerb© Tag**(s) (3rd person) ▼

<u>Usual</u> **Meaning**(s):

A) When the <u>introduction</u> to the Subjonctif passé is in a **present** time frame:

- (Subjonctif) ... that (*que*) he/she/it **did get verbed** (for *emphasis* or *negative*)
- (Subjonctif) ... that (*que*) he/she/it **got verbed**
- (Subjonctif) ... that (*que*) he/she/it ha<u>s</u> **been verbed**
- (Subjonctif) ... that (*que*) he/she/it ha<u>s</u> **gotten verbed**
- (Subjonctif) ... that (*que*) he/she/it **was verbed**

B) When the <u>introduction</u> to the Subjonctif passé is in a **past** time frame:

- (Subjonctif) ... that (*que*) he/she/it ha<u>d</u> **been verbed**
- (Subjonctif) ... that (*que*) he/she/it ha<u>d</u> **gotten verbed**

For **examples** and much more, <u>scan</u> or <u>click</u> the **code** below ▼
- **Or** follow the links at <u>verbexpress.net</u> > French Verb Tense Atlas > Subjonctif passé > Subjonctif passé – Passif > **Passif direct – Option 1**

37B.2   Passif **direct** – Option 2 – (**Subjonctif passé**)

- Passif **direct** – Option 2 – (**See Appendix C** at end of book)

A) **Present** time-frame introduction (When the **introduction** to the Subjonctif passé is in a **present** time frame):

| ▼ Formula

When the **direct object** appears as a **noun**:

[**Present** time-frame introduction] + **qu'on** (sujet indéfini) + **ait** + verbe principal (**p.p.**) + **objet direct**.

When the **direct object** appears as a **pronoun**:

[**Present** time-frame introduction] + **qu'on** (sujet indéfini) + **pronom objet direct** + **ait** + verbe principal (**p.p.**)(e.s.es).

(**Note**: When there is a **direct object**, and it precedes the **p.p.**, the p.p. *agrees in gender and in number* with that direct object.)

B) **Past** time-frame introduction (When the **introduction** to the Subjonctif passé is in a **past** time frame):

| ▼ Formula

When the **direct object** appears as a **noun**:
[**Past** time-frame introduction] + **qu'on** (sujet indéfini) + **ait** + verbe principal (**p.p.**) + **objet direct**.

When the **direct object** appears as a **pronoun**:
[**Past** time-frame introduction] + **qu'on** (sujet indéfini) + **pronom objet direct** + **ait** + verbe principal (**p.p.**)(e.s.es).

(**Note**: When there is a **direct object**, and it precedes the **p.p.**, the p.p. *agrees in gender and in number* with that direct object.)

▼ **Meaning**(s) of this verb form shown in **Univerb© Tag**(s) (3rd person) ▼

Usual Meaning(s):

A) When the **introduction** to the Subjonctif passé is in a **present** time frame:

♦ (Subjonctif) ... that (*que*) he/she/it **did get verbed** (for *emphasis* or *negative*)

610 | Subjonctif passé

- (Subjonctif) ... that (*que*) he/she/it **got verbed**
- (Subjonctif) ... that (*que*) he/she/it **ha<u>s</u> been verbed**
- (Subjonctif) ... that (*que*) he/she/it **ha<u>s</u> gotten verbed**
- (Subjonctif) ... that (*que*) he/she/it **was verbed**

B) When the <u>introduction</u> to the Subjonctif passé is in a **past** time frame:

- (Subjonctif) ... that (*que*) he/she/it **ha<u>d</u> been verbed**
- (Subjonctif) ... that (*que*) he/she/it **ha<u>d</u> gotten verbed**

For **examples** and much more, **scan** or **click** the **code** below ▼
- **Or** follow the links at **verbexpress.net** > French Verb Tense Atlas > Subjonctif passé > Subjonctif passé – Passif > **Passif direct – Option 2**

37B.3   Passif <u>indirect</u> – (Subjonctif passé)

- Passif <u>indirect</u> – (**See Appendix C** at end of book)

A) **Present** time-frame introduction (When the **introduction** to the Subjonctif passé is in a **present** time frame):

▼ **Formula**

When the **indirect object** appears as a <u>noun</u>:

[**Present** time-frame introduction] + **qu'<u>on</u>** (sujet indéfini) + **ait** + verbe principal (**p.p.**) + **objet <u>indirect</u>**.

When the **direct object** appears as a **pronoun**:

[**Present** time-frame introduction] + **qu'<u>on</u>** (sujet indéfini) + **pronom objet <u>indirect</u>** + **ait** + verbe principal (**p.p.**).

(**Note**: The participe passé (**p.p.**) never agrees with an **<u>indirect</u>** object.)

Subjonctif passé | 611

B) Past time-frame introduction (When the **introduction** to the Subjonctif passé is in a **past** time frame):

▼ **Formula**

When the **indirect object** appears as a **noun**:

[**Past** time-frame introduction] + **qu'on** (sujet indéfini) + **ait** + verbe principal (**p.p.**) + **objet indirect**.

When the **indirect object** appears as a **pronoun**:

[**Past** time-frame introduction] + **qu'on** (sujet indéfini) + **pronom objet indirect** + **ait** + verbe principal (**p.p.**).

(**Note**: The participe passé (**p.p.**) never agrees with an **indirect** object.)

▼ **Meaning**(s) of this verb form shown in **Univerb©** **Tag**(s) (3rd person) ▼

Usual Meaning(s):

A) When the **introduction** to the Subjonctif passé is in a **present** time frame:

- (Subjonctif) ... that (*que*) he/she/it **did get verbed** (for *emphasis* or *negative*)
- (Subjonctif) ... that (*que*) he/she/it **got verbed**
- (Subjonctif) ... that (*que*) he/she/it **has been verbed**
- (Subjonctif) ... that (*que*) he/she/it **has gotten verbed**
- (Subjonctif) ... that (*que*) he/she/it **was verbed**

B) When the **introduction** to the Subjonctif passé is in a **past** time frame:

- (Subjonctif) ... that (*que*) he/she/it **had been verbed**
- (Subjonctif) ... that (*que*) he/she/it **had gotten verbed**

For **examples** and much more, **scan** or **click** the **code** below ▼
- **Or** follow the links at **verbexpress.net** > French Verb Tense Atlas > Subjonctif passé > Subjonctif passé – Passif > **Passif indirect**

37B.4　Passif **pronominal** – (**Subjonctif passé**)

- Passif **pronominal**

    The '**Passive Pronominal**' structure is a way to create a **passive** meaning by using the pronominal format with an **in**animate subject (a **non**-personal doer – singular or plural).
    (See **Appendix** H at end of book)

A) **Present** time-frame introduction (When the **introduction** to the Subjonctif passé is in a **present** time frame):

▼ Formula

[**Present** time-frame introduction] + **que** + sujet (nom ou pronom, inanimé, - **objet direct** du verbe principal) + se + (**soit, soient**) + verbe principal (**p.p.**)(e.s.es)

(**Note**: When using the "Passif **pronominal** (direct)" format, the reflexive pronoun is also the **direct object** (of the participe passé (**p.p.**) of the main verb) and it also precedes the p.p., so the **p.p.** *agrees in gender and in number* with that direct-object reflexive pronoun – ie. with the subject.)

B) **Past** time-frame introduction (When the **introduction** to the Subjonctif passé is in a **past** time frame):

▼ Formula

[**Past** time-frame introduction] + **que** + sujet (nom ou pronom, inanimé, - **objet direct** du verbe principal) + se + (**soit, soient**) + verbe principal (**p.p.**)(e.s.es)

(**Note**: When using the "Passif **pronominal** (direct)" format, the reflexive pronoun is also the **direct object** (of the participe passé (**p.p.**) of the main verb) and it also precedes the p.p., so the **p.p.** *agrees in gender and in number* with that direct-object reflexive pronoun – ie. with the subject.)

▼ **Meaning**(s) of this verb form shown in **Univerb© Tag**(s) (3rd person) ▼

Usual **Meaning**(s):

A) When the **introduction** to the Subjonctif passé is in a **present** time frame:

- ♦ (Subjonctif) ... that (*que*) it **did get verbed** (for *emphasis* or *negative*)
- ♦ (Subjonctif) ... that (*que*) it **got verbed**
- ♦ (Subjonctif) ... that (*que*) it **ha<u>s</u> been verbed**
- ♦ (Subjonctif) ... that (*que*) it **ha<u>s</u> gotten verbed**
- ♦ (Subjonctif) ... that (*que*) it **was verbed**

B) When the <u>introduction</u> to the Subjonctif passé is in a <u>past</u> time frame:

- ♦ (Subjonctif) ... that (*que*) it **ha<u>d</u> been verbed**
- ♦ (Subjonctif) ... that (*que*) it **ha<u>d</u> gotten verbed**

For **examples** and much more, <u>scan</u> or <u>click</u> the **code** below ▼
- **Or** follow the links at **verbexpress.net** > French Verb Tense Atlas > Subjonctif passé > Subjonctif passé – Passif > **Passif pronominal**

▶37C Subjonctif passé – <u>pronominal</u>

>> See *How to Do* this verb form after the **Univerb© Tag**(s) below ...

▼ **Meanings** of this verb form shown in **Univerb© Tag**(s) (3rd person) ▼

A) When the <u>introduction</u> to the Subjonctif passé is in a <u>present</u> time frame:

- ♦ (Subjonctif) ... that (*que*) he/she **did verb** (for *emphasis*)
- ♦ (Subjonctif) ... that (*que*) he/she/it **did verb** <u>himself</u> / <u>herself</u> / <u>itself</u> (for *emphasis*)

- ♦ (Subjonctif) ... that (*que*) he/she **ha<u>s</u> verbed**
- ♦ (Subjonctif) ... that (*que*) he/she/it **ha<u>s</u> verbed** <u>himself</u> / <u>herself</u> / <u>itself</u>

- ♦ (Subjonctif) ... that (*que*) he/she **verbed**
- ♦ (Subjonctif) ... that (*que*) he/she/it **verbed** <u>himself</u> / <u>herself</u> / <u>itself</u>

B) When the <u>introduction</u> to the Subjonctif passé is in a <u>past</u> time frame:

- ♦ (Subjonctif) ... that (*que*) he/she **ha<u>d</u> verbed**
- ♦ (Subjonctif) ... that (*que*) he/she/it **ha<u>d</u> verbed** <u>himself</u> / <u>herself</u> / <u>itself</u>

▼ Pronominal **Passive** Meanings ▼

614 | Subjonctif passé

<u>Usual</u> **Meaning**(s) when in a <u>Pronominal</u> **Passive** form: (See <u>37C.7</u>, <u>37C.8</u> below)

A) When the <u>introduction</u> to the Subjonctif passé is in a **present** time frame:

- (Subjonctif) ... that (*que*) he/she/it **did get verbed** (for *emphasis* or *negative*)
- (Subjonctif) ... that (*que*) he/she/it **got verbed**
- (Subjonctif) ... that (*que*) he/she/it **ha**s **been verbed**
- (Subjonctif) ... that (*que*) he/she/it **ha**s **gotten verbed**
- (Subjonctif) ... that (*que*) he/she/it **was verbed**

B) When the <u>introduction</u> to the Subjonctif passé is in a **past** time frame:

- (Subjonctif) ... that (*que*) he/she/it **ha**d **been verbed**
- (Subjonctif) ... that (*que*) he/she/it **ha**d **gotten verbed**

To see the <u>above</u> **meaning**(s) in action using the **formula**(s) **below** with **translations**, **tips**, and helpful **resources**, <u>scan</u> or <u>click</u> the **code** below ▼ - <u>Or</u> follow the links at **verbexpress.net** > French Verb Tense Atlas > Subjonctif passé > **Subjonctif passé – Pronominal**

37C.1 Pronominal **essentiel** – (Subjonctif passé)

- Pronominal **essentiel** (exclusivement)
  (Verbes <u>exclusivement</u> pronominaux)

  > '**Essential**' Pronominal Verbs are a special collection of verbs that are used <u>**only**</u> in the <u>pronominal</u> format, but have no '*reflexive*' meaning. (See <u>Appendix</u> E at end of book)

A) <u>Present</u> time-frame introduction

▼ Formula

[<u>Present</u> time-frame introduction] + **que** + sujet + (me, te, se, nous, vous, se) + (**sois, sois, soit, soyons, soyez, soient**) + verbe principal (**p.p.**)(e.s.es)

(<u>Note</u>: With "<u>**essential**</u>" pronominal verbs – when done in compound tenses, as in this case – the participe passé (**p.p.**) <u>*agrees in gender and in number*</u> with the **subject**.)

B) <u>Past</u> time-frame introduction

▼ Formula

[<u>Past</u> time-frame introduction] + **que** + sujet + (me, te, se, nous, vous, se) + (**sois, sois, soit, soyons, soyez, soient**) + verbe principal (**p.p.**)(e.s.es)

(<u>Note</u>: With "<u>**essential**</u>" pronominal verbs – when done in compound tenses, as in this case – the participe passé (**p.p.**) <u>*agrees in gender and in number*</u> with the **subject**.)

▼ **Meanings** of this verb form shown in **Univerb© Tag**(s) (3rd person) ▼

A) When the <u>introduction</u> to the Subjonctif passé is in a <u>**present**</u> time frame:

- (Subjonctif) ... that (*que*) he/she **did verb** (for *emphasis*)
- (Subjonctif) ... that (*que*) he/she **ha<u>s</u> verbed**
- (Subjonctif) ... that (*que*) he/she **verbed**

B) When the <u>introduction</u> to the Subjonctif passé is in a <u>**past**</u> time frame:

- (Subjonctif) ... that (*que*) he/she **had verbed**

For **examples** and much more, **scan** or **click** the **code** below ▼
- **Or** follow the links at **verbexpress.net** > French Verb Tense Atlas > Subjonctif passé > Subjonctif passé – Pronominal > **Pronominal essentiel**

37C.2   Pronominal **à sens idiomatique** – (**Subjonctif passé**)

- Pronominal **à sens idiomatique**

    '**Idiomatic**' Pronominal Verbs are a set of verbs which take on a different meaning than their normal meaning when they are used in the pronominal format.
    (See **Appendix** F at end of book)

A) **Present** time-frame introduction (When the **introduction** to the Subjonctif passé is in a **present** time frame):

▼ Formula

[**Present** time-frame introduction] + **que** + sujet + (**me, te, se, nous, vous, se**) + (**sois, sois, soit, soyons, soyez, soient**) + verbe principal (**p.p.**)(e.s.es)

(**Note**: With "**idiomatic**" pronominal verbs in compound tenses, as in this case, the participe passé (**p.p.**) *agrees in gender and in number* with the **subject**.)

(**Exception**(s) – the participe passé (**p.p.**) of *s'imaginer, se plaire, se rendre compte*, and *se rire* **do not** agree with anything else. They keep their basic spelling.)

B) **Past** time-frame introduction (When the **introduction** to the Subjonctif passé is in a **past** time frame):

▼ **Formula**

[**Past** time-frame introduction] + **que** + sujet + (me, te, se, nous, vous, se) + (**sois, sois, soit, soyons, soyez, soient**) + verbe principal (**p.p.**)(e.s.es)

(**Note**: With "**idiomatic**" pronominal verbs in compound tenses, as in this case, the participe passé (**p.p.**) *agrees in gender and in number* with the **subject**.)

(**Exception**(s) – the participe passé (**p.p.**) of *s'imaginer, se plaire, se rendre compte*, and *se rire* do **not** agree with anything else. They keep their basic spelling.)

▼ **Meanings** of this verb form shown in **Univerb© Tag**(s) (3rd person) ▼

A) When the **introduction** to the Subjonctif passé is in a **present** time frame:

- (Subjonctif) ... that (*que*) he/she **did** verb (for *emphasis*)
- (Subjonctif) ... that (*que*) he/she ha**s** verbed
- (Subjonctif) ... that (*que*) he/she verbed

B) When the **introduction** to the Subjonctif passé is in a **past** time frame:

- (Subjonctif) ... that (*que*) he/she ha**d** verbed

For **examples** and much more, **scan** or **click** the **code** below ▾
- **Or** follow the links at **verbexpress.net** > French Verb Tense Atlas > Subjonctif passé > Subjonctif passé – Pronominal > **Pronominal à sens idiomatique**

| 37C.3 | Pronominal **réfléchi direct** – (**Subjonctif passé**) |

- Pronominal **réfléchi direct**

    The '**Reflexive Direct**' Pronominal structure is when the Pronominal format is used AND the subject (the doer – singular or plural) of a direct action is also the receiver of that direct action.
    (See Appendix G at end of book)

    A) Present time-frame introduction (When the introduction to the Subjonctif passé is in a **present** time frame):

    | ▼ Formula

    [**Present** time-frame introduction] + **que** + sujet + (me, te, se, nous, vous, se, – **objet direct** du verbe principal) + (**sois, sois, soit, soyons, soyez, soient**) + verbe principal (**p.p.**)(e.s.es)

    (**Note**: When the reflexive pronoun is also the **direct object** (of the participe passé (**p.p.**) of the main verb, as in this case) and it precedes the p.p., the **p.p.** *agrees in gender and in number* with that reflexive pronoun.)

    B) Past time-frame introduction (When the introduction to the Subjonctif passé is in a **past** time frame):

    | ▼ Formula

    [**Past** time-frame introduction] + **que** + sujet + (me, te, se, nous, vous, se, – **objet direct** du verbe principal) + (**sois, sois, soit, soyons, soyez, soient**) + verbe principal (**p.p.**)(e.s.es)

    (**Note**: When the reflexive pronoun is also the **direct object** (of the participe passé (**p.p.**) of the main verb, as in this case) and it precedes the p.p., the **p.p.** *agrees in gender and in number* with that reflexive pronoun.)

    ▼ **Meanings** of this verb form shown in **Univerb© Tag**(s) (3rd person) ▼

    A) When the introduction to the Subjonctif passé is in a **present** time frame:

    - (Subjonctif) ... that (*que*) he/she/it **did verb** himself / herself / itself (for **emphasis**)
    - (Subjonctif) ... that (*que*) he/she/it **has verbed** himself / herself / itself
    - (Subjonctif) ... that (*que*) he/she/it **verbed** himself / herself / itself

    B) When the introduction to the Subjonctif passé is in a **past** time frame:

- (Subjonctif) ... that (*que*) he/she/it **had verbed** himself / herself / itself

For **examples** and much more, **scan** or **click** the **code** below ▼
- **Or** follow the links at **verbexpress.net** > French Verb Tense Atlas > Subjonctif passé > Subjonctif passé – Pronominal > **Pronominal réfléchi direct**

37C.4   Pronominal **réfléchi indirect** – (**Subjonctif passé**)

- Pronominal **réfléchi indirect**

    The '**Reflexive Indirect**' Pronominal structure is when the Pronominal format is used AND the subject (the doer - singular or plural) of an indirect action is also the receiver of that indirect action.
    (**See Appendix G** at end of book)

A) Present time-frame introduction (When the **introduction** to the Subjonctif passé is in a **present** time frame):

▼ **Formula**

[**Present** time-frame introduction] + **que** + sujet + (me, te, se, nous, vous, se, – **objet indirect** du verbe principal) + (**sois**, **sois**, **soit**, **soyons**, **soyez**, **soient**) + verbe principal (**p.p.**)

(**Note**: The participe passé (**p.p.**) never agrees with an **indirect** object.)

B) Past time-frame introduction (When the **introduction** to the Subjonctif passé is in a **past** time frame):

▼ **Formula**

[**Past** time-frame introduction] + **que** + sujet + (me, te, se, nous, vous, se, – **objet indirect** du verbe principal) + (**sois**, **sois**, **soit**, **soyons**, **soyez**, **soient**) + verbe principal (**p.p.**)

(**Note**: The participe passé (**p.p.**) never agrees with an **indirect** object.)

▼ **Meanings** of this verb form shown in **Univerb© Tag**(s) (3rd person) ▼

A) When the **introduction** to the Subjonctif passé is in a **present** time frame:

- (Subjonctif) ... that (*que*) he/she/it **did verb** himself / herself / itself (for *emphasis*)
- (Subjonctif) ... that (*que*) he/she/it **has verbed** himself / herself / itself
- (Subjonctif) ... that (*que*) he/she/it **verbed** himself / herself / itself

B) When the **introduction** to the Subjonctif passé is in a **past** time frame:

- (Subjonctif) ... that (*que*) he/she/it **had verbed** himself / herself / itself

For **examples** and much more, **scan** or **click** the **code** below ▼
- **Or** follow the links at **verbexpress.net** > French Verb Tense Atlas > Subjonctif passé > Subjonctif passé – Pronominal > **Pronominal réfléchi indirect**

37C.5   Pronominal **réciproque direct** – (**Subjonctif passé**)

- Pronominal **réciproque direct**

    The '**Reciprocal Direct**' Pronominal structure is when the Pronominal format is used AND a group of two or more (subjects) do the same direct action to one another.
    (See Appendix G at end of book)

A) Present time-frame introduction (When the **introduction** to the Subjonctif passé is in a **present** time frame):

▼ **Formula**

[**Present** time-frame introduction] + **que** + sujet (pluriel) + (nous, vous, se, – **objet direct** du verbe principal) + (**soyons**, **soyez**, **soient**) + verbe principal (**p.p.**)(e.s.es)

(**Note**: When the reflexive pronoun is also the **direct object** (of the participe passé (**p.p.**) of the main verb, as in this case) and it precedes the p.p., the **p.p.** agrees in gender and in number with that reflexive pronoun.)

B) Past time-frame introduction (When the **introduction** to the Subjonctif passé is in a **past** time frame):

▼ **Formula**

[**Past** time-frame introduction] + **que** + sujet (pluriel) + (nous, vous, se, – **objet direct** du verbe principal) + (**soyons**, **soyez**, **soient**) + verbe principal (**p.p.**)(e.s.es)

(**Note**: When the reflexive pronoun is also the **direct object** (of the participe passé (**p.p.**) of the main verb, as in this case) and it precedes the p.p., the **p.p.** agrees in gender and in number with that reflexive pronoun.)

▼ **Meanings** of this verb form shown in **Univerb© Tag**(s) (3rd person) ▼

A) When the **introduction** to the Subjonctif passé is in a **present** time frame:

   ♦ (Subjonctif) ... that (*que*) they **did verb** each other (for *emphasis*)
   ♦ (Subjonctif) ... that (*que*) they **have verbed** each other
   ♦ (Subjonctif) ... that (*que*) they **verbed** each other

B) When the **introduction** to the Subjonctif passé is in a **past** time frame:

   ♦ (Subjonctif) ... that (*que*) they **had verbed** each other

For **examples** and much more, <u>scan</u> or <u>click</u> the **code** below ▼
- **Or** follow the links at **verbexpress.net** > French Verb Tense Atlas > Subjonctif passé > Subjonctif passé – Pronominal > **Pronominal réciproque direct**

| 37C.6 | Pronominal **réciproque** <u>in</u>direct – (**Subjonctif passé**) |

- Pronominal **réciproque** <u>in</u>direct

    The '**Reciprocal Indirect**' Pronominal structure is when the <u>Pronominal format</u> is used AND a group of two or more (subjects) do the same <u>in</u>direct action <u>to one another</u>.
    (See **Appendix** G at end of book)

A) <u>Present</u> time-frame introduction (When the **introduction** to the Subjonctif passé is in a **present** time frame):

▼ Formula

[<u>Present</u> time-frame introduction] + **que** + sujet (<u>pluriel</u>) + (<u>nous, vous, se</u>, – **objet** <u>in</u>direct du verbe principal) + (**soyons**, **soyez**, **soient**) + verbe principal (**p.p.**)

(<u>Note</u>: The participe passé (**p.p.**) never agrees with an <u>indirect</u> object.)

B) <u>Past</u> time-frame introduction (When the **introduction** to the Subjonctif passé is in a **past** time frame):

▼ Formula

[<u>Past</u> time-frame introduction] + **que** + sujet (<u>pluriel</u>) + (<u>nous, vous, se</u>, – **objet** <u>in</u>direct du verbe principal) + (**soyons**, **soyez**, **soient**) + verbe principal (**p.p.**)

(<u>Note</u>: The participe passé (**p.p.**) never agrees with an <u>indirect</u> object.)

▼ **Meanings** of this verb form shown in **Univerb©** **Tag**(s) (3rd person) ▼

A) When the **introduction** to the Subjonctif passé is in a **present** time frame:

- (Subjonctif) ... that (*que*) they **did verb** each other (for *emphasis*)
- (Subjonctif) ... that (*que*) they **ha<u>ve</u> verbed** each other
- (Subjonctif) ... that (*que*) they **verbed** each other

B) When the **introduction** to the Subjonctif passé is in a **past** time frame:

- (Subjonctif) ... that (*que*) they **had verbed** each other

For **examples** and much more, **scan** or **click** the **code** below ▼
- **Or** follow the links at **verbexpress.net** > French Verb Tense Atlas > Subjonctif passé > Subjonctif passé – Pronominal > **Pronominal réciproque indirect**

37C.7   Pronominal **passif** – (Subjonctif passé)

- Pronominal **passif**

    The '**Passive Pronominal**' structure is a way to create a **passive** meaning by using the pronominal format with an **in**animate subject (a **non**-personal doer – singular or plural).
    (See **Appendix** H at end of book)

A) Present time-frame introduction (When the **introduction** to the Subjonctif passé is in a **present** time frame):

▼ **Formula**

[**Present** time-frame introduction] + **que** + sujet (nom ou pronom, inanimé, – **objet direct** du verbe principal) + se + (**soit, soient**) + verbe principal (**p.p.**)(e.s.es)

(**Note**: When using the "Pronominal **passif** (direct)" format, the reflexive pronoun is also the **direct object** (of the participe passé (**p.p.**) of the main verb) and it also precedes the p.p., so the **p.p.** *agrees in gender and in number* with that direct-object reflexive pronoun – ie. with the subject.)

B) **Past** time-frame introduction (When the **introduction** to the Subjonctif passé is in a **past** time frame):

▼ **Formula**

[**Past** time-frame introduction] + **que** + sujet (nom ou pronom, inanimé, – **objet direct** du verbe principal) + se + (**soit, soient**) + verbe principal (**p.p.**)(e.s.es)

(**Note**: When using the "Pronominal **passif** (direct)" format, the reflexive pronoun is also the **direct object** (of the participe passé (**p.p.**) of the main verb) and it also precedes the p.p., so the **p.p.** agrees in gender and in number with that direct-object reflexive pronoun – ie. with the subject.)

▼ **Meaning**(s) of this verb form shown in **Univerb© Tag**(s) (3rd person) ▼

Usual **Meaning**(s):

A) When the **introduction** to the Subjonctif passé is in a **present** time frame:

- (Subjonctif) ... that (*que*) it **did get verbed** (for *emphasis* or *negative*)
- (Subjonctif) ... that (*que*) it **got verbed**
- (Subjonctif) ... that (*que*) it **has been verbed**
- (Subjonctif) ... that (*que*) it **has gotten verbed**
- (Subjonctif) ... that (*que*) it **was verbed**

B) When the **introduction** to the Subjonctif passé is in a **past** time frame:

- (Subjonctif) ... that (*que*) it **had been verbed**
- (Subjonctif) ... that (*que*) it **had gotten verbed**

For **examples** and much more, **scan** or **click** the code below ▼
- **Or** follow the links at **verbexpress.net** > French Verb Tense Atlas > Subjonctif passé > Subjonctif passé – Pronominal > **Pronominal passif**

37C.8   Pronominal **impersonnel** (passif) – (**Subjonctif passé**)

Subjonctif passé

- Pronominal **impersonnel** (passif)

    The '**Impersonal Passive**' structure is a way to create a **passive** meaning by using the **im**personal version of the subject " **il** " in the **pronominal** format.
    (**See Appendix** H at end of book)

A) Present time-frame introduction (When the **introduction** to the Subjonctif passé is in a **present** time frame):

▼ Formula

[**Present** time-frame introduction] + **qu'il** (sens impersonnel) + **se** + (**soit**) + verbe principal (**p.p.**) + **objet direct du verbe principal**

(**Note**: When using the "Pronominal **impersonnel**" format, the participe passé (**p.p.**) _agrees in gender and in number_ with the subject, which is always " **il** " – masculine singular.)

B) Past time-frame introduction (When the **introduction** to the Subjonctif passé is in a **past** time frame):

▼ Formula

[**Past** time-frame introduction] + **qu'il** (sens impersonnel) + **se** + (**soit**) + verbe principal (**p.p.**) + **objet direct du verbe principal**

(**Note**: When using the "Pronominal **impersonnel**" format, the participe passé (**p.p.**) _agrees in gender and in number_ with the subject, which is always " **il** " – masculine singular.)

▼ **Meaning**(s) of this verb form shown in **Univerb© Tag**(s) (3rd person) ▼

Usual Meaning(s):

A) When the **introduction** to the Subjonctif passé is in a **present** time frame:

- (Subjonctif) ... that (*que*) he/she/it **did get verbed** (for **emphasis** or **negative**)
- (Subjonctif) ... that (*que*) he/she/it **got verbed**
- (Subjonctif) ... that (*que*) he/she/it **ha**s **been verbed**
- (Subjonctif) ... that (*que*) he/she/it **ha**s **gotten verbed**
- (Subjonctif) ... that (*que*) he/she/it **was verbed**

B) When the **introduction** to the Subjonctif passé is in a **past** time frame:

- ♦ (Subjonctif) ... that (*que*) he/she/it ha<u>d</u> **been verbed**
- ♦ (Subjonctif) ... that (*que*) he/she/it ha<u>d</u> **gotten verbed**

For **examples** and much more, <u>scan</u> or <u>click</u> the **code** below ▼
- **Or** follow the links at **verbexpress.net** > French Verb Tense Atlas > Subjonctif passé > Subjonctif passé – Pronominal > **Pronominal impersonnel (passif)**

▶37D   Subjonctif passé – with <u>aller</u>

>> See *How to Do* this verb form after the **Univerb©** **Tag**(s) below …

▼ **Meaning**(s) of this verb form shown in **Univerb© Tag**(s) (3rd person) ▼

<u>Usual</u> **Meaning**(s):

A)   When the <u>introduction</u> to the Subjonctif passé is in a **present** time frame:

- ♦ (Subjonctif) ... that (*que*) he/she **did go to verb** (for *emphasis* or *negative*) (but <u>not</u> <u>routinely</u>)
- ♦ (Subjonctif) ... that (*que*) he/she **did go verb** (for *emphasis* or *negative*) (but <u>not</u> <u>routinely</u>)
- ♦ (Subjonctif) ... that (*que*) he/she **did go verbing** (for *emphasis* or *negative*) (but <u>not</u> <u>routinely</u>)
- ♦ (Appendix O at end of book)
- ♦ (Subjonctif) ... that (*que*) he/she **has gone to verb**
- ♦ (Subjonctif) ... that (*que*) he/she **has gone verbing** (Appendix O at end of book)
- ♦ (Subjonctif) ... that (*que*) he/she **went to verb** (but <u>not</u> <u>routinely</u>)
- ♦ (Subjonctif) ... that (*que*) he/she **went verbing** (but <u>not</u> <u>routinely</u>) (Appendix O at end of book)

B)   When the <u>introduction</u> to the Subjonctif passé is in a **past** time frame:

- ♦ (Subjonctif) ... that (*que*) he/she ha<u>d</u> **gone to verb**
- ♦ (Subjonctif) ... that (*que*) he/she ha<u>d</u> **gone verbing** (Appendix O at end of book)

A) When the <u>introduction</u> to the Subjonctif passé is in a **present** time frame:

▼ Formula

[**Present** time-frame introduction] + **que** + Sujet + (**sois, sois, soit, soyons, soyez, soient**) + **allé** (e.s.es) + verbe principal (**Infinitif**)

B) When the <u>introduction</u> to the Subjonctif passé is in a **past** time frame:

▼ Formula

[**Past** time-frame introduction] + **que** + Sujet + (**sois, sois, soit, soyons, soyez, soient**) + **allé** (e.s.es) + verbe principal (**Infinitif**)

For **examples** and much more, <u>scan</u> or <u>click</u> the **code** below ▼
- **Or** follow the links at <u>verbexpress.net</u> > French Verb Tense Atlas > Subjonctif passé > **Subjonctif passé – with Aller**

▶37E Subjonctif passé – with <u>devoir</u>

>> See *How to Do* this verb form after the **Univerb©** Tag(s) below ...

▼ **Meaning**(s) of this verb form shown in Univerb© Tag(s) (3ʳᵈ person) ▼

<u>Usual</u> **Meaning**(s):

A) When the <u>introduction</u> to the Subjonctif passé is in a **present** time frame:

- (Subjonctif) ... that (*que*) he/she/it **did have to verb** (for *emphasis* or *negative*) (but <u>not</u> <u>routinely</u>)
- (Subjonctif) ... that (*que*) he/she/it **had to verb** (but <u>not</u> <u>routinely</u>)
- (Subjonctif) ... that (*que*) he/she/it **ha<u>s</u> had to verb**

B) When the <u>introduction</u> to the Subjonctif passé is in a **past** time frame:

- (Subjonctif) ... that (*que*) he/she/it **ha<u>d</u> had to verb**

37E Subjonctif passé – with devoir

A) When the introduction to the Subjonctif passé is in a **present** time frame:

▼ **Formula**

[**Present** time-frame introduction] + **que** + Sujet + (**aie, aies, ait, ayons, ayez, aient**) + **dû** + verbe principal (**Infinitif**)

B) When the introduction to the Subjonctif passé is in a **past** time frame:

▼ **Formula**

[**Past** time-frame introduction] + **que** + Sujet + (**aie, aies, ait, ayons, ayez, aient**) + **dû** + verbe principal (**Infinitif**)

For **examples** and much more, **scan** or **click** the **code** below ▼
- **Or** follow the links at verbexpress.net > French Verb Tense Atlas > Subjonctif passé > **Subjonctif passé – with Devoir**

▶37F Subjonctif passé – with pouvoir

>> See *How to Do* this verb form after the **Univerb© Tag**(s) below ...

▼ **Meaning**(s) of this verb form shown in **Univerb© Tag**(s) (3rd person) ▼

Usual Meaning(s):

A) When the introduction to the Subjonctif passé is in a **present** time frame:

- (Subjonctif) ... that (*que*) he/she/it **has been able to verb**
- (Subjonctif) ... that (*que*) he/she/it **was able to verb** (but not routinely)

B) When the introduction to the Subjonctif passé is in a **past** time frame:

- (Subjonctif) ... that (*que*) he/she/it **had been able to verb**

| 37F   Subjonctif passé – with pouvoir

A) When the introduction to the Subjonctif passé is in a **present** time frame:

▼ Formula

[**Present** time-frame introduction] + **que** + Sujet + (**aie, aies, ait, ayons, ayez, aient**) + **pu** + verbe principal (**Infinitif**)

B) When the introduction to the Subjonctif passé is in a **past** time frame:

▼ Formula

[**Past** time-frame introduction] + **que** + Sujet + (**aie, aies, ait, ayons, ayez, aient**) + **pu** + verbe principal (**Infinitif**)

For **examples** and much more, **scan** or **click** the **code** below ▼
- **Or** follow the links at **verbexpress.net** > French Verb Tense Atlas > Subjonctif passé > **Subjonctif passé – with Pouvoir**

▶37G Subjonctif passé – with vouloir

>> See *How to Do* this verb form after the **Univerb©** Tag(s) below ...

▼ Meaning(s) of this verb form shown in **Univerb©** Tag(s) (3ʳᵈ person) ▼

Usual **Meaning**(s):

A) When the introduction to the Subjonctif passé is in a **present** time frame:

- (Subjonctif) ... that (*que*) he/she **did want to verb** (for *emphasis* or *negative*) (but not routinely)
- (Subjonctif) ... that (*que*) he/she **has wanted to verb**
- (Subjonctif) ... that (*que*) he/she **wanted to verb** (but not routinely)

B) When the introduction to the Subjonctif passé is in a **past** time frame:

Subjonctif passé

♦ (Subjonctif) ... that (*que*) he/she ha**d** wanted to verb

37G   Subjonctif passé – with vouloir

A) When the **introduction** to the Subjonctif passé is in a **present** time frame:

▼ Formula

[**Present** time-frame introduction] + **que** + Sujet + (**aie, aies, ait, ayons, ayez, aient**) + **voulu** + verbe principal (**Infinitif**)

B) When the **introduction** to the Subjonctif passé is in a **past** time frame:

▼ Formula

[**Past** time-frame introduction] + **que** + Sujet + (**aie, aies, ait, ayons, ayez, aient**) + **voulu** + verbe principal (**Infinitif**)

For **examples** and much more, **scan** or **click** the code below ▼
- **Or** follow the links at **verbexpress.net** > French Verb Tense Atlas > Subjonctif passé > **Subjonctif passé – with Vouloir**

Subjonctif présent

Type of Verb Tense (According to structure)
  Temps simple – ("Simple" Tense: a single-word tense.)

Frequency of Use in Everyday Communication – (Low, Medium, **High**)
Level of **Difficulty** in **Formulation** – (Low, **Medium**, High)

Skill level for **Usage Mastery** – (Beginner, Intermediate, **Advanced**)

IMPORTANT NOTE: This verb tense, the *Subjonctif présent*, is a powerful tool of the French language and is used far more frequently in French than its English counterpart.

The rules governing the conjugation of the 'Subjonctif présent' are actually not too complicated. However, knowing *when* to use this verb tense is much more challenging. For this reason, an entire detailed section (**Appendix I**) has been included at the end of the volume to reveal the full scope of this French power tool. Online webxercises (web exercises) will also be available to practise and master the powerful features of this tense at verbexpress.net.

This chapter will therefore be limited to the actual mechanics of the *Subjonctif présent*.

▼ This chapter covers ▼

38A	Subjonctif présent – actif (Basic format)
38B	Subjonctif présent – passif
1	Passif **direct** – Option 1
2	Passif **direct** – Option 2
3	Passif **indirect**
4	Passif **pronominal**
38C	Subjonctif présent – pronominal
1	Pronominal **essentiel**
2	Pronominal **à sens idiomatique**
3	Pronominal **réfléchi direct**
4	Pronominal **réfléchi indirect**
5	Pronominal **réciproque direct**
6	Pronominal **réciproque indirect**

	7	Pronominal **passif**
	8	Pronominal **impersonnel** (passif)
38D	**Subjonctif présent – with aller**	
38E	**Subjonctif présent – with devoir**	
38F	**Subjonctif présent – with pouvoir**	
38G	**Subjonctif présent – with vouloir**	

▶38A Subjonctif présent– actif (Basic format)

>> See *How to Do* this verb form after the **Univerb© Tag**(s) below ...

▼ **Meaning**(s) of this verb form shown in **Univerb© Tag**(s) (3rd person) ▼

<u>Usual</u> **Meaning**(s):

A) When the <u>introduction</u> to the Subjonctif présent is in a **present** time frame:

- (Subjonctif) ... that (*que*) he/she/it **does verb** (for *emphasis* or *negative*)
- (Subjonctif) ... that (*que*) he/she/it **is verbing**
- (Subjonctif) ... that (*que*) he/she/it **verbs**

B) When the <u>introduction</u> to the Subjonctif présent is in a **past** time frame:

- (Subjonctif) ... that (*que*) he/she/it **did verb** (routinely, at some time in the past) (for *emphasis* or *negative*)
- (Subjonctif) ... that (*que*) he/she/it **used to verb** (routinely, at some time in the past)
- (Subjonctif) ... that (*que*) he/she/it **verbed** (routinely, at some time in the past)
- (Subjonctif) ... that (*que*) he/she/it **was verbing** (past <u>state</u>, or routinely, at some time in the past)
- (Subjonctif) ... that (*que*) he/she/it **would verb** (routinely, at some time in the past)

38A   Subjonctif présent – <u>actif</u> (Basic format)

▼ **Formula**

For: **je**, **tu**, **il / elle / on**, and **ils / elles**:

- For all verbs (besides the exceptions listed below), take the "**<u>ils</u>**" form of the verb in the **Présent – Indicatif** ...

Example: <u>ils</u> **prenn**ent

- Remove the "**-ent**" ending □ prenn-

- Add **<u>que</u>** before the subject, and the appropriate ending:
  -e (je), -es (tu), -e (il, elle, on), -ent (ils, elles)

Example: ... qu'elle prenn**e** (contains a <u>double</u> "n")

Subjonctif présent

For: **nous**, and **vous**:

- For all verbs (except those listed below),
  take the "**nous**" form of the verb in the **Présent – Indicatif** ...

Example: nou**s** pren**ons**

- Remove the "**-ons**" ending ▢ pren-

- Add <u>que</u> before the subject, and the appropriate ending:
  -ions (nous), **-iez** (vous)

Example: ... que nous pren**ions** (contains only a <u>single</u> "n")

There are a small number of exceptions: 9 verbs

avoir:	(to have)	aie, aies, ait, ayons, ayez, aient
être:	(to be)	sois, sois, soit, soyons, soyez, soient
aller:	(to go)	aille, ailles, aille, allions, alliez, aillent
devoir	(to have to)	doive, doives, doive, devions, deviez, doivent
faire:	(to do/to make)	fasse, fasses, fasse, fassions, fassiez, fassent
falloir	(to be necessary)	faille – only done with the subject "il"
pouvoir:	(to be able)	puisse, puisses, puisse, puissions, puissiez, puissent
savoir:	(to know)	sache, saches, sache, sachions, sachiez, sachent
vouloir:	(to want)	veuille, veuilles, veuille, voulions, vouliez, veuillent

For **examples** and much more, <u>scan</u> or <u>click</u> the code below ▼
- **Or** follow the links at verbexpress.net > French Verb Tense Atlas > Subjonctif présent > **Subjonctif présent – Actif (Basic Format)**

▶38B Subjonctif présent – passif

>> See *How to Do* this verb form after the **Univerb© Tag**(s) below …

▼ **Meaning**(s) of this verb form shown in **Univerb© Tag**(s) (3rd person) ▼

Usual **Meaning**(s):

A) When the introduction to the Subjonctif présent is in a **present** time frame:

- (Subjonctif) … that (*que*) he/she/it **does get verbed** (for *emphasis* or *negative*)
- (Subjonctif) … that (*que*) he/she/it **gets verbed**
- (Subjonctif) … that (*que*) he/she/it **is being verbed**
- (Subjonctif) … that (*que*) he/she/it **is getting verbed**
- (Subjonctif) … that (*que*) he/she/it **is verbed**

B) When the introduction to the Subjonctif présent is in a **past** time frame:

- (Subjonctif) … that (*que*) he/she/it **did get verbed** (routinely, at some time in the past) (for *emphasis* or *negative*)
- (Subjonctif) … that (*que*) he/she/it **got verbed** (routinely, at some time in the past)
- (Subjonctif) … that (*que*) he/she/it **used to be verbed** (routinely, at some time in the past)
- (Subjonctif) … that (*que*) he/she/it **used to get verbed** (routinely, at some time in the past)
- (Subjonctif) … that (*que*) he/she/it **was being verbed** (in a state or routinely)
- (Subjonctif) … that (*que*) he/she/it **was getting verbed** (in a state or routinely)
- (Subjonctif) … that (*que*) he/she/it **was verbed** (in a state or routinely)
- (Subjonctif) … that (*que*) he/she/it **would be verbed** (routinely, at some time in the past)
- (Subjonctif) … that (*que*) he/she/it **would get verbed** (routinely, at some time in the past)

636 | Subjonctif présent

To see the <u>above</u> meaning(s) in action using the **formula**(s) **below** with **translations**, **tips**, and helpful **resources**, <u>scan</u> or <u>click</u> the **code** below ▼
- <u>Or</u> follow the links at <u>verbexpress.net</u> > French Verb Tense Atlas > Subjonctif présent > **Subjonctif présent – Passif**

38B.1   Passif **direct** – Option 1 – (**Subjonctif présent**)

- Passif **direct** – Option 1 – (**See Appendix C** at end of book)

A) <u>Present</u> time-frame introduction (When the <u>introduction</u> to the Subjonctif présent is in a <u>present</u> time frame):

▼ Formula

[<u>Present</u> time-frame introduction] + **que** + sujet (nom ou pronom, **objet direct** du verbe principal) + (**sois, sois, soit, soyons, soyez, soient**) + verbe principal (**p.p.**)(e.s.es)(but <u>cannot be</u> a member of the ***Secret Travel Club*** verbs – listed in **Appendix B** at end of book)

(<u>Note</u>: When using the "Passif **direct** – Option 1" format, the **subject** of the verb "être" must also be the **direct object** of the participe passé (**p.p.**) of the main verb, and because it also <u>precedes</u> the p.p., the **p.p.** *agrees in gender and in number* with that subject/direct object.)

B) <u>Past</u> time-frame introduction (When the <u>introduction</u> to the Subjonctif présent is in a <u>past</u> time frame):

▼ Formula

[<u>Past</u> time-frame introduction] + **que** + sujet (nom ou pronom, **objet direct** du verbe principal) + (**sois, sois, soit, soyons, soyez, soient**) + verbe principal (**p.p.**)(e.s.es) – (but <u>cannot be</u> a member of the ***Secret Travel Club*** verbs – listed in **Appendix B** at end of book)

(<u>Note</u>: When using the "Passif **direct** – Option 1" format, the **subject** of the verb "être" must also be the **direct object** of the participe passé (**p.p.**) of the main verb, and because it also <u>precedes</u> the p.p., the **p.p.** *agrees in gender and in number* with that subject/direct object.)

▼ **Meaning**(s) of this verb form shown in **Univerb© Tag**(s) (3rd person) ▼

Usual Meaning(s):

A) When the <u>introduction</u> to the Subjonctif présent is in a **present** time frame:

- (Subjonctif) ... that (*que*) he/she/it **does get verbed** (for *emphasis* or *negative*)
- (Subjonctif) ... that (*que*) he/she/it **gets verbed**
- (Subjonctif) ... that (*que*) he/she/it **is being verbed**
- (Subjonctif) ... that (*que*) he/she/it **is getting verbed**
- (Subjonctif) ... that (*que*) he/she/it **is verbed**

B) When the <u>introduction</u> to the Subjonctif présent is in a **past** time frame:

- (Subjonctif) ... that (*que*) he/she/it **did get verbed** (routinely, at some time in the past) (for *emphasis* or *negative*)
- (Subjonctif) ... that (*que*) he/she/it **got verbed** (routinely, at some time in the past)

- (Subjonctif) ... that (*que*) he/she/it **used to be verbed** (routinely, at some time in the past)
- (Subjonctif) ... that (*que*) he/she/it **used to get verbed** (routinely, at some time in the past)

- (Subjonctif) ... that (*que*) he/she/it **was being verbed** (in a <u>state</u> or <u>routinely</u>)
- (Subjonctif) ... that (*que*) he/she/it **was getting verbed** (in a <u>state</u> or <u>routinely</u>)
- (Subjonctif) ... that (*que*) he/she/it **was verbed** (in a <u>state</u> or <u>routinely</u>)

- (Subjonctif) ... that (*que*) he/she/it **would be verbed** (routinely, at some time in the past)
- (Subjonctif) ... that (*que*) he/she/it **would get verbed** (routinely, at some time in the past)

For **examples** and much more, <u>scan</u> or <u>click</u> the **code** below ▼
- <u>Or</u> follow the links at <u>verbexpress.net</u> > French Verb Tense Atlas > Subjonctif présent > Subjonctif présent – Passif > **Passif direct – Option 1**

38B.2 Passif **direct** – Option 2 – (**Subjonctif présent**)

- Passif **direct** – Option 2 – (**See Appendix C** at end of book)

A) **Present** time-frame introduction (When the **introduction** to the Subjonctif présent is in a **present** time frame):

▼ Formula

When the **direct object** appears as a **noun**:

[**Present** time-frame introduction] + **qu'on** (sujet indéfini) + verbe principal (**Subjonctif présent** - *Details in 38A above*) + **objet direct**.

When the **direct object** appears as a **pronoun**:

[**Present** time-frame introduction] + **qu'on** (sujet indéfini) + **pronom objet direct** + verbe principal (**Subjonctif présent** - *Details in 38A above*)

B) **Past** time-frame introduction (When the **introduction** to the Subjonctif présent is in a **past** time frame):

▼ Formula

When the **direct object** appears as a **noun**:

[**Past** time-frame introduction] + **qu'on** (sujet indéfini) + verbe principal (**Subjonctif présent** - *Details in 38A above*) + **objet direct**.

When the **direct object** appears as a **pronoun**:

[**Past** time-frame introduction] + **qu'on** (sujet indéfini) + **pronom objet direct** + verbe principal (**Subjonctif présent** - *Details in 38A above*).

▼ **Meaning**(s) of this verb form shown in **Univerb© Tag**(s) (3rd person) ▼

Usual **Meaning**(s):

A) When the **introduction** to the Subjonctif présent is in a **present** time frame:

- (Subjonctif) ... that (*que*) he/she/it **does get verbed** (for *emphasis* or *negative*)
- (Subjonctif) ... that (*que*) he/she/it **gets verbed**
- (Subjonctif) ... that (*que*) he/she/it **is being verbed**

- ♦ (Subjonctif) ... that (*que*) he/she/it **is getting verbed**
- ♦ (Subjonctif) ... that (*que*) he/she/it **is verbed**

B) When the **introduction** to the Subjonctif présent is in a **past** time frame:

- ♦ (Subjonctif) ... that (*que*) he/she/it **did get verbed** (routinely, at some time in the past) (for *emphasis* or *negative*)
- ♦ (Subjonctif) ... that (*que*) he/she/it **got verbed** (routinely, at some time in the past)
- ♦ (Subjonctif) ... that (*que*) he/she/it **used to be verbed** (routinely, at some time in the past)
- ♦ (Subjonctif) ... that (*que*) he/she/it **used to get verbed** (routinely, at some time in the past)
- ♦ (Subjonctif) ... that (*que*) he/she/it **was being verbed** (in a state or routinely)
- ♦ (Subjonctif) ... that (*que*) he/she/it **was getting verbed** (in a state or routinely)
- ♦ (Subjonctif) ... that (*que*) he/she/it **was verbed** (in a state or routinely)
- ♦ (Subjonctif) ... that (*que*) he/she/it **would be verbed** (routinely, at some time in the past)
- ♦ (Subjonctif) ... that (*que*) he/she/it **would get verbed** (routinely, at some time in the past)

For **examples** and much more, **scan** or **click** the **code** below ▼
- **Or** follow the links at **verbexpress.net** > French Verb Tense Atlas > Subjonctif présent > Subjonctif présent – Passif > **Passif direct – Option 2**

Subjonctif présent

38B.3 Passif <u>in</u>direct – (**Subjonctif présent**)

- Passif <u>in</u>direct – (**See Appendix C** at end of book)

A) Present time-frame introduction (When the **introduction** to the Subjonctif présent is in a **present** time frame):

▼ Formula

When the **indirect object** appears as a **noun**:

[**Present** time-frame introduction] + **qu'<u>on</u>** (sujet indéfini) + verbe principal (**Subjonctif présent** - *Details in 38A above*) + **objet <u>in</u>direct**.

When the **indirect object** appears as a **pronoun**:

[**Present** time-frame introduction] + **qu'<u>on</u>** (sujet indéfini) + **pronom objet <u>in</u>direct** + verbe principal (**Subjonctif présent** - *Details in 38A above*).

B) Past time-frame introduction (When the **introduction** to the Subjonctif présent is in a **past** time frame):

▼ Formula

When the **indirect object** appears as a **noun**:

[**Past** time-frame introduction] + **qu'<u>on</u>** (sujet indéfini) + verbe principal (**Subjonctif présent** - *Details in 38A above*) + **objet <u>in</u>direct**.

When the **indirect object** appears as a **pronoun**:

[**Past** time-frame introduction] + **qu'<u>on</u>** (sujet indéfini) + **pronom objet <u>in</u>direct** + verbe principal (**Subjonctif présent** - *Details in 38A above*).

▼ **Meaning**(s) of this verb form shown in **Univerb© Tag**(s) (3rd person) ▼

Usual Meaning(s):

A) When the **introduction** to the Subjonctif présent is in a **present** time frame:

- (Subjonctif) ... that (*que*) he/she/it **does get verbed** (for *emphasis* or *negative*)
- (Subjonctif) ... that (*que*) he/she/it **gets verbed**

- ♦ (Subjonctif) ... that (*que*) he/she/it **is being verbed**
- ♦ (Subjonctif) ... that (*que*) he/she/it **is getting verbed**
- ♦ (Subjonctif) ... that (*que*) he/she/it **is verbed**

B) When the <u>introduction</u> to the Subjonctif présent is in a <u>past</u> time frame:

- ♦ (Subjonctif) ... that (*que*) he/she/it **did get verbed** (routinely, at some time in the past) (for *emphasis* or *negative*)
- ♦ (Subjonctif) ... that (*que*) he/she/it **got verbed** (routinely, at some time in the past)
- ♦ (Subjonctif) ... that (*que*) he/she/it **used to be verbed** (routinely, at some time in the past)
- ♦ (Subjonctif) ... that (*que*) he/she/it **used to get verbed** (routinely, at some time in the past)
- ♦ (Subjonctif) ... that (*que*) he/she/it **was being verbed** (in a <u>state</u> or <u>routinely</u>)
- ♦ (Subjonctif) ... that (*que*) he/she/it **was getting verbed** (in a <u>state</u> or <u>routinely</u>)
- ♦ (Subjonctif) ... that (*que*) he/she/it **was verbed** (in a <u>state</u> or <u>routinely</u>)
- ♦ (Subjonctif) ... that (*que*) he/she/it **would be verbed** (routinely, at some time in the past)
- ♦ (Subjonctif) ... that (*que*) he/she/it **would get verbed** (routinely, at some time in the past)

For **examples** and much more, <u>scan</u> or <u>click</u> the **code** below ▼
- **Or** follow the links at **verbexpress.net** > French Verb Tense Atlas > Subjonctif présent > Subjonctif présent – Passif > **Passif indirect**

38B.4   Passif **pronominal** – (**Subjonctif présent**)

- Passif **pronominal**

  The '**Passive Pronominal**' structure is a way to create a **passive** meaning by using the pronominal format with an **in**animate subject (a **non**-personal doer – singular or plural).
  (**See Appendix** H at end of book)

A) **Present** time-frame introduction (When the **introduction** to the Subjonctif présent is in a **present** time frame):

▼ Formula

[**Present** time-frame introduction] + **que** + sujet (nom ou pronom, inanimé, – **objet direct** du verbe principal) + se-s' + verbe principal (**Subjonctif présent** - *Details in 38A above*)

B) **Past** time-frame introduction (When the **introduction** to the Subjonctif présent is in a **past** time frame):

▼ Formula

[**Past** time-frame introduction] + **que** + sujet (nom ou pronom, inanimé, – **objet direct** du verbe principal) + se-s' + verbe principal (**Subjonctif présent** - *Details in 38A above*)

▼ **Meaning**(s) of this verb form shown in **Univerb© Tag**(s) (3rd person) ▼

Usual **Meaning**(s):

A) When the **introduction** to the Subjonctif présent is in a **present** time frame:

- (Subjonctif) ... that (*que*) it **does get verbed** (for *emphasis* or *negative*)
- (Subjonctif) ... that (*que*) it **gets verbed**
- (Subjonctif) ... that (*que*) it **is being verbed**
- (Subjonctif) ... that (*que*) it **is getting verbed**
- (Subjonctif) ... that (*que*) it **is verbed**

B) When the **introduction** to the Subjonctif présent is in a **past** time frame:

- ♦ (Subjonctif) ... that (*que*) it **did get verbed** (routinely, at some time in the past) (for *emphasis* or *negative*)
- ♦ (Subjonctif) ... that (*que*) it **got verbed** (routinely, at some time in the past)

- ♦ (Subjonctif) ... that (*que*) it **used to be verbed** (routinely, at some time in the past)
- ♦ (Subjonctif) ... that (*que*) it **used to get verbed** (routinely, at some time in the past)

- ♦ (Subjonctif) ... that (*que*) it **was being verbed** (in a state or routinely)
- ♦ (Subjonctif) ... that (*que*) it **was getting verbed** (in a state or routinely)
- ♦ (Subjonctif) ... that (*que*) it **was verbed** (in a state or routinely)

- ♦ (Subjonctif) ... that (*que*) it **would be verbed** (routinely, at some time in the past)
- ♦ (Subjonctif) ... that (*que*) it **would get verbed** (routinely, at some time in the past)

For **examples** and much more, **scan** or **click** the code below ▾
- **Or** follow the links at **verbexpress.net** > French Verb Tense Atlas > Subjonctif présent > Subjonctif présent – Passif > **Passif pronominal**

▶38C Subjonctif présent – pronominal

>> See *How to Do* this verb form after the **Univerb©** Tag(s) below ...

▼ **Meaning**(s) of this verb form shown in **Univerb©** Tag(s) (3rd person) ▼

Usual **Meaning**(s):

A) When the **introduction** to the Subjonctif présent is in a **present** time frame:

- ♦ (Subjonctif) ... that (*que*) he/she **does verb** (for *emphasis* or *negative*)
- ♦ (Subjonctif) ... that (*que*) he/she/it **does verb** himself / herself / itself (for *emphasis* or *negative*)

- ♦ (Subjonctif) ... that (*que*) he/she **is verbing**
- ♦ (Subjonctif) ... that (*que*) he/she/it **is verbing** himself / herself / itself

- (Subjonctif) ... that (*que*) he/she **verbs**
- (Subjonctif) ... that (*que*) he/she/it **verbs** himself / herself / itself

B) When the **introduction** to the Subjonctif présent is in a **past** time frame:

- (Subjonctif) ... that (*que*) he/she **did verb** (routinely) (for *emphasis* or *negative*)
- (Subjonctif) ... that (*que*) he/she/it **did verb** himself / herself / itself (routinely, at some time in the past) (for *emphasis* or *negative*)
- (Subjonctif) ... that (*que*) he/she **verbed** (routinely, at some time in the past)
- (Subjonctif) ... that (*que*) he/she/it **verbed** himself / herself / itself (routinely, at some time in the past)
- (Subjonctif) ... that (*que*) he/she **used to verb** (routinely, at some time in the past)
- (Subjonctif) ... that (*que*) he/she/it **used to verb** himself / herself / itself (routinely, at some time in the past)
- (Subjonctif) ... that (*que*) he/she **was verbing**
- (Subjonctif) ... that (*que*) he/she/it **was verbing** himself / herself / itself
- (Subjonctif) ... that (*que*) he/she **would be verbing** (routinely, at some time in the past)
- (Subjonctif) ... that (*que*) he/she/it **would be verbing** himself / herself / itself (routinely, at some time in the past)
- (Subjonctif) ... that (*que*) he/she **would verb** (routinely, at some time in the past)
- (Subjonctif) ... that (*que*) he/she/it **would verb** himself / herself / itself (routinely, at some time in the past)

▼ Pronominal **Passive** Meanings ▼

Usual Meaning(s) when in a Pronominal **Passive** form: (See 38C.7, 38C.8 below)

A) When the **introduction** to the Subjonctif présent is in a **present** time frame:

- (Subjonctif) ... that (*que*) he/she/it **does get verbed** (for *emphasis* or *negative*)
- (Subjonctif) ... that (*que*) he/she/it **gets verbed**
- (Subjonctif) ... that (*que*) he/she/it **is being verbed**
- (Subjonctif) ... that (*que*) he/she/it **is getting verbed**
- (Subjonctif) ... that (*que*) he/she/it **is verbed**

B) When the **introduction** to the Subjonctif présent is in a **past** time frame:

- (Subjonctif) ... that (*que*) he/she/it **did get verbed** (routinely, at some time in the past) (for *emphasis* or *negative*)
- (Subjonctif) ... that (*que*) he/she/it **got verbed** (routinely, at some time in the past)

- (Subjonctif) ... that (*que*) he/she/it **used to be verbed** (routinely, at some time in the past)
- (Subjonctif) ... that (*que*) he/she/it **used to get verbed** (routinely, at some time in the past)

- (Subjonctif) ... that (*que*) he/she/it **was being verbed** (in a state or routinely)
- (Subjonctif) ... that (*que*) he/she/it **was getting verbed** (in a state or routinely)
- (Subjonctif) ... that (*que*) he/she/it **was verbed** (in a state or routinely)

- (Subjonctif) ... that (*que*) he/she/it **would be verbed** (routinely, at some time in the past)
- (Subjonctif) ... that (*que*) he/she/it **would get verbed** (routinely, at some time in the past)

To see the **above** meaning(s) in action using the **formula**(s) **below** with **translations**, **tips**, and helpful **resources**, **scan** or **click** the **code** below ▼
- **Or** follow the links at **verbexpress.net** > French Verb Tense Atlas > Subjonctif présent > **Subjonctif présent – Pronominal**

38C.1 Pronominal **essentiel** – (Subjonctif présent)

- Pronominal **essentiel** (exclusivement)
  (Verbes <u>exclusivement</u> pronominaux)

  '**Essential**' Pronominal Verbs are a special collection of verbs that are used **only** in the <u>pronominal</u> format, but have no '*reflexive*' meaning. (See <u>Appendix E</u> at end of book)

A) <u>Present</u> time-frame introduction (When the <u>introduction</u> to the Subjonctif présent is in a **present** time frame):

▼ Formula

[<u>Present</u> time-frame introduction] + **que** + sujet + (<u>me-m', te-t', se-s', nous, vous, se-s'</u>) + verbe principal (**Subjonctif présent** - *Details in <u>38A</u> above*)

B) <u>Past</u> time-frame introduction (When the <u>introduction</u> to the Subjonctif présent is in a **past** time frame):

▼ Formula

[<u>Past</u> time-frame introduction] + **que** + sujet + (<u>me-m', te-t', se-s', nous, vous, se-s'</u>) + verbe principal (**Subjonctif présent** - *Details in <u>38A</u> above*)

▼ **Meaning**(s) of this verb form shown in **Univerb© Tag**(s) (3rd person) ▼

<u>Usual</u> **Meaning**(s):

A) When the <u>introduction</u> to the Subjonctif présent is in a **present** time frame:

- (Subjonctif) ... that (*que*) he/she **does verb** (for *emphasis* or *negative*)
- (Subjonctif) ... that (*que*) he/she **is verbing**
- (Subjonctif) ... that (*que*) he/she **verbs**

B) When the <u>introduction</u> to the Subjonctif présent is in a **past** time frame:

- (Subjonctif) ... that (*que*) he/she **did verb** (<u>routinely</u>) (for *emphasis* or *negative*)
- (Subjonctif) ... that (*que*) he/she **verbed** (routinely, at some time in the past)

- ♦ (Subjonctif) ... that (*que*) he/she **used to verb** (routinely, at some time in the past)
- ♦ (Subjonctif) ... that (*que*) he/she **was verbing**
- ♦ (Subjonctif) ... that (*que*) he/she **would be verbing** (routinely, at some time in the past)
- ♦ (Subjonctif) ... that (*que*) he/she **would verb** (routinely, at some time in the past)

For **examples** and much more, <u>scan</u> or <u>click</u> the **code** below ▼
- **Or** follow the links at **verbexpress.net** > French Verb Tense Atlas > Subjonctif présent > Subjonctif présent – Pronominal > **Pronominal essentiel**

38C.2   Pronominal **à sens idiomatique** – (**Subjonctif présent**)

- Pronominal **à sens idiomatique**

    '**Idiomatic**' Pronominal Verbs are a set of verbs which take on a <u>different meaning</u> than their normal meaning when they are used in the <u>pronominal</u> format.
    (**See <u>Appendix</u> F** at end of book)

A) **<u>Present</u>** time-frame introduction (When the **<u>introduction</u>** to the Subjonctif présent is in a **<u>present</u>** time frame):

| ▼ Formula

[**<u>Present</u>** time-frame introduction] + **que** + sujet + (<u>me-m'</u>, <u>te-t'</u>, <u>se-s'</u>, <u>nous</u>, <u>vous</u>, <u>se-s'</u>) + verbe principal (**Subjonctif présent** - *Details in <u>38A</u> above*)

B) **Past** time-frame introduction (When the **introduction** to the Subjonctif présent is in a **past** time frame):

▼ **Formula**

[**Past** time-frame introduction] + **que** + sujet + (me-m', te-t', se-s', nous, vous, se-s') + verbe principal (**Subjonctif présent** - *Details in 38A above*)

▼ **Meaning**(s) of this verb form shown in **Univerb© Tag**(s) (3ʳᵈ person) ▼

<u>Usual</u> **Meaning**(s):

A) When the **introduction** to the Subjonctif présent is in a **present** time frame:

- (Subjonctif) ... that (*que*) he/she **does verb** (for *emphasis* or *negative*)
- (Subjonctif) ... that (*que*) he/she **is verbing**
- (Subjonctif) ... that (*que*) he/she **verbs**

B) When the **introduction** to the Subjonctif présent is in a **past** time frame:

- (Subjonctif) ... that (*que*) he/she **did verb** (<u>routinely</u>) (for *emphasis* or *negative*)
- (Subjonctif) ... that (*que*) he/she **verbed** (routinely, at some time in the past)
- (Subjonctif) ... that (*que*) he/she **used to verb** (routinely, at some time in the past)
- (Subjonctif) ... that (*que*) he/she **was verbing**
- (Subjonctif) ... that (*que*) he/she **would be verbing** (routinely, at some time in the past)
- (Subjonctif) ... that (*que*) he/she **would verb** (routinely, at some time in the past)

For **examples** and much more, **scan** or **click** the **code** below ▼
- **Or** follow the links at **verbexpress.net** > French Verb Tense Atlas > Subjonctif présent > Subjonctif présent – Pronominal > **Pronominal à sens idiomatique**

Subjonctif présent | 649

38C.3   Pronominal **réfléchi direct** – (**Subjonctif présent**)

- Pronominal **réfléchi direct**

    The **'Reflexive Direct'** Pronominal structure is when the Pronominal format is used AND the subject (the doer – singular or plural) of a **direct** action is also the **receiver** of that **direct** action.
    (See Appendix G at end of book)

A) **Present** time-frame introduction (When the **introduction** to the Subjonctif présent is in a **present** time frame):

▼ **Formula**

[**Present** time-frame introduction] + **que** + sujet + (me-m', te-t', se-s', nous, vous, se-s') + verbe principal (**Subjonctif présent** - *Details in 38A above*)

B) **Past** time-frame introduction (When the **introduction** to the Subjonctif présent is in a **past** time frame):

▼ **Formula**

[**Past** time-frame introduction] + **que** + sujet + (me-m', te-t', se-s', nous, vous, se-s') + verbe principal (**Subjonctif présent** - *Details in 38A above*)

▼ **Meaning**(s) of this verb form shown in **Univerb© Tag**(s) (3rd person) ▼

Usual **Meaning**(s):

A) When the **introduction** to the Subjonctif présent is in a **present** time frame:

- (Subjonctif) ... that (*que*) he/she/it **does verb** himself / herself / itself (for *emphasis* or *negative*)
- (Subjonctif) ... that (*que*) he/she/it **is verbing** himself / herself / itself
- (Subjonctif) ... that (*que*) he/she/it **verbs** himself / herself / itself

B) When the **introduction** to the Subjonctif présent is in a **past** time frame:

- (Subjonctif) ... that (*que*) he/she/it **did verb** himself / herself / itself (routinely, at some time in the past) (for *emphasis* or *negative*)
- (Subjonctif) ... that (*que*) he/she/it **verbed** himself / herself / itself (routinely, at some time in the past)

- (Subjonctif) ... that (*que*) he/she/it **used to verb** himself / herself / itself (routinely, at some time in the past)

- ♦ (Subjonctif) ... that (*que*) he/she/it **was verbing** himself / herself / itself
- ♦ (Subjonctif) ... that (*que*) he/she/it **would be verbing** himself / herself / itself (routinely, at some time in the past)
- ♦ (Subjonctif) ... that (*que*) he/she/it **would verb** himself / herself / itself (routinely, at some time in the past)

For **examples** and much more, **scan** or **click** the **code** below ▼
- **Or** follow the links at **verbexpress.net** > French Verb Tense Atlas > Subjonctif présent > Subjonctif présent – Pronominal > **Pronominal réfléchi direct**

38C.4   Pronominal **réfléchi indirect** – (**Subjonctif présent**)

- Pronominal **réfléchi indirect**

    The '**Reflexive Indirect**' Pronominal structure is when the Pronominal format is used AND the subject (the doer - singular or plural) of an **in**direct action is also the receiver of that **in**direct action.
    (See Appendix G at end of book)

A) Present time-frame introduction (When the **introduction** to the Subjonctif présent is in a **present** time frame):

▼ Formula

[**Present** time-frame introduction] + **que** + sujet + (me-m', te-t', se-s', nous, vous, se-s', – **objet indirect** du verbe principal) + verbe principal (**Subjonctif présent** - *Details in 38A above*)

B) **Past** time-frame introduction (When the **introduction** to the Subjonctif présent is in a **past** time frame):

▼ Formula

[**Past** time-frame introduction] + **que** + sujet + (me-m', te-t', se-s', nous, vous, se-s', – **objet indirect** du verbe principal) + verbe principal (**Subjonctif présent** - *Details in 38A above*)

▼ Meaning(s) of this verb form shown in **Univerb© Tag**(s) (3ʳᵈ person) ▼

Usual **Meaning**(s):

A) When the **introduction** to the Subjonctif présent is in a **present** time frame:

- (Subjonctif) ... that (*que*) he/she/it **does verb** himself / herself / itself (for *emphasis* or *negative*)
- (Subjonctif) ... that (*que*) he/she/it **is verbing** himself / herself / itself
- (Subjonctif) ... that (*que*) he/she/it **verbs** himself / herself / itself

B) When the **introduction** to the Subjonctif présent is in a **past** time frame:

- (Subjonctif) ... that (*que*) he/she/it **did verb** himself / herself / itself (routinely, at some time in the past) (for *emphasis* or *negative*)
- (Subjonctif) ... that (*que*) he/she/it **verbed** himself / herself / itself (routinely, at some time in the past)
- (Subjonctif) ... that (*que*) he/she/it **used to verb** himself / herself / itself (routinely, at some time in the past)
- (Subjonctif) ... that (*que*) he/she/it **was verbing** himself / herself / itself
- (Subjonctif) ... that (*que*) he/she/it **would be verbing** himself / herself / itself (routinely, at some time in the past)
- (Subjonctif) ... that (*que*) he/she/it **would verb** himself / herself / itself (routinely, at some time in the past)

For **examples** and much more, **scan** or **click** the **code** below ▼
- **Or** follow the links at **verbexpress.net** > French Verb Tense Atlas > Subjonctif présent > Subjonctif présent – Pronominal > **Pronominal réfléchi indirect**

Subjonctif présent

38C.5 Pronominal **réciproque direct** – (**Subjonctif présent**)

- Pronominal **réciproque direct** –

  The '**Reciprocal Direct**' Pronominal structure is when the Pronominal format is used AND a group of two or more (subjects) do the same direct action to one another.
  (**See** Appendix G at end of book)

A) Present time-frame introduction (When the **introduction** to the Subjonctif présent is in a **present** time frame):

▼ Formula

[**Present** time-frame introduction] + **que** + sujet (pluriel) + (nous, vous, se-s', – **objet direct** du verbe principal) + verbe principal (**Subjonctif présent** - Details in 38A above)

B) Past time-frame introduction (When the **introduction** to the Subjonctif présent is in a **past** time frame):

▼ Formula

[**Past** time-frame introduction] + **que** + sujet (pluriel) + (nous, vous, se-s', – **objet direct** du verbe principal) + verbe principal (**Subjonctif présent** - Details in 38A above)

▼ **Meaning**(s) of this verb form shown in **Univerb© Tag**(s) (3rd person) ▼

Usual **Meaning**(s):

A) When the **introduction** to the Subjonctif présent is in a **present** time frame:

- (Subjonctif) ... that (*que*) they **do verb** each other (for *emphasis* or *negative*)
- (Subjonctif) ... that (*que*) they **are verbing** each other
- (Subjonctif) ... that (*que*) they **verb** each other

B) When the **introduction** to the Subjonctif présent is in a **past** time frame:

- ♦ (Subjonctif) ... that (*que*) they **did verb** each other (routinely, at some time in the past) (for *emphasis* or *negative*)
- ♦ (Subjonctif) ... that (*que*) they **verbed** each other (routinely, at some time in the past)

- ♦ (Subjonctif) ... that (*que*) they **used to verb** each other (routinely, at some time in the past)

- ♦ (Subjonctif) ... that (*que*) they **were verbing** each other

- ♦ (Subjonctif) ... that (*que*) they **would be verbing** each other (routinely, at some time in the past)
- ♦ (Subjonctif) ... that (*que*) they **would verb** each other (routinely, at some time in the past)

For **examples** and much more, **scan** or **click** the **code** below ▼
- Or follow the links at **verbexpress.net** > French Verb Tense Atlas > Subjonctif présent > Subjonctif présent – Pronominal > **Pronominal réciproque direct**

38C.6   Pronominal **réciproque indirect** – (**Subjonctif présent**)

- Pronominal **réciproque indirect**

    The '**Reciprocal Indirect**' Pronominal structure is when the Pronominal format is used AND a group of two or more (subjects) do the same **in**direct action to one another.
    (See **Appendix** G at end of book)

A) **Present** time-frame introduction (When the **introduction** to the Subjonctif présent is in a **present** time frame):

▼ Formula

[**Present** time-frame introduction] + **que** + sujet (pluriel) + (nous, vous, se-s', – **objet indirect** du verbe principal) + verbe principal (**Subjonctif présent** - *Details in 38A above*)

B) **Past** time-frame introduction (When the **introduction** to the Subjonctif présent is in a **past** time frame):

654 | Subjonctif présent

▼ **Formula**

[**Past** time-frame introduction] + **que** + sujet (pluriel) + (nous, vous, se-s', – **objet indirect** du verbe principal) + verbe principal (**Subjonctif présent** - Details in 38A above)

▼ **Meaning**(s) of this verb form shown in **Univerb© Tag**(s) (3rd person) ▼

Usual **Meaning**(s):

A) When the **introduction** to the Subjonctif présent is in a **present** time frame:

- (Subjonctif) ... that (*que*) they **do verb** each other (for *emphasis* or *negative*)
- (Subjonctif) ... that (*que*) they **are verbing** each other
- (Subjonctif) ... that (*que*) they **verb** each other

B) When the **introduction** to the Subjonctif présent is in a **past** time frame:

- (Subjonctif) ... that (*que*) they **did verb** each other (routinely, at some time in the past) (for *emphasis* or *negative*)
- (Subjonctif) ... that (*que*) they **verbed** each other (routinely, at some time in the past)
- (Subjonctif) ... that (*que*) they **used to verb** each other (routinely, at some time in the past)
- (Subjonctif) ... that (*que*) they **were verbing** each other
- (Subjonctif) ... that (*que*) they **would be verbing** each other (routinely, at some time in the past)
- (Subjonctif) ... that (*que*) they **would verb** each other (routinely, at some time in the past)

For **examples** and much more, **scan** or **click** the code below ▼
- **Or** follow the links at **verbexpress.net** > French Verb Tense Atlas > Subjonctif présent > Subjonctif présent – Pronominal > **Pronominal réciproque indirect**

38C.7   Pronominal **passif** – (**Subjonctif présent**)

- Pronominal **passif**

  > The **'Passive Pronominal'** structure is a way to create a **passive** meaning by using the pronominal format with an **in**animate subject (a **non**-personal doer – singular or plural).
  > (See Appendix H at end of book)

A) Present time-frame introduction (When the **introduction** to the Subjonctif présent is in a **present** time frame):

▼ **Formula**

[**Present** time-frame introduction] + **que** + sujet (nom ou pronom, inanimé, - **objet direct** du verbe principal) + se-s' + verbe principal (**Subjonctif présent** - *Details in 38A above*)

B) Past time-frame introduction (When the **introduction** to the Subjonctif présent is in a **past** time frame):

▼ **Formula**

[**Past** time-frame introduction] + **que** + sujet (nom ou pronom, inanimé, - **objet direct** du verbe principal) + se-s' + verbe principal (**Subjonctif présent** - *Details in 38A above*)

▼ **Meaning**(s) of this verb form shown in **Univerb©** **Tag**(s) (3rd person) ▼

Usual Meaning(s):

A) When the **introduction** to the Subjonctif présent is in a **present** time frame:

- (Subjonctif) ... that (*que*) it **does get verbed** (for *emphasis* or *negative*)
- (Subjonctif) ... that (*que*) it **gets verbed**
- (Subjonctif) ... that (*que*) it **is being verbed**
- (Subjonctif) ... that (*que*) it **is getting verbed**
- (Subjonctif) ... that (*que*) it **is verbed**

B) When the **introduction** to the Subjonctif présent is in a **past** time frame:

- (Subjonctif) ... that (*que*) it **did get verbed** (routinely, at some time in the past) (for *emphasis* or *negative*)
- (Subjonctif) ... that (*que*) it **got verbed** (routinely, at some time in the past)
- (Subjonctif) ... that (*que*) it **used to be verbed** (routinely, at some time in the past)

656 | Subjonctif présent

- (Subjonctif) ... that (*que*) it **used to get verbed** (routinely, at some time in the past)

- (Subjonctif) ... that (*que*) it **was being verbed** (in a <u>state</u> or <u>routinely</u>)
- (Subjonctif) ... that (*que*) it **was getting verbed** (in a <u>state</u> or <u>routinely</u>)
- (Subjonctif) ... that (*que*) it **was verbed** (in a <u>state</u> or <u>routinely</u>)

- (Subjonctif) ... that (*que*) it **would be verbed** (routinely, at some time in the past)
- (Subjonctif) ... that (*que*) it **would get verbed** (routinely, at some time in the past)

For **examples** and much more, **scan** or **click** the **code** below ▼
- **Or** follow the links at **verbexpress.net** > French Verb Tense Atlas > Subjonctif présent > Subjonctif présent – Pronominal > **Pronominal passif**

38C.8   Pronominal **impersonnel** (passif) – (**Subjonctif présent**)

- Pronominal **impersonnel** (passif)

    The '**Impersonal Passive**' structure is a way to create a **passive** meaning by using the **im**personal version of the subject " **il** " in the **pronominal** format.
    (See **Appendix** H at end of book)

A) **Present** time-frame introduction (When the **introduction** to the Subjonctif présent is in a **present** time frame):

▼ Formula

[**Present** time-frame introduction] + **qu'il** (sens impersonnel) + **se-s'** + verbe principal (**Subjonctif présent** - *Details in 38A above*) + **objet direct du verbe principal**

B) **Past** time-frame introduction (When the **introduction** to the Subjonctif présent is in a **past** time frame):

▼ Formula

[**Past** time-frame introduction] + **qu'il** (sens impersonnel) + **se-s'** + verbe principal (**Subjonctif présent** - *Details in 38A above*) + **objet direct du verbe principal**

▼ **Meaning**(s) of this verb form shown in **Univerb© Tag**(s) (3rd person) ▼

Usual **Meaning**(s):

A) When the introduction to the Subjonctif présent is in a **present** time frame:

- (Subjonctif) ... that (*que*) he/she/it **does get verbed** (for *emphasis* or *negative*)
- (Subjonctif) ... that (*que*) he/she/it **gets verbed**
- (Subjonctif) ... that (*que*) he/she/it **is being verbed**
- (Subjonctif) ... that (*que*) he/she/it **is getting verbed**
- (Subjonctif) ... that (*que*) he/she/it **is verbed**

B) When the introduction to the Subjonctif présent is in a **past** time frame:

- (Subjonctif) ... that (*que*) he/she/it **did get verbed** (routinely, at some time in the past) (for *emphasis* or *negative*)
- (Subjonctif) ... that (*que*) he/she/it **got verbed** (routinely, at some time in the past)
- (Subjonctif) ... that (*que*) he/she/it **used to be verbed** (routinely, at some time in the past)
- (Subjonctif) ... that (*que*) he/she/it **used to get verbed** (routinely, at some time in the past)
- (Subjonctif) ... that (*que*) he/she/it **was being verbed** (in a state or routinely)
- (Subjonctif) ... that (*que*) he/she/it **was getting verbed** (in a state or routinely)
- (Subjonctif) ... that (*que*) he/she/it **was verbed** (in a state or routinely)
- (Subjonctif) ... that (*que*) he/she/it **would be verbed** (routinely, at some time in the past)
- (Subjonctif) ... that (*que*) he/she/it **would get verbed** (routinely, at some time in the past)

For **examples** and much more, **scan** or **click** the **code** below ▼
- **Or** follow the links at **verbexpress.net** > French Verb Tense Atlas > Subjonctif présent > Subjonctif présent – Pronominal > **Pronominal impersonnel (passif)**

▶38D Subjonctif présent – with <u>aller</u>

>> See *How to Do* this verb form after the **Univerb©** Tag(s) below ...

▼ **Meaning**(s) of this verb form shown in **Univerb©** Tag(s) (3rd person) ▼

<u>Usual</u> **Meaning**(s):

A) When the <u>introduction</u> to the Subjonctif présent is in a <u>**present**</u> time frame:

- (Subjonctif) ... that (*que*) he/she **does go to verb** (for *emphasis* or *negative*)
- (Subjonctif) ... that (*que*) he/she **does go verb** (for *emphasis* or *negative*)
- (Subjonctif) ... that (*que*) he/she **does go verbing** (for *emphasis* or *negative*) (Appendix O at end of book)

- (Subjonctif) ... that (*que*) he/she **goes to verb**
- (Subjonctif) ... that (*que*) he/she **goes verbing** (Appendix O at end of book)

- (Subjonctif) ... that (*que*) he/she **is going** (somewhere) **to verb**
- (Subjonctif) ... that (*que*) he/she **is going verbing** (Appendix O at end of book)

B) When the <u>introduction</u> to the Subjonctif présent is in a <u>**past**</u> time frame:

- (Subjonctif) ... that (*que*) he/she **did go to verb** (for *emphasis* or *negative*)
- (Subjonctif) ... that (*que*) he/she **did go verb** (for *emphasis* or *negative*)
- (Subjonctif) ... that (*que*) he/she **did go verbing** (for *emphasis* or *negative*) (Appendix O at end of book)

- (Subjonctif) ... that (*que*) he/she **used to go to verb** (routinely, at some time in the past)
- (Subjonctif) ... that (*que*) he/she **used to go verb** (routinely, at some time in the past)
- (Subjonctif) ... that (*que*) he/she **used to go verbing** (routinely, at some time in the past) (Appendix O at end of book)

- (Subjonctif) ... that (*que*) he/she **was going** (somewhere) **to verb**

- (Subjonctif) ... that (*que*) he/she **was going verbing** (Appendix O at end of book)
- (Subjonctif) ... that (*que*) he/she **went to verb** (routinely, at some time in the past)
- (Subjonctif) ... that (*que*) he/she **went verbing** (routinely, at some time in the past) (Appendix O at end of book)
- (Subjonctif) ... that (*que*) he/she **would go to verb** (routinely, at some time in the past)
- (Subjonctif) ... that (*que*) he/she **would go verb** (routinely, at some time in the past)
- (Subjonctif) ... that (*que*) he/she **would go verbing** (routinely, at some time in the past) (Appendix O at end of book)

38D   Subjonctif présent – with <u>aller</u>

A) When the <u>introduction</u> to the Subjonctif présent is in a **present** time frame:

▼ Formula

[**Present** time-frame introduction] + **que** + Sujet + (**aille, ailles, aille, allions, alliez, aillent**) + verbe principal (**Infinitif**)

B) When the <u>introduction</u> to the Subjonctif présent is in a **past** time frame:

▼ Formula

[**Past** time-frame introduction] + **que** + Sujet + (**aille, ailles, aille, allions, alliez, aillent**) + verbe principal (**Infinitif**)

For **examples** and much more, <u>scan</u> or <u>click</u> the **code** below ▼
- **Or** follow the links at **verbexpress.net** > French Verb Tense Atlas > Subjonctif présent > **Subjonctif présent – with Aller**

▶38E Subjonctif présent – with devoir

\>\> See *How to Do* this verb form after the **Univerb©** Tag(s) below …

▼ **Meaning**(s) of this verb form shown in **Univerb©** Tag(s) (3rd person) ▼

Usual **Meaning**(s):

A) When the introduction to the Subjonctif présent is in a **present** time frame:

- (Subjonctif) … that (*que*) he/she/it **does have to verb** (for *emphasis* or *negative*)
- (Subjonctif) … that (*que*) he/she/it **has to verb** (is in a state of obligation)
- (Subjonctif) … that (*que*) he/she/it **has got to verb** (is in a state of obligation)
- (Subjonctif) … that (*que*) he/she/it **is having to verb**
- (Subjonctif) … that (*que*) he/she/it **must verb**

B) When the introduction to the Subjonctif présent is in a **past** time frame:

- (Subjonctif) … that (*que*) he/she/it **did have to be verbing** (in a state of obligation or routinely) (for *emphasis* or *negative*)
- (Subjonctif) … that (*que*) he/she/it **did have to verb** (in a state of obligation or routinely) (for *emphasis* or *negative*)
- (Subjonctif) … that (*que*) he/she/it **had to be verbing** (in a state of obligation or routinely)
- (Subjonctif) … that (*que*) he/she/it **had to verb** (in a state of obligation or routinely)
- (Subjonctif) … that (*que*) he/she/it **used to have to verb** (routinely, at some time in the past)
- (Subjonctif) … that (*que*) he/she/it **was having to verb** (in a state of obligation or routinely at some time in the past)
- (Subjonctif) … that (*que*) he/she/it **would have to be verbing** (routinely, at some time in the past)
- (Subjonctif) … that (*que*) he/she/it **would have to verb** (routinely, at some time in the past)

A) When the **introduction** to the Subjonctif présent is in a **present** time frame:

▼ Formula

[**Present** time-frame introduction] + **que** + Sujet + (**doive, doives, doive, devions, deviez, doivent**) + verbe principal (**Infinitif**)

B) When the **introduction** to the Subjonctif présent is in a **past** time frame:

▼ Formula

[**Past** time-frame introduction] + **que** + Sujet + (**doive, doives, doive, devions, deviez, doivent**) + verbe principal (**Infinitif**)

For **examples** and much more, **scan** or **click** the code below ▼
- **Or** follow the links at **verbexpress.net** > French Verb Tense Atlas > Subjonctif présent > **Subjonctif présent – with Devoir**

▶38F Subjonctif présent – with pouvoir

\>> See *How to Do* this verb form after the **Univerb© Tag**(s) below ...

▼ **Meaning**(s) of this verb form shown in **Univerb© Tag**(s) (3rd person) ▼

Underline **Meaning**(s):

A) When the **introduction** to the Subjonctif présent is in a **present** time frame:

- (Subjonctif) ... that (*que*) he/she/it **can verb**
- (Subjonctif) ... that (*que*) he/she/it **is able to verb**
- (Subjonctif) ... that (*que*) he/she/it **may verb**

B) When the **introduction** to the Subjonctif présent is in a **past** time frame:

- (Subjonctif) ... that (*que*) he/she/it **could verb** (routinely)

- ♦ (Subjonctif) ... that (*que*) he/she/it **used to be able to verb** (routinely)
- ♦ (Subjonctif) ... that (*que*) he/she/it **was able to verb** (routinely)
- ♦ (Subjonctif) ... that (*que*) he/she/it **would be able to verb** (routinely)

38F Subjonctif présent – with pouvoir

A) When the **introduction** to the Subjonctif présent is in a **present** time frame:

▼ Formula

[**Present** time-frame introduction] + **que** + Sujet + (**puisse, puisses, puisse, puissions, puissiez, puissent**) + verbe principal (**Infinitif**)

B) When the **introduction** to the Subjonctif présent is in a **past** time frame:

▼ Formula

[**Past** time-frame introduction] + **que** + Sujet + (**puisse, puisses, puisse, puissions, puissiez, puissent**) + verbe principal (**Infinitif**)

For **examples** and much more, **scan** or **click** the **code** below ▼
- **Or** follow the links at **verbexpress.net** > French Verb Tense Atlas > Subjonctif présent > **Subjonctif présent – with Pouvoir**

▶38G Subjonctif présent – with vouloir

>> See *How to Do* this verb form after the **Univerb© Tag**(s) below ...

▼ **Meaning**(s) of this verb form shown in **Univerb© Tag**(s) (3rd person) ▼

Usual Meaning(s):

A) When the **introduction** to the Subjonctif présent is in a **present** time frame:

- ♦ (Subjonctif) ... that (*que*) he/she **does want to verb** (for *emphasis* or *negative*)
- ♦ (Subjonctif) ... that (*que*) he/she **is wanting to verb** (*rare*)
- ♦ (Subjonctif) ... that (*que*) he/she **wants to verb**

B) When the introduction to the Subjonctif présent is in a past time frame:

- ♦ (Subjonctif) ... that (*que*) he/she **did want to verb** (in a state of wanting) (for *emphasis* or *negative*)
- ♦ (Subjonctif) ... that (*que*) he/she **did want to verb** (routinely, at some time in the past) (for *emphasis* or *negative*)
- ♦ (Subjonctif) ... that (*que*) he/she **used to want to verb** (routinely, at some time in the past)
- ♦ (Subjonctif) ... that (*que*) he/she **wanted to verb** (was in a state of wanting)
- ♦ (Subjonctif) ... that (*que*) he/she **wanted to verb** (routinely, at some time in the past)
- ♦ (Subjonctif) ... that (*que*) he/she **was wanting to verb** (*rare*)
- ♦ (Subjonctif) ... that (*que*) he/she **would want to verb** (routinely, at some time in the past)

38G   Subjonctif présent – with vouloir

A) When the introduction to the Subjonctif présent is in a **present** time frame:

▼ Formula

[**Present** time-frame introduction] + **que** + Sujet + (**veuille, veuilles, veuille, voulions, vouliez, veuillent**) + verbe principal (**Infinitif**)

B) When the introduction to the Subjonctif présent is in a **past** time frame:

▼ Formula

[**Past** time-frame introduction] + **que** + Sujet + (**veuille, veuilles, veuille, voulions, vouliez, veuillent**) + verbe principal (**Infinitif**)

For **examples** and much more, scan or click the **code** below ▼
- **Or** follow the links at verbexpress.net > French Verb Tense Atlas >

Subjonctif présent > **Subjonctif présent – with Vouloir**

Subjonctif présent avec 'depuis'

Type of Verb Tense (According to structure)
    Temps simple – ("**Simple**" Tense: a single-word tense.)

Frequency of Use in Everyday Communication – (**Low**, Medium, High)
Level of **Difficulty** in **Formulation** – (Low, **Medium**, High)

Skill level for **Usage Mastery** – (Beginner, Intermediate, **Advanced**)

IMPORTANT NOTE: This verb tense, the *Subjonctif présent*, is a powerful tool of the French language and is used far more frequently in French than its English counterpart.

The rules governing the conjugation of the Subjonctif présent are actually not too complicated. However, knowing *when* to use this verb tense is much more challenging. For this reason, an entire detailed section (**Appendix I**) has been included at the end of the volume to reveal the full scope of this French power tool. Online webxercises (web exercises) will also be available to practise and master the powerful features of this tense at verbexpress.net.

This chapter will therefore be limited to the actual mechanics of the *Subjonctif présent avec 'depuis'*.

| ▼ This chapter covers ▼ |

39A	Subjonctif présent avec "depuis" – actif (Basic format)	
39B	Subjonctif présent avec "depuis" – passif	
	1	Passif **direct** – Option 1
	2	Passif **direct** – Option 2
	3	Passif **indirect**
	4	Passif **pronominal**
39C	Subjonctif présent avec "depuis" – pronominal	
	1	Pronominal **essentiel**
	2	Pronominal **à sens idiomatique**
	3	Pronominal **réfléchi direct**
	4	Pronominal **réfléchi indirect**

5	Pronominal **réciproque direct**
6	Pronominal **réciproque indirect**
7	Pronominal **passif**
8	Pronominal **impersonnel** (passif)
39D	**Subjonctif présent avec "depuis" – with aller**
39E	**Subjonctif présent avec "depuis" – with devoir**
39F	**Subjonctif présent avec "depuis" – with pouvoir**
39G	**Subjonctif présent avec "depuis" – with vouloir**

▶39A Subjonctif présent avec 'depuis' – actif
(Basic format)

>> See *How to Do* this verb form after the **Univerb© Tag**(s) below ...

▼ **Meanings** of this verb form shown in **Univerb© Tag**(s) (3rd person) ▼

A-1) When the **introduction** to the Subjonctif présent is in a **present** time frame:

With verbs of ACTION ▶

- (Subjonctif) ... that (*que*) he/she/it **has** been verbing for a certain **amount** of time (and **is** still doing so)
- (Subjonctif) ... that (*que*) he/she/it **has** been verbing since a certain **moment** in time (and **is** still doing so)
- (Subjonctif) ... that (*que*) he/she/it **has** verbed for a certain **amount** of time (and **is** still doing so)
- (Subjonctif) ... that (*que*) he/she/it **has** verbed since a certain **moment** in time (and **is** still doing so)

A-2) When the **introduction** to the Subjonctif présent is in a **present** time frame:

With verbs of CONDITION or STATE ▶

- (Subjonctif) ... that (*que*) he/she/it **has** been in a certain **condition** or **state** for a certain **amount** of time (and **is** still in that condition or state)
- (Subjonctif) ... that (*que*) he/she/it **has** been in a certain **condition** or **state** since a certain **moment** in time (and **is** still in that condition or state)

B-1) When the **introduction** to the Subjonctif présent is in a **past** time frame:

With verbs of ACTION ▶

- (Subjonctif) ... that (*que*) he/she/it **had** been verbing for a certain **amount** of time (and **was** still doing so)
- (Subjonctif) ... that (*que*) he/she/it **had** been verbing since a certain **moment** in time (and **was** still doing so)
- (Subjonctif) ... that (*que*) he/she/it **had** verbed for a certain **amount** of time (and **was** still doing so)

668 | Subjonctif présent avec 'depuis'

- (Subjonctif) ... that (*que*) he/she/it **ha**d verbed since a certain **moment** in time (and **was** still doing so)

B-2) When the **introduction** to the Subjonctif présent is in a **past** time frame:

With verbs of CONDITION or STATE ▶

- (Subjonctif) ... that (*que*) he/she/it **ha**d been in a certain **state** or **condition** for a certain **amount** of time (and **was** still in that state or condition)
- (Subjonctif) ... that (*que*) he/she/it **ha**d been in a certain **condition** or **state** since a certain **moment** in time (and **was** still in that condition or state)

39A   Subjonctif présent avec 'depuis' – <u>actif</u> (Basic format)

A) Present time-frame introduction (When the **introduction** to the Subjonctif présent is in a **present** time frame):

▼ Formula

[**Present** time-frame introduction] + **que** + **Subjonctif présent** - Actif (Basic format) (**Chapter 38A**) + depuis + **amount of** time or a **moment in** time.

B) Past time-frame introduction (When the **introduction** to the Subjonctif présent is in a **past** time frame):

▼ Formula

[**Past** time-frame introduction] + **que** + **Subjonctif présent** - Actif (Basic format) (**Chapter 38A**) + depuis + **amount of** time or a **moment in** time.

For **examples** and much more, **scan** or **click** the **code** below ▼
- **Or** follow the links at **verbexpress.net** > French Verb Tense Atlas > Subjonctif présent avec 'depuis' > **Subjonctif présent avec 'depuis' – Actif (Basic Format)**

▶39B Subjonctif présent avec 'depuis' – passif

\>\> See *How to Do* this verb form after the **Univerb©** **Tag**(s) below ...

▼ **Meanings** of this verb form shown in **Univerb© Tag**(s) (3rd person) ▼

A) When the **introduction** to the Subjonctif présent is in a **present** time frame:

- (Subjonctif) ... that (*que*) he/she/it **has been being verbed** for a certain **amount** of time (and continues to be) (Pronominal passif – Below)
- (Subjonctif) ... that (*que*) he/she/it **has been getting verbed** for a certain **amount** of time (and continues to be) (Pronominal passif – Below)

- (Subjonctif) ... that (*que*) he/she/it **has been being verbed** since a certain **moment** in time (and continues to be) (Pronominal passif – Below)
- (Subjonctif) ... that (*que*) he/she/it **has been getting verbed** since a certain **moment** in time (and continues to be) (Pronominal passif – Below)

- (Subjonctif) ... that (*que*) he/she/it **has been verbed** for a certain **amount** of time (and continues to be)
- (Subjonctif) ... that (*que*) he/she/it **has been verbed** since a certain **moment** in time (and continues to be)

- (Subjonctif) ... that (*que*) he/she/it **has gotten verbed** for a certain **amount** of time (and continues to be)
- (Subjonctif) ... that (*que*) he/she/it **has gotten verbed** since a certain **moment** in time (and continues to be)

B) When the **introduction** to the Subjonctif présent is in a **past** time frame:

- (Subjonctif) ... that (*que*) he/she/it **had been being verbed** for a certain **amount** of time (and was continuing to be)
- (Subjonctif) ... that (*que*) he/she/it **had been getting verbed** for a certain **amount** of time (and was continuing to be)

- (Subjonctif) ... that (*que*) he/she/it **had been being verbed** since a certain **moment** in time (and was continuing to be)
- (Subjonctif) ... that (*que*) he/she/it **had been getting verbed** since a certain **moment** in time (and was continuing to be)

670 | Subjonctif présent avec 'depuis'

- (Subjonctif) ... that (*que*) he/she/it ha**d gotten** verbed for a certain **amount** of time (and **was** continuing to be)
- (Subjonctif) ... that (*que*) he/she/it ha**d gotten** verbed since a certain **moment** in time (and **was** continuing to be)
- (Subjonctif) ... that (*que*) he/she/it ha**d been** verbed for a certain **amount** of time (and **was** continuing to be)
- (Subjonctif) ... that (*que*) he/she/it ha**d been** verbed since a certain **moment** in time (and **was** continuing to be)

To see the above meaning(s) in action using the formula(s) below with translations, tips, and helpful resources, scan or click the code below ▼ - Or follow the links at verbexpress.net > French Verb Tense Atlas > Subjonctif présent avec 'depuis' > **Subjonctif présent avec 'depuis' – Passif**

39B.1   Passif **direct** – Option 1 – (**Subjonctif présent avec 'depuis'**)

- Passif **direct** – Option 1 – (**See Appendix C** at end of book)

A) Present time-frame introduction (When the **introduction** to the Subjonctif présent is in a **present** time frame):

▼ Formula

[**Present** time-frame introduction] + **que** + sujet (nom ou pronom, **objet direct** du verbe principal) + (**sois, sois, soit, soyons, soyez, soient**) + verbe principal (**p.p.**)(e.s.es)(but can NOT be a member of the *Secret Travel Club* verbs – listed in **Appendix B** at end of book) + depuis + (an **amount** of time / a **moment** in time)

(**Note**: When using the "Passif **direct** – Option 1" format, the **subject** of the verb "être" must also be the **direct object** of the participe passé (**p.p.**) of the main verb, and because it also precedes the p.p., the **p.p.** *agrees in gender and in number* with that subject/direct object.)

B) **Past** time-frame introduction (When the **introduction** to the Subjonctif présent is in a **past** time frame):

| ▼ Formula

[**Past** time-frame introduction] + **que** + sujet (nom ou pronom, **objet direct** du verbe principal) + (**sois, sois, soit, soyons, soyez, soient**) + verbe principal (**p.p.**)(e.s.es)(but can **NOT** be a member of the *Secret Travel Club* verbs – listed in **Appendix B** at end of book) + depuis + (an **amount** of time / a **moment** in time)

(**Note**: When using the "Passif **direct** – Option 1" format, the **subject** of the verb "être" must also be the **direct object** of the participe passé (**p.p.**) of the main verb, and because it also precedes the p.p., the **p.p.** agrees in gender and in number with that subject/direct object.)

▼ **Meanings** of this verb form shown in **Univerb© Tag**(s) (3rd person) ▼

A) When the **introduction** to the Subjonctif présent is in a **present** time frame:

- (Subjonctif) ... that (*que*) he/she/it ha**s** been being verbed for a certain **amount** of time (and continues to be) (Pronominal passif – Below)
- (Subjonctif) ... that (*que*) he/she/it ha**s** been getting verbed for a certain **amount** of time (and continues to be) (Pronominal passif – Below)

- (Subjonctif) ... that (*que*) he/she/it ha**s** been being verbed since a certain **moment** in time (and continues to be) (Pronominal passif – Below)
- (Subjonctif) ... that (*que*) he/she/it ha**s** been getting verbed since a certain **moment** in time (and continues to be) (Pronominal passif – Below)

- (Subjonctif) ... that (*que*) he/she/it ha**s** been verbed for a certain **amount** of time (and continues to be)
- (Subjonctif) ... that (*que*) he/she/it ha**s** been verbed since a certain **moment** in time (and continues to be)

- (Subjonctif) ... that (*que*) he/she/it ha**s** gotten verbed for a certain **amount** of time (and continues to be)
- (Subjonctif) ... that (*que*) he/she/it ha**s** gotten verbed since a certain **moment** in time (and continues to be)

Subjonctif présent avec 'depuis'

B) When the **introduction** to the Subjonctif présent is in a **past** time frame:

- (Subjonctif) ... that (*que*) he/she/it ha**d been being verbed** for a certain **amount** of time (and **was** continuing to be)
- (Subjonctif) ... that (*que*) he/she/it ha**d been getting verbed** for a certain **amount** of time (and **was** continuing to be)

- (Subjonctif) ... that (*que*) he/she/it ha**d been being verbed** since a certain **moment** in time (and **was** continuing to be)
- (Subjonctif) ... that (*que*) he/she/it ha**d been getting verbed** since a certain **moment** in time (and **was** continuing to be)

- (Subjonctif) ... that (*que*) he/she/it ha**d gotten verbed** for a certain **amount** of time (and **was** continuing to be)
- (Subjonctif) ... that (*que*) he/she/it ha**d gotten verbed** since a certain **moment** in time (and **was** continuing to be)

- (Subjonctif) ... that (*que*) he/she/it ha**d been verbed** for a certain **amount** of time (and **was** continuing to be)
- (Subjonctif) ... that (*que*) he/she/it ha**d been verbed** since a certain **moment** in time (and **was** continuing to be)

For **examples** and much more, **scan** or **click** the **code** below ▼
- **Or** follow the links at **verbexpress.net** > French Verb Tense Atlas > Subjonctif présent avec 'depuis' > Subjonctif présent avec 'depuis' – Passif > **Passif direct – Option 1**

39B.2 Passif **direct** – Option 2 – (**Subjonctif présent avec 'depuis'**)

- Passif **direct** – Option 2 – (**See Appendix C** at end of book)

A) **Present** time-frame introduction (When the **introduction** to the Subjonctif présent is in a **present** time frame):

▼ Formula

When the **direct object** appears as a **noun**:

[**Present** time-frame introduction] + **qu'on** (sujet indéfini) + verbe principal (**Subjonctif présent** - *Details in 38A above*) + **objet direct** + depuis + (an **amount** of time / a **moment** in time).

When the **direct object** appears as a **pronoun**:

[**Present** time-frame introduction] + **qu'on** (sujet indéfini) + **pronom objet direct** + verbe principal (**Subjonctif présent** - *Details in 38A above*) + depuis + (an **amount** of time / a **moment** in time).

B) **Past** time-frame introduction (When the **introduction** to the Subjonctif présent is in a **past** time frame):

▼ Formula

When the **direct object** appears as a **noun**:

[**Past** time-frame introduction] + **qu'on** (sujet indéfini) + verbe principal (**Subjonctif présent** - *Details in 38A above*) + **objet direct** + depuis + (an **amount** of time / a **moment** in time).

When the **direct object** appears as a **pronoun**:

[**Past** time-frame introduction] + **qu'on** (sujet indéfini) + **pronom objet direct** + verbe principal (**Subjonctif présent** - *Details in 38A above*) + depuis + (an **amount** of time / a **moment** in time).

▼ **Meanings** of this verb form shown in **Univerb© Tag**(s) (3rd person) ▼

A) When the **introduction** to the Subjonctif présent is in a **present** time frame:

- ♦ (Subjonctif) ... that (*que*) he/she/it **has been being verbed** for a certain **amount** of time (and continues to be) (Pronominal passif – Below)
- ♦ (Subjonctif) ... that (*que*) he/she/it **has been getting verbed** for a certain **amount** of time (and continues to be) (Pronominal passif – Below)
- ♦ (Subjonctif) ... that (*que*) he/she/it **has been being verbed** since a certain **moment** in time (and continues to be) (Pronominal passif – Below)
- ♦ (Subjonctif) ... that (*que*) he/she/it **has been getting verbed** since a certain **moment** in time (and continues to be) (Pronominal passif – Below)
- ♦ (Subjonctif) ... that (*que*) he/she/it **has been verbed** for a certain **amount** of time (and continues to be)
- ♦ (Subjonctif) ... that (*que*) he/she/it **has been verbed** since a certain **moment** in time (and continues to be)
- ♦ (Subjonctif) ... that (*que*) he/she/it **has gotten verbed** for a certain **amount** of time (and continues to be)
- ♦ (Subjonctif) ... that (*que*) he/she/it **has gotten verbed** since a certain **moment** in time (and continues to be)

B) When the **introduction** to the Subjonctif présent is in a **past** time frame:

- ♦ (Subjonctif) ... that (*que*) he/she/it **had been being verbed** for a certain **amount** of time (and **was** continuing to be)
- ♦ (Subjonctif) ... that (*que*) he/she/it **had been getting verbed** for a certain **amount** of time (and **was** continuing to be)
- ♦ (Subjonctif) ... that (*que*) he/she/it **had been being verbed** since a certain **moment** in time (and **was** continuing to be)
- ♦ (Subjonctif) ... that (*que*) he/she/it **had been getting verbed** since a certain **moment** in time (and **was** continuing to be)
- ♦ (Subjonctif) ... that (*que*) he/she/it **had gotten verbed** for a certain **amount** of time (and **was** continuing to be)
- ♦ (Subjonctif) ... that (*que*) he/she/it **had gotten verbed** since a certain **moment** in time (and **was** continuing to be)
- ♦ (Subjonctif) ... that (*que*) he/she/it **had been verbed** for a certain **amount** of time (and **was** continuing to be)
- ♦ (Subjonctif) ... that (*que*) he/she/it **had been verbed** since a certain **moment** in time (and **was** continuing to be)

For **examples** and much more, **scan** or **click** the code below ▼
- **Or** follow the links at **verbexpress.net** > French Verb Tense Atlas > Subjonctif présent avec 'depuis' > Subjonctif présent avec 'depuis' – Passif > **Passif direct – Option 2**

39B.3   Passif <u>indirect</u> – (**Subjonctif présent avec 'depuis'**)

- Passif <u>indirect</u> – (**See Appendix C** at end of book)

A) **Present** time-frame introduction (When the **introduction** to the Subjonctif présent is in a **present** time frame):

▼ Formula

When the **indirect object** appears as a **noun**:

[**Present** time-frame introduction] + **qu'<u>on</u>** (sujet indéfini) + verbe principal (**Subjonctif présent** - *Details in 38A above*) + **objet <u>indirect</u>** + depuis + (an **amount** of time / a **moment** in time).

When the **indirect object** appears as a **pronoun**:

[**Present** time-frame introduction] + **qu'<u>on</u>** (sujet indéfini) + **pronom objet <u>indirect</u>** + verbe principal (**Subjonctif présent** - *Details in 38A above*) + depuis + (an **amount** of time / a **moment** in time).

676 | Subjonctif présent avec 'depuis'

B) <u>Past</u> time-frame introduction (When the <u>introduction</u> to the Subjonctif présent is in a <u>past</u> time frame):

| ▼ **Formula**

When the <u>indirect object</u> appears as a <u>noun</u>:

[**Past** time-frame introduction] + **qu'<u>on</u>** (sujet indéfini) + verbe principal (**Subjonctif présent** - *Details in <u>38A</u> above*) + **objet <u>indirect</u>** + depuis + (an **amount** of time / a **moment** in time).

When the <u>indirect object</u> appears as a <u>pronoun</u>:

[**Past** time-frame introduction] + **qu'<u>on</u>** (sujet indéfini) + **pronom objet <u>indirect</u>** + verbe principal (**Subjonctif présent** - *Details in <u>38A</u> above*) + depuis + (an **amount** of time / a **moment** in time).

▼ **Meanings** of this verb form shown in **Univerb©** **Tag**(s) (3rd person) ▼

A) When the <u>introduction</u> to the Subjonctif présent is in a **present** time frame:

◆ (Subjonctif) ... that (*que*) he/she/it **ha<u>s</u> been being verbed** for a certain **amount** of time (and <u>continues</u> to be) (Pronominal passif – Below)
◆ (Subjonctif) ... that (*que*) he/she/it **ha<u>s</u> been getting verbed** for a certain **amount** of time (and <u>continues</u> to be) (Pronominal passif – Below)

◆ (Subjonctif) ... that (*que*) he/she/it **ha<u>s</u> been being verbed** since a certain **moment** in time (and <u>continues</u> to be) (Pronominal passif – Below)
◆ (Subjonctif) ... that (*que*) he/she/it **ha<u>s</u> been getting verbed** since a certain **moment** in time (and <u>continues</u> to be) (Pronominal passif – Below)

◆ (Subjonctif) ... that (*que*) he/she/it **ha<u>s</u> been verbed** for a certain **amount** of time (and <u>continues</u> to be)
◆ (Subjonctif) ... that (*que*) he/she/it **ha<u>s</u> been verbed** since a certain **moment** in time (and <u>continues</u> to be)

◆ (Subjonctif) ... that (*que*) he/she/it **ha<u>s</u> gotten verbed** for a certain **amount** of time (and <u>continues</u> to be)
◆ (Subjonctif) ... that (*que*) he/she/it **ha<u>s</u> gotten verbed** since a certain **moment** in time (and <u>continues</u> to be)

B) When the **introduction** to the Subjonctif présent is in a **past** time frame:

- (Subjonctif) ... that (*que*) he/she/it **ha**d **been being verbed** for a certain **amount** of time (and **was** continuing to be)
- (Subjonctif) ... that (*que*) he/she/it **ha**d **been getting verbed** for a certain **amount** of time (and **was** continuing to be)

- (Subjonctif) ... that (*que*) he/she/it **ha**d **been being verbed** since a certain **moment** in time (and **was** continuing to be)
- (Subjonctif) ... that (*que*) he/she/it **ha**d **been getting verbed** since a certain **moment** in time (and **was** continuing to be)

- (Subjonctif) ... that (*que*) he/she/it **ha**d **gotten verbed** for a certain **amount** of time (and **was** continuing to be)
- (Subjonctif) ... that (*que*) he/she/it **ha**d **gotten verbed** since a certain **moment** in time (and **was** continuing to be)

- (Subjonctif) ... that (*que*) he/she/it **ha**d **been verbed** for a certain **amount** of time (and **was** continuing to be)
- (Subjonctif) ... that (*que*) he/she/it **ha**d **been verbed** since a certain **moment** in time (and **was** continuing to be)

For **examples** and much more, **scan** or **click** the **code** below ▼
- **Or** follow the links at **verbexpress.net** > French Verb Tense Atlas > Subjonctif présent avec 'depuis' > Subjonctif présent avec 'depuis' – Passif > **Passif indirect**

39B.4 Passif **pronominal** – (Subjonctif présent avec 'depuis')

- Passif **pronominal**

  The **'Passive Pronominal'** structure is a way to create a **passive** meaning by using the pronominal format with an **in**animate subject (a **non**-personal doer – singular or plural).
  (**See Appendix H** at end of book)

A) Present time-frame introduction (When the **introduction** to the Subjonctif présent is in a **present** time frame):

▼ Formula

[**Present** time-frame introduction] + **que** + sujet (nom ou pronom, inanimé, – **objet direct** du verbe principal) + se-s' + verbe principal (**Subjonctif présent** - Details in 38A above) + depuis + (an **amount** of time / a **moment** in time).

B) Past time-frame introduction (When the **introduction** to the Subjonctif présent is in a **past** time frame):

▼ Formula

[**Past** time-frame introduction] + **que** + sujet (nom ou pronom, inanimé, – **objet direct** du verbe principal) + se-s' + verbe principal (**Subjonctif présent** - Details in 38A above) + depuis + (an **amount** of time / a **moment** in time).

▼ **Meanings** of this verb form shown in **Univerb©** **Tag**(s) (3rd person) ▼

A) When the **introduction** to the Subjonctif présent is in a **present** time frame:

- (Subjonctif) ... that (*que*) it **has been being verbed** for a certain **amount** of time (and continues to be) (Pronominal passif – Below)
- (Subjonctif) ... that (*que*) it **has been getting verbed** for a certain **amount** of time (and continues to be) (Pronominal passif – Below)

- (Subjonctif) ... that (*que*) it **has been being verbed** since a certain **moment** in time (and continues to be) (Pronominal passif – Below)
- (Subjonctif) ... that (*que*) it **has been getting verbed** since a certain **moment** in time (and continues to be) (Pronominal passif – Below)

- ♦ (Subjonctif) ... that (*que*) it **has** been verbed for a certain **amount** of time (and continues to be)
- ♦ (Subjonctif) ... that (*que*) it **has** been verbed since a certain **moment** in time (and continues to be)

- ♦ (Subjonctif) ... that (*que*) it **has** gotten verbed for a certain **amount** of time (and continues to be)
- ♦ (Subjonctif) ... that (*que*) it **has** gotten verbed since a certain **moment** in time (and continues to be)

B) When the **introduction** to the Subjonctif présent is in a **past** time frame:

- ♦ (Subjonctif) ... that (*que*) it **had** been being verbed for a certain **amount** of time (and **was** continuing to be)
- ♦ (Subjonctif) ... that (*que*) it **had** been getting verbed for a certain **amount** of time (and **was** continuing to be)

- ♦ (Subjonctif) ... that (*que*) it **had** been being verbed since a certain **moment** in time (and **was** continuing to be)
- ♦ (Subjonctif) ... that (*que*) it **had** been getting verbed since a certain **moment** in time (and **was** continuing to be)

- ♦ (Subjonctif) ... that (*que*) it **had** gotten verbed for a certain **amount** of time (and **was** continuing to be)
- ♦ (Subjonctif) ... that (*que*) it **had** gotten verbed since a certain **moment** in time (and **was** continuing to be)

- ♦ (Subjonctif) ... that (*que*) it **had** been verbed for a certain **amount** of time (and **was** continuing to be)
- ♦ (Subjonctif) ... that (*que*) it **had** been verbed since a certain **moment** in time (and **was** continuing to be)

For **examples** and much more, scan or click the **code** below ▾
- **Or** follow the links at verbexpress.net > French Verb Tense Atlas > Subjonctif présent avec 'depuis' > Subjonctif présent avec 'depuis' – Passif > **Passif pronominal**

▶39C Subjonctif présent avec 'depuis'–
pronominal

>> See *How to Do* this verb form after the **Univerb©** Tag(s) below ...

▼ **Meanings** of this verb form shown in **Univerb©** Tag(s) (3rd person) ▼

A) When the <u>introduction</u> to the Subjonctif présent is in a <u>**present**</u> time frame:

- (Subjonctif) ... that (*que*) he/she ha**s** been verbing for a certain <u>amount</u> of time (and <u>is still</u> doing so)
- (Subjonctif) ... that (*que*) he/she/it ha**s** been verbing <u>himself</u> / <u>herself</u> / <u>itself</u> for a certain <u>amount</u> of time (and <u>is still</u> doing so)
- (Subjonctif) ... that (*que*) he/she ha**s** been verbing since a certain <u>moment</u> in time (and <u>is still</u> doing so)
- (Subjonctif) ... that he/she/it ha**s** been verbing <u>himself</u> / <u>herself</u> / <u>itself</u> since a certain <u>moment</u> in time (and <u>is still</u> doing so)
- (Subjonctif) ... that (*que*) he/she ha**s** verbed for a certain <u>amount</u> of time (and <u>is still</u> doing so)
- (Subjonctif) ... that (*que*) he/she/it ha**s** verbed <u>himself</u> / <u>herself</u> / <u>itself</u> for a certain <u>amount</u> of time (and <u>is still</u> doing so)
- (Subjonctif) ... that (*que*) he/she ha**s** verbed since a certain <u>moment</u> in time (and <u>is still</u> doing so)
- (Subjonctif) ... that (*que*) he/she/it ha**s** verbed <u>himself</u> / <u>herself</u> / <u>itself</u> since a certain <u>moment</u> in time (and <u>is still</u> doing so)

B) When the <u>introduction</u> to the Subjonctif présent is in a <u>**past**</u> time frame:

- (Subjonctif) ... that (*que*) he/she ha**d** been verbing for a certain <u>amount</u> of time (and <u>was still</u> doing so)
- (Subjonctif) ... that (*que*) he/she/it ha**d** been verbing <u>himself</u> / <u>herself</u> / <u>itself</u> for a certain <u>amount</u> of time (and <u>was</u> still doing so)
- (Subjonctif) ... that (*que*) he/she ha**d** been verbing since a certain <u>moment</u> in time (and <u>was still</u> doing so)
- (Subjonctif) ... that (*que*) he/she/it ha**d** been verbing <u>himself</u> / <u>herself</u> / <u>itself</u> since a certain <u>moment</u> in time (and <u>was still</u> doing so)
- (Subjonctif) ... that (*que*) he/she ha**d** verbed for a certain <u>amount</u> of time (and <u>was still</u> doing so)
- (Subjonctif) ... that (*que*) he/she/it ha**d** verbed <u>himself</u> / <u>herself</u> / <u>itself</u> for a certain <u>amount</u> of time (and <u>was still</u> doing so)

- (Subjonctif) ... that (*que*) he/she ha**d** verbed since a certain **moment** in time (and **was** still doing so)
- (Subjonctif) ... that (*que*) he/she/it ha**d** verbed himself / herself / itself since a certain **moment** in time (and **was** still doing so)

▼ Pronominal **Passive** Meanings ▼

Usual Meaning(s) when in a Pronominal **Passive** form: (See 39C.7, 39C.8 below)

A) When the **introduction** to the Subjonctif présent is in a **present** time frame:

- (Subjonctif) ... that (*que*) he/she/it ha**s** been being verbed for a certain **amount** of time (and continues to be) (Pronominal passif – Below)
- (Subjonctif) ... that (*que*) he/she/it ha**s** been getting verbed for a certain **amount** of time (and continues to be) (Pronominal passif – Below)
- (Subjonctif) ... that (*que*) he/she/it ha**s** been being verbed since a certain **moment** in time (and continues to be) (Pronominal passif – Below)
- (Subjonctif) ... that (*que*) he/she/it ha**s** been getting verbed since a certain **moment** in time (and continues to be) (Pronominal passif – Below)
- (Subjonctif) ... that (*que*) he/she/it ha**s** been verbed for a certain **amount** of time (and continues to be)
- (Subjonctif) ... that (*que*) he/she/it ha**s** been verbed since a certain **moment** in time (and continues to be)
- (Subjonctif) ... that (*que*) he/she/it ha**s** gotten verbed for a certain **amount** of time (and continues to be)
- (Subjonctif) ... that (*que*) he/she/it ha**s** gotten verbed since a certain **moment** in time (and continues to be)

B) When the **introduction** to the Subjonctif présent is in a **past** time frame:

- (Subjonctif) ... that (*que*) he/she/it ha**d been being** verbed for a certain **amount** of time (and **was** continuing to be)
- (Subjonctif) ... that (*que*) he/she/it ha**d been getting** verbed for a certain **amount** of time (and **was** continuing to be)
- (Subjonctif) ... that (*que*) he/she/it ha**d been being** verbed since a certain **moment** in time (and **was** continuing to be)
- (Subjonctif) ... that (*que*) he/she/it ha**d been getting** verbed since a certain **moment** in time (and **was** continuing to be)

682 | Subjonctif présent avec 'depuis'

- (Subjonctif) ... that (*que*) he/she/it ha**d** **been** verbed for a certain **amount** of time (and **was** continuing to be)
- (Subjonctif) ... that (*que*) he/she/it ha**d** **been** verbed since a certain **moment** in time (and **was** continuing to be)
- (Subjonctif) ... that (*que*) he/she/it ha**d** **gotten** verbed for a certain **amount** of time (and **was** continuing to be)
- (Subjonctif) ... that (*que*) he/she/it ha**d** **gotten** verbed since a certain **moment** in time (and **was** continuing to be)

To see the **above** meaning(s) in action using the **formula**(s) **below** with **translations**, **tips**, and helpful **resources**, **scan** or **click** the **code** below ▼ - **Or** follow the links at **verbexpress.net** > French Verb Tense Atlas > Subjonctif présent avec 'depuis' > **Subjonctif présent avec 'depuis' – Pronominal**

39C.1   Pronominal **essentiel** – (**Subjonctif présent avec 'depuis'**)

- Pronominal **essentiel** (exclusivement)
  (Verbes exclusivement pronominaux)

  '**Essential**' Pronominal Verbs are a special collection of verbs that are used **only** in the pronominal format, but have no '*reflexive*' meaning. (**See Appendix E** at end of book)

A) Present time-frame introduction (When the **introduction** to the Subjonctif présent is in a **present** time frame):

▼ Formula

[**Present** time-frame introduction] + **que** + sujet + (me-m', te-t', se-s', nous, vous, se-s') + verbe principal (**Subjonctif présent** - *Details in 38A above*) + depuis + (an **amount** of time / a **moment** in time).

B) **Past** time-frame introduction (When the **introduction** to the Subjonctif présent is in a **past** time frame):

▼ Formula

[**Past** time-frame introduction] + **que** + sujet + (me-m', te-t', se-s', nous, vous, se-s') + verbe principal (**Subjonctif présent** - *Details in 38A above*) + depuis + (an **amount** of time / a **moment** in time).

▼ **Meanings** of this verb form shown in **Univerb©** **Tag**(s) (3rd person) ▼

A) When the **introduction** to the Subjonctif présent is in a **present** time frame:

- (Subjonctif) ... that (*que*) he/she ha**s** been verbing for a certain **amount** of time (and **is still** doing so)
- (Subjonctif) ... that (*que*) he/she ha**s** been verbing since a certain **moment** in time (and **is still** doing so)
- (Subjonctif) ... that (*que*) he/she ha**s** verbed for a certain **amount** of time (and **is still** doing so)
- (Subjonctif) ... that (*que*) he/she ha**s** verbed since a certain **moment** in time (and **is still** doing so)

B) When the **introduction** to the Subjonctif présent is in a **past** time frame:

- (Subjonctif) ... that (*que*) he/she ha**d** been verbing for a certain **amount** of time (and **was still** doing so)
- (Subjonctif) ... that (*que*) he/she ha**d** been verbing since a certain **moment** in time (and **was still** doing so)
- (Subjonctif) ... that (*que*) he/she ha**d** verbed for a certain **amount** of time (and **was still** doing so)
- (Subjonctif) ... that (*que*) he/she ha**d** verbed since a certain **moment** in time (and **was still** doing so)

For **examples** and much more, **scan** or **click** the **code** below ▼
- **Or** follow the links at **verbexpress.net** > French Verb Tense Atlas > Subjonctif présent avec 'depuis' > Subjonctif présent avec 'depuis' – Pronominal > **Pronominal essentiel**

| 39C.2 | Pronominal **à sens idiomatique** – (**Subjonctif présent avec 'depuis'**) |

- Pronominal **à sens idiomatique**

    '**Idiomatic**' Pronominal Verbs are a set of verbs which take on a different meaning than their normal meaning when they are used in the pronominal format.
    (See **Appendix** F at end of book)

    A) **Present** time-frame introduction (When the **introduction** to the Subjonctif présent is in a **present** time frame):

▼ Formula

[**Present** time-frame introduction] + **que** + sujet + (me-m', te-t', se-s', nous, vous, se-s') + verbe principal (**Subjonctif présent** - *Details in 38A above*) + depuis + (an **amount** of time / a **moment** in time).

B) **Past** time-frame introduction (When the **introduction** to the Subjonctif présent is in a **past** time frame):

▼ Formula

[**Past** time-frame introduction] + **que** + sujet + (me-m', te-t', se-s', nous, vous, se-s') + verbe principal (**Subjonctif présent** - *Details in 38A above*) + depuis + (an **amount** of time / a **moment** in time).

▼ **Meanings** of this verb form shown in **Univerb©** **Tag**(s) (3rd person) ▼

A) When the **introduction** to the Subjonctif présent is in a **present** time frame:

- (Subjonctif) ... that (*que*) he/she ha**s** been verbing for a certain **amount** of time (and **is** still doing so)
- (Subjonctif) ... that (*que*) he/she ha**s** been verbing since a certain **moment** in time (and **is** still doing so)

Subjonctif présent avec 'depuis' | 685

- (Subjonctif) ... that (*que*) he/she ha**s** verbed for a certain **amount** of time (and **is** still doing so)
- (Subjonctif) ... that (*que*) he/she ha**s** verbed since a certain **moment** in time (and **is still** doing so)

B) When the **introduction** to the Subjonctif présent is in a **past** time frame:

- (Subjonctif) ... that (*que*) he/she **had been verbing** for a certain **amount** of time (and **was** still doing so)
- (Subjonctif) ... that (*que*) he/she **had been verbing** since a certain **moment** in time (and **was** still doing so)
- (Subjonctif) ... that (*que*) he/she **had** verbed for a certain **amount** of time (and **was** still doing so)
- (Subjonctif) ... that (*que*) he/she **had** verbed since a certain **moment** in time (and **was** still doing so)

For **examples** and much more, **scan** or **click** the **code** below ▼
- **Or** follow the links at **verbexpress.net** > French Verb Tense Atlas > Subjonctif présent avec 'depuis' > Subjonctif présent avec 'depuis' – Pronominal > **Pronominal à sens idiomatique**

39C.3 Pronominal réfléchi direct – (Subjonctif présent avec 'depuis')

- **Pronominal réfléchi direct**

  The **'Reflexive Direct'** Pronominal structure is when the Pronominal format is used AND the subject (the doer – singular or plural) of a **direct** action is **also** the **receiver** of that **direct** action.
  (See **Appendix** G at end of book)

A) Present time-frame introduction (When the **introduction** to the Subjonctif présent is in a **present** time frame):

▼ Formula

[**Present** time-frame introduction] + **que** + sujet + (me-m', te-t', se-s', nous, vous, se-s', – **objet direct** du verbe principal) + verbe principal (**Subjonctif présent** - *Details in 38A above*) + depuis + (an **amount** of time / a **moment** in time).

B) Past time-frame introduction (When the **introduction** to the Subjonctif présent is in a **past** time frame):

▼ Formula

[**Past** time-frame introduction] + **que** + sujet + (me-m', te-t', se-s', nous, vous, se-s', – **objet direct** du verbe principal) + verbe principal (**Subjonctif présent** - *Details in 38A above*) + depuis + (an **amount** of time / a **moment** in time).

▼ **Meanings** of this verb form shown in **Univerb©** **Tag**(s) (3rd person) ▼

A) When the **introduction** to the Subjonctif présent is in a **present** time frame:

- ♦ (Subjonctif) ... that (*que*) he/she/it **has** been verbing himself / herself / itself for a certain **amount** of time (and **is** still doing so)
- ♦ (Subjonctif) ... that (*que*) he/she/it **has** been verbing himself / herself / itself since a certain **moment** in time (and **is** still doing so)

- ♦ (Subjonctif) ... that (*que*) he/she/it **has** verbed himself / herself / itself for a certain **amount** of time (and **is** still doing so)
- ♦ (Subjonctif) ... that (*que*) he/she/it **has** verbed himself / herself / itself since a certain **moment** in time (and **is** still doing so)

B) When the **introduction** to the Subjonctif présent is in a **past** time frame:

- (Subjonctif) ... that (*que*) he/she/it **had been verbing** himself / herself / itself for a certain **amount** of time (and **was** still doing so)
- (Subjonctif) ... that (*que*) he/she/it **had been verbing** himself / herself / itself since a certain **moment** in time (and **was still** doing so)

- (Subjonctif) ... that (*que*) he/she/it **had verbed** himself / herself / itself for a certain **amount** of time (and **was** still doing so)
- (Subjonctif) ... that (*que*) he/she/it **had verbed** himself / herself / itself since a certain **moment** in time (and **was** still doing so)

For **examples** and much more, **scan** or **click** the **code** below ▼
- **Or** follow the links at **verbexpress.net** > French Verb Tense Atlas > Subjonctif présent avec 'depuis' > Subjonctif présent avec 'depuis' – Pronominal > **Pronominal réfléchi direct**

| 39C.4 | Pronominal **réfléchi indirect** – (**Subjonctif présent avec 'depuis'**) |

- Pronominal **réfléchi indirect**

   The **'Reflexive Indirect'** Pronominal structure is when the Pronominal format is used AND the subject (the doer - singular or plural) of an indirect action is also the receiver of that indirect action.
   (See **Appendix** G at end of book)

A) **Present** time-frame introduction (When the **introduction** to the Subjonctif présent is in a **present** time frame):

▼ **Formula**

[**Present** time-frame introduction] + **que** + sujet + (me-m', te-t', se-s', nous, vous, se-s', – **objet indirect** du verbe principal) + verbe principal (**Subjonctif présent** - *Details in 38A above*) + depuis + (an **amount** of time / a **moment** in time).

Subjonctif présent avec 'depuis'

B) **Past** time-frame introduction (When the **introduction** to the Subjonctif présent is in a **past** time frame):

▼ Formula

[**Past** time-frame introduction] + **que** + sujet + (me-m', te-t', se-s', nous, vous, se-s', – **objet indirect** du verbe principal) + verbe principal (**Subjonctif présent** - *Details in 38A above*) + depuis + (an **amount** of time / a **moment** in time).

▼ Meanings of this verb form shown in Univerb© Tag(s) (3rd person) ▼

A) When the **introduction** to the Subjonctif présent is in a **present** time frame:

- (Subjonctif) ... that (*que*) he/she/it **has been verbing** himself / herself / itself for a certain **amount** of time (and **is** still doing so)
- (Subjonctif) ... that (*que*) he/she/it **has been verbing** himself / herself / itself since a certain **moment** in time (and **is** still doing so)

- (Subjonctif) ... that (*que*) he/she/it **has verbed** himself / herself / itself for a certain **amount** of time (and **is** still doing so)
- (Subjonctif) ... that (*que*) he/she/it **has verbed** himself / herself / itself since a certain **moment** in time (and **is** still doing so)

B) When the **introduction** to the Subjonctif présent is in a **past** time frame:

- (Subjonctif) ... that (*que*) he/she/it **had been verbing** himself / herself / itself for a certain **amount** of time (and **was** still doing so)
- (Subjonctif) ... that (*que*) he/she/it **had been verbing** himself / herself / itself since a certain **moment** in time (and **was** still doing so)

- (Subjonctif) ... that (*que*) he/she/it **had verbed** himself / herself / itself for a certain **amount** of time (and **was** still doing so)
- (Subjonctif) ... that (*que*) he/she/it **had verbed** himself / herself / itself since a certain **moment** in time (and **was** still doing so)

For **examples** and much more, **scan** or **click** the **code** below ▼
- **Or** follow the links at **verbexpress.net** > French Verb Tense Atlas > Subjonctif présent avec 'depuis' > Subjonctif présent avec 'depuis' – Pronominal > **Pronominal réfléchi indirect**

| 39C.5 | Pronominal **réciproque direct** – (**Subjonctif présent avec 'depuis'**) |

- Pronominal **réciproque direct**

    The **'Reciprocal Direct'** Pronominal structure is when the Pronominal format is used AND a group of two or more (subjects) do the same **direct** action to one another.
    (See **Appendix** G at end of book)

    A) **Present** time-frame introduction (When the **introduction** to the Subjonctif présent is in a **present** time frame):

    ▼ Formula

    [**Present** time-frame introduction] + **que** + sujet (pluriel) + (nous, vous, se-s', – **objet direct** du verbe principal) + verbe principal (**Subjonctif présent** - Details in 38A above) + depuis + (an **amount** of time / a **moment** in time).

    B) **Past** time-frame introduction (When the **introduction** to the Subjonctif présent is in a **past** time frame):

    ▼ Formula

    [**Past** time-frame introduction] + **que** + sujet (pluriel) + (nous, vous, se-s', – **objet direct** du verbe principal) + verbe principal (**Subjonctif présent** - Details in 38A above) + depuis + (an **amount** of time / a **moment** in time).

    ▼ **Meanings** of this verb form shown in **Univerb© Tag**(s) (3rd person) ▼

    A) When the **introduction** to the Subjonctif présent is in a **present** time frame:

    - (Subjonctif) ... that (*que*) they ha**ve** been verbing each other for a certain **amount** of time (and **are** still doing so)
    - (Subjonctif) ... that (*que*) they ha**ve** been verbing each other since a certain **moment** in time (and **are** still doing so)

690 | Subjonctif présent avec 'depuis'

- (Subjonctif) ... that (*que*) they ha**ve** verbed each other **for** a certain **amount** of time (and **are** still doing so)
- (Subjonctif) ... that (*que*) they ha**ve** verbed each other **since** a certain **moment** in time (and **are** still doing so)

B) When the **introduction** to the Subjonctif présent is in a **past** time frame:

- (Subjonctif) ... that (*que*) they ha**d** been verbing each other **for** a certain **amount** of time (and **were** still doing so)
- (Subjonctif) ... that (*que*) they ha**d** been verbing each other **since** a certain **moment** in time (and **were** still doing so)
- (Subjonctif) ... that (*que*) they ha**d** verbed each other **for** a certain **amount** of time (and **were** still doing so)
- (Subjonctif) ... that (*que*) they ha**d** verbed each other **since** a certain **moment** in time (and **were** still doing so)

For **examples** and much more, **scan** or **click** the **code** below ▼
- **Or** follow the links at **verbexpress.net** > French Verb Tense Atlas > Subjonctif présent avec 'depuis' > Subjonctif présent avec 'depuis' – Pronominal > **Pronominal réciproque direct**

| 39C.6 | Pronominal **réciproque indirect** – (**Subjonctif présent avec 'depuis'**) |

Subjonctif présent avec 'depuis'

- Pronominal **réciproque indirect**

    The **'Reciprocal Indirect'** Pronominal structure is when the Pronominal format is used AND a group of two or more (subjects) do the same indirect action to one another.
    (See Appendix G at end of book)

A) Present time-frame introduction (When the introduction to the Subjonctif présent is in a **present** time frame):

▼ Formula

[**Present** time-frame introduction] + **que** + sujet (pluriel) + (nous, vous, se-s', – **objet indirect** du verbe principal) + verbe principal (**Subjonctif présent** - Details in 38A above) + depuis + (an **amount** of time / a **moment** in time).

B) Past time-frame introduction (When the introduction to the Subjonctif présent is in a **past** time frame):

▼ Formula

[**Past** time-frame introduction] + **que** + sujet (pluriel) + (nous, vous, se-s', – **objet indirect** du verbe principal) + verbe principal (**Subjonctif présent** - Details in 38A above) + depuis + (an **amount** of time / a **moment** in time).

▼ **Meanings** of this verb form shown in **Univerb© Tag**(s) (3rd person) ▼

A) When the introduction to the Subjonctif présent is in a **present** time frame:

♦ (Subjonctif) ... that (*que*) they **have been verbing** each other for a certain **amount** of time (and **are still** doing so)
♦ (Subjonctif) ... that (*que*) they **have been verbing** each other since a certain **moment** in time (and **are still** doing so)
♦ (Subjonctif) ... that (*que*) they **have verbed** each other for a certain **amount** of time (and **are still** doing so)
♦ (Subjonctif) ... that (*que*) they **have verbed** each other since a certain **moment** in time (and **are still** doing so)

B) When the introduction to the Subjonctif présent is in a **past** time frame:

692 | Subjonctif présent avec 'depuis'

- (Subjonctif) ... that (*que*) they **had been verbing** each other **for** a certain **amount** of time (and **were** still doing so)
- (Subjonctif) ... that (*que*) they **had been verbing** each other **since** a certain **moment** in time (and **were** still doing so)
- (Subjonctif) ... that (*que*) they **had verbed** each other **for** a certain **amount** of time (and **were** still doing so)
- (Subjonctif) ... that (*que*) they **had verbed** each other **since** a certain **moment** in time (and **were** still doing so)

For **examples** and much more, **scan** or **click** the **code** below ▼
- **Or** follow the links at **verbexpress.net** > French Verb Tense Atlas > Subjonctif présent avec 'depuis' > Subjonctif présent avec 'depuis' – Pronominal > **Pronominal réciproque indirect**

39C.7   Pronominal **passif** – (Subjonctif présent avec 'depuis')

- Pronominal **passif**

  The **'Passive Pronominal'** structure is a way to create a **passive** meaning by using the pronominal format with an **in**animate subject (a **non**-personal doer – singular or plural).
  (See **Appendix** H at end of book)

A) Present time-frame introduction (When the **introduction** to the Subjonctif présent is in a **present** time frame):

▼ Formula

[**Present** time-frame introduction] + **que** + sujet (nom ou pronom, inanimé, - **objet direct** du verbe principal) + se-s' + verbe principal (**Subjonctif présent** - *Details in 38A above*) + depuis + (an **amount** of time / a **moment** in time).

B) **Past** time-frame introduction (When the **introduction** to the Subjonctif présent is in a **past** time frame):

▼ Formula

[**Past** time-frame introduction] + **que** + sujet (nom ou pronom, inanimé, - **objet direct** du verbe principal) + se-s' + verbe principal (**Subjonctif présent** - *Details in 38A above*) + depuis + (an **amount** of time / a **moment** in time).

▼ **Meanings** of this verb form shown in **Univerb©** **Tag**(s) (3ʳᵈ person) ▼

A) When the **introduction** to the Subjonctif présent is in a **present** time frame:

- (Subjonctif) ... that (*que*) it **has been being verbed** for a certain **amount** of time (and continues to be) (Pronominal passif – Below)
- (Subjonctif) ... that (*que*) it **has been getting verbed** for a certain **amount** of time (and continues to be) (Pronominal passif – Below)

- (Subjonctif) ... that (*que*) it **has been being verbed** since a certain **moment** in time (and continues to be) (Pronominal passif – Below)
- (Subjonctif) ... that (*que*) it **has been getting verbed** since a certain **moment** in time (and continues to be) (Pronominal passif – Below)

- (Subjonctif) ... that (*que*) it **has been verbed** for a certain **amount** of time (and continues to be)
- (Subjonctif) ... that (*que*) it **has been verbed** since a certain **moment** in time (and continues to be)

- (Subjonctif) ... that (*que*) it **has gotten verbed** for a certain **amount** of time (and continues to be)
- (Subjonctif) ... that (*que*) it **has gotten verbed** since a certain **moment** in time (and continues to be)

B) When the **introduction** to the Subjonctif présent is in a **past** time frame:

- (Subjonctif) ... that (*que*) it **had been being verbed** for a certain **amount** of time (and **was** continuing to be)
- (Subjonctif) ... that (*que*) it **had been getting verbed** for a certain **amount** of time (and **was** continuing to be)

- (Subjonctif) ... that (*que*) it **had been being verbed** since a certain **moment** in time (and **was** continuing to be)
- (Subjonctif) ... that (*que*) it **had been getting verbed** since a certain **moment** in time (and **was** continuing to be)

694 | Subjonctif présent avec 'depuis'

- (Subjonctif) ... that (*que*) it **ha**d **been verbed** for a certain **amount** of time (and **was** continuing to be)
- (Subjonctif) ... that (*que*) it **ha**d **been verbed** since a certain **moment** in time (and **was** continuing to be)
- (Subjonctif) ... that (*que*) it **ha**d **gotten verbed** for a certain **amount** of time (and **was** continuing to be)
- (Subjonctif) ... that (*que*) it **ha**d **gotten verbed** since a certain **moment** in time (and **was** continuing to be)

For **examples** and much more, **scan** or **click** the **code** below ▼
- **Or** follow the links at **verbexpress.net** > French Verb Tense Atlas > Subjonctif présent avec 'depuis' > Subjonctif présent avec 'depuis' – Pronominal > **Pronominal passif**

39C.8   Pronominal **impersonnel** (passif) – (**Subjonctif présent avec 'depuis'**)

- Pronominal **impersonnel** (passif)

    The '**Impersonal Passive**' structure is a way to create a **passive** meaning by using the **im**personal version of the subject " **il** " in the **pronominal** format.
    (**See Appendix H** at end of book)

A) Present time-frame introduction (When the **introduction** to the Subjonctif présent is in a **present** time frame):

▼ **Formula**

[**Present** time-frame introduction] + **qu'il** (sens impersonnel) + **se-s'** + verbe principal (**Subjonctif présent** - *Details in 38A above*) + **objet direct du verbe principal** + depuis + (an **amount** of time / a **moment** in time).

B) **Past** time-frame introduction (When the **introduction** to the Subjonctif présent is in a **past** time frame):

▼ **Formula**

[**Past** time-frame introduction] + **qu'il** (sens impersonnel) + **se-s'** + verbe principal (**Subjonctif présent** - *Details in 38A above*) + **objet direct du verbe principal** + **depuis** + (an **amount** of time / a **moment** in time).

▼ **Meanings** of this verb form shown in **Univerb©** **Tag**(s) (3rd person) ▼

A) When the **introduction** to the Subjonctif présent is in a **present** time frame:

- (Subjonctif) ... that (*que*) he/she/it ha**s** been being verbed **for** a certain **amount** of time (and continues to be) (Pronominal passif – Below)
- (Subjonctif) ... that (*que*) he/she/it ha**s** been getting verbed **for** a certain **amount** of time (and continues to be) (Pronominal passif – Below)
- (Subjonctif) ... that (*que*) he/she/it ha**s** been being verbed **since** a certain **moment** in time (and continues to be) (Pronominal passif – Below)
- (Subjonctif) ... that (*que*) he/she/it ha**s** been getting verbed **since** a certain **moment** in time (and continues to be) (Pronominal passif – Below)
- (Subjonctif) ... that (*que*) he/she/it ha**s** been verbed **for** a certain **amount** of time (and continues to be)
- (Subjonctif) ... that (*que*) he/she/it ha**s** been verbed **since** a certain **moment** in time (and continues to be)
- (Subjonctif) ... that (*que*) he/she/it ha**s** gotten verbed **for** a certain **amount** of time (and continues to be)
- (Subjonctif) ... that (*que*) he/she/it ha**s** gotten verbed **since** a certain **moment** in time (and continues to be)

B) When the **introduction** to the Subjonctif présent is in a **past** time frame:

- (Subjonctif) ... that (*que*) he/she/it ha**d** been being verbed **for** a certain **amount** of time (and **was** continuing to be)
- (Subjonctif) ... that (*que*) he/she/it ha**d** been getting verbed **for** a certain **amount** of time (and **was** continuing to be)

Subjonctif présent avec 'depuis'

- (Subjonctif) ... that (*que*) he/she/it **had been being verbed** since a certain **moment** in time (and **was** continuing to be)
- (Subjonctif) ... that (*que*) he/she/it **had been getting verbed** since a certain **moment** in time (and **was** continuing to be)

- (Subjonctif) ... that (*que*) he/she/it **had gotten verbed** for a certain **amount** of time (and **was** continuing to be)
- (Subjonctif) ... that (*que*) he/she/it **had gotten verbed** since a certain **moment** in time (and **was** continuing to be)

- (Subjonctif) ... that (*que*) he/she/it **had been verbed** for a certain **amount** of time (and **was** continuing to be)
- (Subjonctif) ... that (*que*) he/she/it **had been verbed** since a certain **moment** in time (and **was** continuing to be)

For **examples** and much more, **scan** or **click** the **code** below ▼
- **Or** follow the links at **verbexpress.net** > French Verb Tense Atlas > Subjonctif présent avec 'depuis' > Subjonctif présent avec 'depuis' – Pronominal > **Pronominal impersonnel (passif)**

▶39D Subjonctif présent avec 'depuis'– with aller

>> See *How to Do* this verb form after the **Univerb© Tag**(s) below ...

▼ **Meanings** of this verb form shown in **Univerb© Tag**(s) (3ʳᵈ person) ▼

A) When the <u>introduction</u> to the Subjonctif présent is in a <u>present</u> time frame:

- (Subjonctif) ... that (*que*) he/she ha**s** been going to verb for a certain **amount** of time (and **is** still doing so)
- (Subjonctif) ... that (*que*) he/she ha**s** been going to verb since a certain **moment** in time (and **is** still doing so)

- (Subjonctif) ... that (*que*) he/she ha**s** been going verbing for a certain **amount** of time (and **is** still doing so) (Appendix O at end of book)
- (Subjonctif) ... that (*que*) he/she ha**s** been going verbing since a certain **moment** in time (and **is** still doing so) (Appendix O at end of book)

- (Subjonctif) ... that (*que*) he/she ha**s** gone to verb for a certain **amount** of time (and **is** still doing so)
- (Subjonctif) ... that (*que*) he/she ha**s** gone to verb since a certain **moment** in time (and **is** still doing so)

- (Subjonctif) ... that (*que*) he/she ha**s** gone verbing for a certain **amount** of time (and **is** still doing so) (Appendix O at end of book)
- (Subjonctif) ... that (*que*) he/she ha**s** gone verbing since a certain **moment** in time (and **is** still doing so) (Appendix O at end of book)

B) When the <u>introduction</u> to the Subjonctif présent is in a <u>past</u> time frame:

- (Subjonctif) ... that (*que*) he/she ha**d** been going to verb for a certain **amount** of time (and **was** still doing so)
- (Subjonctif) ... that (*que*) he/she ha**d** been going to verb since a certain **moment** in time (and **was** still doing so)

- (Subjonctif) ... that (*que*) he/she ha**d** been going verbing for a certain **amount** of time (and **was** still doing so) (Appendix O at end of book)
- (Subjonctif) ... that (*que*) he/she ha**d** been going verbing since a certain **moment** in time (and **was** still doing so) (Appendix O at end of book)

698 | Subjonctif présent avec 'depuis'

- (Subjonctif) ... that (*que*) he/she **ha**d **gone to verb** for a certain **amount** of time (and **was** still doing so)
- (Subjonctif) ... that (*que*) he/she **ha**d **gone to verb** since a certain **moment** in time (and **was** still doing so)
- (Subjonctif) ... that (*que*) he/she **ha**d **gone verbing** for a certain **amount** of time (and **was** still doing so) (Appendix O at end of book)
- (Subjonctif) ... that (*que*) he/she **ha**d **gone verbing** since a certain **moment** in time (and **was** still doing so) (Appendix O at end of book)

39D   Subjonctif présent avec 'depuis' – with <u>aller</u>

A) **Present** time-frame introduction (When the **introduction** to the Subjonctif présent is in a **present** time frame):

▼ Formula

[**Present** time-frame introduction] + **que** + Sujet + (**aille, ailles, aille, allions, alliez, aillent**) + verbe principal (**Infinitif**) + depuis + (an **amount** of time / a **moment** in time)

B) **Past** time-frame introduction (When the **introduction** to the Subjonctif présent is in a **past** time frame):

▼ Formula

[**Past** time-frame introduction] + **que** + Sujet + (**aille, ailles, aille, allions, alliez, aillent**) + verbe principal (**Infinitif**) + depuis + (an **amount** of time / a **moment** in time)

For **examples** and much more, **scan** or **click** the **code** below ▼
- **Or** follow the links at **verbexpress.net** > French Verb Tense Atlas > Subjonctif présent avec 'depuis' > **Subjonctif présent avec 'depuis' – with Aller**

▶39E Subjonctif présent avec 'depuis'– with devoir

>> See *How to Do* this verb form after the **Univerb© Tag**(s) below ...

▼ **Meanings** of this verb form shown in **Univerb© Tag**(s) (3rd person) ▼

A) When the **introduction** to the Subjonctif présent is in a **present** time frame:

- (Subjonctif) ... that (*que*) he/she/it **has been having to verb** for a certain **amount** of time (and **is still** having to)
- (Subjonctif) ... that (*que*) he/she/it **has been having to verb** since a certain **moment** in time (and **is still** having to)

- (Subjonctif) ... that (*que*) he/she/it **has had to verb** for a certain **amount** of time (and **is still** having to)
- (Subjonctif) ... that (*que*) he/she/it **has had to verb** since a certain **moment** in time (and **is still** having to)

B) When the **introduction** to the Subjonctif présent is in a **past** time frame:

- (Subjonctif) ... that (*que*) he/she/it **had been having to verb** for a certain **amount** of time (and **was still** having to)
- (Subjonctif) ... that (*que*) he/she/it **had been having to verb** since a certain **moment** in time (and **was still** having to)

- (Subjonctif) ... that (*que*) he/she/it **had had to verb** for a certain **amount** of time (and **was still** having to)
- (Subjonctif) ... that (*que*) he/she/it **had had to verb** since a certain **moment** in time (and **was still** having to)

39E   Subjonctif présent avec 'depuis' – with **devoir**

A) **Present** time-frame introduction (When the **introduction** to the Subjonctif présent is in a **present** time frame):

▼ Formula

[**Present** time-frame introduction] + **que** + Sujet + (**doive, doives, doive, devions, deviez, doivent**) + verbe principal (**Infinitif**) + depuis + (an **amount** of time / a **moment** in time)

B) <u>Past</u> time-frame introduction (When the <u>introduction</u> to the Subjonctif présent is in a <u>past</u> time frame):

▼ Formula

[<u>Past</u> time-frame introduction] + **que** + Sujet + (**doive, doives, doive, dev**i**ons, dev**i**ez, doivent**) + verbe principal (**Infinitif**) + depuis + (an <u>amount</u> of time / a <u>moment</u> in time)

For **examples** and much more, <u>scan</u> or <u>click</u> the code below ▼
- <u>Or</u> follow the links at <u>verbexpress.net</u> > French Verb Tense Atlas > Subjonctif présent avec 'depuis' > **Subjonctif présent avec 'depuis' – with Devoir**

▶39F Subjonctif présent avec 'depuis'– with pouvoir

>> See *How to Do* this verb form after the **Univerb© Tag**(s) below ...

▼ **Meanings** of this verb form shown in **Univerb© Tag**(s) (3ʳᵈ person) ▼

A) When the <u>introduction</u> to the Subjonctif présent is in a <u>present</u> time frame:

♦ (Subjonctif) ... that (*que*) he/she/it **ha**s **been able to verb** for a certain <u>amount</u> of time (and <u>is</u> <u>still</u> able to)
♦ (Subjonctif) ... that (*que*) he/she/it **ha**s **been able to verb** since a certain <u>moment</u> in time (and <u>is</u> <u>still</u> able to)

B) When the <u>introduction</u> to the Subjonctif présent is in a <u>past</u> time frame:

♦ (Subjonctif) ... that (*que*) he/she/it **ha**d **been able to verb** for a certain <u>amount</u> of time (and <u>was</u> <u>still</u> able to)
♦ (Subjonctif) ... that (*que*) he/she/it **ha**d **been able to verb** since a certain <u>moment</u> in time (and <u>was</u> <u>still</u> able to)

39F Subjonctif présent avec 'depuis' – with pouvoir

A) Present time-frame introduction (When the **introduction** to the Subjonctif présent is in a **present** time frame):

▼ Formula

[**Present** time-frame introduction] + **que** + Sujet + (**puisse, puisses, puisse, puissions, puissiez, puissent**) + verbe principal (**Infinitif**) + depuis + (an **amount** of time / a **moment** in time)

B) Past time-frame introduction (When the **introduction** to the Subjonctif présent is in a **past** time frame):

▼ Formula

[**Past** time-frame introduction] + **que** + Sujet + (**puisse, puisses, puisse, puissions, puissiez, puissent**) + verbe principal (**Infinitif**) + depuis + (an **amount** of time / a **moment** in time)

For **examples** and much more, **scan** or **click** the **code** below ▼
- **Or** follow the links at **verbexpress.net** > French Verb Tense Atlas > Subjonctif présent avec 'depuis' > **Subjonctif présent avec 'depuis' – with Pouvoir**

▶39G Subjonctif présent avec 'depuis' – with vouloir

>> See *How to Do* this verb form after the **Univerb©** **Tag**(s) below ...

▼ **Meanings** of this verb form shown in **Univerb©** **Tag**(s) (3rd person) ▼

A) When the **introduction** to the Subjonctif présent is in a **present** time frame:

♦ (Subjonctif) ... that (*que*) he/she ha**s** been wanting to verb for a certain **amount** of time (and **still** want**s** to / is still wanting to)

- ♦ (Subjonctif) ... that (*que*) he/she ha**s** been wanting to verb **since** a certain **moment** in time (and still want**s** to / **is** still wanting to)

- ♦ (Subjonctif) ... that (*que*) he/she ha**s** wanted to verb **for** a certain **amount** of time (and still wants to / **is** still wanting to)
- ♦ (Subjonctif) ... that (*que*) he/she ha**s** wanted to verb **since** a certain **moment** in time (and still wants to / **is** still wanting to)

B) When the **introduction** to the Subjonctif présent is in a **past** time frame:

- ♦ (Subjonctif) ... that (*que*) he/she ha**d** been wanting to verb **for** a certain **amount** of time (and still want**ed** to / **was** still wanting to)
- ♦ (Subjonctif) ... that (*que*) he/she ha**d** been wanting to verb **since** a certain **moment** in time (and still want**ed** to / **was** still wanting to)
- ♦ (Subjonctif) ... that (*que*) he/she ha**d** wanted to verb **for** a certain **amount** of time (and still want**ed** to / **was** still wanting to)
- ♦ (Subjonctif) ... that (*que*) he/she ha**d** wanted to verb **since** a certain **moment** in time (and still want**ed** to / **was** still wanting to)

39G   Subjonctif présent avec 'depuis' – with vouloir

A) Present time-frame introduction (When the **introduction** to the Subjonctif présent is in a **present** time frame):

▼ Formula

[**Present** time-frame introduction] + **que** + Sujet + (**veuille, veuilles, veuille, voulions, vouliez, veuillent**) + verbe principal (**Infinitif**) + **depuis** + (an **amount** of time / a **moment** in time)

B) Past time-frame introduction (When the **introduction** to the Subjonctif présent is in a **past** time frame):

▼ Formula

[**Past** time-frame introduction] + **que** + Sujet + (**veuille, veuilles, veuille, voulions, vouliez, veuillent**) + verbe principal (**Infinitif**) + **depuis** + (an **amount** of time / a **moment** in time)

For **examples** and much more, **scan** or **click** the **code** below ▼
- **Or** follow the links at **verbexpress.net** > French Verb Tense Atlas > Subjonctif présent avec 'depuis' > **Subjonctif présent avec 'depuis' – with**

Vouloir

_____

Appendices

Scan or click the code below to jump to the complete set of online **Appendices**
– Or follow the links at **verbexpress.net** > Appendices

Appendix **A**

- Overview of French Verb-Tense Formats
- Temps simples, composés, and combinés

Scan or click the code below to jump to Appendix A ▼
– Or follow the links at **verbexpress.net** > Appendices > Appendix A

Appendix **B**

- When to Use "Être" and "Avoir" to Create Compound Tenses

Scan or click the code below to jump to Appendix B ▼
– Or follow the links at **verbexpress.net** > Appendices > Appendix B

APPENDICES | 705

Appendix C

- Le Passif – Passive Formats

Scan or **click** the **code** below to jump to Appendix C ▼
– **Or** follow the links at **verbexpress.net** > Appendices > Appendix C

Appendix D

- Le Pronominal – The Pronominal Format
- General Discussion

Scan or **click** the **code** below to jump to Appendix D ▼
– **Or** follow the links at **verbexpress.net** > Appendices > Appendix D

Appendix E

- Le Pronominal **essentiel** – (List of Examples)
- What are '**Essential**' Pronominal Verbs?
  '**Essential**' Pronominal Verbs are a special collection of verbs that are used **only** in the pronominal format, but have no 'Reflexive' meaning.

Scan or **click** the **code** below to jump to Appendix E ▼
– **Or** follow the links at **verbexpress.net** > Appendices > Appendix E

Appendix F

- Le Pronominal à sens idiomatique – (List of Examples)
- What are '**Idiomatic**' Pronominal Verbs?
  '**Idiomatic**' Pronominal Verbs are a set of verbs which take on a different meaning than their normal meaning when they are used in the **Pronominal** format.

Scan or **click** the **code** below to jump to Appendix F ▼
– **Or** follow the links at **verbexpress.net** > Appendices > Appendix F

Appendix G

- Le Pronominal optionnel (also called 'accidentel')
- **Réfléchi direct** (Reflexive Direct) Pronominal structure

  The '**Reflexive Direct**' Pronominal structure is when the **Pronominal** format is used AND the subject (the doer – singular or plural) of a **direct** action is also the **receiver** of that **direct** action.

- **Réfléchi indirect** (Reflexive Indirect) Pronominal structure

  The '**Reflexive Indirect**' Pronominal structure is when the **Pronominal** format is used AND the subject (the doer - singular or plural) of an **in**direct action is also the receiver of that **in**direct action.

- **Réciproque direct** (Reciprocal Direct) Pronominal structure

  The '**Reciprocal Direct**' Pronominal structure is when the **Pronominal** format is used AND a group of two or more (subjects) do the same **direct** action to one another.

- **Réciproque indirect** (Reciprocal Indirect) Pronominal structure

  The '**Reciprocal Indirect**' Pronominal structure is when the **Pronominal** format is used AND a group of two or more (subjects) do the same **in**direct action to one another.

- (Examples and Special Cases)

APPENDICES | 707

Scan or click the code below to jump to Appendix G ▼
– Or follow the links at verbexpress.net > Appendices > Appendix G

Appendix **H**

- Le Pronominal passif et impersonnel
- **Inanimate Passive** structure

  The '**Inanimate Passive**' structure is a way to create a **passive** meaning by using the **Pronominal** format with an **in**animate subject (a **non**-personal doer – singular or plural).

- **Impersonal Passive** structure

  The '**Impersonal Passive**' structure is a way to create a **passive** meaning by using the **im**personal version of the subject " **il** " in the **Pronominal** format.

Scan or click the code below to jump to Appendix H ▼
– Or follow the links at verbexpress.net > Appendices > Appendix H

Appendix I

- Le Subjonctif
- Le Subjonctif présent vs le Subjonctif passé
- Catégories d'emploi du Subjonctif – (When to Use the Subjonctif)
- Approches génériques du Subjonctif – (Popular Approaches for Using the Subjonctif)

Scan or **click** the **code** below to jump to Appendix I ▼
– **Or** follow the links at **verbexpress.net** > Appendices > Appendix I

Appendix J

- Participe passé – Agreement

Scan or **click** the **code** below to jump to Appendix J ▼
– **Or** follow the links at **verbexpress.net** > Appendices > Appendix J

Appendix K

- **Power Tips** – How to Extract Six Extra Tenses from Two

Scan or **click** the **code** below to jump to Appendix K ▼
– **Or** follow the links at **verbexpress.net** > Appendices > Appendix K

APPENDICES | 709

Appendix L

- Verb Chains – Introduction

Scan or **click** the **code** below to jump to Appendix L ▼
– **Or** follow the links at **verbexpress.net** > Appendices > Appendix L

Appendix M

- Discours indirect (Indirect/Reported Speech) – Introduction

Scan or **click** the **code** below to jump to Appendix L ▼
– **Or** follow the links at **verbexpress.net** > Appendices > Appendix M

Appendix N

- Hypothèses (Hypothetical Statements) – Introduction

Scan or **click** the **code** below to jump to Appendix L ▼
– **Or** follow the links at **verbexpress.net** > Appendices > Appendix N

Appendix O

- Popular English Verbs that can follow the verb ' GO '

1.	go apartment hunting	to hunt for an apartment
2.	go apple picking	to pick apples
3.	go backpacking	to backpack
4.	go bargain hunting	to hunt for bargains
5.	go berry picking	to pick berries
6.	go bicycling	to bicycle
7.	go bike riding	to ride a bike/bicycle
8.	go biking	to ride a bike/bicycle
9.	go boating	to go for a ride in a boat
10.	go bobsledding	to ride in /on a bobsled
11.	go bowling	to bowl
12.	go bungee jumping	to jump from a height while being held by bungee cords
13.	go camping	to camp
14.	go canoeing	to canoe
15.	go climbing	to climb (a challenging object)
16.	go cycling	to bicycle
17.	go dancing	to dance
18.	go fishing	to fish
19.	go hang gliding	to hang glide
20.	go hiking	to hike
21.	go horseback riding	to ride a horse
22.	go hunting	to hunt
23.	go ice skating	to skate on ice

24.	go inline skating	to skate with inline skates/rollerblade skates
25.	go job hunting	to hunt for a job
26.	go jogging	to jog
27.	go kayaking	to kayak
28.	go mountain biking	to ride a bike on mountainous terrain
29.	go mountain climbing	to climb a mountain
30.	go paddleboarding	to move through water laying on a paddle board
31.	go paragliding	to pilot a paraglider
32.	go parasailing	to sail in the air while being towed by a boat
33.	go roller skating	to travel on roller skates
34.	go rollerblading	to travel on roller blades
35.	go running	to run for sport
36.	go sailing	to travel by sailboat
37.	go salsa dancing	to dance the Salsa
38.	go scuba diving	to swim underwater with oxygen tanks
39.	go shopping	to shop
40.	go sightseeing	to see the sights of a location
41.	go skateboarding	to travel on a skateboard
42.	go skating	to skate on ice
43.	go skiing	to ski on water or snow
44.	go skydiving	to jump from a plane with a parachute
45.	go sledding	to sled
46.	go snorkeling	to swim using a snorkel
47.	go snowboarding	to slide on a hill with a snowboard
48.	go snowshoeing	to travel by snowshoe
49.	go speedskating	to skate at high speed
50.	go spearfishing	to catch fish using a spear

51.	go surfing	to glide on water waves with a surfboard
52.	go swimming	to swim
53.	go swing dancing	to dance a swing dance
54.	go tobogganing	to slide on snow downhill on a toboggan
55.	go trekking	to trek
56.	go walking	to walk for leisure, sport, or health
57.	go water skiing	to ski on water skis while being towed by a boat
58.	go window shopping	to browse products through store windows
59.	go windsurfing	to combine a surfboard and a sail to slide upon water surfaces by wind power

www.ingramcontent.com/pod-product-compliance
Lightning Source LLC
Chambersburg PA
CBHW080344300426
44110CB00019B/2495